Direito e jurisdições:
interna e internacional

Direito e jurisdições:
interna e internacional

Alexandre Coutinho Pagliarini
Vinicius Hsu Cleto
(Organizadores)

 EDITORA intersaberes

Rua Clara Vendramin, 58 · Mossunguê
CEP 81200-170 · Curitiba · PR · Brasil
Fone: (41) 2106-4170
www.intersaberes.com
editora@editoraintersaberes.com.br

Conselho editorial Dr. Ivo José Both (presidente)
Drª. Elena Godoy
Dr. Nelson Luís Dias
Dr. Neri dos Santos
Dr. Ulf Gregor Baranow
Editora-chefe Lindsay Azambuja
Supervisora editorial Ariadne Nunes Wenger
Analista editorial Ariel Martins

Preparação de originais e edição
de texto Fabia Mariela De Biasi
Capa Luana Machado Amaro
Projeto gráfico Conduta Produções Editoriais
Diagramação Bruna Jorge
Equipe de design Luana Machado Amaro
Sílvio Gabriel Spannenberg
Iconografia Regina Claudia Cruz Prestes

Dados Internacionais de Catalogação na Publicação (CIP)
(Câmara Brasileira do Livro, SP, Brasil)

Direito e jurisdições: interna e internacional/Alexandre Coutinho Pagliarini,
Vinicius Hsu Cleto (organizadores). Curitiba: InterSaberes, 2018.

Vários autores
Bibliografia.
ISBN 978-85-5972-712-8

1. Controle de constitucionalidade 2. Jurisdição (Direito
internacional) 3. Jurisdição (Direito internacional público) I. Pagliarini,
Alexandre Coutinho. II. Cleto, Vinicius Hsu.

18-14227 CDU-341

Índices para catálogo sistemático:
1. Jurisdição interna e internacional: Direito internacional   341

1ª edição, 2018.
Foi feito o depósito legal.
Informamos que é de inteira responsabilidade dos autores a emissão
de conceitos.
Nenhuma parte desta publicação poderá ser reproduzida por qualquer
meio ou forma sem a prévia autorização da Editora InterSaberes.
A violação dos direitos autorais é crime estabelecido na
Lei n. 9.610/1998 e punido pelo art. 184 do Código Penal.

Sumário

Prefácio 9
Daniel Ferreira

Seção I
Estudos de Direito e jurisdição interna

1   Hermenêutica constitucional e o
    Supremo Tribunal Federal 13
    Carlos Mário da Silva Velloso

2   Democracia, eleições, Direito Eleitoral 65
    Jorge Miranda

3   Ação declaratória de constitucionalidade brasileira:
    particularidades históricas e efeitos 101
    Alexandre Coutinho Pagliarini
    Isabela Lacerda

4   Decisão administrativa: as raízes da estrutura
    administrativa brasileira e a matriz teórica do processo
    de tomada de decisões na Administração Pública 149
    Eduardo Ramos Caron Tesserolli

Seção II
Estudos de Direito e jurisdição internacional

5   A responsabilização de sujeitos
    de Direito Internacional público 185
    Vinicius Hsu Cleto

6   O sistema interamericano de proteção aos direitos humanos: análise da decisão da Corte Interamericana de Direitos Humanos no caso Gomes Lund e outros *vs.* Brasil 225
Endrigo Purini Pelegrino

7   A necessidade de reforma estrutural do Conselho de Segurança da Organização das Nações Unidas 257
Rodrigo Otávio Monteiro da Silva

Seção III
Estudos sobre a relação entre jurisdições interna e internacional: tensões e compatibilidades

8   Congresso Nacional e tratados internacionais: o regime constitucional de 1988 285
Francisco Rezek

9   Matriz teórica da *common law* inglesa e sua influência no Direito Internacional público costumeiro 331
Cláudia Fernanda Souza de Carvalho Becker Silva

10   A força executiva das decisões da Corte Interamericana de Direitos Humanos no Brasil 357
Katiuscya Ayecha Heise Ferreira Binde

11   Os direitos sexuais e reprodutivos na ordem jurídica internacional e o *Habeas Corpus* n. 124.306 no Supremo Tribunal Federal 391
Larissa Tomazoni
Estefânia Barboza

12   Criminalização do aborto no Brasil como violação à Convenção Interamericana de Direitos Humanos: possibilidades jurisprudenciais 429
Gabriel Klemz Klock

13 O Direito Internacional e Direito do Trabalho
na reforma trabalhista 461
Carolina de Quadros

14 O desrespeito do Estado brasileiro à supremacia
dos tratados internacionais em matéria tributária
como infringência aos direitos fundamentais
do jurisdicionado 489
Samuel Ebel Braga Ramos

15 Convenção das Nações Unidas sobre contratos
de compra e venda internacional de mercadorias:
uma primeira aplicação judicial 527
Roberto Rocha Wenceslau

16 Jusnaturalismo *versus* juspositivismo na ciência
do Direito 555
Alexandre Rino

17 A relação possível entre razão prática e absolutismo
político: uma breve exposição da perspectiva
relativista kelseniana 579
Marcelo Porciúncula

18 Aspectos da crise mundial da democracia
representativa 613
Manoel Gonçalves Ferreira Filho

19 Quanto de direitos humanos o capitalismo suporta? 633
Martonio Mont'Alverne Barreto Lima

Prefácio

Este livro é o resultado dos trabalhos científicos elaborados pelos alunos-pesquisadores da disciplina "Jurisdição Internacional e Superioridade Normativa na Contemporaneidade", ministrada pelo Professor Doutor Alexandre Coutinho Pagliarini no primeiro semestre de 2017, no Programa de Pós-Graduação em Direito (PPGD) do Centro Universitário Internacional Uninter.

Durante o processo editorial, evidenciou-se a proficiência dos textos encaminhados para publicação, motivo pelo qual se abriu espaço para que a eles se fizessem somar ensaios de autores aplaudidos internacionalmente. São eles, em ordem alfabética: Ministro Carlos Mário da Silva Velloso (STF), Ministro Francisco Rezek (STF), Jorge Miranda (Professor Catedrático das Universidades de Lisboa e Católica Portuguesa), Manoel Gonçalves Ferreira Filho (Professor Catedrático da USP), Marcelo Porciúncula (Doutor em Direito pela PUC-Rio e Diretor-Executivo da Editora Marcial Pons, Barcelona, Espanha) e Martonio Mont'Alverne Barreto Lima (Professor da Unifor). A adesão de tão ilustres professores engrandece este livro, bem como a Editora InterSaberes, o PPGD-Uninter e o próprio Centro Universitário Internacional Uninter, além de representar distinta honraria aos discentes e docentes que aqui escrevem.

Acompanhou todo o processo editorial e coorganizou o livro Vinicius Hsu Cleto, bacharel em Direito pela UFPR, especialista pela Universidade Positivo e mestrando pelo Centro Universitário Internacional Uninter, a quem, por esse motivo, se presta especial homenagem.

Quanto à obra, ela se divide nas seções "Estudos de Direito e jurisdição interna", "Estudos de Direito e jurisdição internacional" e "Estudos sobre a relação entre jurisdições interna e internacional: tensões e compatibilidades".

Com isso, analisam-se as dimensões nas quais se faz Direito, inclusive a sofisticada inter-relação entre as jurisdições doméstica e internacional.

O conteúdo da obra segue a lógica da disciplina mencionada. Investiga-se a profunda relação entre as jurisdições interna e internacional, tendo especialmente em conta a primazia contemporânea dos direitos humanos. Nota-se, ainda, que os autores se embrenharam pela Filosofia do Direito e pelo controle de constitucionalidade, fator este que faz com que os trabalhos científicos aqui publicados guardem pertinência temática entre si – o que confere coerência ao livro – e, consequentemente, faz com que tenha total aderência à área de concentração do mestrado, a saber, "Estado, Poder e Jurisdição", e à linha de pesquisa número dois, qual seja, "Jurisdição e Processo na Contemporaneidade".

Por fim, o PPGD-Uninter sela, com a presente publicação, uma parceria com a Editora InterSaberes na veiculação dos *papers* dos professores e dos mestrandos do PPGD, verdade esta que aqui ganha corpo em razão de os autores "da casa" estarem a publicar ao lado de juristas reconhecidos além das fronteiras nacionais.

Curitiba, janeiro de 2018.

Daniel Ferreira

Coordenador do Programa de Pós-Graduação em Direito (PPGD) do Centro Universitário Internacional Uninter. Pós-Doutorado pelo *Ius Gentium Conimbrigae*/Centro de Direitos Humanos (FDUC). Doutor e mestre em Direito do Estado – Direito Administrativo pela Pontifícia Universidade Católica de São Paulo (PUC-SP).

Seção

I

Estudos de Direito
e jurisdição interna

Hermenêutica constitucional e o Supremo Tribunal Federal

Constitutional Hermeneutics and the Brazilian Supreme Court

Carlos Mário da Silva Velloso

Carlos Mário da Silva Velloso

Ministro aposentado e ex-presidente do Supremo Tribunal Federal e do Tribunal Superior Eleitoral. Professor emérito da Universidade de Brasília (UnB) e da Pontifícia Universidade Católica de Minas Gerais (PUC Minas), onde foi professor titular de Direito Constitucional e de Teoria Geral do Direito Público. Membro da Academia Brasileira de Letras Jurídicas e da Academia Internacional de Direito e Economia. Advogado.

Resumo

Longa foi a caminhada da hermenêutica, método de interpretação que tem por finalidade determinar o sentido real da norma jurídica, passando pelas Escolas da Exegese, Histórica e do Direito Livre até fixar-se, em termos científicos, na hermenêutica jurídica contemporânea, em que a interpretação finalística se impõe, a partir das interpretações sistemática, lógico-formal, axiológica ou valorativa, com vistas a atingir o real significado da lei e os fins nesta colimados, operação em que avulta a função criadora do intérprete.

Abstract

Hermeneutics, a method of interpretation that aims to determine the real significance of juridical norms, have gone a long way. There were different conceptions of hermeneutics through history, such as the one affirmed by the Exegesis School, the Historical School, and the Free Law School. Today, it is scientifically based upon the Finalism doctrine of interpretation, which employs systematic, logical and evaluative methods. These operations tend to emphasize the creative function of judges.

Palavras-chave

Hermenêutica. Constituição. Supremo Tribunal Federal.

Keywords

Hermeneutics. Constitution. Brazilian Supreme Court.

Sumário

1.1 Hermenêutica ou interpretação do Direito: revisitando Miguel Reale. 1.2 Hermenêutica constitucional: os métodos clássicos e os critérios e métodos próprios de interpretação constitucional. 1.3 O desenvolvimento do constitucionalismo, o triunfo dos direitos fundamentais, a constitucionalização do Direito e o estabelecimento de método novo de criação da solução jurídica. 1.4 Considerações finais. Referências.

Summary

1.1 Hermeneutics or interpretation: revisiting Miguel Reale. 1.2 Constitutional hermeneutics: classical methods, criteria, and specific methods of constitutional interpretation. 1.3 Development of constitutionalism, fundamental rights triumph, the influence of Constitution on Law and the establishment of a new method to create juridical solutions. 1.4 Final considerations. References.

Nota: Artigo elaborado a partir de palestras proferidas no V Congresso Brasileiro de Direito Constitucional, PUC Minas, Belo Horizonte, Minas Gerais, 25.10.2013; no XI Congresso Brasileiro de Direito Constitucional e Cidadania, Londrina, Paraná, 28.3.2014; no Seminário Regional sobre Advocacia Pública, Advocacia-Geral da União, Belo Horizonte, 24.3.2014; e no XII Congresso de Direito Processual, Instituto Brasileiro de Estudos de Direito da Uninassau, Recife, Pernambuco, 10.5.2014. O artigo foi escrito em homenagem ao professor Ives Gandra da Silva Martins, jurista de nomeada e cidadão exemplar, que a comunidade jurídica brasileira estima, respeita e admira.

1.1 Hermenêutica ou interpretação do Direito: revisitando Miguel Reale

Reale (1987) registra que o Código Civil de Napoleão[1], promulgado em 1804, constituiu ponto culminante da Revolução Francesa: cientificamente elaborado, destacando-se entre seus elaboradores Portalis (1844), representa "um monumento da ordenação da vida civil, projetado com grande engenho e não menor arte" (Reale, 1987, p. 273). Por isso, o entendimento da maior parte dos juristas da época era no sentido de que nada da vida havia que não estivesse estabelecido e prescrito no Código. Nada, portanto, haveria de se fazer senão observar, pontualmente, o que estivesse disposto, literalmente, no Código de Napoleão. Ademais, o prestígio que a lei, como vontade geral, impeditiva de privilégios, adquiriu – todos os direitos são fixados pela lei, expressão da vontade geral, proclamava Jean-Jacques Rousseau – não admitia que competissem com ela usos e costumes, tampouco a interpretação de seus termos, porque que o direito positivo é a lei.

Entretanto, havia juristas que insistiam que, não obstante admitir-se que o direito positivo é a lei, certo é que "a Ciência do Direito depende da interpretação da lei segundo processos lógicos adequados". Por isso, "a interpretação da lei passou a ser objeto de estudos sistemáticos", destacando-se, por primeiro, a Escola da Exegese, que, no século XIX, sustentava "que na lei positiva, e de maneira especial no Código Civil, já se encontra a possibilidade de uma solução para todos os eventuais casos ou ocorrências da vida social" (Reale, 1987, p. 274).

---

1 "Minha verdadeira glória não foi ter vencido quarenta batalhas; Waterloo apagará a lembrança de tantas vitórias; o que ninguém conseguirá apagar, aquilo que viverá eternamente, é o meu Código Civil". (Napoleão Bonaparte, *Memorial de Santa Helena*).

1.1.1 A Escola da Exegese

A Escola da Exegese lançou as bases da *jurisprudência conceitual*, entendendo-se esta como o instituto que tomava em linha de conta, com rigor, os preceitos inscritos na lei, e não nas estruturas sociais, visualizada a interpretação sob dois prismas: o literal ou gramatical e o lógico-sistemático. Sob o primeiro, ao intérprete cumpria, basicamente, analisar a lei sob o ponto de vista literal, gramatical. "Toda lei tem um significado e um alcance que não são dados pelo arbítrio imaginoso do intérprete, mas são, ao contrário, revelados pelo exame imparcial do texto" (Reale, 1987, p. 275). Feita tal investigação filológica, seguir-se-ia o trabalho lógico-sistemático, é dizer, o exame da lei no conjunto do sistema, tudo no intuito de ser captada a *mens legislatoris*, a vontade ou a intenção original do legislador. É que do bojo da Revolução Francesa ressaiu o princípio, trabalhado doutrinariamente por Montesquieu, da separação dos poderes, no qual ao intérprete cumpria ficar adstrito à intenção original do legislador.

A Revolução Industrial, ocorrida no século XIX, implicou alteração nos fatos da vida, no ambiente social. As leis, elaboradas com base em fatos vigentes anteriormente, mostravam-se desajustadas para regular os fatos novos. A Escola da Exegese viu-se, então, superada.

1.1.2 A Escola Histórica

É nessa quadra que surge a Escola Histórica inspirada no gênio Savigny, que Reale resume da seguinte forma: "Uma lei nasce obedecendo a certos ditames, a determinadas aspirações da sociedade, interpretadas pelos que a elaboram, mas o seu significado não é imutável. Feita a lei, ela não fica, com efeito, adstrita às suas fontes originárias, mas deve acompanhar as vicissitudes sociais" (Reale, 1987, p. 278). Há de se aceitar, pois, uma compreensão progressiva da lei, compreensão que muito ficou a dever à Escola dos Pandectistas alemães, com base, sobretudo, no *Digesto*, ou *Pandectas*, coleção de textos organizada pelo Imperador Justiniano.

Windscheid, dos mais ilustres dos pandectistas, colocou a questão na "interpretação da intenção possível do legislador, não no seu tempo, mas, sim, na época em que se situa o intérprete" (Reale, 1987, p. 279). Não se ignora a intenção do legislador. Todavia, essa intenção há de ser observada com base nos novos fatos da vida social. Na França, a Escola dos Pandectistas teve o endosso de G. Saleilles, que sustentava que é preciso que o intérprete vá além da lei e, "através de sua exegese evolutiva, graças ao poder que tem o juiz de combinar, de maneira autônoma, diversos textos legais e integrá-los para atender a novos fatos emergentes" (Reale, 1987, p. 279). Entretanto, tanto os pandectistas quanto os adeptos da Escola Histórica de Savigny não admitiam interpretação inovadora ou criadora.

1.1.3 A Escola do Direito Livre

Certo, o Direito, ciência da vida, com esta evolui. Ainda no século XIX surge, na França, por inspiração de François Gény, o movimento denominado *libre recherche*, ou livre pesquisa do Direito, com vistas a conciliar posições da Escola da Exegese com as necessidades contemporâneas. Não há de se falar em perquirir a intenção possível do legislador contemporaneamente, mas em conferir ao intérprete, ou seja, ao juiz, autonomia em face do texto frio da lei. O juiz, então, visualizará "na lei os interesses que a lei intentou proteger", considerando, entretanto, "o momento de aplicação da norma". Seria "o juiz uma espécie de legislador *ad hoc*. Com isso, a busca do Direito se dá em um universo amplo e diversificado, pleno de aspectos axiológicos, sociológicos e filosóficos" (Poletti, 2013, p. 10). É dizer, o juiz, em face dos novos fatos sociais e tendo em consideração valores axiológicos e certos dados, entre outros, culturais, demográficos, econômicos, históricos, religiosos, formula nova regra jurídica adequada aos novos fatos sociais. A máxima de Gény, "Além do Código Civil, mas através do Código Civil", esclarece o modo de proceder da livre pesquisa do Direito.

Adquire significativa expressão, na Alemanha, a obra de Zitelmann, no sentido da impossibilidade de admitir-se a existência de lacunas no Direito, dado que este há de ser entendido como ordenamento. Entretanto, lacunas podem ocorrer na lei. Mas não pode o juiz, pretextando a ocorrência de lacunas ou obscuridades na lei, deixar de decidir. É que o Direito é muito mais do que a lei, ao contrário do preconizado pela Escola da Exegese. Lecionava Zitelmann que, para o caso da existência de tais lacunas, a solução não seria o juiz procurar modos e meios fora da lei, mas através da lei.

É dessa época os trabalhos de Eugen Ehrlich a propugnar por uma compreensão sociológica do Direito, sustentando, anota Poletti (2013, p. 10), "o valor de uma 'livre investigação', como oposição ao princípio da aplicação mecânica do mandato do legislador". Na linha do Direito Livre, Rudolf Stammler formulou a doutrina do Direito Justo, ampliando-se o trabalho do juiz mediante a adoção da interpretação extensiva e da analogia. Hermann Kantorowicz foi outro eminente expositor do Direito Livre. O livro *A luta pela ciência do direito*, de Kantorowicz, "é uma espécie de manifesto: junto do Direito estatal e antes dele há um Direito livre de valor igual, que nasce da opinião jurídica dos membros da sociedade, da sentença dos juízes e da Ciência Jurídica" (Poletti, 2013, p. 10). Segundo Reale (1987, p. 284),

> Para Kantorowicz, haja ou não lei que reja o caso, cabe ao juiz julgar segundo os ditames da ciência e de sua consciência, devendo ser devidamente preparado, por conseguinte, para tão delicada missão. O que deve prevalecer, para eles, é o direito justo, quer na falta de previsão legal (*praeter legem*) quer contra a própria lei (*contra legem*).

O certo é que, com tal liberdade de interpretação, não há de se falar em segurança jurídica. O que deve ser tomado em linha de conta, para que os interesses e os bens – nestes incluído o bem maior, a liberdade dos indivíduos – não fiquem ao sabor das intenções pessoais do intérprete, é que "o Direito", leciona Reale (1987, p. 285), "não pode prescindir de sua estrutura formal, tampouco de sua função normativa ou teleológica, de maneira que a conduta humana, objeto de uma regra jurídica, já se acha qualificada de antemão por esta, tal como o exigem a certeza e a segurança".

É conveniente lembrar que foi com base na doutrina do Direito Livre, misturada com "elementos ideológicos meta-jurídicos a serviço de fins totalitários", que foi sustentado, no nacional socialismo alemão, com sucesso, "em face de dificuldades e problemas jurídicos, a possibilidade alternativa de decisão judicial com base no programa do partido ou na vontade presumida do Führer, tudo com fundamento na livre pesquisa do Direito" (Poletti, 2013, p. 10).

1.1.4 A hermenêutica jurídica contemporânea

Contemporaneamente, entende-se que a interpretação da lei se faz na compreensão de sua finalidade social, em seu todo. A interpretação **finalística** ou **teleológica** se impõe, certo que o

> fim da lei é sempre um valor, cuja preservação ou atualização o legislador teve em vista garantir, armando-o de sanções, assim como também pode ser fim da lei impedir que ocorra um desvalor. Ora, os valores não se explicam segundo nexos de causalidade, mas só podem ser objeto de um processo compreensivo que se realiza através do confronto das partes com o todo e vice-versa, iluminando-se e esclarecendo-se reciprocamente, como é próprio do estudo de qualquer estrutura social. (Poletti, 2013, p. 10)

Afirmavam os romanos, lembrou Fragoso (1983), em magnífico artigo de doutrina, "que conhecer a lei não é descobrir seu significado literal, mas sim a sua força e seu poder ('Scire legis non hoc est verba earum tenere sed vim ac potestatem'). Para os romanos, era manifesta a distinção entre as palavras da lei (verba) e seu conteúdo dispositivo (*sententiam*)".

Avulta, no ponto, a interpretação sistemática, lógico-formal, que é, também, axiológica ou valorativa, realizando-se mediante o "cotejo de enunciados lógicos e axiológicos para atingir a real significação da lei", tendo presente que "tanto mais que esse cotejo não se opera no vazio, mas só é possível mediante contínuas aferições no plano dos fatos, em função dos quais as valorações se enunciam" (Reale, 1987, p. 287).

A hermenêutica jurídica contemporânea, realizadora da ciência do Direito de nosso tempo, é, sobretudo, criativa. Recasens Siches (1958) afirma que a função do juiz, assim, do intérprete, é necessariamente uma função criadora, acrescentando, anota Fragoso (citado por Recasens Siches, 1958, p. 202),

> que não é exagerado afirmar que na quase totalidade do pensamento jurídico contemporâneo a concepção mecânica da função judicial caiu em definitivo descrédito. O legislador tem a ilusão de criar totalmente o direito. Essa ilusão suscita no juiz outra ilusão: a de que pode extrair todo o direito da lei. O que deve ser entendido é que a função do juiz é uma função criadora, porque as normas que compõem o sistema são sempre lacunosas.

Entretanto, "a Ciência do Direito contemporânea não se deixou seduzir pelo canto da sereia do Direito Livre, continuando, em linhas gerais, a preferir as imperfeições de um Direito predeterminado ao risco de um Direito determinável, em cada caso", pelo juiz, em que o jurisdicionado ficaria ao sabor dos bons ou maus humores do magistrado. "Prevaleceu, em suma, o valor da certeza, que é irmã gêmea da segurança, muito embora não se exclua, de maneira absoluta, se possa recusar aplicação a uma lei caída em evidente desuso" (Reale, 1987, p. 289).

Há de ser dupla a visão do intérprete da lei: retrospectivamente, observando-se os fatos que a constituíram em sua origem; prospectivamente, tendo em consideração os fatos e valores contemporâneos. Ter-se-á, a partir daí, o papel positivo e criativo do intérprete, na linha da lição de Kelsen (1950) de que a interpretação implica criação do direito,

> porque o juiz se situa dentro de um marco inevitavelmente dotado de certas amplitudes, no qual o órgão decisório pode validamente resolver de formas diversas, nenhuma das quais pode ser considerada como necessária ou única. Por mais precisa que a norma geral pretenda ser, a norma especial, criada por decisão do tribunal, sempre acrescentará àquela algo novo. (Reale, 1987, p. 289)

Alcança-se a interpretação, então, primeiramente, com a leitura da lei, para a compreensão de seus termos (interpretação gramatical, literal); em seguida, a norma é examinada no sistema, é dizer, em seu conjunto, porque o direito é um todo orgânico (interpretação lógico-sistemática). Acontecerá, também, nessa fase, a verificação e o exame dos fatos e valores ocorrentes ao tempo da elaboração da norma e dos fatos e valores supervenientes, apoiando-se a interpretação, conclusivamente, leciona Buzaid (citado por Baptista, 1984), sobre a ratio legis que "é objetiva (não aquela subjetiva do criador da lei) e é atual (não aquela histórica do tempo em que a lei foi feita)". E acrescenta, com a clareza que lhe era peculiar, que

> dado o conceito de que a lei se destaca do seu autor e tem vida autônoma no meio social, surge em consequência que o seu fundamento racional deve aplicar-se de modo absoluto e na vida moderna. O intérprete, examinando uma norma, que tem cinquenta anos, não está incondicionalmente vinculado a procurar que razão induziu o legislador de então, mas qual é o seu fundamento racional hoje e sob esta medida decidir. (Buzaid citado por Baptista,1984)

Conclui Buzaid (citado por Baptista, 1984), invocando Ferrara (1911), que "pode ocorrer que uma norma ditada por uma certa ordem de razões adquira em seguida uma destinação e função diversa". É que a lei, acrescentamos, é mais inteligente do que o legislador. Completada a operação, ter-se-á chegado aos fins colimados, à interpretação teleológica, assim, aos fins sociais da lei. Teríamos utilizado, está-se a ver, dos métodos tradicionais de interpretação jurídica: o gramatical ou literal, o histórico, aqui incluído o sociológico, o sistemático e o teleológico ou finalista.

1.2 Hermenêutica constitucional: os métodos clássicos e os critérios e métodos próprios de interpretação constitucional

A hermenêutica jurídica "é um método de interpretação que tem por escopo determinar o sentido real da lei" (Baptista, 1984) ou da norma jurídica. As normas constitucionais são normas jurídicas. Assim, a hermenêutica constitucional ou a interpretação constitucional não deixa de lado os métodos clássicos de interpretação. Mas a interpretação constitucional não fica apenas nos métodos clássicos. Barroso (1996, p. 97) assim aduz:

> o fato é que as especificidades das normas constitucionais levaram a doutrina e a jurisprudência, já de muitos anos, a desenvolver ou sistematizar um elenco próprio de princípios aplicáveis à interpretação constitucional. Tais princípios, de natureza instrumental, e não material, são pressupostos lógicos, metodológicos ou finalísticos da aplicação das normas constitucionais.

São eles, "o da supremacia da Constituição, o da presunção de constitucionalidade das normas e atos do Poder Público, o da interpretação conforme a Constituição, o da unidade, o da razoabilidade e o da efetividade" (Barroso, 2005).

Há de se atentar, ademais, para os critérios utilizados para **solução de conflitos normativos**:

- hierárquico: lei superior prevalece sobre lei inferior;
- temporal ou cronológico: lei posterior prevalece sobre a anterior; e
- especial ou da especialização: lei especial prevalece sobre a lei geral.

No que toca à **interpretação conforme** a Constituição, o Supremo Tribunal Federal (STF) dela tem feito uso[2], enfatiza o Ministro Gilmar Mendes[3]. Ela está, entretanto, sujeita a limites:

- é admissível a interpretação conforme se não configurar violência contra a expressão literal do texto (Bittencourt, 1949); e
- se não alterar o significado do texto normativo, com mudança radical da própria concepção original do legislador.[4]

No ponto, é importante a posição inovadora do STF, ressaltada no voto do Ministro Gilmar Mendes, quando do julgamento da Arguição de Descumprimento de Preceito Fundamental (ADPF) n. 132 (Brasil, 2011a), que cuidou da união estável homoafetiva – acórdão que comentaremos quando da análise, adiante, de algumas decisões do STF consideradas progressistas.

Gilmar Mendes, cuja contribuição para a germanização da jurisdição constitucional brasileira é significativa, lembra[5] que, além das conhecidas

---

2 Ver acórdãos do STF: Rp n. 948, Min. Moreira Alves; Rp n. 1.100, Min. Moreira Alves; Rp n. 1.454, Min. Octávio Gallotti; Rp n. 1.389, Min. Oscar Corrêa; e Rp n. 1.399, Min. Aldir Passarinho.

3 Em seu voto na ADPF n. 132/RJ (Brasil, 2011a).

4 Ver acórdãos do STF: ADI n. 2.405, Rel. Min. Carlos Britto; Rp n. 1.417, Rel. Min. Moreira Alves; ADI n. 3.046, Rel. Min. Sepúlveda Pertence; ADI n. 2.405, Rel. Min. Carlos Britto.

5 Em seu voto na ADPF n. 132/RJ (Brasil, 2011a).

técnicas de interpretação conforme a Constituição, de declaração de nulidade parcial sem redução de texto, ou de declaração de inconstitucionalidade sem a pronúncia de nulidade, de aferição da "lei ainda constitucional", do apelo ao legislador, são também utilizadas as técnicas de limitação ou restrição de efeitos da decisão, *ex tunc*, *ex nunc* e *pro* futuro.

1.2.1 Contribuição do neoconstitucionalismo para uma nova interpretação constitucional: a principiologia

O neoconstitucionalismo, que surge na Europa na segunda metade da década de 1940, mais precisamente com a criação e instalação dos tribunais constitucionais europeus, contemporâneo do pós-positivismo, confere à jurisdição constitucional notável relevância e inaugura a nova interpretação constitucional em que a principiologia[6] assume posição central (Barroso et al., 2003). Essa nova interpretação constitucional comete ao juiz papel relevante, de verdadeiro **construtor do direito**, porque lhe cabe, através da valoração do sentido das cláusulas abertas, de conceito indeterminado, realizar escolhas entre soluções possíveis.

Cláusulas gerais, princípios, colisões de normas constitucionais, ponderação e argumentação constituem instrumentos de trabalho do intérprete (Barroso et al., 2003). Nas cláusulas abertas, ocorrentes também nas normas de direito comum, deve o intérprete determinar-lhe o conceito, conceito este, de regra, indeterminado. No ponto, deve o intérprete buscar ajuda no método de interpretação tópico-problemático, criação de Viehweg, que se realiza com base no exame do caso concreto ou das circunstâncias deste (Viehweg, 1979; Mendonça, 2003).

---

6   Para boa compreensão da principiologia, sugere-se o livro de Humberto Ávila, *Teoria dos princípios: da definição à aplicação dos princípios jurídicos* (Ávila, 2012b).

Assim, por exemplo, quanto às expressões *ordem pública*, *interesse social*, *boa-fé*, *direito à vida*, *dignidade da pessoa humana* e *igualdade*, seu alcance dependerá da valoração dos fatores objetivos e subjetivos existentes nos fatos subjacentes à norma (Barroso, 2010).

A principiologia, que assume relevância no novo constitucionalismo e que lhe confere normatividade, requer distinguir princípios de regras.[7] Aqueles consagram valores, constituem as vigas mestras do sistema. As regras descrevem condutas específicas. Conceituar os conteúdos dos princípios não constitui tarefa fácil, que importa conferir ao intérprete papel relevante.[8]

Lucena (2012) menciona, invocando Bobbio (1996), "um direito principiológico abarcado por princípios constitucionais que servem como requisitos à positivação de valores variáveis encontrados na sociedade em determinado momento histórico". Acrescenta Lucena (2012) que,

> neste viés, Zagrebelsky aduz que devido ao conteúdo político da Constituição e à sua função, o seu texto deve ser formado preponderantemente por princípios, (Zagrebelsky, 1992, p. 148) haja vista que, por terem uma estrutura semântica aberta, podem ser utilizados em uma maior diversidade de casos, tornando-se necessária, portanto, uma atuação mais precisa do intérprete em adaptá-los em sua plenitude a determinado caso concreto. Ou seja, aqui, a interpretação cumpre uma função que vai muito além da de mero pressuposto de aplicação de um texto jurídico, para transformar-se em elemento de constante renovação da ordem jurídica.

Antes de prosseguirmos, uma advertência: princípios não têm conteúdo fixo; sua conceituação, forte em valores e subjetivismo, depende, em grande parte, dos preceitos axiológicos perseguidos pelo intérprete. Por isso, a interpretação pode servir, muitas vezes, a uma gama de interesses que

---

7 Para boa compreensão do tema, recomenda-se a leitura de: Ferreira Filho, 2009; Ávila, 2012b; e Cunha, 2013.

8 Ver: Souza Júnior, 2018.

não se sustentam em critérios axiológicos legítimos, ou que não constituem padrão da sociedade. Já observei casos em que o princípio do respeito à dignidade humana foi invocado por pessoas com interesses conflitantes. O nobre princípio estaria a amparar uns e outros, em termos de panaceia jurídica, o que representa sua banalização.

1.2.2 Colisões de normas constitucionais: ponderação e argumentação

"A existência de colisões de normas constitucionais", leciona Barroso (2005), "tanto as de princípios como as de direitos fundamentais, passou a ser percebida como um fenômeno natural – até porque inevitável – no constitucionalismo contemporâneo". A solução estaria, então, na

> ponderação de normas, bens ou valores, técnica a ser utilizada pelo intérprete, por via da qual ele (i) fará concessões recíprocas, procurando preservar o máximo possível de cada um dos interesses em disputa ou, no limite, (ii) procederá à escolha do direito que irá prevalecer, em concreto, por realizar mais adequadamente a vontade constitucional. Conceito-chave na matéria é o princípio instrumental da razoabilidade. (Barroso, 2005)

A utilização da **ponderação**, entretanto, exige cautela. No voto que proferiu por ocasião no julgamento do Referendo na Medida Cautelar na Ação Direta de Inconstitucionalidade (ADI) n. 4.451, de 2 de setembro de 2010 (Brasil, 2011c), o Ministro Dias Toffoli alerta para o perigo que pode decorrer da aplicação da ponderação, anotando que "a mesma lei inflexível, por meio de ponderação, pode ser flexibilizada, chegando-se a um resultado absolutamente diverso, conforme juízos subjetivos e incontroláveis da autoridade, em desapego à segurança jurídica da norma legal". Perfeito o raciocínio, que tem a prestigiá-lo a lição autorizada de Grau (2009b, p. 16), a proclamar que juízes, especialmente os chamados juízes constitucionais, lançam mão intensamente da técnica da ponderação entre princípios quando diante do que a doutrina qualifica como conflito entre direitos fundamentais. Como, contudo, inexiste, no sistema jurídico, qualquer regra ou princípio a orientá-los a propósito de qual dos princípios, no conflito entre eles, deve ser privilegiado, essa técnica é praticada à margem do sistema, subjetivamente, de modo discricionário, perigosamente. A opção por um ou outro é determinada subjetivamente, a partir das pré-compreensões de cada juiz, no quadro de determinadas ideologias. Ou adotam conscientemente certa posição jurídico-teórica, ou atuam à mercê dos que detêm o poder e do espírito do seu tempo, inconscientes dos efeitos de suas decisões, em uma espécie de "voo cego", na expressão de RÜTHERS. Em ambos os casos essas escolhas são perigosas.

E acrescenta:

O que há em tudo de mais grave é, no entanto, a incerteza jurídica aportada ao sistema pela ponderação entre princípios. É bem verdade que a certeza jurídica é sempre relativa, dado que a interpretação do direito é uma prudência, uma única interpretação correta sendo inviável, a norma sendo produzida pelo intérprete. Mas a vinculação do intérprete ao texto – o que excluiria a discricionariedade judicial – instala no sistema um horizonte de relativa certeza jurídica que nitidamente se esvai quando as opções do juiz entre princípios são praticadas à margem do sistema jurídico. Então a previsibilidade e calculabilidade dos comportamentos sociais tornam-se inviáveis e a racionalidade jurídica desaparece (Grau, 2009b, p. 16)[9]

Realmente, oferece perigo a utilização da ponderação. Ela somente deve ser praticada embasada em critérios objetivos, sérios. No antigo Tribunal Federal de Recursos (TFR) e no STF, tive oportunidade de votar utilizando a ponderação diante da colisão de princípios. Em uma execução de sentença proferida em ação de desapropriação, inexistentes juros e correção monetária, porque não deferidos a tempo e modo, a indenização apurada

---

9 Eros Roberto Grau aborda o tema com abrangência em: Grau, 2009a, p. 283-ss.

era irrisória. Havia a colisão de dois princípios previstos na Constituição Federal (CF), 5 de outubro de 1988 (Brasil, 1988), ou duas garantias constitucionais: coisa julgada (art. 5º, inciso XXXVI, CF) e preço justo, que é o preço de mercado (art. 5º, inciso XXIV, CF). Qual deveria prevalecer? Decidimos pelo preço justo. Argumentamos que, no conflito entre esses dois princípios, há de prevalecer aquele que, de forma imediata, ajusta-se à tábua dos direitos fundamentais consagrada na CF, tornando efetivo o respeito a um direito individual, a uma liberdade pública.[10]

Segue-se, então, a importância da **argumentação**, que diz respeito à fundamentação da decisão. O intérprete deverá, principalmente quando se tratar de ponderação, demonstrar, mediante argumentação, que não se trata de decisão que retrate a vontade do intérprete, mas de decisão assentada ou que se baseia em uma norma constitucional. Em suma, anota o Ministro Toffoli em seu voto: "a ponderação de princípios leva, na prática, à produção de uma norma cuja formulação conduz ao que Robert Alexy chama de fundamentação jurídico-fundamental correta" (Brasil, 2011c). A motivação das decisões, de resto, constitui garantia do jurisdicionado e, mais do que isso, em se tratando de interpretação constitucional, é garantia de observância da ordem constitucional.

1.2.3 Método hermenêutico concretista de Peter Häberle: a interpretação aberta da Constituição e sua realização sob a Constituição de 1988

Relevante registrar o método hermenêutico concretista de Peter Häberle (Mendes; Vale, 2009) de fazer valer a supremacia da Constituição, no que

---

10 Ver: TFR-EAC n. 39.153, DJ de 19.04.1979; RE n. 111.787-GO, Rel. para acórdão Min. Marco Aurélio; ERE n. 111.787-GO, Rel. Min. Moreira Alves.

tange à concretização, considerando o caso concreto. O método hermenêutico concretista de Häberle afasta-se do modelo interpretativo de uma sociedade fechada, em que a interpretação é de responsabilidade unicamente do Estado-juiz. Häberle propõe que o processo de interpretação constitucional deve ser integrado pelos cidadãos e grupos, ou sociedades, sem que se estabeleça relação de *numerus clausus* dos intérpretes da Constituição. É dizer, a interpretação se faz pela "sociedade aberta", com a participação do povo, criador e destinatário da norma constitucional interpretada.[11]

Nesse processo criativo de interpretação constitucional, avulta o valor da dignidade humana e dos direitos à igualdade, à privacidade e à liberdade.

O método concretista de Häberle realiza-se, sob a Constituição vigente, por meio da atuação dos *amici curiae* e das audiências públicas, conferindo à jurisdição constitucional caráter pluralista e aberto (Mendes; Vale, 2009). Nesse sentido, o STF tem sido exemplar, seja em admitir os *amici curiae*, seja em convocar audiências públicas com a participação de extenso rol de especialistas em vários ramos do conhecimento humano.

A **mutação constitucional**, resultante da evolução da jurisprudência constitucional, "fenômeno de mudança informal da Constituição pela via interpretativa, sem alteração formal do texto" (Reis, 2007, p. 152), é tema fascinante da Justiça Constitucional[12], que Gilmar Mendes considera dos "mais ricos da teoria do direito e da moderna teoria constitucional" (Mendes; Vale, 2009), acrescentando: "casos de mudança na concepção jurídica podem produzir uma mutação normativa ou a evolução na interpretação, permitindo que venha a ser reconhecida a inconstitucionalidade

---

11 É importante a leitura de Häberle, 1997; Valadés, 2009; e Rosa, 2012.

12 Barroso (2009, p. 151) leciona com a costumeira cientificidade: tem-se, com as mutações constitucionais, "interpretação constitucional evolutiva", com a "atribuição de novos conteúdos à norma constitucional, sem modificação do seu teor literal", o que é necessário "em razão de mudanças históricas ou de fatores políticos e sociais que não estavam presentes na mente dos constituintes".

de situações anteriormente consideradas legítimas," dado que, segundo Häberle em *Zeit und Verfassung* (citado por Mendes; Vale, 2009),

> o Direito Constitucional vive, 'prima facie', uma problemática temporal. De um lado, a dificuldade de alteração e a consequente duração e continuidade, confiabilidade e segurança; de outro, o tempo envolve o agora mesmo, especialmente o Direito Constitucional. É que o processo de reforma constitucional deverá ser feito de forma flexível e a partir de uma interpretação constitucional aberta. A continuidade da Constituição somente será possível se passado e futuro estiverem nela associados.

Ademais, como

> consequência dessa abertura para o mutante, toda interpretação é apenas um experimento em marcha, assim como a ideia de uma interpretação definitiva é uma contradição nos termos, na sempre oportuna lição de Hans-Georg Gadamer. Afinal, se tudo se transforma, se ninguém se banha duas vezes no mesmo rio – como se aprende com Heráclio – seria uma excrecência que só a vida do direito escapasse ao panta rhei da eterna transformação. (Mendes; Coelho; Branco, 2010, p. 156)

Na apresentação que faz do precioso livro de Pedra (2013), Dimitri Dimoulis lembra que

> a mutação constitucional indica um verdadeiro dilema da teoria da interpretação constitucional. Como admitir que o texto normativo hierarquicamente supremo possa sofrer significativas mudanças em sua compreensão e aplicação quando nada muda em sua formulação? Não seria isso um escândalo ou mesmo uma "fraude"? Contraponto: como admitir (ou mesmo exigir) que um texto constitucional, destinado a vigorar por décadas ou séculos, não seja submetido a modificações tácitas e a atualizações constantes em um mundo caracterizado pelas vertiginosas mudanças em todos os campos da vida social?

Bem por isso, anota Barroso (2004, p. 152), pode o STF "reapreciar a constitucionalidade de uma lei anteriormente considerada válida, à vista de novos argumentos, de novos fatos, de mudanças formais ou informais no sentido da Constituição ou de transformações na realidade que modifiquem o impacto ou a percepção da lei", dado que,

> pela própria linguagem adotada em seu texto, a Constituição é um corpo de normas jurídicas que formam um sistema aberto, ou aquilo que Theodor Viehweg chamou de sistema tópico, sujeito a uma constante reformulação, atualização e ampliação de seu conteúdo normativo, o que só pode acontecer no contato da norma com a realidade, no momento da solução de problemas jurídicos. (Viehweg, 1991, p. 84-85)

Mudrovitsch e Rosa (2013), integrantes do núcleo de direito público do Instituto Brasiliense de Direito Público (IDP), dissertaram, com propriedade, sobre o trabalho de doutrina do professor Jack Balkin, da Universidade de Yale, acerca dos processos de mutação constitucional e *framework originalism*, tese que "busca conciliar duas concepções que são consideradas, pela doutrina norte-americana tradicional, como antagônicas e incompatíveis: originalismo e living constitution". Ao passo que,

> de um lado, o originalismo defende a fidelidade ao texto original da Constituição, de modo que seu sentido inaugural não seja submetido ou flexibilizado diante das circunstâncias históricas que cercam a sua aplicação; por outro, a corrente defensora da living constitution preconiza que seu significado deve ser maleável aos influxos políticos, econômicos e sociais vigentes no momento de sua interpretação. (Mudrovitsch; Rosa, 2013, p. 20)

Certo é que, não obstante o antagonismo das duas correntes, o *framework originalism*, em que "os juízes constituem apenas parte dos atores institucionais que interferem na interpretação e alterações do texto constitucional", tem ampliado "a análise da mutação constitucional, evidenciando o quanto a mudança da Lei Maior sofre influência de amplo espectro de fatores, como os movimentos sociais e as mobilizações de organização da sociedade civil". Mudrovitsch e Rosa (2013, p. 21) concluem que

> diante do contexto histórico atual, em que a sociedade se debruça sobre sua Lei Maior e reflete sobre seu desenvolvimento, é necessário atentar na direção apontada por Jack Balkin, para a importância do papel que diversos fatores e instituições desempenham no processo de construção constitucional, de modo que seus resultados sejam efetivamente democráticos e concretos.

1.2.4 O Supremo Tribunal Federal e as mutações constitucionais: o efeito prospectivo das decisões como garantia da segurança jurídica

O STF se descuidando, entretanto, de garantir situações consolidadas, mediante a modulação dos efeitos da decisão, tendo em consideração a segurança jurídica (Velloso, 2013).[13]

Há de se atentar, vale ressaltar, para o fato de que essas mutações constitucionais, com alteração de entendimento jurisprudencial consolidado, principalmente nos campos financeiro e tributário, podem, realmente, gerar insegurança jurídica (Velloso, 2013). Derzi (2009) leciona, com a costumeira precisão, que

> toda decisão judicial, no momento em que se firma em uma das alternativas possíveis de sentido (a melhor) dos enunciados legislativos (inclusive da Constituição), configura encontro do Direito. Se, supervenientemente, o Poder Judiciário altera o seu entendimento e muda a sua decisão, escolhendo uma outra solução (antes possível, em razão do leque de significados da cadeia de signos), cria nova norma, específica e determinada. Tal norma nova equivale a uma nova lei, pois a lei

---

[13] Sobre o tema, é notável o livro de Ávila, 2012a. Também é indispensável, no ponto, a leitura de Mello, 2007.

anterior, ainda vigente no sentido formal, tinha sido dotada de um só conteúdo, unívoco, pois sofrera o esvaziamento dos demais sentidos alternativos, por decisão do próprio Poder Judiciário.

Acrescenta que "o problema da retroação das sentenças se apresenta, então, de forma aguda, nas hipóteses de reversão de jurisprudência". Daí, concluir a ilustre professora da UFMG que, tendo em vista os "princípios da segurança jurídica, da irretroatividade, da proteção da confiança e da boa-fé", a necessidade de a Corte efetivar a "modulação dos efeitos das modificações jurisprudenciais danosas ao contribuinte" (Derzi, 2009, p. 585). É salutar, portanto, o proceder do STF em conferir efeitos prospectivos a decisões alteradoras da jurisprudência dominante[14].

Convém anotar que não tem cientificidade, para o fim de impedir o efeito prospectivo, o argumento, baseado na velha doutrina de Marshall, de que o ato inconstitucional é um natimorto. Nos Estados Unidos, pátria do efeito *ex tunc* da decisão de inconstitucionalidade, a Suprema Corte, no caso Linkletter *vs.* Walker, de 1965, "tratou a questão da retroatividade como sendo puramente matéria política, a ser decidida de uma forma ou de outra em cada caso" (Tribe, 1988, p. 30; Castro, 1997, p. 18; Barros, 2001, p. 191). A discussão, segundo a Corte, não decorre de princípio inscrito na Constituição, mas em virtude de questão de política judicial (*judicial policy*), "entendimento consolidado em 1967, no caso Stovall *vs.* Denno, por critérios de prudência, que levam em consideração: (a) o propósito de adotar novos padrões, (b) a extensão da confiança das autoridades aplicadoras do direito nos velhos padrões, e (c) o efeito sobre a administração da justiça de uma aplicação retroativa dos novos padrões"[15] (Barros, 2001, p. 190-191).

---

14 Os tributaristas têm reclamado que as modulações de efeitos de decisões que realizam mutações constitucionais são efetivadas mais em proveito da Fazenda Pública.

15 Stovall *vs.* Denno, 388, U.S. 293 (1967).

Mendes e Vale (2009) elencam um rol de acórdãos em que o STF realizou, mediante evolução de interpretação, mutações constitucionais. Vale mencionar, por exemplo:

- **RE n. 165.438/DF** – Sob a relatoria do Ministro Carlos Velloso, o Supremo reviu entendimento anterior fixado em RE n. 140.616, RE n. 141.290 e RE n. 141.367, no sentido de que a anistia (CF/1988, art. 8º do Ato das Disposições Constitucionais Transitórias – ADCT) não se aplicaria às promoções por merecimento de militares atingidos por atos de exceção (Brasil, 2006c). "Após longo julgamento e ampla discussão", esclarecem Mendes e Vale (2009), "o tribunal passou então interpretar, de forma mais ampla, o artigo 8º do ADCT da CF/88", e prosseguem: "para a concessão de promoções, inclusive por merecimento, na aposentadoria ou na reserva, deve ser considerado, somente, o decurso de tempo necessário para alcançar o posto na hierarquia militar, de acordo com a legislação vigente".
- **Inq-QO n. 687/SP** – Trata-se da revogação da Súmula n. 394: "Cometido o crime durante o exercício funcional, prevalece a competência especial por prerrogativa de função, ainda que o inquérito ou a ação penal sejam iniciados após a cessação daquele exercício". O Tribunal ressalvou os atos praticados e as decisões já proferidas baseadas na referida súmula (Brasil, 2001).
- **CC n. 7.204/MG** – Em conflito de competência de relatoria do Ministro Carlos Britto, o STF reviu decisão anterior e entendeu pela competência da Justiça do Trabalho para julgar ação de indenização por danos morais e patrimoniais decorrentes de acidente do trabalho, a partir da EC n. 45/2004. Modulando os efeitos da decisão, proclamou-se que o Supremo, "guardião mor da Constituição, pode e deve, em prol da segurança jurídica, atribuir eficácia prospectiva às suas decisões, com

a delimitação precisa dos respectivos efeitos, toda vez que proceder a revisões de jurisprudência definidora de competência *ex ratione materiae*" (Brasil, 2005). O objeto é resguardar os jurisdicionados de inovações jurisprudenciais que ocorram sem que se altere formalmente o texto constitucional.

- **HC n. 82.959/SP** – Em *habeas corpus* cujo relator foi o Ministro Marco Aurélio, por seis votos a cinco, o STF declarou a inconstitucionalidade do art. 2º, § 1º, da Lei n. 8.072/1990, mudando radicalmente a jurisprudência anterior, e conferiu efeitos prospectivos à declaração de inconstitucionalidade da vedação legal da progressão de regime penal para os crimes hediondos (Brasil, 2006a).

- **MS n. 26.602/DF, MS n. 26.603/DF e MS n. 26.604/DF** – De relatorias, respectivamente, dos Ministros Eros Grau, Celso de Mello e Carmen Lúcia, discutiu-se se os partidos políticos têm direito a manter as vagas por eles conquistadas em eleições proporcionais em caso de desfiliação dos parlamentares que as preenchem. O STF, mudando o entendimento anterior – MS n. 20.927, Ministro Moreira Alves – decidiu que as vagas são dos partidos. Assim, os partidos têm direito a manter as vagas por eles preenchidas no sistema proporcional em caso de desfiliação dos parlamentares que as preenchem. No MS n. 20.927, o STF decidira que não há fidelidade partidária, pelo que não haveria perda de mandato na troca de partido. Dessa forma, em 4.10.2007, o Supremo reviu esse entendimento, mantendo decisão do TSE na Consulta n. 1.398, de 27.3.2007. Modulando os efeitos de sua decisão, fixou um marco temporal a partir do qual tais efeitos seriam produzidos, ou seja, a data da decisão do TSE na mencionada Consulta n. 1.398/2007 (Brasil, 2008b; Brasil, 2008c; Brasil, 2008d).

- **RE n. 349.703/RS e RE n. 466.343/SP** – Sob a relatoria dos Ministros Gilmar Mendes e Cézar Peluso, respectivamente, trata-se de recursos extraordinários sobre o *status* normativo dos tratados internacionais de direitos humanos na ordem interna. No RE n. 80.004/SE, cujo relator foi o Ministro Cunha Peixoto, julgado em 1º.6.1977, o STF decidiu que os tratados internacionais firmados pelo Brasil e incorporados ao Direito interno seriam equivalentes às leis ordinárias. Posteriormente, em 1995, no HC n. 72.131, de relatoria do Ministro Moreira Alves, o Supremo confirmou esse entendimento, o mesmo tendo ocorrido no julgamento da ADI n. 1.480/DF, do Ministro Celso de Mello, de 4.9.1997. Entretanto, no julgamento do RE n. 349.703 e do RE n. 466.343, o STF reviu sua jurisprudência e passou a adotar a tese da supralegalidade dos tratados internacionais de direitos humanos (Brasil, 2009d; Brasil, 2009e). Mendes e Vale (2009) esclarecem o entendimento do STF:

> os tratados sobre direitos humanos não podem afrontar a supremacia da Constituição, mas têm lugar especial reservado no ordenamento jurídico. Equipará-los à legislação ordinária significa subestimar o seu valor especial no contexto do sistema de proteção dos direitos da pessoa humana. Assim, diante do inequívoco caráter especial dos tratados internacionais que cuidam da proteção dos direitos humanos, entende-se que a sua internalização no ordenamento jurídico, por meio do procedimento de ratificação previsto na Constituição, tem o condão de paralisar a eficácia jurídica de toda e qualquer disciplina normativa infraconstitucional com ela conflitante.

1.3 O desenvolvimento do constitucionalismo, o triunfo dos direitos fundamentais, a constitucionalização do Direito e o estabelecimento de método novo de criação da solução jurídica

O apogeu da Constituição e o triunfo dos direitos fundamentais representam ponto culminante do desenvolvimento do constitucionalismo, evolução que vem se processando por etapas. Na primeira etapa, há a ideia de Constituição ou do constitucionalismo, é dizer, a noção de Constituição escrita limitadora do poder estatal, que surge no bojo das revoluções liberais ocorridas na segunda metade do século XVIII – Revolução da Independência norte-americana, de 1776, e Revolução Francesa, de 1789, contemporâneas das primeiras Declarações de Direito: a de Virgínia, de janeiro de 1776, anterior à Declaração de Independência; e a Declaração dos Direitos do Homem e do Cidadão, de agosto de 1789, que dão nascimento aos direitos fundamentais de primeira geração (direitos individuais) (Velloso, 2013).

Na segunda etapa, a Constituição é reconhecida como lei, lei maior, que deve ser cumprida. Na Europa continental, ela acontece após a Segunda Guerra, na metade dos anos 1940, com a criação dos tribunais constitucionais europeus e a restauração da Corte Constitucional austríaca, que fora criada em 1920 e extinta em 1938, com a invasão da Áustria pelos exércitos de Hitler. Na primeira metade do século XX, com as Constituições do México e de Weimar, de 1917 e de 1919, surge o constitucionalismo social e, em seu bojo, os direitos sociais, que a Constituição brasileira de 1934 consagrou (Velloso, 2013). Convém registrar que a Suprema Corte norte-americana realizou a segunda etapa da evolução do constitucionalismo – a Constituição reconhecida como lei maior – em 1803, no caso Marbury *vs.* Madison. O Brasil, da mesma forma, em 1891, com a Constituição republicana, ao adotar o controle de constitucionalidade segundo o modelo norte-americano.

Finalmente, na terceira etapa, tem-se o predomínio da Constituição, é dizer, a constitucionalização do Direito. É o neoconstitucionalismo, que institui o Estado Constitucional de Direito, no qual constitucionalismo e democracia se confundem (Velloso, 2013). Os direitos fundamentais e o respeito à dignidade humana passam a constituir as vigas mestras do edifício constitucional[16]. Como contraponto, convém trazer ao debate a lição de Ferreira Filho (2009, p. 164), ao registrar que "ainda não existe um novo tipo de Estado, o que se convencionou chamar de Estado pós-moderno". E continua o mestre das Arcadas,

> isto é comprovado pelo direito comparado, pois não há diferenças importantes entre as constituições mais recentes e o modelo do constitucionalismo moderno. Este, nascido do liberalismo, adaptou-se sem maiores problemas ao signo do social e, provavelmente, às exigências da chamada *pós-modernidade*. (Ferreira Filho, 2009, p. 164)

Concluindo: "não há, portanto, deste ângulo, razão para justificar um constitucionalismo pós-moderno ou um neoconstitucioanalismo" (Ferreira Filho, 2009, p. 164).

É na terceira etapa que se consagram os direitos fundamentais de terceira e de quarta gerações. Aqueles pertencem à comunidade, ao povo ou à nação (Velloso, 2013). No plano internacional, dizem respeito a uma

---

16 Ver: Barroso, 2005; Barcellos, 2001; Vieira, 2008; Grimm, 2006.

nova ordem econômica mundial, ao desenvolvimento, à paz, ao interesse dos consumidores, à qualidade de vida e à liberdade de informação. No plano interno, constituem-se os interesses difusos e coletivos, como o direito ao meio ambiente (Lafer, 1995). Os direitos de quarta geração, na lição de Bonavides (2003), pertencem ao gênero humano: o direito à democracia, que, no plano interno "faz legítimo o direito de resistência; do ponto de vista externo confere licitudes à intervenção militar de uma ordem supranacional paulatinamente esboçada e efetivada", para o fim de "apear do poder as ditaduras do absolutismo e banir os regimes infensos à democracia e por isso proclamados fora da lei, a lei que há de governar os povos e as nações" (Bonavides, 2003, p. 428).

Certo é que a publicização do direito privado, com a constitucionalização de todo Direito,[17] em razão mesmo da denominada *horizontalização dos direitos fundamentais* (Cruz, 2007; Sarmento, 2004) amplia e faz maior o controle judicial. Os atos administrativos, anteriormente considerados políticos, passam a ser submetidos à fiscalização judicial, sem que isso possa ser considerado, em termos científicos, interferência nos demais poderes ou ativismo judicial. O que ocorre é que a decisão, com base, sobretudo, nos direitos fundamentais, que constitucionaliza o Direito, estabelece método novo de criação da solução jurídica – o que de certa forma afronta os privatistas empedernidos.[18] E mais: a principiologia, de que falamos linhas atrás e que o neoconstitucionalismo consagra, na linha da decisão com base nos direitos fundamentais, propicia largo desenvolvimento da hermenêutica constitucional essencialmente garantista, de que é exemplo uma série de decisões do STF, a seguir indicadas.

---

17 Recomenda-se a leitura de Fachin, 2012; e Godinho, 2011.

18 Relevante, no ponto, a doutrina de Netto, 2011.

1.3.1 Hermenêutica constitucional e o Supremo Tribunal Federal: decisões progressistas

A partir, principalmente, dos anos 1990, o STF, engajando-se na hermenêutica constitucional contemporânea, vem evoluindo em sua jurisprudência. Vale mencionar, por exemplo:

- **ADI n. 939/DF** – Em julgamento de controle de constitucionalidade de Emenda Constitucional (EC), o STF declarou, em dezembro de 1993, a inconstitucionalidade de dispositivos da EC nº 3/1993. A Corte Suprema brasileira efetivou o controle de constitucionalidade da própria CF/1988. É que, promulgada a EC, ela é incorporada ao texto da Carta Política (Brasil, 1994).
- **ADI n. 1.946/DF** – Em ação direta de controle de constitucionalidade de EC de matéria relativa à previdência social, o STF, em 3.4.1993, efetivou, pela primeira vez, o controle de constitucionalidade da própria Constituição. É que, conforme dito, promulgada, incorpora-se a EC ao texto constitucional. A ação teve por objeto a EC n. 20/1998, e o STF, para o fim de impedir a discriminação da mulher trabalhadora e em nome da proteção da maternidade, concluiu por julgar procedente, em parte, a ação direta, "para dar, ao art. 14 da EC nº 20, de 15.12.1998, interpretação conforme a Constituição, excluindo-se sua aplicação ao salário da licença gestante, a que se refere o art. 7º, inciso XVIII, da Constituição Federal". Aqui, o Supremo Tribunal enfrentou o mérito da questão (Brasil, 2003).
- **RE n. 197.917/SP** – Em recurso extraordinário julgado em 24.3.2004, o STF decidiu que a CF/1988, art. 29, inciso IV, exige que o número de vereadores seja proporcional à população dos municípios, observados o limite mínimo e o limite máximo fixados pelas alíneas "a" a "c" do mesmo dispositivo. Dessa forma, asseverou-se que deixar a critério

do legislador municipal o estabelecimento da composição das Câmaras Municipais, apenas com observância aos limites máximo e mínimo, é tornar sem sentido a exigência constitucional expressa da proporcionalidade. Destarte, a Lei Orgânica Municipal que estabeleça a composição da Câmara de Vereadores sem observar a relação cogente de proporção com a respectiva população configura excesso de poder de legislar, sendo contrária ao sistema constitucional vigente. A não observância da exigência da proporção contrariaria os princípios constitucionais da isonomia e da razoabilidade. Provido o RE, restabeleceu-se a sentença de primeiro grau, que reduziu de onze para nove o número de vereadores. Todavia, ao decidir pela inconstitucionalidade do dispositivo da Lei Orgânica Municipal, o STJ modulou os efeitos da decisão em nome do princípio da segurança jurídica, conferindo efeitos *pro* futuro à declaração incidental de inconstitucionalidade (Brasil, 2004b).

- **ADPF n. 186/DF e RE n. 597.285/RS** – Nesses recursos, o STF trata da constitucionalidade das cotas raciais sob o ponto de vista do princípio da igualdade, tendo decidido pela constitucionalidade da instituição de sistema de reserva de vagas em processos seletivos para ingresso de estudantes no ensino superior com base em critérios étnico e social (Brasil, 2014b; Brasil, 2011b). O princípio da igualdade foi apreciado sob seu duplo aspecto, formal e material. Afirmando que o art. 5º da CF/1988 proíbe qualquer distinção entre as pessoas, anotou-se que o constituinte buscou emprestar a máxima concreção a esse postulado, de modo a assegurar a igualdade material a todos, tendo em consideração as diferenças existentes por motivos naturais, culturais, econômicos, sociais e acidentais. Daí o motivo que enseja a possibilidade de o Estado lançar mão de políticas de cunho universalista mediante ações de natureza afirmativa, atingindo grupos sociais determinados, com a utilização da justiça distributiva, por meio da intervenção estatal (discriminação positiva), para superar as desigualdades no mundo dos fatos, com o objetivo de promover a inclusão social de grupos excluídos, especialmente daqueles que, historicamente, teriam sido compelidos a viver na periferia da sociedade. Nesse contexto, afirmou-se que justiça social significaria distinguir, reconhecer e incorporar à sociedade valores culturais diversificados, o que revelaria a insuficiência da utilização exclusiva do critério social ou de baixa renda para promover a integração de grupos marginalizados, pelo que seria preciso, nas ações afirmativas, ter presentes considerações de ordem étnica e racial. É possível divergir do entendimento do STF. Força é reconhecer, entretanto, que se trata de decisão atual, própria dos novos tempos.

- **ADI n. 3.510/DF** — A constitucionalidade de pesquisas com células-tronco embrionárias foi objeto de análise do STF em 29.5.2008 e, por seis votos a cinco, julgou-se pela constitucionalidade do art. 5º da Lei de Biossegurança (Lei n. 11.105/2005), liberando-se a utilização dessas células em pesquisas científicas e em terapias. Entendeu a maioria que o embrião fecundado *in vitro* não é um ser vivo no sentido de que dispõe o art. 5º, *caput*, da CF/1988. Assentou-se que a vida protegida pelo direito pressupõe a possibilidade de desenvolvimento de um indivíduo com capacidades humanas, não apenas possíveis condições biológicas. É preciso que o embrião, para merecer proteção da ordem jurídica, tenha a possibilidade concreta de vir a ser pessoa, não bastando ter sido fecundado por meio artificial. Se não implantado, o embrião produzido *in vitro* jamais poderá ser pessoa e, portanto, não é alvo da proteção jurídica. Independentemente da genética humana, só é ser humano vivo para os fins do Direito o organismo que possa vir a desenvolver as capacidades mínimas intrínsecas aos seres humanos (Brasil, 2010a).

- **MI n. 712/PA** – Em mandado de injunção relativo à greve de servidores públicos, o STF determinou a adoção das regras da Lei de Greve dos empregados das empresas privadas enquanto o Congresso não edita a lei própria dos servidores públicos. Mediante relatoria do Ministro Eros Grau, a Corte Suprema conferiu as galas de garantia constitucional ao mandado de injunção (Brasil, 2008a). Nesse julgamento, sobre o direito de greve no serviço público, realizado em outubro de 2007, o STF mudou o entendimento que adotara em 1996, quando, por maioria folgada, decidiu que os servidores públicos não poderiam fazer greve antes da edição de uma lei regulamentadora do tema (o dispositivo constitucional assegurador da greve dos servidores públicos era uma norma de eficácia limitada). A Corte, então, eximiu-se de sua responsabilidade, transferindo-a para o Congresso, que jamais fez a sua parte, é dizer, nunca editou a lei de greve dos servidores públicos. Assistiam-se, então, greves selvagens de setores do serviço público, sem qualquer regulamentação. Em 2007, a situação se inverteu. O Supremo passou a entender que o sistema jurídico não poderia mais tolerar a lacuna e decidiu pela aplicação, quanto aos servidores públicos, da Lei de Greve dos empregados da iniciativa privada, pacificando a questão. De minha parte, sempre votava vencido, mandando aplicar a Lei de Greve dos empregados da iniciativa privada, emprestando, portanto, concreção ao mandado de injunção.[19]
- **ADPF n. 54/DF** – Em julgamento de relatoria do Ministro Marco Aurélio, o STF, em 12.4.2012, por oito votos a dois, autorizou a interrupção do parto em casos de feto com anencefalia. Quando o STF

---

19 Ver: MI n. 631, Rel. Min. Ilmar Galvão, DJ de 2.8.2002; MI n. 219/DF, Plenário, 22.8.1990; MI n. 447/DF, Rel. Min. Moreira Alves, Plenário em 5.5.1994; MI n. 478/RJ, Rel. para acórdão Min. Maurício Corrêa, Plenário em 15.2.1996; MI n. 20; MI n. 342; MI n. 363; MI n. 73; MI n. 102; e MI n. 278; MI n. 943; MI n. 1.010, MI n. 1.074, MI n. 1.090 (aviso-prévio proporcional).

apreciou, em 2005, o cabimento da ADPF, votei vencido, argumentando, em síntese, que o que se pretende é que o Supremo estabeleça, com eficácia *erga omnes* e efeito vinculante, mais uma causa de exclusão do crime de aborto. No caso, o STF estaria inovando no mundo jurídico, ou seja, criando mais uma forma de exclusão do crime de aborto, o que seria tarefa da lei. É dizer, a regulamentação da matéria, envolvendo nova hipótese de exclusão do crime de aborto, somente poderia ser feita mediante lei. O STF não poderia fazê-la, sob pena de substituir-se ao Congresso Nacional. Mas o Supremo não entendeu dessa forma. E o que deve ser ressaltado é que a decisão é progressista, é uma decisão de um novo tempo (Brasil, 2013).

- **ADPF n. 132/RJ** – Sob a relatoria do Ministro Ayres Britto, em julgamento conjunto com a ADI n. 4.277, foi reconhecida a união estável entre pessoas do mesmo sexo, interpretada a lei (Código Civil) e a própria Constituição com base no princípio da dignidade humana. O julgamento orientou-se pelo princípio da dignidade da pessoa humana. No que toca ao art. 1.723 do Código Civil, emprestou-se interpretação conforme a Constituição, para o fim de "excluir do dispositivo em causa qualquer significado que impeça o reconhecimento da união contínua, pública e duradoura entre pessoas do mesmo sexo como família, reconhecimento que é de ser feito segundo as mesmas regras e com as mesmas consequências da união estável heteroafetiva" (Brasil, 2011a). No ponto, registre-se, tal como fez o Ministro Gilmar Mendes, que

> segundo a jurisprudência do Supremo Tribunal Federal, a interpretação conforme a Constituição conhece limites. Eles resultam tanto da expressão literal da lei, quanto da chamada vontade do legislador. A interpretação conforme a Constituição, por isso, apenas é admissível se não configurar violência contra a expressão literal do texto (Bittencourt, Carlos Alberto

Lúcio, "o controle jurisdicional da constitucionalidade das leis", 2ª. ed., Rio, p. 95) e se não alterar o significado do texto normativo, com mudança radical da própria concepção original do legislador (ADI 2405-RS, Rel. Min. Ayres Britto; ADI 1344-ES, Rel. Min. Joaquim Barbosa; RP 1417-DF, Rel. Min. Moreira Alves; ADI 3046-SP, Rel. Min. Sepúlveda Pertence) (Brasil, 2011a)

Depois de mencionar que o Supremo não tem conferido maior significado à chamada *intenção do legislador*, ou evita investigá-la, se a interpretação conforme se mostra possível dentro dos limites da expressão literal do texto[20], e que em muitos casos esses limites não se apresentam claros e são difíceis de definir, por isso, não poucas vezes a interpretação conforme levada a efeito pelo Tribunal pode transformar-se em uma decisão modificativa dos sentidos originais do texto. E conclui o eminente Ministro por afirmar que o STF

já está se livrando do vetusto dogma do legislador negativo, aliando-se, assim, à mais progressiva linha jurisprudencial das decisões interpretativas com eficácia aditiva, já adotada pelas principais Cortes Constitucionais do mundo. A assunção de uma atuação criativa pelo Tribunal pode ser determinante para a solução de antigos problemas relacionados à inconstitucionalidade por omissão, que muitas vezes causa entraves para a efetivação de direitos e garantias fundamentais assegurados pelo texto constitucional (Brasil, 2011a)

Estivesse eu no Supremo Tribunal, não teria acompanhado a maioria, tendo presente a interpretação semântica, antes mencionada. Não posso ler, onde está escrito, na lei civil e na Constituição, art. 226, § 3º, que a união estável protegida pelo Estado é "entre o homem e a mulher", possa ela ocorrer entre homem com outro homem, ou mulher com outra mulher. Importante e progressista, entretanto, a decisão, como da maior importância e progressista a posição do Ministro Gilmar Mendes,

---

20 Ver: Rp n. 1.454, Min. Octávio Gallotti; Rp n. 2.389, Rel. Min. Oscar Corrêa; Rp n. 1.399, Rel. Min. Aldir Passarinho.

seja no que toca à interpretação conforme, seja no diz respeito à assunção de uma atuação criativa pelo Tribunal, deixando de lado, acertadamente, o "vetusto dogma do legislador negativo".

- **MS n. 24.831-9/DF e MS n. 26.441/DF** – Em decisões versando sobre as Comissões Parlamentares de Inquérito (CPIs) – ambas sob a relatoria do Ministro Celso de Mello –, o STF garantiu às minorias parlamentares o direito de investigar a atuação do governo em CPIs (Brasil, 2006b; Brasil, 2009c).
- **MS n. 26.602/DF, MS n. 26.603/DF e MS n. 26.604/DF** – De relatorias, respectivamente, dos Ministros Eros Grau, Celso de Mello e Carmen Lúcia, nesses mandados de segurança sobre fidelidade partidária, o STF julgou constitucional resolução do Tribunal Superior Eleitoral (TSE) que estabeleceu a perda do mandato do parlamentar que troca de partido sem justificativa razoável. Os Ministros Celso de Mello, Carmen Lúcia, Menezes Direito, Cezar Peluso, Gilmar Mendes e a então presidente, Ministra Ellen Gracie, formaram a maioria, votando pelo indeferimento do MS n. 26.602 (Brasil, 2008b) e do MS n. 26.603 (Brasil, 2008c) e pelo deferimento parcial do MS n. 26.604 (Brasil, 2008d). Neste último, para que a questão da Deputada Jusmari Oliveira, que se desfiliou do DEM após a resposta do TSE à Consulta n. 1.398, fosse encaminhada, pelo presidente da Câmara dos Deputados, ao TSE. A maioria concordou, ainda, que o STF deveria estabelecer que o instituto da fidelidade partidária começará a vigorar a partir da data da resposta dada pelo TSE à Consulta n. 1.398, formulada pelo então PFL, atual DEM, qual seja: 27.3.2007. A decisão dos mandados de segurança, esclareceu o Ministro Celso de Mello, valeria tanto para os deputados federais quanto para os estaduais e distritais, além de vereadores de todo o país.

- **HC n. 82.424/RS** – Trata-se do caso Elwang, acerca da prática do racismo. O STF considerou que a pregação em favor do nazismo, em detrimento dos judeus, constitui crime de racismo, inafiançável e imprescritível (Brasil, 2004a).
- **ADC n. 12/DF e RE n. 579.951/RN** – Em ação declaratória de constitucionalidade e em recurso extraordinário sobre nepotismo, a primeira de relatoria do Ministro Carlos Ayres Britto (Brasil, 2009a), e o segundo sob o regime de repercussão geral, de relatoria do Ministro Ricardo Lewandowski (Brasil, 2008e), o STF decidiu, com o aplauso da sociedade brasileira, invocando os princípios constitucionais da moralidade administrativa, da igualdade, da eficiência e da impessoalidade, que a CF/1988 veda a contratação ou nomeação de parentes de servidores e agentes públicos para cargos de confiança, nos três poderes, Legislativo, Executivo e Judiciário.
- **ADPF n. 130/DF** – Em ação cujo relator foi o Ministro Carlos Ayres Brito, o STF, por maioria de votos, julgou que a Lei de Imprensa, Lei n. 5.250/1967, é incompatível com a CF/1988 ao impor limites à liberdade de imprensa (Brasil, 2009b).
- **ADPF n. 153/DF** – O STF rejeitou o pedido de revisão da Lei de Anistia, Lei n. 6.683/1979, formulado pela OAB/Conselho Federal. A requerente pretendia que a Suprema Corte anulasse o perdão dado aos representantes do Estado acusados de praticar atos de tortura durante o governo militar. A ADPF foi julgada improcedente por sete votos a dois. O voto vencedor, do Ministro Eros Grau, relator, ressaltou, após minuciosa reconstituição histórica e política das circunstâncias que levaram à edição da Lei de Anistia, que não cabe ao Poder Judiciário rever o acordo político que, na transição do regime militar para a democracia, resultou na anistia de todos aqueles que cometeram crimes políticos e conexos a eles no Brasil, entre 2.9.1961 e 15.8.1979. O então presidente

da Corte, Ministro Cezar Peluso, que votou no mesmo sentido do relator, declarou que "só o homem perdoa, só uma sociedade superior qualificada pela consciência dos mais elevados sentimentos de humanidade é capaz de perdoar. Porque só uma sociedade que, por ter grandeza, é maior do que os seus inimigos é capaz de sobreviver" (Brasil, 2010b).

- **ADI n. 4.424/DF** – Em julgamento de ação direta de inconstitucionalidade, de relatoria do Ministro Marco Aurélio, o STF decidiu que o Ministério Público pode processar, por violação à Lei Maria da Penha (Lei n. 11.340/2006), independentemente de representação da ofendida, homens que agridem mulheres. A exigência de representação da ofendida acaba por esvaziar a proteção constitucional assegurada às mulheres. Também foi esclarecido que não compete aos juizados especiais julgar os crimes cometidos no âmbito da Lei Maria da Penha (Brasil, 2014a).

- **ADC n. 29/DF, ADC n. 30/DF e ADI n. 4.578/AC** – Trata-se de ações relatadas pelo Ministro Luiz Fux, nas quais o STF decidiu, por maioria de votos, que a Lei Complementar (LC) n. 135/2010, a denominada *Lei da Ficha Limpa*, é constitucional quando considera inelegíveis os candidatos condenados por tribunal ou órgão judicial colegiado, em razão da prática de crimes nela mencionados, independentemente do trânsito em julgado da decisão. Prevaleceu, ainda, o que nos parece estranho, o entendimento de que a lei alcança atos e fatos ocorridos antes de sua vigência. O Ministro Toffoli votou no sentido de exigir sentença condenatória transitada em julgado. O Ministro Gilmar Mendes, divergindo em maior extensão, entendeu que a lei não pode retroagir para alcançar atos e fatos passados, sob pena de violação ao princípio constitucional da segurança jurídica (art. 5º, inciso XXXVI, CF). O Ministro Celso de Mello votou pela inconstitucionalidade da regra da LC n. 135/2010, que prevê a suspensão de direitos políticos sem decisão condenatória transitada em julgado. Ainda entendeu, posicionamento que foi também dos Ministros Marco Aurélio e Cezar Peluso, que a norma não pode retroagir para alcançar fatos pretéritos, é dizer, fatos ocorridos antes da entrada em vigor da norma – junho de 2010 (Brasil, 2012a; Brasil, 2012b; Brasil, 2012c). Anteriormente, o Supremo exigia, para impor inelegibilidade, a decisão condenatória transitada em julgado.

1.4 Considerações finais

Longa foi a caminhada da hermenêutica, método de interpretação que tem por finalidade determinar o sentido real da norma jurídica, passando pelas Escolas da Exegese, Histórica e do Direito Livre, até fixar-se, em termos científicos, na hermenêutica jurídica contemporânea, em que a interpretação finalística se impõe, a partir das interpretações sistemática, lógico-formal, axiológica ou valorativa, com vistas a atingir o real significado da lei e os fins nesta colimados, operação em que avulta a função criadora do intérprete.

A hermenêutica constitucional, com apoio nos métodos clássicos de interpretação, forte, entretanto, em princípios próprios – supremacia da Constituição, presunção de constitucionalidade das normas, interpretação conforme a Constituição, unidade, razoabilidade e efetividade das normas constitucionais, declaração de nulidade parcial sem redução de texto, declaração de inconstitucionalidade sem a pronúncia de nulidade, aferição da lei ainda constitucional, apelo ao legislador, fixação de efeitos prospectivos da decisão de inconstitucionalidade – e tendo em consideração as novas tendências do constitucionalismo, com a principiologia assumindo posição central, em que as colisões de normas constitucionais de princípios e de direitos fundamentais encontra solução na ponderação de normas, bens ou valores, com concessões recíprocas, ocorrendo a escolha do direito que prevalecerá, com observância, inclusive, do método concretista preconizado por Häberle, em que a interpretação aberta da Constituição, processo de interpretação constitucional, integrado pelos cidadãos e grupos, se faz, também, pela sociedade aberta. Nesse contexto, avultam-se as mutações constitucionais. Tem-se, ao cabo, que a hermenêutica constitucional, contemporaneamente, realiza o triunfo da Constituição e dos direitos fundamentais.

Esse triunfo da Constituição e dos direitos fundamentais estabelece método novo de solução da controvérsia constitucional, em favor da liberdade e em benefício do ser humano, razão da existência do Estado.

Assim a hermenêutica constitucional contemporânea.

Referências

ÁVILA, H. **Segurança jurídica**: entre permanência, mudança e realização no direito tributário. 2. ed. São Paulo: Malheiros, 2012a.

_____. **Teoria dos princípios**: da definição à aplicação dos princípios jurídicos. 13. ed. São Paulo: Malheiros, 2012b.

BAPTISTA, F. de P. **Compêndio de hermenêutica jurídica**. São Paulo: Saraiva, 1984.

BARCELLOS, A. P. de. Fundamentos teóricos e filosóficos do novo Direito constitucional brasileiro: pós-modernidade, teoria crítica e pós-positivismo. **Revista Interesse Público**, Belo Horizonte, v. 3, n. 11, jul. 2001.

BARROS, S. R. de. O nó górdio do sistema misto. In: TAVARES, A. R.; ROTHENBURG, W. C. (Org.). **Arguição de descumprimento de preceito fundamental**: análises à luz da Lei nº 9.882/99. São Paulo: Atlas, 2001.

BARROSO, L. R. Constituição, democracia e supremacia judicial: direito e política no Brasil contemporâneo. **Revista Jurídica da Presidência**, Brasília, v. 12, n. 96, 2010.

_____. **Interpretação e aplicação da Constituição**. São Paulo: Saraiva, 1996.

_____. **Interpretação e aplicação da Constituição**: fundamentos de uma dogmática constitucional transformadora. 7. ed. São Paulo: Saraiva, 2009.

_____. Neoconstitucionalismo e constitucionalização do direito (O triunfo tardio do direito constitucional no Brasil). **Revista de Direito Administrativo**, Rio de Janeiro, v. 240, p. 1-42, abr./jun. 2005. Disponível em: <http://bibliotecadigital.fgv.br/ojs/index.php/rda/article/view/43618/44695>. Acesso em: 19 fev. 2018.

_____. **O controle de constitucionalidade no direito brasileiro, exposição sistemática e análise crítica da jurisprudência**. São Paulo: Saraiva, 2004.

BARROSO, L. R. et al. (Org.). **A nova interpretação constitucional**: ponderação, direitos fundamentais e relações privadas. Rio de Janeiro: Renovar, 2003.

BITTENCOURT, L. **O controle jurisdicional da constitucionalidade das leis**. 2. ed. Rio de Janeiro: Forense, 1949.

BRASIL. Constituição (1988). **Diário Oficial da União**, Brasília, DF, 5 out. 1988. Disponível em: <http://www.planalto.gov.br/ccivil_03/constituicao/ConstituicaoCompilado.htm>. Acesso em: 28 fev. 2018.

BRASIL. Supremo Tribunal Federal. Ação Declaratória de Constitucionalidade (ADC) n. 12/DF, de 20 de agosto de 2008. Relator: Ministro Carlos Britto. **Diário da Justiça**, 18 dez. 2009a. Disponível em: <http://redir.stf.jus.br/paginadorpub/paginador.jsp?docTP=AC&docID=606840>. Acesso em: 28 fev. 2018.

_____. Ação Declaratória de Constitucionalidade (ADC) n. 29/DF, de 16 de fevereiro de 2012. Relator: Ministro Luiz Fux. **Diário da Justiça**, 29 jun. 2012a. Disponível em: <http://redir.stf.jus.br/paginadorpub/paginador.jsp?docTP=TP&docID=2243342>. Acesso em: 28 fev. 2018.

_____. Ação Declaratória de Constitucionalidade (ADC) n. 30/DF, de 16 de fevereiro de 2012. Relator: Ministro Luiz Fux. **Diário da Justiça**, 29 jun. 2012b. Disponível em: <http://redir.stf.jus.br/paginadorpub/paginador.jsp?docTP=TP&docID=2243411>. Acesso em: 28 fev. 2018.

_____. Ação Direta de Inconstitucionalidade (ADI) n. 939/DF, de 15 de dezembro de 1993. Relator: Ministro Sydney Sanches. **Diário da Justiça**, 18 mar. 1994. Disponível em: <https://stf.jusbrasil.com.br/jurisprudencia/748749/acao-direta-de-inconstitucionalidade-adi-939-df>. Acesso em: 28 fev. 2018.

_____. Ação Direta de Inconstitucionalidade (ADI) n. 1.946/DF, de 3 de abril de 2003. Relator: Ministro Sydney Sanches. **Diário da Justiça**, 16 maio 2003. Disponível em: <https://stf.jusbrasil.com.br/jurisprudencia/771281/acao-direta-de-inconstitucionalidade-adi-1946-df>. Acesso em: 28 fev. 2018.

BRASIL. Supremo Tribunal Federal. Ação Direta de Inconstitucionalidade (ADI) n. 3.510/DF, de 28 de maio de 2008. Relator: Ministro Ayres Britto. **Diário da Justiça**, 28 maio 2010a. Disponível em: <https://stf.jusbrasil.com.br/jurisprudencia/14720566/acao-direta-de-inconstitucionalidade-adi-3510-df>. Acesso em: 28 fev. 2018.

_____. Ação Direta de Inconstitucionalidade (ADI) n. 4.424/DF, de 9 de fevereiro de 2012. Relator: Ministro Marco Aurélio. **Diário da Justiça**, 1º ago. 2014a. Disponível em: <http://redir.stf.jus.br/paginadorpub/paginador.jsp?docTP=TP&docID=6393143>. Acesso em: 28 fev. 2018.

_____. Ação Direta de Inconstitucionalidade (ADI) n. 4.578/AC, de 16 de fevereiro de 2012. Relator: Ministro Luiz Fux. **Diário da Justiça**, 29 jun. 2012c. Disponível em: <http://redir.stf.jus.br/paginadorpub/paginador.jsp?docTP=TP&docID=2257978>. Acesso em: 28 fev. 2018.

_____. Arguição de Descumprimento de Preceito Fundamental (ADPF) n. 132/RJ, de 5 de maio de 2011a, Relator: Ministro Ayres Britto, **Diário da Justiça**, 14 out. 2011a, Brasília, DF. Disponível em: <http://redir.stf.jus.br/paginadorpub/paginador.jsp?docTP=AC&docID=628633>. Acesso em: 28 fev. 2018.

_____. Arguição de Descumprimento de Preceito Fundamental (ADPF) n. 54/DF, de 12 de abril de 2012, Relator: Ministro Marco Aurélio, **Diário da Justiça**, 30 abr. 2013, Brasília, DF. Disponível em: <http://www.stf.jus.br/arquivo/cms/noticianoticiastf/anexo/adpf54.pdf>. Acesso em: 28 fev. 2018.

BRASIL. Supremo Tribunal Federal. Arguição de Descumprimento de Preceito Fundamental (ADPF) n. 130/DF, de 30 de abril de 2009, Relator: Ministro Carlos Britto, **Diário da Justiça**, 6 nov. 2009b, Brasília, DF. Disponível em: <http://redir.stf.jus.br/paginadorpub/paginador.jsp?docTP=AC&docID=605411>. Acesso em: 28 fev. 2018.

_____. Arguição de Descumprimento de Preceito Fundamental (ADPF) n. 153/DF, de 29 de abril de 2010, Relator: Ministro Eros Grau, **Diário da Justiça**, 6 ago. 2010b, Brasília, DF. Disponível em: <http://redir.stf.jus.br/paginadorpub/paginador.jsp?docTP=AC&docID=612960>. Acesso em: 28 fev. 2018.

_____. Arguição de Descumprimento de Preceito Fundamental (ADPF) n. 186/DF, de 26 de abril de 2012, Relator: Ministro Ricardo Lewandowski, **Diário da Justiça**, 20 out. 2014b, Brasília, DF. Disponível em: <http://redir.stf.jus.br/paginadorpub/paginador.jsp?docTP=TP&docID=6984693>. Acesso em: 28 fev. 2018.

_____. Conflito de Competência (CC) n. 7.204/MG, de 29 de junho de 2005. Relator: Ministro Moreira Alves. **Diário da Justiça**, 9 dez. 2005. Disponível em: <http://redir.stf.jus.br/paginadorpub/paginador.jsp?docTP=AC&docID=25686>. Acesso em: 28 fev. 2018.

_____. Habeas Corpus (HC) n. 82.424/RS, de 17 de setembro de 2003. Relator: Ministro Moreira Alves. **Diário da Justiça**, 19 mar. 2004a. Disponível em: <http://redir.stf.jus.br/paginadorpub/paginador.jsp?docTP=AC&docID=79052>. Acesso em: 28 fev. 2018.

_____. Habeas Corpus (HC) n. 82.959/SP, de 23 de fevereiro de 2006. Relator: Ministro Marco Aurélio. **Diário da Justiça**, 1º set. 2006a. Disponível em: <http://redir.stf.jus.br/paginadorpub/paginador.jsp?docTP=AC&docID=79206>. Acesso em: 28 fev. 2018.

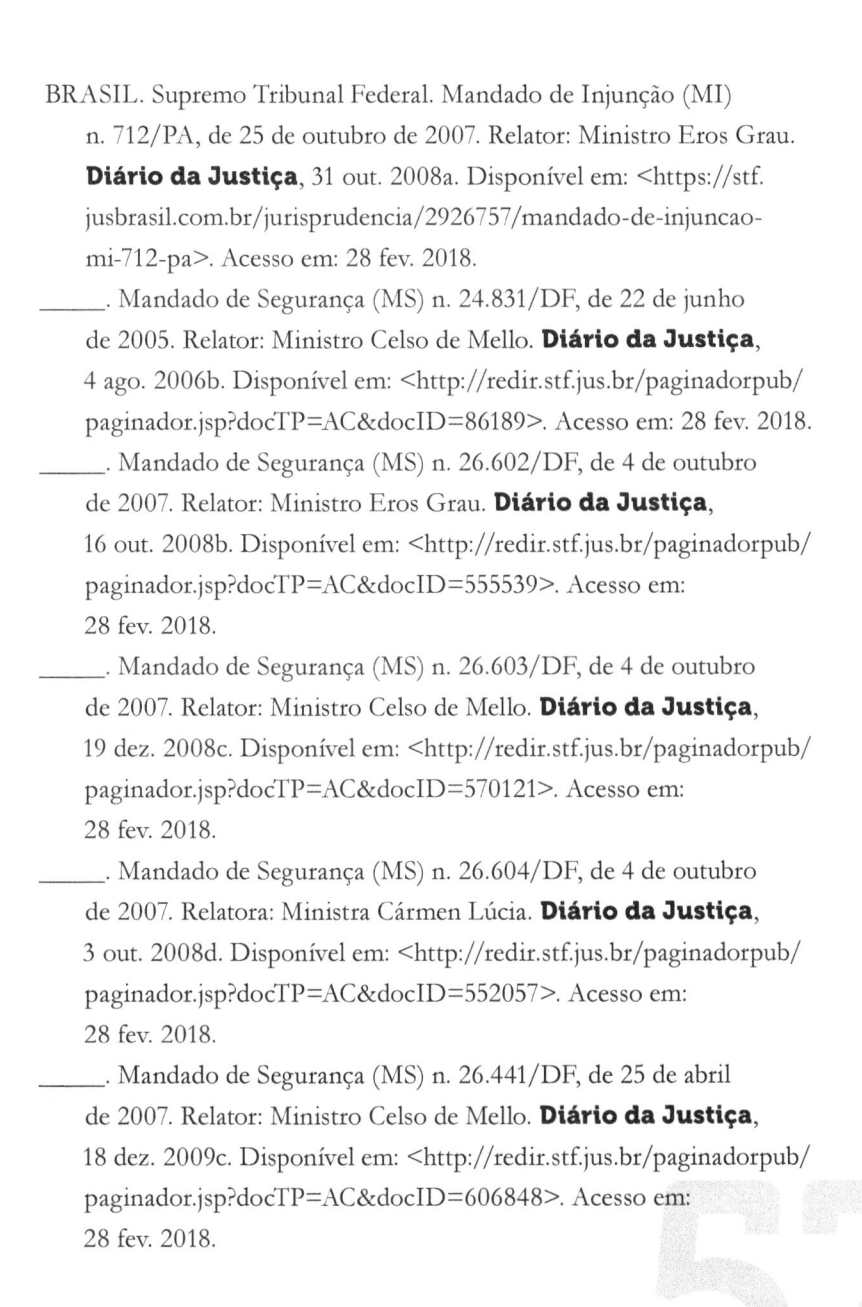

BRASIL. Supremo Tribunal Federal. Mandado de Injunção (MI) n. 712/PA, de 25 de outubro de 2007. Relator: Ministro Eros Grau. **Diário da Justiça**, 31 out. 2008a. Disponível em: <https://stf.jusbrasil.com.br/jurisprudencia/2926757/mandado-de-injuncao-mi-712-pa>. Acesso em: 28 fev. 2018.

_____. Mandado de Segurança (MS) n. 24.831/DF, de 22 de junho de 2005. Relator: Ministro Celso de Mello. **Diário da Justiça**, 4 ago. 2006b. Disponível em: <http://redir.stf.jus.br/paginadorpub/paginador.jsp?docTP=AC&docID=86189>. Acesso em: 28 fev. 2018.

_____. Mandado de Segurança (MS) n. 26.602/DF, de 4 de outubro de 2007. Relator: Ministro Eros Grau. **Diário da Justiça**, 16 out. 2008b. Disponível em: <http://redir.stf.jus.br/paginadorpub/paginador.jsp?docTP=AC&docID=555539>. Acesso em: 28 fev. 2018.

_____. Mandado de Segurança (MS) n. 26.603/DF, de 4 de outubro de 2007. Relator: Ministro Celso de Mello. **Diário da Justiça**, 19 dez. 2008c. Disponível em: <http://redir.stf.jus.br/paginadorpub/paginador.jsp?docTP=AC&docID=570121>. Acesso em: 28 fev. 2018.

_____. Mandado de Segurança (MS) n. 26.604/DF, de 4 de outubro de 2007. Relatora: Ministra Cármen Lúcia. **Diário da Justiça**, 3 out. 2008d. Disponível em: <http://redir.stf.jus.br/paginadorpub/paginador.jsp?docTP=AC&docID=552057>. Acesso em: 28 fev. 2018.

_____. Mandado de Segurança (MS) n. 26.441/DF, de 25 de abril de 2007. Relator: Ministro Celso de Mello. **Diário da Justiça**, 18 dez. 2009c. Disponível em: <http://redir.stf.jus.br/paginadorpub/paginador.jsp?docTP=AC&docID=606848>. Acesso em: 28 fev. 2018.

BRASIL. Supremo Tribunal Federal. Questão de Ordem no Inquérito (Inq/QO) n. 687/SP, de 25 de agosto de 1999. Relator: Ministro Sydney Sanches. **Diário da Justiça**, 9 nov. 2001. Disponível em: <http://redir.stf.jus.br/paginadorpub/paginador.jsp?docTP=AC&docID=80757>. Acesso em: 28 fev. 2018.

_____. Recurso Extraordinário (RE) n. 165.438/DF, de 6 de outubro de 2005. Relator: Ministro Carlos Velloso. **Diário da Justiça**, 5 maio 2006c. Disponível em: <http://redir.stf.jus.br/paginadorpub/paginador.jsp?docTP=AC&docID=215685>. Acesso em: 28 fev. 2018.

_____. Recurso Extraordinário (RE) n. 197.917/SP, de 23 de março de 2004. Relator: Ministro Maurício Corrêa. **Diário da Justiça**, 7 maio 2004b. Disponível em: <http://redir.stf.jus.br/paginadorpub/paginador.jsp?docTP=AC&docID=235847>. Acesso em: 28 fev. 2018.

_____. Recurso Extraordinário (RE) n. 349.703/RS, de 3 de dezembro de 2008. Relator: Ministro Carlos Britto. **Diário da Justiça**, 5 jun. 2009d. Disponível em: <http://redir.stf.jus.br/paginadorpub/paginador.jsp?docTP=AC&docID=595406>. Acesso em: 28 fev. 2018.

_____. Recurso Extraordinário (RE) n. 466.343/SP, de 3 de dezembro de 2008. Relator: Ministro Cezar Peluzo. **Diário da Justiça**, 5 jun. 2009e. Disponível em: <http://redir.stf.jus.br/paginadorpub/paginador.jsp?docTP=AC&docID=595444>. Acesso em: 28 fev. 2018.

BRASIL. Supremo Tribunal Federal. Recurso Extraordinário (RE) n. 597.285/RS, de 9 de fevereiro de 2011. Relator: Ministro Ricardo Lewandowski. **Diário da Justiça**, 22 fev. 2011b. Disponível em: <https://stf.jusbrasil.com.br/jurisprudencia/18253960/recurso-extraordinario-re-597285-rs-stf>. Acesso em: 28 fev. 2018.

_____. Referendo na Medida Cautelar na Ação Direta de Inconstitucionalidade n. 4.451/DF, de 2 de setembro de 2010, Relator: Ministro Ayres Britto, **Diário da Justiça**, 30 jun. 2011c, Brasília, DF. Disponível em: <http://redir.stf.jus.br/paginadorpub/paginador.jsp?docTP=TP&docID=2613221>. Acesso em: 28 fev. 2018.

_____. Repercussão Geral no Recurso Extraordinário n. 579.951/RN, de 17 de abril de 2008, Relator: Ministro Ricardo Lewandowski, **Diário da Justiça**, 16 maio 2008e, Brasília, DF. Disponível em: <http://redir.stf.jus.br/paginadorpub/paginador.jsp?docTP=AC&docID=527725>. Acesso em: 28 fev. 2018.

BOBBIO, N. **A era dos direitos**. Rio de Janeiro: Campus, 1996.

BONAVIDES, P. **Teoria do Estado**. 4. ed. São Paulo: Malheiros, 2003.

CASTRO, C. R. S. Da declaração de inconstitucionalidade e seus efeitos. **Cadernos de Direito Constitucional e Ciência Política**, n. 21, ano 5, 1997.

CRUZ, A. R. de S. **Hermenêutica jurídica e(m) debate**: o constitucionalismo brasileiro entre a teoria do discurso e a ontologia existencial. Belo Horizonte: Fórum, 2007.

CUNHA, S. S. da. **Princípios constitucionais**. 2. ed. São Paulo: Saraiva, 2013.

DERZI, M. A. M. **Modificações da jurisprudência no direito tributário**. São Paulo: Noeses, 2009.

FACHIN, L. E. Pressupostos hermenêuticos para o contemporâneo direito civil brasileiro: elementos para uma reflexão crítica. **Revista de Doutrina da 4ª Região**, Porto Alegre, n. 48, p. 13-58, jun. 2012.

FERRARA, F. Potere del legislatore e funzione del giudice. **Rivista di Diritto Civile**, 1911.

FERREIRA FILHO, M. G. Notas sobre o direito constitucional pós-moderno, em particular sobre certo neoconstitucionalismo à brasileira. **Revista de Direito Administrativo**, n. 250, 2009.

FRAGOSO, H. C. Para uma interpretação democrática da Lei de Segurança Nacional. **O Estado de S. Paulo**, São Paulo, 21 abr. 1983.

GODINHO, A. M. O fenômeno da constitucionalização: um novo olhar sobre o direito civil. In: GODINHO, H. T. N.; FIÚZA, R. A. M. (Org.). **Direito constitucional**: em homenagem a Jorge Miranda. Belo Horizonte: Del Rey, 2011.

GRAU, E. R. **Ensaio e discurso sobre a interpretação/aplicação do Direito**. 5 ed. São Paulo: Malheiros, 2009a.

_____. O perigoso artifício da ponderação entre princípios. **Revista Justiça e Cidadania**, n. 108, jul. 2009b, p. 283.

GRIMM, D. Jurisdição constitucional e democracia. **Revista de Direito do Estado**, n. 4, out./dez. 2006.

HÄBERLE, P. **Hermenêutica constitucional**: a sociedade aberta dos intérpretes da Constituição – contribuição para a interpretação pluralista e "procedimental" da Constituição. Porto Alegre: Sérgio Fabris, 1997.

KELSEN, H. **Teoría general del derecho y del estado**. México: Unam, 1950.

LAFER, C. Direitos humanos e democracia: no plano interno e internacional. In: _____. **Desafios**: ética e política. São Paulo: Siciliano, 1995.

LUCENA, A. A ADI 4.277 e o método hermenêutico concretista da "Constituição aberta" de Peter Häberle como forma de reafirmação dos princípios basilares do Estado democrático de Direito. In: ENCONTRO DO PROCAD, 3., 2012, João Pessoa, **Anais**... João Pessoa: UFPB, 2012. p. 114-117.

MELLO, C. A. B. de. Segurança jurídica e mudança de jurisprudência. **Revista de Direito do Estado**, n. 6, abr./jun. 2007.

MENDES, G. F.; VALE, A. R. do. A influência do pensamento de Peter Häberle no Supremo Tribunal Federal. **Consultor Jurídico**, 10 abr. 2009. Disponível em: <https://www.conjur.com.br/2009-abr-10/pensamento-peter-haberle-jurisprudencia-supremo-tribunal-federal>. Acesso em: 28 fev. 2018.

MENDES, G.; COELHO, I. M.; BRANCO, P. G. G. **Curso de Direito Constitucional**. 5. ed. São Paulo: Saraiva, 2010.

MENDONÇA, P. R. S. **A tópica e o Supremo Tribunal Federal**. Rio de Janeiro: Renovar, 2003.

MUDROVITSCH, R. de B.; ROSA, L. F. de A. Processos de mutação constitucional e *framework originalism*: contribuições do professor Jack Balkin ao direito constitucional brasileiro. **Revista Jurídica Consulex**, n. 389, p. 20-21, abr. 2013.

NETTO, L. C. P. e. Por uma compreensão sistêmica e unitária dos direitos fundamentais. In: GODINHO, H. T. N.; FIÚZA, R. A. M. (Org.). **Direito constitucional**: em homenagem a Jorge Miranda. Belo Horizonte: Del Rey, 2011. p. 259-304.

PEDRA, A. S. **Mutação constitucional:** interpretação evolutiva da Constituição na democracia constitucional. Rio de Janeiro: Lumen Juris, 2013.

POLETTI, R. R. de B. O direito livre. **Revista Jurídica Consulex**, v. 17, n. 398, ago. 2013.

PORTALIS, J.-E. **Discours, Rapports et Travaux Inédits sur le Code Civil**. Paris: Jouber, 1844.

REALE, M. **Lições preliminares de direito**. 15. ed. São Paulo: Saraiva, 1987.

RECASENS SICHES, L. **Nueva filosofía da la interpretación del derecho**. México: Fondo de Cultura Económica, 1958.

REIS, J. C. V. dos. Interpretação evolutiva e raciocínio tópico no Direito Constitucional Contemporâneo. **Revista de Direito do Estado**, n. 6, abr./jun. 2007.

ROSA, I. R. **Peter Häberle e a hermenêutica constitucional no Supremo Tribunal Federal**. Porto Alegre: Sérgio Fabris, 2012.

SARMENTO, D. **Direitos fundamentais e relações privadas**. Rio de Janeiro: Lumen Juris, 2004.

SOUZA JÚNIOR, L. L. de. **Hermenêutica e interpretação constitucional**: métodos e princípios. Disponível em: <http://www.juridicohightech.com.br/2012/08/hermeneutica-e-interpretacao.html>. Acesso em: 28 fev. 2018.

TRIBE, L. **American Constitutional Law**. 2. ed. Mineola: Foundation Press, 1988.

VALADÉS, D. (Org.). **Conversas acadêmicas com Peter Häberle**. São Paulo: Saraiva-IDP, 2009.

VELLOSO, C. M. da S. Da jurisdição constitucional, especialmente do controle concentrado, e a repercussão de suas decisões no campo tributário. In: STF – Supremo Tribunal Federal. **A Constituição de 1988 na visão dos ministros do Supremo Tribunal Federal**. Brasília, 2013.

VIEHWEG, T. **Tópica e jurisprudência**. Brasília: Departamento de Imprensa Nacional, 1979. v. 1. (Coleção Pensamento Jurídico Contemporâneo).

_____. **Tópica y filosofia del derecho**. Barcelona: Gedisa, 1991.

VIEIRA, O. V. Supremocracia. **Revista de Direito GV**, São Paulo: FGV, v. 4, n. 2, p. 441-464, jul./dez. 2008.

ZAGREBELSKY, G. **Il dirito mite. Legge, diritti, giustizia**. 2. ed. Torino: Einaudi, 1992.

2

Democracia, eleições, Direito Eleitoral

Democracy, Elections, Electoral Law

Jorge Miranda

Jorge Miranda

Professor catedrático jubilado da Faculdade de Direito da Universidade de Lisboa. Professor catedrático da Faculdade de Direito da Universidade Católica Portuguesa.

Resumo

Trata-se de Conferência proferida no Instituto Fevereiro Leite, do Recife, em 1º de junho de 2012. São abordadas noções essenciais da democracia, como representação, soberania popular, princípio da maioria, Estado de Direito, eleições e princípios constitucionais.

Abstract

This article is based upon a Conference which was hosted by the Fevereiro Leite Institute, in Recife, on June, the 1st, 2012. Essential notions related to democracy are approached, such as representation, popular sovereignty, the majority principle, Rule of Law, elections, and constitutional principles.

Palavras-chave

Democracia. Eleições. Direito Eleitoral.

Keywords

Democracy. Elections. Electoral Law.

Sumário

2.1 Democracia e soberania do povo. 2.2 Democracia e princípio representativo. 2.3 Representação e eleição política. 2.4 Princípio democrático e Estado de Direito. 2.5 Valores da democracia. 2.6 Princípio da maioria. 2.7 Eleição, um ato jurídico. 2.8 Eleição e procedimento. 2.9 Eleições e contencioso eleitoral. 2.10 Direito Eleitoral político, um segmento do Direito Constitucional. 2.11 Princípios constitucionais.

Summary

2.1 Democracy and people's sovereignty. 2.2 Democracy and the representative principle. 2.3 Representation and political election. 2.4 Democratic principle and Rule of Law. 2.5 Democratic values. 2.6 Majority principle. 2.7 Election, a juridical act. 2.8 Election and procedure. 2.9 Elections and electoral dispute. 2.10 Political Electoral Law, a Constitutional Law's segment. 2.11 Constitutional principles.

2.1 Democracia e soberania do povo

Por *democracia* entende-se a forma de governo em que o poder é atribuído ao povo, à totalidade dos cidadãos (quer dizer, dos membros da comunidade política), em que é exercido em harmonia com a vontade expressa pelo povo, nos termos constitucionalmente prescritos.

Não é a simples titularidade do poder no povo ou o reconhecimento ao povo da origem ou da base da soberania. Não basta declarar que o poder em abstrato pertence de raiz ao povo ou que vem de Deus *per populum* (como defenderam autores medievais). Nem que o poder constituinte, a aprovação da Constituição positiva, compete ao povo, ficando os poderes constituídos para os governantes.

A democracia exige exercício do poder pelo povo, pelos cidadãos, em conjunto com os governantes; e esse exercício deve ser atual, e não potencial, deve traduzir a capacidade dos cidadãos de formar uma vontade política autônoma perante os governantes. *Democracia* significa que a vontade do povo, quando manifestada nas formas constitucionais, deve ser o critério de ação dos governantes.

Em análise puramente normativa, sem dúvida, o poder – a **soberania** – não pode ser senão um poder do Estado, tal como (mas por maioria de razão) o povo e o território só são povo e território dentro do Estado. O poder não se identifica com o Estado, mas somente o Estado tem poder, soberania, jurisdição (soberania ou jurisdição pessoal e territorial).

A doutrina clássica alemã da soberania do Estado continua válida, desde que assim entendida: a soberania é do Estado como entidade jurídica global e complexa, e não dos órgãos do Estado, nem dos titulares dos órgãos, nem do povo, porque ligá-la aos órgãos – meros centros institucionalizados de formação da vontade – ou aos governantes ou aos governados – pessoas atomisticamente consideradas – significaria fracioná-la em visão unilateral.

A soberania surge como um feixe de faculdades ou direitos que o Estado exerce relativamente a todos as pessoas singulares e coletivas de direito público e de direito privado existentes em seu ordenamento jurídico. A definição das condições dessas pessoas, a atribuição da capacidade de direitos, a imposição de deveres e de sujeições, eis, então, algumas das manifestações do poder político.

O povo não é, porém, objeto da soberania. Configurado o Estado como pessoa coletiva, o povo ou a coletividade de cidadãos tem de ser, antes, o substrato de tal pessoa jurídica. Apenas cada pessoa ou cada uma das instituições em que se incorporam podem ser objeto de direitos compreendidos na soberania ou, mais rigorosamente, sujeitos de relações jurídicas com o Estado.

O que acaba de ser recordado não esgota o exame do poder no Estado, porquanto logo se vê que é imprescindível definir as posições relativas dos governantes e do povo perante ele.

O ponto de clivagem fundamental de todas as formas de governo está nisso. Ou os governantes (certa ou certas pessoas) governam em nome próprio, por virtude de um direito que lhes é reservado, sem nenhuma interferência dos restantes em sua escolha ou em seus atos de governantes. Ou os governantes governam em nome do povo, por virtude de uma investidura que a Constituição estabelece a partir do povo, e o povo tem a possibilidade de manifestar uma vontade jurídica e politicamente eficaz sobre eles e sobre a atividade que conduzem.

No primeiro caso, estamos diante de **autocracia** (com diferentes concretizações históricas, a que correspondem também diversas formas de governo). No segundo caso, diante da **democracia**.

Poderá talvez atalhar-se que essa distinção não deixa de ser excessivamente formal. A objeção, porém, não procede, pois para qualificar qualquer regime político não basta ler as proclamações constitucionais, importa confrontá-las com as consequências que o Direito, decretado e vivido, delas extrai; e se se recorrer a uma investigação interdisciplinar para se procurar o suporte real do poder (chefe do Estado, Parlamento, Executivo, órgãos formais ou partidos, governantes ou classes dominantes etc.), haverá sempre aí de se concluir pela coincidência ou não do efetivo exercício do poder com o título jurídico de sua atribuição ou não ao povo.

2.2 Democracia e princípio representativo

Nos Estados modernos, a democracia está umbilicalmente ligada à ideia de representação política. Uma democracia direta, como a ateniense ou a de pequenos cantões suíços, seria inviável em Estados com milhões de cidadãos, em territórios mais ou menos extensos e que têm de trabalhar para viver (ao contrário dos 25.000 cidadãos da antiga Atenas).

A doutrina da **representação política** foi elaborada, como se sabe, quase ao mesmo tempo pela doutrina política inglesa (com Locke e Burke) e pela francesa (desde Montesquieu a Sieyès e a B. Constant). Vale a pena recordar os elementos mais significativos do pensamento desses autores, com seus matizes específicos.

O Parlamento – diz Burke (*Discurso aos eleitores de Bristol*, em 1777) – não é um congresso de embaixadores de interesses diferentes e hostis, interesses que cada um tem de sustentar como representante e advogado contra outros representantes e advogados. O Parlamento é, sim, uma assembleia deliberativa de uma única nação, com um só interesse, o do todo, e que deve guiar-se não pelos interesses locais, mas pelo bem geral, resultado da razão geral do todo.

Montesquieu ocupa-se da representação política no mesmo célebre capítulo de *De l'Esprit des Lois* (o VI do livro XI, aparentemente voltado à Constituição da Inglaterra), em que formula a separação dos poderes:

> Como, num Estado livre, qualquer homem que se repute dotado de uma alma livre, deve ser governado por si mesmo, o povo deveria ter em si mesmo o poder legislativo. Mas, como isso é impossível nos grandes Estados e oferece muitos inconvenientes nos pequenos, é preciso que o povo faça, pelos seus representantes, tudo aquilo que não pode fazer por si próprio.

Na véspera da Revolução Francesa, Sieyès (*Qu'est-ce que le tiers état?*) apela para a representação política com vistas a justificar a transformação dos Estados Gerais em Assembleia Constituinte, defende um governo exercido por procuradores do povo e distingue entre aquilo a que chama de *vontade comum real* e aquilo a que chama de *vontade comum representativa*. Esta, a vontade comum representativa, não é uma plena vontade, não é uma vontade ilimitada, é uma porção da grande vontade comum nacional, em que os delegados agem não por direito próprio, mas por direito de outrem.

Cite-se ainda o que escreve Benjamin Constant em 1815 (*De la liberté des anciens comparée à celle des modernes*): "É necessário que tenhamos liberdade, e tê-la-emos". Mas como a liberdade de que precisamos é diferente da dos antigos, é preciso, para essa liberdade, outra forma de organização política, que não seja a mesma que os antigos adotaram. Na forma antiga, quanto mais o homem consagrasse seu tempo ou sua força ao exercício de seus direitos políticos, mais ele se julgava livre. Na espécie de liberdade dos modernos, quanto mais o exercício de nossos direitos políticos nos deixa tempo para o exercício de nossos direitos privados, mais essa liberdade nos é preciosa. E daí a necessidade do sistema representativo, que não é outra coisa senão uma organização com a ajuda da qual uma nação descarrega nalguns indivíduos dela mesma aquilo que ela não pode fazer por si só.

"Os pobres tomam conta dos seus próprios negócios; os ricos tomam intendentes. É a História das nações modernas. O sistema representativo é uma procuração dada a um certo número de homens pela massa do povo que quer que os seus interesses sejam por eles defendidos".

Em contrapartida, são bem conhecidas as observações de Rousseau (*Du Contrat Social*, Livro III, Capítulo XVI) contra a representação:

> A soberania não pode ser representada pela mesma razão por que ela não pode ser alienada: ela consiste essencialmente na vontade geral, e a vontade não se representa; ela é a mesma ou é outra, não há meio termo. Os deputados do povo não são, portanto, e não podem ser seus representantes; eles apenas são seus comissários, e não podem, por si, concluir nada definitivamente. Toda a lei que o povo em pessoa não ratifique é nula; não é lei. O povo inglês pensa ser livre, mas enganase; só o é durante a eleição dos membros do Parlamento; e logo que estes são eleitos, fica sendo escravo, não é nada. Nos curtos momentos da sua liberdade, usaa de tal modo que merece perdê-la.

E mais adiante: "Não sendo a lei senão a declaração da vontade geral, é claro que no poder legislativo o povo não pode ser representado; mas pode e deve sêlo no poder executivo, que é apenas a face aplicada da lei".

Rousseau ligava as ideias de representação ao feudalismo, pois nas antigas repúblicas ela não existia, e propugnava um sistema que pudesse reunir "a autoridade exterior de um grande povo com a polícia adequada e a boa ordem de um pequeno Estado" (tal viria a ser a forma de governo democrático radical ou comissarial da Constituição jacobina francesa de 1793).

Seria a tese do governo representativo, e não de governo comissarial, que vingaria com as grandes revoluções dos séculos XVIII e XIX e que triunfaria – embora nunca definitivamente – nos séculos XX e XXI.

E é seu princípio que consta do Artigo XXI, 1, da Declaração Universal dos Direitos Humanos, ao estabelecer que toda a pessoa tem o direito de tomar parte na direção dos negócios públicos do país, quer diretamente, quer por intermédio de representantes livremente eleitos; e do Artigo XXI, 2, em harmonia com o qual a vontade do povo é o fundamento da autoridade dos poderes públicos e deve exprimir-se por meio de eleições honestas, a serem realizadas periodicamente, por sufrágio universal e igual, com voto secreto ou segundo processo equivalente que salvaguarde a liberdade de voto.

2.3 Representação e eleição política

Em todas as épocas e mais ou menos por toda a parte, observa-se a prática da eleição política, por diverso que seja o contexto em que se insira. Não está ausente das repúblicas aristocráticas e muitas das monarquias começaram por ser eletivas ou baseadas na cooptação, para, somente mais tarde, consolidadas, tornarem-se hereditárias.

O constitucionalismo, o constitucionalismo moderno, introduziria um dado novo. Propondo-se, simultaneamente, a garantir a liberdade e relegitimar o poder, elevaria a eleição a instrumento periódico de escolha dos governantes – através dela, criaria uma relação constante com os governados: a representação política – e instituiria o sufrágio individual, direto ou indireto (em vez de sufrágio orgânico), tanto em razão de uma visão individualista do mundo quanto em virtude de os antigos laços grupais vindos da Idade Média já se terem esbatido perante os laços mais fortes criados pelo poder centralizador e pelo sentimento nacional.

Não há representação política sem eleição, ato jurídico ou feixe de atos jurídicos. Mas a inversa não é verdadeira: *v.g.*, além das monarquias eletivas, há eleição de juízes de tribunais constitucionais ou de titulares de outros órgãos independentes pelo Parlamento (em Portugal, art. 163º, alíneas "h" e "i", e art. 222º, n. 1, da Constituição).

O sentido da eleição política muda do governo constitucional liberal do século XIX para o governo democrático dos séculos XX e XXI. Naquele, tem caráter instrumental: em ambiente social homogéneo, com identificação natural entre a formação e os interesses de eleitores e elegíveis (o povo burguês), reduz-se à técnica de designação dos governantes (à laia do sorteio ou da rotação nas cidades-Estados da Antiguidade). Com a democracia representativa, a eleição torna-se a peça essencial do sistema, torna-se a via de assegurar a coincidência da vontade dos governantes com a vontade do povo e a prossecução do interesse coletivo em harmonia com o titular deste, o povo. E ela tanto vai incidir sobre o futuro como sobre o passado, pelo juízo individualizado ou global de responsabilidade política que exprime sobre a ação dos governantes em período ou legislatura anterior.

Com efeito, ter um poder jurídico significa ter um poder de querer; por conseguinte, atribuir o poder no Estado ao povo significa, em uma democracia, que a vontade do povo se há de converter em vontade do Estado. Configurada, primeiro, fora do aparelho estatal, a eleição (fonte da índole representativa dos órgãos governativos) é agora um ato do Estado, e o colégio eleitoral, um órgão constitucional *sui generis*.

E em que medida se justifica qualificar de *mandato* a situação jurídica dos representantes?

Decerto, não se pode assimilar ao mandato de direito privado. A representação política é uma espécie de representação necessária imposta pela lei, ao passo que o mandato representativo civil pressupõe representação voluntária. E não há transferência de poderes: os representantes eleitos são simples titulares de órgãos com competências constitucionalmente prescritas (se bem que uma Constituição democrática seja obra do povo e, assim, os poderes dos representantes mediatamente provenham do povo).

Apesar disso, o elemento volitivo patente na eleição habilita a falar em um mandato de direito público: na medida em que são os eleitores que, escolhendo este e não aquele candidato, aderindo a este e não àquele programa, constituindo esta e não aquela maioria de governo, dinamizam a competência constitucional dos órgãos e dão sentido à atividade de seus titulares (apesar de não lhe poderem definir o objeto).

A representação não degrada a autoridade dos governantes. Pelo contrário, ela reforça-a; e reforça-a por eles se tornarem, não senhores, mas **servidores do povo** à luz da Constituição e das leis.

Os regimes autoritários e totalitários dos séculos XX e XXI, apesar de se oporem ao Estado constitucional do liberalismo político (ou de quererem ultrapassá-lo) ainda mantiveram, entre outras formas, a eleição e a representação política.

Nos regimes marxistas de tipo soviético, em certa medida retorna-se ao modelo jacobino: democracia unânime, unidade do poder, precariedade do mandato dos membros das assembleias (sem ser rigorosamente imperativo), sujeição à destituição.

Nos regimes fascistas e autoritários de direita, se não se chegava a suprimir o sufrágio direto e individual, a doutrina realçava o sufrágio corporativo e a representação institucional como mais conformes com seus princípios.

Por outra banda, ao passo que nos regimes soviéticos era levada às últimas consequências a dependência dos governantes do partido único, em certos regimes de direita a preocupação maior consistia em subtrair a política a qualquer influência dos partidos (foi o caso do regime português de Salazar), tudo em um quadro de reduzido pluralismo, pelo que a eleição não podia ser uma verdadeira escolha em sentido substancial.

2.4 Princípio democrático e Estado de Direito

Democracia e Estado de Direito não se confundem. Houve democracia sem Estado de Direito (a democracia jacobina, a cesarista, a soviética e, mais remotamente, a ateniense). E houve Estado de Direito sem democracia (de certo modo, na Alemanha do século XIX).

Mas a democracia representativa postula Estado de Direito. Postula-o pela sua complexidade organizatória e procedimental, traduzido na separação de poderes e no respeito da lei (Estado de Direito **formal**). E postula-o pela exigência de garantia dos direitos fundamentais: o direito de sufrágio e os demais direitos políticos se valem em si mesmos pelo valor da participação, valem, sobretudo, enquanto postos ao serviço da autonomia e da realização das pessoas (Estado de Direito **material**).

Não basta proclamar o princípio democrático e procurar a coincidência entre a vontade política manifestada pelos órgãos de soberania e a vontade popular manifestada por eleições. É necessário estabelecer um quadro institucional e que esta vontade se forme em liberdade e em que cada pessoa tenha a segurança da previsibilidade do futuro. É necessário que não sejam incompatíveis os elementos objetivo e subjetivo da Constituição e que, pelo contrário, eles se desenvolvam simultaneamente.

Há uma interação de dois princípios substantivos – o da soberania do povo e o dos direitos fundamentais – e a mediatização dos princípios adjetivos da constitucionalidade e da legalidade. Em uma postura extrema de irrestrito domínio da maioria, o princípio democrático poderia acarretar a violação do conteúdo essencial de direitos fundamentais; assim como, levado aos últimos corolários, o princípio da liberdade poderia recusar qualquer decisão política sobre sua modelação. Ora, o **equilíbrio** obtém-se através do esforço de conjugação, constantemente renovado e atualizado, de princípios, valores e interesses, bem como por meio de uma complexa articulação de órgãos políticos e jurisdicionais, com gradações conhecidas.

Nisso consiste o *Estado de Direito democrático* (como se diz na Constituição portuguesa) ou o *Estado democrático de Direito* (como consta da Constituição brasileira).

2.5 Valores da democracia

Há quem propenda a afastar a democracia de qualquer valoração; o relativismo dir-se-ia seu cunho próprio. No entanto, tal enfoque seria redutor e até contraditório em si mesmo.

Com efeito, o **relativismo democrático** só pode ser um relativismo político, não, de modo algum, um relativismo filosófico. Ele envolve um pluralismo de ideias, de correntes de opinião, de forças políticas – acompanhado ou garantido pela não assunção de nenhuma delas pelo Estado (quer dizer, pela laicidade ou pela não confessionalidade do Estado, nessa perspetiva); não equivale a indiferentismo filosófico, convertido em atitude perante a vida ou erigido em doutrina oficial.

O relativismo vale na esfera política, no jogo de ideologias, em programas e partidos em disputa pelo poder para conformá-lo através do voto da maioria. Não pode impor-se à esfera individual, do pensamento, das convicções e das crenças das pessoas, sob pena de se negar a si mesmo, absolutizando-se. Bem pelo contrário (como escreve Jean Lacroix) afirmar o relativismo na ordem relativa é precisamente permitir ao absoluto afirmar-se na ordem do absoluto. O sistema democrático é o único que pressupõe o convívio das diferenças (acrescenta Norberto Bobbio). Logo, por definição, ele não as nega ou esconde; reconhece-as e salvaguarda-as, sim, em sua existência e em sua manifestação.

Qualquer forma de governo funda-se em certos valores que, conferindo-lhe sentido, vêm, por um lado, alicerçar o consentimento dos governados e o projeto dos governantes e, por outro lado, construir a matriz ideal de todos quantos por ela se batem.

Assim, por detrás da diversidade de concessões e formulações teóricas, avultam-se valores políticos sem os quais a democracia aparece desprovida de razão de ser. E eles são a liberdade e a igualdade, tal como constam da Declaração de Direitos da Virgínia, de 1776, da Declaração de 1789 e da maior parte das Constituições democráticas.

É porque todos os seres humanos são livres e iguais que devem ser titulares de direitos políticos e, assim, interferir conjuntamente, uns com os outros, na definição dos rumos do Estado e da sociedade em que têm de viver. É porque todos são dotados de razão e de consciência (como proclama, por seu lado, a Declaração Universal de 1948) que eles são igualmente chamados à participação cívica, capazes de resolver seus problemas não pela força, mas pelo confronto de ideias e pelo seu sufrágio pessoal e livre.

A **liberdade** revela-se, portanto, do mesmo passo, fundamento e limite de democracia. Revela-se fundamento, visto que a participação na condução dos destinos comuns pressupõe a liberdade. E revela-se limite, visto que a democracia (insistimos ainda) não pode pôr em causa a liberdade, e a maioria é sempre maioria de conjuntura, não maioria definitiva, pronta a esmagar os direitos da minoria.

É ainda em virtude de uma opção pela liberdade, e não simplesmente por impossibilidade da democracia direta (de um qualquer seu sucedâneo), que se justifica a democracia representativa, porquanto:

- apenas na democracia representativa se distinguem (sem se cortarem pontes) espaço público e espaço privado, a esfera do Estado e a esfera da sociedade;
- do mesmo modo, somente na democracia representativa se distinguem o cidadão e a pessoa em sua vida própria, não deixando esta ser absorvida pelo cidadão total (caso da Atenas antiga e, sobretudo, dos regimes totalitários do século XX);
- apenas a democracia representativa assegura a separação de poderes e a responsabilidade política dos governantes perante os governados;
- somente a democracia representativa propicia o pluralismo e o contraditório (sem prejuízo do compromisso) no âmbito das assembleias representativas.

Não por acaso têm-se dito muitas vezes que ela não constitui um *minus* no confronto com a democracia direta. Constitui um *majus*.

A dificuldade – real e bem grave – está em que a democracia representativa se tornou, por toda a parte, democracia de partidos; e estes tendem a ocupar todo o espaço público e a deixar pouca margem de atuação para os cidadãos neles não integrados e para o próprio Parlamento.

A solução há de consistir, então, em:

- exigência de democraticidade interna de partido com garantias jurisdicionais das minorias (como, embora timidamente, já consta do art. 51º, n. 5, e do art. 223º, n. 2, alínea "h", da Constituição portuguesa);
- eleições primárias, como nos Estados Unidos;
- abertura das candidaturas parlamentares a grupos de cidadãos;

- complementação por formas de democracia semidireta (referendo, iniciativa popular, até revogação popular de mandato ou *recall*) e de democracia participativa (de grupos e de associações em procedimentos que lhes digam respeito – complementação, não substituição);
- sobretudo, e sempre, mais e mais educação para a cidadania.

2.6 Princípio da maioria

Se o sufrágio é o modo específico de participação política dos cidadãos, particularmente em democracia representativa, a maioria é o critério de decisão – de decisão quer do conjunto dos cidadãos nas eleições e no referendo, quer dos órgãos do Estado de natureza colegial. Governo representativo é governo de maioria.

Contrapostos aos sistemas eleitorais maioritários, nem por isso os sistemas proporcionais deixam de observar o princípio: *primo*, porque apenas as candidaturas que atinjam determinado montante ou cifra (em razão do número de parlamentares a eleger por círculo, distrito ou circunscrição eleitoral) obtêm mandatos; *secundo*, porque são as que obtêm mais votos que obtêm mais mandatos.

Mas por que motivo a maioria deve ser o critério da democracia? Por que devem governar os candidatos que recebem mais votos? Por que deve a lei ter o sentido querido pela maioria?

Está longe de ser pacífica a resposta.

Há quem sustente que se trata de simples ficção ou convenção, de mera regra instrumental ou de preferência. Ou quem, pelo contrário, identifique maioria com manifestação de racionalidade. Mas há ainda quem afirme que lhe subjaz um conteúdo axiológico, seja o princípio da igualdade, seja o princípio da liberdade, seja, porventura, um e outro.

Em harmonia com a ideia de igualdade (que remonta a Aristóteles e que Rousseau levaria às últimas consequências), porque todos os cidadãos têm os mesmos direitos e devem ter o mesmo grau de participação na vida coletiva é que deve prevalecer a maioria; a vontade do maior número entre iguais converte-se em vontade geral; e esta fica sendo a vontade do Estado.

Em harmonia com a ideia de liberdade (especialmente enfatizada por Kelsen), a maioria resulta da autodeterminação dos membros da comunidade política; qualquer decisão imposta deve ser reduzida ao mínimo; tendo de haver uma ordem social, esta não pode estar em contradição senão com a vontade do menor número possível de indivíduos.

Mas também aqui se torna necessário invocar um fundamento axiológico. Sem este não se explicam nem o consentimento, nem a própria obrigatoriedade da decisão decorrente do voto.

E ele encontra-se não apenas na igualdade, nem apenas na liberdade, mas no enlace de uma a outra. Não em uma presunção puramente negativa, de que ninguém conta mais do que os outros, mas no reconhecimento da dignidade cívica de todas as pessoas. Não em uma liberdade com separação de uns dos outros, mas em uma liberdade com integração em uma sociedade de todos. Em suma, na exigência de uma **igualdade livre** ou de uma **liberdade igual para todos**.

A maioria não é fonte de verdade ou de justiça; é apenas forma de exercício de poder ou meio de ação.

Não há, nem deixa de haver verdade nesta ou naquela opção política; há só (ou tem de se pressupor que haja) referência ao bem comum. Naturalmente, quando se suscitem problemas de verdade, sejam quais forem – religiosos, morais, filosóficos, científicos ou técnicos – não cabe decisão de maioria.

Por outro lado, a decisão de maioria implica **publicidade**, não pode ter por objeto questões do foro privado. Porém, a divisão entre as duas esferas, a pública e a privada, apresenta-se hoje bastante ténue. Tampouco se admitem decisões de maioria que afetem o conteúdo essencial dos direitos fundamentais ou o conteúdo essencial da própria democracia representativa – mais especificamente, o pluralismo, os direitos das minorias e a possibilidade de alternâncias e de alternativas.

Democracia representativa não é só governo de maioria. Envolve uma **dialética** necessária de maioria e minoria, sendo a maioria de hoje a minoria de amanhã e a minoria de hoje a maioria de amanhã.

As minorias políticas são sempre contingentes e variáveis. Diversas, porque permanentes, são as minorias étnicas nacionais, linguísticas e religiosas – que existem em não poucos Estados e que se repercutem nas respectivas estruturas constitucionais.

Sobre os direitos dos membros dessas minorias à proteção contra quaisquer discriminações e à preservação de sua identidade não pode ainda incidir a decisão de maioria.

A decisão da maioria pressupõe a **competência** para decidir, seja em diferentes escalões de poder (dos estados federais ou federados, das regiões autônomas, quando existam, e dos municípios), por referência ou não a um princípio de subsidiariedade; seja no mesmo escalão entre seus órgãos.

Nem sequer vale qualquer vontade maioritária, somente vale aquela que se forma no respeito às normas – constitucionais, legais, estatutárias, regimentais – que a estruturam e a regulam. Donde limites formais ou procedimentais acrescem aos materiais e aos orgânicos.

Instrumento de **controle** da maioria é a justiça constitucional: controle dos limites materiais e do procedimento; controle indispensável, sobretudo, para garantia dos direitos fundamentais.

À legitimidade democrática corresponde a legitimidade do controle jurisdicional como legitimidade das minorias diante da maioria. Nem se verifica aqui contradição, tão somente complementaridade. A justiça constitucional apenas se afigura contramajoritária ao inviabilizar esta ou aquela pretensão da maioria, não no contexto global do sistema.

2.7 Eleição, um ato jurídico

Uma eleição pressupõe pluralidade de participantes ou de votos, um colégio eleitoral. Observada a relação entre colégio eleitoral e eleição, afigura-se claro que:

- a eleição em órgão colegial é ato unitário, ao lado dos demais atos provenientes desse órgão – ato unitário, com a marca da colegialidade;
- também é ato unitário a eleição em colégio eleitoral *ad hoc*, cujos membros se reúnem fisicamente (com a diferença de que o colégio se esgota com a prática desse ato e seus membros cessam as funções com ele ou com a decisão de eventual contencioso suscitado).

As dúvidas concernem à eleição em outras categorias de colégios eleitorais *ad hoc* e à que cabe ao eleitorado, complexo de cidadãos eleitores, mormente quando este se desdobre em uma pluralidade de colégios.

Será possível reconduzir à unidade os votos dos eleitores? Será possível – ou necessário – tomar centenas, milhares, milhões de votos expressos em locais dispersos (muitos fora do país) como componentes de um único ato jurídico? E como enquadrar os resultados dos colégios eleitorais locais no colégio eleitoral global?

Cuidando apenas do **eleitorado** (mas o que vale para ele vale *mutatis mutandis* para os outros colégios), responde-se afirmativamente às perguntas formuladas. E isso se justifica pelos motivos elencados a seguir.

- Os aspetos naturalísticos e sociológicos do ajuntamento ou da dispersão dos eleitores não devem prevalecer sobre os aspetos jurídicos das relações institucionais inerentes à eleição.
- O sufrágio não se circunscreve a um direito de exercício coletivo como o direito de manifestação e o direito de greve. Ele está predisposto sob uma organização e implica um procedimento ou vários procedimentos de natureza jurídico-pública.
- Esses procedimentos são constitucional e legalmente imprescindíveis para o funcionamento do Estado, por deles depender a designação dos titulares dos órgãos da função política.
- A votação ocorre de acordo com uma regra de simultaneidade – realiza-se no mesmo dia em todo o território eleitoral, salvo casos restritos de votos antecipados, mas, mesmo estes, só no fim são contados (no Direito português, art. 79º-A, n. 2, e art. 87º da Lei n. 14/1979); e os resultados são anunciados ou proclamados à mesma hora ou no mesmo dia.
- Sejam quais forem as circunstâncias e as motivações subjetivas de cada eleitor, o sufrágio adquire o sentido objetivo de participação com os demais em obra comum e em vinculação à vontade maioritária que se convola em vontade coletiva.
- A validade da eleição não depende tanto da validade de cada ato singular de voto quanto da validade das operações que possam afetar a formação da vontade comum – só se marca nova votação em qualquer assembleia de voto em caso de impossibilidade da primeira, ou só se repete a votação em caso de nulidade quando esteja em causa o resultado global (em Portugal, art. 90º, n. 1, e art. 119º da Lei n. 14/1979).

Para se chegar à votação, há de se percorrer um *iter* mais ou menos longo – desde a marcação de sua data à apresentação das candidaturas, aos atos jurídicos ligados à campanha eleitoral e à constituição das assembleias de voto. E, nesse procedimento (ou série de procedimentos), intervêm ou podem intervir, além das candidaturas e dos cidadãos eleitores, vários órgãos do Estado, políticos, administrativos e jurisdicionais. Mas a votação situa-se, forçosamente, em certo e determinado tempo.

Tudo reside, então, em apreender a dialética da pluralidade dos votos e a agregação que se efetua mediante o apuramento. Se os votos – as manifestações de vontade dos cidadãos eleitores – apresentam conteúdos divergentes, nem por isso deixam de se dirigir a um mesmo efeito jurídico, à luz do interesse do Estado, que é o normal funcionamento de seus órgãos governativos. E pode, então, ao final, falar-se em um único ato jurídico, embora complexo – a eleição.

De resto, a teoria geral do Direito há muito vem distinguindo entre atos simples e complexos – sendo simples os que não se decompõem em outros atos, e complexos os que resultam da conjugação de outros atos, com significado jurídico próprio. Nos atos complexos, por seu turno, consideram-se homogêneos os que têm o mesmo conteúdo com vontades paralelas, e heterogêneos os que têm conteúdos diferentes, vontades divergentes, com decisão pelo princípio da maioria.

Entre os atos complexos avultam os **atos colegiais** – aqueles em que o conjunto de declarações está submetido a uma regra que permite extrair juridicamente a vontade (normativa) da entidade a que respeita.

Manifestamente, a eleição, mesmo sem reunião física dos cidadãos, integra-se na categoria dos atos complexos e colegiais.

Poderia contrapor-se que, fazendo-se a eleição por círculos, distritos ou circunscrições eleitorais locais (plurinominais ou uninominais), o esquema conceitual acabado de formular seria inaplicável à configuração de eleições a nível nacional.

Não é assim. Tal como se passa das assembleias de voto para cada um desses colégios eleitorais locais, passa-se destes para o colégio eleitoral global. E, assim como em cada colégio se obtém a designação destes ou daqueles representantes, igualmente no âmbito global se obtém a composição da assembleia a constituir e, através dela, a formação ou não desta ou daquela maioria. Continua a encontrar-se uma finalidade objetiva comum.

A divisão do território eleitoral em círculos, distritos ou circunscrições territoriais decorre de razões de funcionalidade, destina-se (ou deveria destinar-se) a propiciar o conhecimento dos candidatos pelos eleitores e só, muito lateralmente, pode ligar-se a qualquer espécie de representação local. E os deputados representam todo o país (ou, em uma região autônoma, toda a região), e não os círculos por que são eleitos, como se lê em Portugal, na Constituição de 1976 (art. 152º, n. 2); e essa é uma exigência insuperável dos Parlamentos modernos.

Tampouco se afigura obstáculo maior a eleição em sistema proporcional, com o aparente retalhar do eleitorado pelas candidaturas, às quais corresponderiam outros tantos colégios eleitorais (quer dizer: cada candidatura com deputados eleitos assentaria em um próprio colégio eleitoral, o de seus eleitores).

A representação proporcional desempenha um papel ambivalente. Por um lado, propiciando a presença no Parlamento das diversas correntes políticas, é certo que torna nítidas ou mais nítidas as divergências que existam no eleitorado. Em contrapartida, essa presença constitui um fator de comunicação, de integração política e de confluência de orientações ou opções programáticas. O espectro da distribuição de votos pelas candidaturas tem por detrás o eleitorado como um todo.

2.8 Eleição e procedimento

É conhecido o conceito de *procedimento* como a pluralidade de atos que se sucedem no tempo, com intervenção de vários sujeitos, relativamente autônomos ou autonomizáveis e que se traduzem em um ato jurídico complexo que os congloba ou substitui.

Reconduz-se a eleição a procedimento? Depende do sentido que se lhe dê.

Sem dúvida, pode e deve falar-se em procedimento relativamente à sucessão de atos, desde a marcação do dia da votação. A única ressalva é que aí não se encontram somente procedimentos verdadeiros e próprios.

Já não é procedimento a eleição na condição de ato que integra os votos de todos os eleitores, dada a simultaneidade jurídica desses atos independentemente de qualquer descontiguidade espacial ou temporal.

Sem considerar agora o recenseamento ou alistamento eleitoral (ele próprio um procedimento), relativamente a cada eleição sucedem-se diferentes momentos, a que correspondem atos e procedimentos com características próprias.

São procedimentos **preparatórios**:

- a marcação da data das eleições;
- a propositura de candidaturas; e
- a constituição das assembleias e seções de voto e das mesas.

E, quando haja eleições parlamentares, a distribuição dos mandatos pelos círculos, distritos ou divisões eleitorais.

São procedimentos **perfectivos**:

- a votação, abrangendo não apenas o exercício do sufrágio pelos eleitores como ainda outros atos por eles praticados, e os atos da mesa, dos candidatos e dos delegados;

- o apuramento, parcial e geral, na medida em que se mostra inseparável da votação.

E é procedimento **integrativo** de eficácia a proclamação dos resultados de apuramento geral.

Para além disso, para que qualquer eleição se realize têm de ser efetuadas múltiplas operações materiais, como a feitura dos boletins de voto, o arranjo dos locais destinados às assembleias de voto, o fornecimento dos materiais de trabalho das respetivas mesas, em papel ou eletrônicos, e das assembleias de apuramento.

E, sobretudo, por imperativo democrático, tem de se desenvolver e organizar um tempo de promoção das candidaturas – a campanha eleitoral, em que, sem prejuízo de numerosos atos jurídicos, avultam também operações políticas e materiais.

2.9 Eleições e contencioso eleitoral

Os procedimentos eleitorais são necessariamente marcados em democracia pelo contraditório político. A seu lado, não raro como sua consequência, surgem controvérsias, litígios, conflitos jurídicos. Daí o contencioso eleitoral político como o conjunto de meios organizatórios e processuais destinados à sua solução. Da mesma foram que há procedimentos eleitorais, também há processos eleitorais perante órgãos jurisdicionais.

Pois bem: o direito de acesso aos órgãos e meios processuais deve considerar-se um direito fundamental inerente ao princípio da participação política e aos direitos dele decorrentes, desde o direito de sufrágio e o de ser eleito até o de associação para apresentação de candidaturas e o de promoção de propaganda eleitoral. Eleições livres e justas (para usar uma locução corrente) exigem um contencioso eleitoral estruturado segundo os cânones do Estado de Direito. E também por aqui se vislumbra a ligação incindível entre democracia e Estado de Direito.

Especificamente para esse efeito, no Brasil, os cidadãos eleitores podem servir-se do mandado de segurança, do mandado de injunção e do *habeas corpus* (art. 121, § 4º, da Constituição brasileira); na Espanha, do recurso de amparo (art. 102 da Constituição espanhola); em Portugal, dos recursos eleitorais (art. 223º, n. 2, alínea "c", da Constituição portuguesa) e, em certos casos, da ação popular (art. 52º) e da intimação para proteção de direitos, liberdades e garantias (art. 109º do Código de Processo nos Tribunais Administrativos).

O contencioso eleitoral político tem de dar resposta a uma tríplice demanda – de direitos fundamentais, de periodicidade das eleições e renovação dos titulares de órgãos nos prazos constitucionais e da legitimação dos eleitores.

Como **características** do contencioso eleitoral podem ser enunciadas:

- é contencioso constitucional, porque as eleições políticas são atos materialmente, senão formalmente constitucionais;
- sofre modulações e variações consoante os atos e procedimentos em que se enxerta;
- depende do tempo no sentido de, salvo o contencioso do recenseamento, ser um contencioso ocasional ou sazonal, só atuável quando haja eleições (ou referendos);
- depende do tempo no sentido da máxima celeridade processual em razão da sucessão de atos e procedimentos com datas pré-marcadas ou inadiáveis;
- entrelaçam-se elementos objetivistas e elementos subjetivistas;

- é contencioso de plena jurisdição, porque, independentemente da anulação ou declaração de nulidade de um ato, o órgão competente pode decretar uma providência adequada a cada caso, com vistas à plena regularidade e validade dos procedimentos e até substituir-se à entidade recorrida na prática de um ato sempre que tal se torne necessário.

Tal como o progresso do Estado de Direito tem vindo a manifestar-se, na Europa e em alguns países fora da Europa (desde o Chile até a África do Sul, a Angola e a Coreia do Sul), quanto à criação de tribunais constitucionais, também no domínio da apreciação da validade e da regularidade das eleições é uma verdadeira e própria justiça eleitoral (utilize-se ou não esse nome) que tem vindo a emergir, ultrapassando, de vez, os controles administrativos e o sentido constitutivo da verificação de poderes pelos Parlamentos.

Hoje, tudo está em optar entre **um** de três **caminhos** possíveis:

1. atribuição aos tribunais comuns, em moldes próximos do controle difuso;
2. atribuição ao tribunal constitucional (ou a órgão homólogo, jurisdicionalizado); ou
3. criação de tribunais especializados.

Na maior parte das experiências recentes, entre as quais a portuguesa (art. 223º, n. 2, alínea "c", da Constituição), o segundo modelo é dominante. No Brasil, ao contrário, desde 1934 existem tribunais eleitorais, com jurisdição própria, embora compostos, em sua maior parte, por juízes provenientes de outros tribunais (arts. 92 e 118 e seguintes da Constituição brasileira).

2.10 Direito Eleitoral político, um segmento do Direito Constitucional

À eleição corresponde o Direito Eleitoral; à eleição política o Direito Eleitoral político – conjunto de normas respeitantes aos procedimentos ou processos eleitorais políticos.

Assim, primeiramente, ele tem por objeto as eleições para os titulares dos órgãos de função política, bem como as eleições para os titulares de órgãos de funções diversas, mas com relevância política. Tem por objeto, portanto, as eleições para os órgãos políticos do Estado, de regiões autónomas, quando existam, e dos municípios (que, de resto, por toda a parte, aparecem, de uma maneira ou de outra, integradas na organização do poder político).

Às eleições para os Parlamentos nacionais assimilam-se, nos Estados membros da União Europeia, as eleições para o Parlamento europeu, reguladas, em cada um, pela sua legislação interna e por algumas, mas ainda poucas, normas comunitárias.

Em segundo lugar, Direito Eleitoral político é o que se reporta às eleições em assembleias representativas e, eventualmente, em quaisquer outros órgãos do Estado (federal ou federado, quando for o caso) e de entidades infraestatais, como regiões autónomas e municípios – sejam para cargos internos (*v.g.*, presidência do Parlamento), sejam para outros cargos (desde a presidência da República, em certos países, até às dos tribunais constitucionais), independentemente da natureza desses atos, em regra, só designativa, e não também representativa.

Em terceiro lugar, o Direito Eleitoral político não pode deixar de abranger as eleições no seio dos partidos políticos (pelo menos, dos partidos de âmbito nacional e com assento no Parlamento). Sujeitos primaciais do contraditório político, os partidos não podem ser estranhos ao Direito Eleitoral. Associações de Direito Constitucional, as eleições que neles se efetuem, tanto para escolha dos titulares de seus órgãos quanto para designação dos candidatos a eleições externas, implicam princípios e regras inseparáveis dos princípios e regras que dali decorrem.

Eleições relativas a órgãos do Estado e de outras entidades públicas, eleições no interior desses órgãos, eleições no âmbito de partidos políticos – eis o **tríplice domínio** do Direito Eleitoral político.

Quando se equaciona a questão da autonomia de certo setor da ordem jurídica, atendem-se a três tipos de critérios. Atendem-se a critérios concernentes ao objeto das normas; ou aos diplomas que o regulam; e aos princípios definidores do tratamento da matéria.

Em face desses critérios – objeto, instrumento legislativo e sentido da regulamentação – é o Direito Eleitoral um ramo autônomo de Direito? A resposta tem de ser negativa. Não há um Direito Eleitoral *a se*; o Direito Eleitoral pertence, sim, a qualquer ramo de Direito a que se reporte a eleição de que cuida.

Com efeito, as eleições que se realizem em associações de direito privado pertencem ao Direito Civil; se se tratar de eleições no âmbito das sociedades comerciais, tratar-se-á de Direito Eleitoral comercial, parte integrante do Direito Comercial; se se considerarem eleições sindicais, estaremos em Direito do Trabalho ou em Direito Sindical; se se tratar de eleições em associações públicas, universidades ou outras pessoas coletivas de direito público não territoriais, mover-nos-emos dentro do Direito Administrativo; e, finalmente, se olharmos para eleições com vistas a órgãos do poder político, estaremos perante uma parte integrante do Direito Constitucional.

Nem poderia deixar de ser assim. Se a eleição política é uma instituição básica do Estado constitucional representativo moderno, tudo quanto lhe respeita tem de ser considerado elemento participante do Direito

Constitucional. As opções subjacentes a essas normas – sufrágio restrito ou universal, voto obrigatório ou não, sujeitos de processos eleitorais, sistemas eleitorais – traduzem outras tantas grandes opções constitucionais.

Cada Constituição não só vai dirigir-se à regulamentação dos atos eleitorais que prevê, mas também conferirá cunho próprio à eleição; e são, de todo em todo, diversas a eleição em sentido material de regimes pluralistas – assentes na liberdade política e na concorrência de partidos – e a eleição no âmbito de regimes autoritários e totalitários – degradada a processo meramente formal, sem conteúdo de livre escolha por parte dos cidadãos.

No que tange ao segundo critério, observe-se que raríssimas são as Constituições formais que não contêm normas sobre matérias eleitorais, mais ou menos vagas ou mais ou menos precisas e copiosas, embora sem nunca esgotarem seu tratamento. Mas não é por haver múltiplos diplomas legislativos a completarem-nas que o Direito Eleitoral fica fora do Direito Constitucional. É o mesmo que acontece com os direitos fundamentais, por exemplo. Nenhuma Constituição, nem a mais regulamentada, abarca tudo – por razões históricas, políticas e jurídicas conhecidas.

Finalmente, quanto ao terceiro critério, é óbvio que, precisamente até em virtude disso, os princípios fundamentais de Direito Eleitoral político são princípios constitucionais. Não há princípios de Direito Eleitoral político que não sejam também **princípios político-constitucionais**, que não reflitam, direta ou indiretamente, princípios axiológicos fundamentais e que não se projetem ainda em princípios constitucionais instrumentais. Princípios constitucionais a par de outros, tanto recebem, pois, o influxo interpretativo e integrativo dos demais quanto sobre eles vêm, por seu turno, a influir.

Não por acaso, seis das Constituições dos países de língua oficial portuguesa enunciam os princípios gerais de Direito Eleitoral no âmbito de seus corpos normativos: a portuguesa (art. 113º), a brasileira (art. 14), a caboverdiana (arts. 104º e segs.), a timorense (art. 65º), a moçambicana (art. 135º) e a angolana (art. 107º).

Assim como hoje se fala em Constituição econômica ou em Constituição cultural, em Direito Constitucional do Trabalho ou em Direito Constitucional Tributário ou, ainda, em Direito Parlamentar, também pode e deve falar-se em Constituição Eleitoral como parcela com contornos próprios dentro da Constituição.

Essas e outras diferenciações ou autonomizações mostram-se úteis, na tríplice medida em que propiciam uma mais nítida consciência do escopo da Constituição, em que permitem um aprofundamento da análise das diversas normas constitucionais e em que servem de apoio para a ponte entre essas normas e as correspondentes normas de Direito ordinário. Não devem acarretar a pulverização, a perda da unidade sistemática da Constituição ou o retorno a uma exegese sem futuro.

Tudo reside, pois, em manter a constante comunicação e o necessário equilíbrio entre as normas constitucionais sobre eleições e as demais normas.

Porém, a nota individualizadora mais saliente do Direito Eleitoral vem a ser mesmo a articulação de direitos fundamentais com organização e procedimento, porque o direito de sufrágio não pode exercer-se sem organização e sem procedimento, e estes, conquanto integráveis na estrutura própria do poder, são daqueles indesligáveis. Mais do que em qualquer outro direito fundamental, está aqui presente a **multidimensionalidade**. Há de se discernir situações jurídicas subjetivas e princípios objetivos, interesses individuais e interesses institucionais, valores da personalidade e valores comunitários.

Por outro lado, e sem prejuízo da unidade imposta pela sua finalidade essencial e por causa dela – a expressão (ou a expressão autêntica) da vontade popular –, o Direito Eleitoral espraia-se por normas de diversos tipos: substantivas, sobre jurisdição e processuais, financeiras e sancionatórias.

Essas normas colocam o Direito Eleitoral em contato com o Direito Administrativo, o Judiciário, o Processual, o Financeiro, o Penal, o do ilícito de mera ordenação social; e algumas delas revestem, de certo modo, uma dupla característica (a de pertencerem, simultaneamente, ao Direito Constitucional e a esses ramos, com as inerentes consequências para sua interpretação e sua integração).

Região específica do Direito Constitucional, o Direito Eleitoral haverá de ser estudado tendo sempre em conta aquilo a que se tem chamado de *realidade constitucional*, ou realidade política, econômica, social e cultural do país a que pretende aplicar-se e de que depende, em larga medida, seu modo de vigorar. E haverá, por conseguinte, quem o trabalhar de saber apreender – com espírito aberto, mas recusando qualquer sincretismo – dados imprescindíveis da história, da sociologia e, sobretudo, da ciência política.

Se o Direito é inerente à experiência humana, o Direito Eleitoral é inerente à experiência democrática. E, se a ciência jurídica, voltada para a resolução dos problemas decorrentes dessa experiência, mostra-se ciência antecedente da ação, também o conhecimento sistemático do Direito Eleitoral pode ser um contributo importante para que a cidadania se exerça com mais liberdade e seriedade.

Infelizmente, ainda são raras as obras gerais de Direito Constitucional que dedicam ao Direito Eleitoral a atenção devida e, sobretudo, que o integram em seus sistemas. Se a eleição é hoje muito mais estudada e compreendida como fenômeno jurídico *a se* do que no século XIX, daí não se tem passado – salvo em algumas poucas monografias – a uma construção dogmática abrangente de todos os aspectos substantivos e procedimentais que envolve e que a envolvam.

2.11 Princípios constitucionais

Constituições ambas democráticas, a portuguesa e a brasileira enunciam princípios comuns de Direito Eleitoral (arts. 10º, n. 1, 49º, 113º e 228º, alínea "h", a primeira; arts. 14, 16 e 60, § 4º, inciso II, a segunda).

São princípios constitucionais relativos aos **eleitores**:

- Universalidade: como corolário ou manifestação do princípio geral da universalidade dos direitos.
- Igualdade: como corolário ou manifestação do princípio geral da igualdade.
- Individualidade: como sufrágio de cada pessoa singular, de cada cidadão, e não de qualquer grupo ou corporação.
- Pessoalidade: o sufrágio é exercido pessoalmente, sem se admitir forma alguma de representação.
- Liberdade: o sufrágio implica liberdade e, como garantia da liberdade, é secreto.
- Imediatividade: a eleição política é direta, e não por graus, embora com algumas exceções em âmbito local, no Direito português.

São princípios respeitantes à inserção na **organização** de poder político e aos **procedimentos**:

- Periodicidade: como corolário dos princípios representativo e da renovação (art. 118º da Constituição portuguesa) e condição *sine qua non* de alternância democrática.
- Liberdade: refere-se não só aos eleitores, mas também a todos os sujeitos de candidaturas (art. 113º, n. 3, alínea "a", da Constituição portuguesa).
- Igualdade de eleitores: no sentido de proporcionalidade na relação entre o número de eleitores e o de representantes a eleger por círculos eleitorais (art. 149º, n. 2, da Constituição portuguesa).

- Igualdade: também tanto de eleitores como de candidatos, antes e depois das campanhas eleitorais.
- Imparcialidade de entidades públicas: como corolário ou manifestação do princípio geral da imparcialidade.
- Participação na administração eleitoral: a administração eleitoral assenta nos eleitores, como garantia de liberdade e como corolário, por seu turno, do princípio da democracia participativa.
- Representação proporcional: sem prejuízo da relativa liberdade conformadora do legislador em sua concretização.
- Estabilidade da lei eleitoral: em caso de dissolução de órgãos colegiais, as novas eleições realizar-se-ão pela lei eleitoral vigente ao tempo da dissolução, sob pena de inexistência jurídica daquele ato (art. 113º, n. 6, da Constituição portuguesa) e, por identidade de razão, desde a convocação das eleições (art. 133º, alínea "b", da Constituição portuguesa) tampouco pode ser alterada a lei eleitoral; ou ainda, indo mais longe e melhor, a lei que altere o processo eleitoral não se aplica à eleição que ocorra até um ano da data de sua vigência (art. 16 da Constituição brasileira).
- Jurisdicionalidade: o contencioso eleitoral cabe aos tribunais – seja o Tribunal Constitucional em Portugal (art. 223º, n. 2, alínea "c", da Constituição), sejam tribunais especializados, os tribunais eleitorais no Brasil (arts. 118 e seguintes da Constituição brasileira)

A par desse Direito Eleitoral **substantivo**, encontra-se o Direito do contencioso eleitoral, um Direito Eleitoral **adjetivo**, por meio do qual se procura garantir não só a regularidade final de todos os procedimentos, mas também a adequação dos resultados à vontade real dos cidadãos eleitores.

Mas, naturalmente, os princípios de Direito Eleitoral adjetivo reconduzem-se aos de Direito Processual Constitucional, sendo uns estruturantes, outros instrumentais.

Todos reconduzíveis à ideia-força de processo equitativo (art. 20°, n. 4, 2ª parte, da Constituição portuguesa) ou de devido processo legal (art. 5°, inciso LIV, da Constituição brasileira), apontam-se os seguintes princípios **estruturantes**:

- da igualdade dos intervenientes processuais;
- do contraditório (*audiatur et altera pars*) ou de que os intervenientes processuais devem gozar de igualdade de oportunidades para expor suas razões, procurando convencer o tribunal em dialética e recíproca fiscalização;
- da legalidade dos atos do processo; e
- da fundamentação das decisões que não sejam de mero expediente.

E como princípios **instrumentais**:

- do pedido na dupla vertente de necessidade de iniciativa externa para a abertura do processo e de fixação do objeto do processo pelo pedido;
- do conhecimento oficioso do Direito;
- da utilidade da decisão, em face da situação normativa que se verifique ou de sua relevância para as situações da vida;
- da economia processual;
- da celeridade; e
- do processo escrito.

3

Ação declaratória de constitucionalidade brasileira: particularidades históricas e efeitos

Brazilian Declaratory Action of Constitutionality: Historical Particularities and Effects

Alexandre Coutinho Pagliarini

Isabela Lacerda

Alexandre Coutinho Pagliarini

Pós-Doutorado em Direito Constitucional pela Universidade de Lisboa. Doutor e mestre em Direito do Estado pela Pontifícia Universidade Católica de São Paulo (PUC-SP). Professor efetivo dos cursos de Mestrado e de Graduação em Direito do Centro Universitário Internacional Uninter e professor da Fundação Escola do Ministério Público do Paraná (Fempar).

Isabela Lacerda

Especialista em Direito Público pela Fundação Escola do Ministério Público do Paraná (Fempar) e pela Universidade Positivo.

Resumo

O sistema jurídico brasileiro é repleto de ferramentas que podem proporcionar tanto um resultado positivo, como a tutela de um bem jurídico, quanto um resultado negativo, como o aumento das demandas no sistema judiciário do país ou a criação de institutos cujos efeitos – revertidos – já se encontram em instrumento anterior: no caso, a criação da ação declaratória de constitucionalidade (ADC), pela Emenda Constitucional (EC) n. 3, de 17.3.1993, – cujos efeitos inversos já estavam presentes na anterior ação direta de inconstitucionalidade (ADI). A ADC é um instrumento que objetiva a declaração, pelo Supremo Tribunal Federal (STF), da constitucionalidade de uma lei ou ato normativo federal já em pleno vigor e dotado da presunção de legitimidade, fé pública e até de constitucionalidade. Portanto, sua aplicação é redundante, uma vez que vai requerer a declaração da constitucionalidade do que já é válido por ter tramitado por um processo legislativo em Casas Congressuais dotadas de Comissões de Constituição e Justiça. Dessa forma, resta evidente que a ADC pode significar mais uma atribuição para abarrotar as já cheias prateleiras do Supremo Tribunal brasileiro em sede de controle abstrato de constitucionalidade. Vale destacar, ainda, que essa ADC foi proposta pelos parlamentares e promulgada durante o governo de Itamar Franco, em um cenário econômico conturbado em razão da crise inflacionária pela qual atravessava o Brasil e as ações que seriam implantadas pelo Plano Real, devendo-se salientar que, nessa época, o país apresentava também grande instabilidade política em virtude da queda de Fernando Collor. Por outro lado, de certa forma, a ADC se mostra capaz de fortalecer as medidas políticas tomadas para combater as crises, sobretudo porque só será julgada procedente se demonstrada objetivamente a existência de controvérsia judicial em torno da constitucionalidade de norma guerreada em outros tribunais, sendo necessário, ainda, que o autor refute as razões alinhadas como fundamento na tese da inconstitucionalidade e pleiteie a declaração de sua constitucionalidade. A ADC teve sua disciplina processual regulamentada pela Lei n. 9.868/1999.

Abstract

The Brazilian legal system is replete with tools that can provide both a positive result, as well as the protection of a legal asset, and a negative result, such as increasing demands in the country's judicial system or the creation of institutes whose effects – reversed – already are in previous instrument: in this case, the creation of the declaratory action of constitutionality (DAC), by Constitutional Amendment (CA) n. 3, dated in the year of 1993, on the 17th of march, – whose reverse effects were already present in the previous direct action of unconstitutionality (DAU). The DAC is an instrument that aims at the declaration by the Federal Supreme Court of the constitutionality of a federal law or normative act already in full force and endowed with the presumption of legitimacy, public faith and even constitutionality. Therefore, its application is redundant since it will require the declaration of the constitutionality of what is already valid because it has been processed by a legislative process in Congress Houses endowed with Commissions of Constitution and Justice. Thus, it remains evident that the DAC may mean one more assignment to cram the already full shelves of the Brazilian Supreme Court in the abstract control of constitutionality. It is also worth mentioning that this DAC was proposed by the Parliamentarians and promulgated during the Itamar Franco's administration in a troubled economic scenario due to the inflationary crisis through which it crossed Brazil and the actions that would be implemented by the Real Plan, and it should be noted that at this time the country also presented great political instability, due to the fall of Fernando Collor. On the other hand, DAC is in a way capable of strengthening the political measures taken to combat crises, especially since the DAC will only be judged to be appropriate if it objectively demonstrates the existence of judicial controversy regarding the constitutionality of a rule in other courts, and it is also necessary that the author refutes the reasons grounded as a basis in the thesis of unconstitutionality and plead the declaration of its constitutionality. The DAC had its procedural discipline regulated by Law 9.868/1999.

Palavras-chave

Controle abstrato de constitucionalidade. Ação declaratória de constitucionalidade (ADC). Instrumento de governo.

Keywords

Abstract control of constitutionality. Declaratory action of constitutionality (DAC). Instrument of government.

Sumário

3.1 Considerações iniciais. 3.2 Momento político-econômico da Emenda Constitucional n. 3/1993. 3.3 *Impeachment* de Fernando Collor de Mello. 3.4 A hiperinflação brasileira. 3.5 A chegada de Itamar Franco à presidência. 3.6 Medida Provisória n. 434/1994. 3.7 Controle de constitucionalidade brasileiro. 3.8 ADC como instrumento de confirmação só de lei ou ato normativo federal. 3.9 O governo na ADC n. 46/DF. 3.10 Afronta ao princípio da legalidade. 3.11 Significado e alcance do princípio da legalidade no processo legislativo e no direito público. 3.12 Controle de constitucionalidade brasileiro e direito comparado. 3.13 Efeitos cruzados: ADI × ADC. 3.14 Considerações finais. Referências.

Summary

3.1 First considerations. 3.2 Political-economic moment of Constitutional Amendment n. 3/1993. 3.3 Impeachment of Fernando Collor de Mello. 3.4 Brazilian hyperinflation. 3.5 The arrival of Itamar Franco to the presidency. 3.6 Provisional Measure n. 434/1994. 3.7 Brazilian control of constitutionality. 3.8 DAC as an instrument of confirmation only of law or federal normative act. 3.9 The government in the DAC n. 46. 3.10 Disrespect to the principle of legality. 3.11 Meaning and scope of the principle of legality in the legislative process and in public law. 3.12 Brazilian control of constitutionality and comparative law. 3.13 Cross effects: DAI × DAC. 3.14 Final considerations. References.

3.1 Considerações iniciais

No sistema jurídico brasileiro, o controle de constitucionalidade pode ser exercido por meio de diversas ações e seu principal objetivo é verificar se uma lei ou um ato normativo está de acordo com nossa Carta Magna. Tradicionalmente, o Brasil se inspira tanto no controle de matriz norte-americana (difuso, incidental e concreto) quanto no controle do sistema europeu, iniciado na Áustria e desenvolvido em verdadeiros tribunais constitucionais de controle abstrato, direto e concentrado. A Constituição Federal (CF) de 1988 (Brasil, 1988) manteve a tradição norte-americana para cá trazida por Ruy Barbosa, mas ampliou significativamente a possibilidade de se discutir a constitucionalidade de lei ou de ato normativo perante do Supremo Tribunal Federal (STF), independentemente de partes em litígio, pela via concentrada de controle de constitucionalidade.

A ação declaratória de constitucionalidade (ADC) é um instrumento de controle constitucional que não é tão simples a ponto de significar o inverso da ação direta de inconstitucionalidade (ADI). Algo que aparentemente vem sendo demonstrado pelo STF, de acordo com os dispositivos da Lei n. 9.868, de 10 de novembro de 1999 (Brasil, 1999a); isso porque a ADC só será julgada procedente se demonstrada objetivamente a existência de controvérsia judicial em torno da (in)constitucionalidade da norma. É necessário, ainda, que o autor refute as razões alinhadas como fundamento na tese da inconstitucionalidade e pleiteie a declaração de sua constitucionalidade.

Essa ação judicial surgiu de um caos político e econômico brasileiro, quando medidas de regulação da inflação foram tomadas, como a instituição do Plano Real. Nesse cenário, para reafirmação das atitudes adotadas, fez-se necessária a criação da ADC, a partir da Emenda Constitucional (EC) n. 3, de 17 de março de 1993 (Brasil, 1993).

artigo 3
Ação declaratória de constitucionalidade brasileira: particularidades históricas e efeitos

Quando se fala em ADC, há de se conceber que ela está intimamente ligada ao princípio da legalidade, mais precisamente à dúvida acerca de tal princípio, pois é evidente que uma lei ou um ato normativo federal, antes de ser publicado, sujeita-se a um sério processo legislativo que inclui a verificação da constitucionalidade do projeto de lei pelas Comissões de Constituição e Justiça das Casas do Congresso Nacional, ocorrendo isso *a posteriori* no caso de medidas provisórias que já estejam em vigor e que, para se tornarem leis em sentido estrito, são posteriormente analisadas pelo Parlamento, conforme prescreve o art. 62 da CF/1988.

Dessa forma, a existência da ADC permite concluir que lei ou ato normativo federal válidos passam a necessitar de confirmação da Suprema Corte brasileira. Isso dá a impressão de que os princípios da constitucionalidade, da legalidade e do devido processo legislativo possam não ter sido respeitados durante a elaboração da norma infraconstitucional, a qual, pela ADC, será confirmada, mesmo "já valendo", o que acaba por representar um desprestígio ao Legislativo, que pode necessitar de confirmação de constitucionalidade pelo STF em caso de ajuizamento da ADC.

Este trabalho apresenta três partes consecutivamente amalgamadas: (1) a primeira visa explicar o ambiente político-econômico do Brasil em que surgiu a ADC; (2) a segunda disserta sobre as questões conceituais dessa nova ação, bem como sobre sua relação com o princípio da validade, da legalidade e da constitucionalidade de atos normativos, que, no processo de sua formação, presumivelmente seguiram os trâmites constitucionais do processo legislativo (no caso de leis e atos normativos federais) e os mandamentos constitucionais na hipótese de ADC contra medidas provisórias regularmente editadas pelo Presidente da República, as quais, depois, devem ser apreciadas pelo Congresso Nacional para a transformação em lei federal; (3) por fim, na terceira parte, o trabalho apresenta algumas críticas baseadas no direito comparado e na redundância que a ADC pode representar no âmbito jurídico.

3.2 Momento político-econômico da Emenda Constitucional n. 3/1993

A EC n. 3/1993 introduziu no sistema jurídico brasileiro a ADC de lei ou de ato normativo federal. Cabe destacar que, um pouco antes, o Brasil apresentava uma grande instabilidade político-econômica marcada pelos registros de corrupção de que fora acusado o Presidente Fernando Collor de Mello.

Essa emenda à CF/1988 deu nova redação ao art. 102, inciso I, alínea "a", 2ª parte, e ao *caput* do art. 103 do texto constitucional. Ainda que redundante, cabe destacar que esse instrumento pressupõe a controvérsia da (in)constitucionalidade da lei, e isso pode ser aferido por meio do número de ações em que a lei é impugnada (Silva, 2013). Portanto, reitere-se que a ADC é instrumento de controle abstrato, ou seja, trata-se de ação que visa à declaração do STF no que se refere à constitucionalidade de lei ou ato normativo federal. Nesse sentido, a ADC é definida como ação que tem a característica de um meio paralisante de debates em torno de questões jurídicas fundamentais de interesse coletivo (Silva, 2013).

Cabe ainda ressaltar que a CF/1988, renovada pela EC n. 3/1993, teve como objetivo demonstrar uma oposição à ADI. Dessa forma, é possível afirmar que a ADC visou providenciar a segurança jurídica de dada norma que vinha sendo objeto de discussões acerca de sua (in)constitucionalidade.

A exemplo disso, no cenário político da época, vale dizer que a Lei n. 8.888/1994, art. 38, que estabeleceu a Unidade Real de Valor (URV), no contexto do Plano Real, foi alvo de impugnação perante o STF. O Ministro Marco Aurélio ressaltou o não cabimento da ação de descumprimento de preceito fundamental (ADPF) para o caso, mas reconheceu a conveniência da ADC (STF, 2014).

A utilização do instrumento que declarasse a constitucionalidade de ato normativo federal a fim de solucionar controvérsias parecia necessária, considerando que o Brasil se encontrava em época de hiperinflação e instável politicamente em virtude do *impeachment* de Collor.

No contexto histórico brasileiro, foi durante o governo Itamar Franco que a ADC surgiu, pois era um momento em que havia muitos questionamentos quanto à constitucionalidade da Medida Provisória (MP) n. 434, de 27 de fevereiro de 1994 (Brasil, 1994a), que criou o Plano Real.

3.3 *Impeachment* de Fernando Collor de Mello

Fernando Collor de Mello, em 1986, foi eleito governador do Estado de Alagoas pelo Partido do Movimento Democrático Brasileiro (PMDB) e, em pouco tempo, tornou-se alvo de curiosidade em todo país. Ele se apresentava como o ícone da política brasileira que lutaria pelo saneamento e a moralização da Administração Pública (Lattman-Weltman, 2018). A título de curiosidade, era Collor que chamava os altos servidores públicos de *marajás*.

Dando continuidade ao seu governo em Alagoas, Collor rompeu com o PMDB, uma vez que este cedera às pressões do Presidente José Sarney, que, durante seu mandato, conseguiu que o Congresso Revisor aumentasse o mandato de presidente da República para cinco anos, beneficiando-se a si próprio com tal inovação constitucional.

Collor lançou-se, então, candidato à presidente da República pelo Partido da Reconstrução Nacional (PRN), tendo vencido o candidato do Partido dos Trabalhadores (PT). Ao assumir o cargo de presidente do Brasil, Collor imediatamente colocou em prática o Plano Collor l, que tinha como objetivo o combate à inflação – altíssima àquela época, alcançando taxas de 100% ao mês (Cury; Gasparin, 2012).

Entretanto, em pouco tempo, todo o entusiasmo com que se recebeu o novo presidente refluiu, pois a inflação não diminuiu. A intervenção do governo na economia de maneira desorganizada gerou grande recessão, além do fato de que, nessa questão econômica, Collor era ambíguo, uma vez que ao mesmo tempo modernizou o Estado brasileiro e diminuiu seu tamanho.

No livro *Diários da presidência*, de Fernando Henrique Cardoso (2015), existem relatos de problemáticas políticas que assolavam o governo Collor. Em conversa com Collor, Fernando Henrique e Tasso Jereissati não aceitaram a proposta de serem ministros. Naquela altura, os dois ainda não sabiam das denúncias de corrupção que marcavam o governo; apenas não queriam ser "enfeite de bolo", por isso recusaram os cargos de ministros. A ideia, até então, era não se negarem a cooperar com aquele governo que parecia ter mudado o rumo da economia para uma maior abertura comercial, mesmo porque Collor remetera ao Congresso muitas propostas de emendas constitucionais e projetos de leis que eles também apoiavam (Cardoso, 2015).

O fato é que, com base em denúncias apresentadas por seu próprio irmão, Fernando Collor passou a ser alvo de muitas suspeitas de corrupção, o que tornou impossível a estabilidade do comando político nacional. Em maio de 1992, o então Presidente foi formalmente acusado de corrupção, principalmente por conta da atuação do tesoureiro de sua campanha eleitoral, Paulo César Farias (conhecido como *PC Farias*), e essa acusação foi confirmada pela Comissão Parlamentar de Inquérito (CPI), presidida pelo Senador Amir Lando e relatada pelo Deputado Benito Gama. Em seguida, a Câmara dos Deputados autorizou a abertura do processo do *impeachment* perante o Senado Federal, para isso presidido pelo Presidente do STF à época, Ministro Sidney Sanches. Aceita a denúncia pelo Plenário da Câmara, Collor foi afastado por 180 dias, tendo assumido o governo provisoriamente o Vice-Presidente Itamar Franco. Em dezembro de 1992, Collor renunciou e teve seus direitos políticos cassados (Casarões; Sallum Jr., 2011).

Os cientistas sociais têm estudado os fatores que levaram à **queda de Collor**. Entretanto, a corrupção pouco tem sido aludida como fator determinante para o *impeachment* (Casarões; Sallum Jr., 2011).

Dessa forma, cabe destacar outro ponto de vista: as circunstâncias adversas e a reduzida capacidade macrossocial de escolher um rumo para superá-las marcavam a sociedade brasileira quando da eleição de Fernando Collor. Ainda, ressalta-se que, na década de 1980, os sistemas políticos e econômicos eram incapazes de acomodar as tensões sociais. A renda por pessoa e a taxa de urbanização refletiram-se em inflação crescente, ocasionando aumento na participação política, associativa e eleitoral. Diante de todo esse cenário, o Estado perdeu a capacidade de acomodar, de forma legitimada, os conflitos. Isso repercutiu na impotência do Estado em impulsionar o crescimento econômico à medida que entrou em crise fiscal, pressionado pelos encargos do endividamento externo e pelas pressões redistributivas (Lamounier, 1990).

3.4 A hiperinflação brasileira

Um dos principais objetivos estabelecidos em 1964 foi a eliminação da inflação. Nesse sentido, vários governos militares foram relativamente bem-sucedidos. A taxa passou de 92% em 1964 para 15,5% em 1973. Concomitantemente, notou-se também o crescimento do país, tendo contribuído para isso um cenário internacional positivo até o aumento do preço do petróleo pela Organização dos Países Exportadores de Petróleo (Opep) (Werner, 2009). A propósito dessa evolução, por quase dez anos o Brasil cresceu economicamente a taxas inimagináveis. Foi o período apelidado de **milagre econômico**.

Sobre esse período, afirma-se que o saldo de transações correntes foi deficitário, porém o balanço de pagamentos foi superavitário, tendo em vista a entrada líquida de capitais de empréstimos e investimentos diretos. Ainda, a respeito do assunto, o lapso temporal de 1968-1973 foi extraordinário não apenas pelas taxas de crescimento econômico, "mas também em relação ao comportamento da inflação e das contas externas" (Veloso; Villela; Giambiagi, 2008). O ambiente externo favorável foi uma das realidades constantes no "milagre" econômico, pois o aumento da liquidez internacional permitiu que o Brasil tomasse empréstimos a baixo custo, na ordem de 2% a.a. Nesse contexto, somando-se a questão do investimento externo no Brasil – que dobrou de patamar no início dos anos 1970 –, o país usufruiu dos benefícios da conjuntura externa sem enfrentar os problemas de balanço de pagamentos (Veloso; Villela; Giambiagi, 2008).

Ocorre, porém, que, após o período do "milagre" econômico, ainda que o Brasil não tenha passado por nenhuma guerra, alguns fatores somados refletiram em consequências semelhantes aos países que guerrearam. "A dívida externa de 1970, o choque externo de 1979 (segundo choque do petróleo e choque dos juros) e a suspensão de financiamentos externos desde 1921" (Bresser Pereira; Nakano, 1991).

Na década de 1970, o país recebeu de poupanças externas aproximadamente 2% do PIB; na década seguinte, o Brasil se viu forçado a transferir recursos reais da ordem de 4 a 5% aos países credores. Ainda, no tocante ao investimento, a queda foi proporcional: aquilo que girava em torno de 22% na década de 1970 passou a apontar, em média, 17% nos anos 1980 (Bresser Pereira; Nakano, 1991).

Por outro lado, também houve consequências fiscais da dívida externa, principalmente no período de 1981 a 1983. O programa de estabilização desse período se esforçava para a redução do déficit orçamentário, entretanto, o esforço foi frustrado "primeiro, pelas elevadas taxas de juros pagos pelo Estado e, segundo, pelo aumento das dívidas públicas interna e externa" (Bresser Pereira; Nakano, 1991).

3.5 A chegada de Itamar Franco à presidência

Após o *impeachment* do Presidente Collor, chega ao poder Itamar Franco. Ele assume o governo, o qual se encontrava completamente desestruturado: um país em que imperava a miséria, o desemprego, a insegurança, o desencanto e o medo. O próprio Itamar Franco, em seu discurso de posse, afirmou que a classe média havia reduzido seu padrão de vida drasticamente nos últimos meses, e isso não significou melhoria para o conjunto dos trabalhadores. Estabeleceu-se, então, a missão de colocar o governo a serviço do Estado, e o Estado a serviço da nação (Franco, 1993).

Pensava-se, à primeira vista, que Itamar Franco não era a melhor resposta esperada pela população brasileira naquele momento. Afirmava-se, na época, que o Presidente era dúbio, hesitante e indefinido (Souza, 1994). No entanto, abriu-se, assim, um crédito de confiança.

Entre as principais medidas adotadas pelo governo Itamar Franco, podem-se citar:

- uso da taxa de câmbio como instrumento de combate à inflação;
- abertura da economia às importações, por meio da drástica redução das barreiras tarifárias e não-tarifárias;
- abertura financeira externa, com a adoção inclusive de políticas de estímulo à entrada de capitais externos de curto prazo;
- medidas de desindexação da economia;
- ajuste fiscal e austeridade monetária;
- venda de empresas públicas. (Batista Junior, 1996)

Ressalte-se que, no campo internacional, Itamar foi instrumento fundamental para a melhor organização do Mercado Comum do Sul (Mercosul), por meio do Protocolo de Ouro Preto, por ele levado a cabo na cidade histórica mineira patrimônio da Organização das Nações Unidas para a Educação, Ciência e Cultura (Unesco).

Foi no governo de Itamar Franco que, para controle inflacionário e estabilização econômica, instituiu-se o **Plano Real**. A curto prazo, alguns dos problemas do Brasil foram resolvidos, pois houve a queda da inflação – e, até hoje, o brasileiro tem uma moeda e nela compreende uma noção mínima de valor.

O Plano Real, implantado em julho de 1994, é considerado um marco na economia brasileira, pois foi uma ferramenta necessária para a adaptação político-econômica. Vale ressaltar que, nesse período, Fernando Henrique Cardoso (que havia se recusado a ser ministro no governo Collor), depois de ter sido Chanceler do Brasil no governo Itamar, assumiu o Ministério da Fazenda e teve – com sua equipe – participação determinante no programa de estabilização econômica, o qual revelou eficácia em matéria de combate à inflação e resultou no alinhamento da política econômica do país, ofertando ao povo brasileiro uma moeda estável (Batista Junior, 1996). Todavia, em razão de o Brasil ser presidencialista e o Real ter sido instituído por MP, é tecnicamente correto afirmar que Itamar é "pai" único do Real, uma vez que editou a respectiva MP, fator este que não tira mérito algum da equipe chefiada por Fernando Henrique.

Sobre o Plano Real, havia o grupo daqueles que temiam a estratégia e que trabalhavam contra para que a experiência fracassasse. Eles, marcadamente membros da cúpula do PT, viam a nova moeda como o principal adversário da candidatura de Luiz Inácio Lula da Silva (Souza, 1994).

Ainda que também tenham sido verificadas instabilidades no governo de Itamar Franco, é possível afirmar que ele encerrou seu mandato com um ótimo índice popular de aprovação, fator este que levou seu líder no Senado, Pedro Simon, a sugerir a Itamar a aprovação de uma proposta de emenda constitucional (PEC) para possibilitar a reeleição. A sugestão da denominada *PEC da Reeleição* foi rechaçada imediatamente pelo então Presidente, que afirmou que não legislaria em causa própria. Foi no vácuo do sucesso do Real e da popularidade de Itamar que se delineou sua sucessão, com a eleição de seu candidato, Fernando Henrique Cardoso.

3.6 Medida Provisória n. 434, de 27 de fevereiro de 1994

A MP n. 434/1994 dispôs sobre o Programa de Estabilização Econômica, o Sistema Monetário Nacional e instituiu a URV. A respeito dela, cabe interpretar sua Exposição de Motivos (EM), apresentada por Itamar Franco e também assinada por Fernando Henrique Cardoso (Ministro da Fazenda), Sérgio Cutolo dos Santos (Ministro da Previdência Social), Walter Barelli

(Ministro do Trabalho), Romildo Canhim (Ministro-Chefe da Secretaria da Administração Federal), Almirante Arnaldo Leite Pereira (Ministro-Chefe do Estado Maior das Forças Armadas), Alexis Stepanenko (Ministro-Chefe da Secretaria de Planejamento) e Maurício Correa (Ministro da Justiça).

Tal EM inicia-se com a afirmação de que a primeira etapa do programa de estabilização econômica fora viabilizada, o que determinara o ajuste de contas do Estado, e que, portanto, seria possível dar prosseguimento às próximas etapas. O principal objetivo era a construção de uma moeda forte e estável.

Com base na leitura da EM, denota-se que o governo de Itamar Franco estabeleceu medidas para a reorganização do setor público, que teve como resultados: redução e maior eficiência dos gastos; recuperação da receita tributária; equacionamento da inadimplência de estados e municípios com a União; maior controle dos bancos estaduais; início do saneamento dos bancos federais e aperfeiçoamento e ampliação do programa de privatização.

Ainda, objetivando o déficit zero, ressaltaram-se outras medidas que também foram propostas:

- venda de ações e participações acionárias no Tesouro depositadas no Fundo Nacional de Desenvolvimento (FND), cujo gestor era o Banco Nacional do Desenvolvimento Econômico e Social (BNDES);
- reestimativa da arrecadação da Contribuição para Financiamento da Seguridade Social (Cofins), possibilitada pelo acórdão do STF que reconheceu a validade da cobrança do tributo;
- esforço adicional de arrecadação viabilizada pela Lei n. 8.846 e pela MP n. 427, ambas de 1994, que tratavam respectivamente da obrigatoriedade de emissão de notas fiscais e de sanções ao depositário infiel de

impostos, bem como pelas propostas de ECs apresentadas pelo líder do governo no Senado para reforço da ação da Secretaria da Receita Federal; e
- redução de dotações orçamentárias para outros custeios e capital dos Poderes Legislativos e Judiciário.

Falava-se, principalmente, sobre a inflação, que era muito alta na época, pois, ainda que medidas tenham sido adotadas – tais como a austeridade monetária –, elas não eram suficientes para reduzir a inflação de forma rápida e sustentada, com a preservação do emprego, no âmbito da atividade econômica. Era notável que a moeda nacional perdera o poder de compra.

Ainda, na EM da MP n. 434/1994, ficaram evidenciados seus objetivos, depois da transformação da URV na moeda Real: servir o Real como moeda de conta confiável para a denominação de contratos e obrigações, bem como para referenciar preços e salários; e servir como meio de pagamento e substituir como reserva de valor as variadas formas de moeda remunerada na época existentes.

Sobre a URV, explicou-se, à época, que sua cotação seria corrigida diariamente, acompanhando a perda do Cruzeiro Real. Destacou-se que a URV não era simples indexador, pois fazia parte do sistema monetário do país. Afirmou-se, ainda, que, no processo de reforma da economia, a fase da URV seria uma etapa de conversão de contratos. Os preços à vista poderiam ser convertidos diretamente de Cruzeiros em Reais a partir do primeiro dia em que o Real fosse oficialmente adotado e emitido.

Por fim, no tocante à nova política econômica, salientou-se que seria possível acarretar oscilações no valor real dos salários. Entretanto, a mensalização dos reajustes salariais com base na variação da URV era o passo inicial para a garantia do poder de compra dos salários até o recebimento. Para melhor compreensão do contexto político-econômico presente na época da instituição da MP n. 434/1994, é importante, também, entender a mensagem presidencial do Presidente Itamar Franco na respectiva sessão legislativa. Demonstrava-se que o Presidente Itamar, além de suceder a Collor na Chefia do Executivo, foi herdeiro de gravíssimos atos de lesão ao patrimônio público perpetrados pelo seu antecessor. Por isso, na mensagem ora em comento, o novo governante expressava o desejo de fazer ressurgir o sentimento de cidadania e exigência de justiça. Tornou-se evidente que o sistema administrativo centralizador contribui para a prática da corrupção, de acordo com a visão do Presidente Itamar Franco. Fez-se necessária, naquela época, a adoção do federalismo efetivo. Nesse sentido, ficou salientado que os estados e os municípios deveriam assumir maiores responsabilidades políticas e administrativas.

Sobre a inflação da época, Itamar ressaltou que a moeda não se resume ao instrumento fundamental das relações econômicas. "Nela se reflete o padrão moral das sociedades e a força dos Estados" (Brasil, 1994b). Trata-se de um efeito em cadeia: a perda do poder de compra resulta na majoração dos juros, isso encarece a produção, resulta em desemprego e na deliquência geral, não apenas dos pobres. No tocante à correção monetária, foi dito que ela corresponde à medida de salvaguarda contra a hiperinflação. Restou claro, então, que "os que podem dispor de sobras no fim do mês conseguem assegurar o poder de compra, e mesmo acrescê-lo, aplicando-as no mercado financeiro. Os demais têm o seu dinheiro desvalorizado dia a dia, hora a hora" (Brasil, 1994b).

Apesar dos problemas enfrentados pela economia brasileira, naqueles últimos 12 meses, o cenário apresentou um crescimento econômico; o produto interno bruto (PIB) havia crescido em torno de 5% e as exportações foram 10% maiores se comparadas ao ano de 1992. Esses acontecimentos representavam, finalmente, um impulso econômico para os próximos anos. Para isso, mais uma vez se ressaltou que eram necessárias algumas medidas: recuperar a dignidade da moeda, reduzir as taxas de juros e promover a justiça salarial.

No tocante ao Ministério da Fazenda, na mensagem presidencial foi aludido o fato de que, em 1993, buscou-se a estabilização da economia mediante a formulação e execução de uma política macroeconômica.

A reforma do Estado e o consequente equilíbrio das finanças públicas foram identificados como elementos essenciais, em médio e longo prazos, para criar as condições estruturais necessárias à progressiva redução dos índices inflacionários e a retomada do desenvolvimento econômico e social do País. (Brasil, 1994b)

Nesse contexto, foi lançado o Programa de Ação Imediata (PAI), que buscou o corte nas despesas orçamentárias, além de um rigor mais excessivo no combate à sonegação fiscal. Enfim, foi uma política de reorganização das finanças públicas.

Sobre as atitudes tomadas pelo PAI, tem-se também a regularização das dívidas dos governos estaduais e municipais com a União. Isso visava à sustação de práticas de financiamento dessas administrações com os bancos estaduais. Dessa forma, o Banco Central passou a estabelecer regras que determinariam os montantes mínimos de capitais dos bancos estaduais e os limites de concessão de empréstimos para entidades do setor público.

Saliente-se ainda que, em 1994, sobre a reforma constitucional, foram encaminhadas sugestões ao Congresso Nacional com vistas a garantir a estabilidade econômica, envolvendo, principalmente, a redefinição do perfil do Estado nas seguintes áreas: federalismo fiscal, orçamento, reforma tributária, reforma administrativa, modernização da economia e previdência.

Sobre a reforma monetária, a mensagem presidencial fornecia motivação acerca da adoção não compulsória da URV, a qual seria corrigida em intervalos mais curtos de tempo, com base nos níveis de inflação correntes.

Por fim, vale dizer que as medidas de estabilização buscavam dotar a economia de uma moeda forte. A partir do momento em que o novo indicador estivesse atrelado aos contratos, somado ao fato da eliminação da necessidade de financiamento dos gastos públicos, ter-se-ia a expectativa de haver condições para a criação da nova moeda forte e estável.

3.7 Controle de constitucionalidade brasileiro

Na época da elaboração da atual CF/1988, o STF ocupava uma posição confortável e proeminente.

> Embora não explicitamente envolvido nas disputas internas do pacto constituinte, o Tribunal foi mobilizado como árbitro da organização dos trabalhos por parte da ala mais conservadora da Constituinte, especialmente na ocasião em que o Partido Liberal, opondo-se ao Regimento da Constituinte (Projeto de Resolução 18), encaminhou em 5 de fevereiro de 1987 consulta ao STF para que este definisse se "os procedimentos vigentes de elaboração e reforma constitucional deveriam ser observados até a promulgação da nova Constituição" (Koerner; Freitas, 2013, p. 149). Embora não tenha sido respondida pelo Supremo, tal consulta foi encaminhada pelo ministro Moreira Alves ao PGR para parecer, com o pedido de urgência, com o objetivo de que o Tribunal pudesse apreciá-la como arguição de inconstitucionalidade (Koerner; Freitas, 2013, p. 149). (Costa; Carvalho; Farias, 2016)

Com o advento da EC n. 16/1965, ficou atribuído ao STF a competência para julgar a representação de inconstitucionalidade e, assim, a jurisdição constitucional brasileira tem sido marcada por uma concentração decisória nesse tribunal (Costa; Carvalho; Farias, 2016).

Ao longo dos últimos 50 anos, muitas mudanças constitucionais, legislativas e jurisprudenciais alteraram as estruturas formais do controle de constitucionalidade. Essas alterações surgiram com base na garantia da eficiência e racionalização, e as técnicas voltadas a evitar o atravancamento eram uma combinação de concentração e seletividade (Costa; Carvalho; Farias, 2016).

No que se refere à **concentração**, Barroso (citado por Costa; Carvalho; Farias, 2016) defende a ideia de que toda a decisão do STF deve ter seu efeito vinculante, e não apenas aquelas tomadas em sede de controle de constitucionalidade.

No tocante à **seletividade**, Barroso (citado por Costa; Carvalho; Farias, 2016) defende filtros mais radicais, sugerindo que o STF defina, a cada início de ano ou de semestre, quantas repercussões gerais devem ser reconhecidas.

Foram principalmente as mudanças jurisprudenciais que alteraram os efeitos dos julgamentos no âmbito do controle concentrado. Na origem, "as decisões tinham teor meramente declaratório, em uma sistemática na qual os efeitos constitutivos adviriam apenas do ato do Senado que suspendia a execução da norma julgada inconstitucional" (Costa; Carvalho; Farias, 2016).

Além das mudanças jurisprudenciais, ocorreram também as alterações legislativas, com a inserção da ADC, em 1993, com efeito vinculante e, em 1999, do direito, concedido ao STF, à modulação do efeito *ex tunc* nas declarações de inconstitucionalidade (Costa; Carvalho; Farias, 2016).

O processo de aumento dos efeitos do controle concentrado também ocorreu no âmbito das possibilidades hermenêuticas à disposição do STF.

Ele foi acentuado com a consolidação do instituto da **interpretação conforme**, que ocorreu pela primeira vez em ementas do Supremo de 1987 (STF, Rp n. 1.417) e consolidou-se ao longo da década de 1990, quando as referências jurisprudenciais passaram a ser constantes, tendo sido, inclusive, reconhecido legislativamente pelo art. 28 da Lei n. 9.868/1999. Essa estratégia interpretativa conferiu ao STF a possibilidade de editar sentenças interpretativas de constitucionalidade, que corrigem ou estendem a obra do legislador sem alterar o então predominante discurso do legislador negativo. Outros marcos importantes desse processo foram a reforma do Judiciário realizada pela EC n. 45/2004, que instituiu as súmulas vinculantes, e a mudança jurisprudencial, que, no julgamento do Mandado de Injunção (MI) n. 670/ES, em 2007, adotou maior ativismo no tratamento da inconstitucionalidade por omissão (Costa; Carvalho; Farias, 2016).

Torna-se cada vez mais comum a ideia de que o Poder Judiciário funciona melhor quando seus pronunciamentos são **abstratos**. Assim é possível responder a vários processos com uma única decisão (Costa; Carvalho; Farias, 2016).

Fora o controle abstrato de constitucionalidade, o Brasil também adota (e assim tem sido desde o início da República), o controle **incidental** de constitucionalidade, inspirado no Direito norte-americano e para cá trazido por Ruy Barbosa. Essa modalidade permite às partes, em um litígio concreto e perante qualquer juízo (difuso), a arguição de inconstitucionalidade de qualquer ato normativo, cabendo ao juiz decidir incidentalmente acerca do assunto, o que propiciará à parte insatisfeita levar o caso à Suprema Corte pela via do recurso extraordinário (RE). Nesse sentido, merece destaque que a decisão do STF somente produzirá efeitos entre as partes litigantes (art. 52, inciso X, da CF/1988).

3.8 ADC como instrumento de confirmação só de lei ou ato normativo federal

Antes de se tratar especificamente da ADC, há de se entender sua aplicação ao lado do conceito de controle de constitucionalidade.

A justiça constitucional tem caráter jurídico-formal e político-substancial, em âmbitos teórico e pragmático, respectivamente. Nesse contexto, surge a relevância do controle de constitucionalidade (Bonavides, 2004).

O controle de constitucionalidade no modelo abstrato, concentrado ou por via principal, exercido mediante ADI, surgiu no Brasil no contexto militar, como instrumento do Legislativo pelo Executivo (Bonavides, 2004). Mais tarde, buscando recuperar o perdido domínio sobre o controle de constitucionalidade (Mesquita citado por Bonavides, 2004), foi introduzida em nosso sistema constitucional uma ação contrária à ADI, qual seja, a ADC (Bonavides, 2004).

> Na perspectiva de concentrar o controle de constitucionalidade das leis no Supremo Tribunal Federal, o relator da revisão constitucional de 1993-94, deputado Nelson Jobim, defendeu a inclusão do efeito vinculante das decisões do STF, tomadas a partir das ações diretas de inconstitucionalidade (ADIN). Na verdade, o parecer do relator pretendia completar a reforma iniciada com a criação da Ação Declaratória de Constitucionalidade em 1993, para a qual fora previsto o efeito vinculante. (Arantes, 2010)

Além da EC n. 3/1993, existe a Lei n. 9.868/1999, que regulamenta o processo e o julgamento da ADC e da ADI.

Conforme dito anteriormente, a ADC é uma ação que tem por objeto ato normativo federal, cuja constitucionalidade esteja sendo alvo de controvérsia judicial (Leite, 2014).

A ADC surgiu a fim de declarar constitucionais aquelas leis ou atos normativos federais cuja inconstitucionalidade se encontrava *sub judice*. Isso visa afastar a insegurança jurídica ou a incerteza sobre a validade de lei ou ato normativo federal, isto é, "modificar uma presunção relativa de constitucionalidade em absoluta (*jure et de jure*), pois se julgada procedente a ação declaratória de constitucionalidade, tal decisão automaticamente vinculará os órgãos do Poder Judiciário e a Administração Pública" (Balaró, 2010).

Sob o mesmo prisma, tem-se o entendimento de Barroso (2006), afirmando que, embora os operadores do Direito lidem com interpretações divergentes acerca de um ato normativo, faz-se necessário, em alguns casos, em prol da segurança jurídica e da isonomia, além de outras razões, a pacificação da controvérsia.

> A ação pode ser proposta pelos mesmos órgãos e agentes legitimados para ajuizar a ADIN, sempre com o objetivo de que seja confirmada a constitucionalidade da lei federal em questão, tendo a decisão efeito vinculante aos órgãos do Poder Judiciário (juízes e tribunais) e à administração pública (direta e indireta) dos três Poderes nos três níveis da federação, não podendo mais a lei deixar de ser aplicada por qualquer destes sob a alegação de sua inconstitucionalidade. (Leite, 2014)

O objeto da ADC será a lei ou o ato normativo federal cuja (in)constitucionalidade se encontra na pauta de tribunais, quando verificado que a União, em vários processos, foi derrotada. Além disso, para ajuizamento da ação é de extrema importância apresentar a controvérsia judicial (Balaró, 2010). Sobre isso, é possível destacar a seguinte jurisprudência do STF, a qual demonstra a indispensabilidade de tal requisito:

> EMENTA: AÇÃO DECLARATÓRIA DE CONSTITUCIONALIDADE. COMPROVAÇÃO LIMINAR DA EXISTÊNCIA DE CONTROVÉRSIA JUDICIAL EM TORNO DA LEI OU ATO NORMATIVO FEDERAL. NECESSIDADE DE QUE ESSE DISSÍDIO SE EXTERIORIZE EM PROPORÇÕES RELEVANTES, PELA OCORRÊNCIA DE DECISÕES

Ação declaratória de constitucionalidade brasileira: particularidades históricas e efeitos

ANTAGÔNICAS QUE, EM AMBOS OS SENTIDOS E EM VOLUME EXPRESSIVO, CONSAGREM TESES CONFLITANTES.

O ajuizamento da ação declaratória de constitucionalidade, que faz instaurar processo objetivo de controle normativo abstrato, supõe a existência de efetiva controvérsia judicial – fundada em razões jurídicas idôneas e consistentes – em torno da legitimidade constitucional de determinada lei ou ato normativo federal. Sem a observância desse pressuposto de admissibilidade, torna-se inviável a instauração do processo de fiscalização normativa in abstracto, pois a inexistência, em grandes proporções, de pronunciamentos judiciais antagônicos culminaria por converter a ação declaratória de constitucionalidade em um inadmissível instrumento de consulta sobre a validade constitucional de determinada lei ou ato normativo federal, descaracterizando, por completo, a própria natureza jurisdicional que qualifica a atividade desenvolvida pelo Supremo Tribunal Federal. [...] (Brasil, 1999b)

No tocante ao processo judicial que envolve a ADC, inicialmente, tem-se o parecer do Procurador-Geral da República, que deve se pronunciar em 15 dias. Não ocorre a citação do Advogado-Geral da União, uma vez que não existe texto impugnado. Como consequência, o relator expede relatório para todos os ministros, determinando que seja marcada data para julgamento (Balaró, 2010).

Da decisão que analisar o mérito da ADC não cabe recurso, a qual também jamais poderá ser objeto de ação rescisória. A intervenção de terceiros no processo é vedada, conforme prevê o art. 7º da Lei n. 9.868/1999. Entretanto, admite-se a figura do *amicus curiae*, a depender da matéria e representatividade dos postulantes (Balaró, 2010).

Ainda sobre o processo, é admitida a concessão de medida cautelar, com respaldo no art. 21 da Lei n. 9.868/1999, e o efeito dessa decisão é *erga omnes*, *ex tunc*, além de vinculante em relação aos órgãos do Poder Judiciário e à Administração Pública federal, estadual e distrital (Balaró, 2010).

3.9 O governo na ADC n. 46/DF

Para melhor entendimento de toda a sistemática de funcionamento de uma ADC, passamos a analisar o papel do governo na ADC n. 46/DF.

Em setembro de 2016, foi ajuizada pelo governador do Distrito Federal uma ADC que visava ao reconhecimento de constitucionalidade de dispositivos de legislações ordinárias, incluindo a Lei n. 5.172, de 25 de outubro de 1966 (Brasil, 1966) – Código Tributário Nacional (CTN). Tais normas preveem que as execuções de natureza fiscal não devem ser suspensas por conta do deferimento da recuperação judicial. O relator desse processo foi o Ministro Celso de Mello (STF, 2016).

Na ação, o governador defende a constitucionalidade do art. 6º, § 7º, e do art. 57, ambos da Lei n. 11.101, de 9 de fevereiro de 2005 (Brasil, 2005), bem como do art. 191-A do CTN, os quais preveem respectivamente:

> Art. 6º A decretação da falência ou o deferimento do processamento da recuperação judicial suspende o curso da prescrição e de todas as ações e execuções em face do devedor, inclusive aquelas dos credores particulares do sócio solidário.
> [...]
> § 7º As execuções de natureza fiscal não são suspensas pelo deferimento da recuperação judicial, ressalvada a concessão de parcelamento nos termos do Código Tributário Nacional e da legislação ordinária específica.
> [...]
> Art. 57. Após a juntada aos autos do plano aprovado pela assembléia-geral de credores ou decorrido o prazo previsto no art. 55 desta Lei sem objeção de credores, o devedor apresentará certidões negativas de débitos tributários nos termos dos arts. 151, 205, 206 da Lei no 5.172, de 25 de outubro de 1966 – Código Tributário Nacional. (Brasil, 2005)
>
> Art. 191-A. A concessão de recuperação judicial depende da apresentação da prova de quitação de todos os tributos, observado o disposto nos arts. 151, 205 e 206 desta Lei. (Brasil, 1966)

No entendimento do governador, para efeito da recuperação judicial, não são submetidos os créditos de natureza tributária. Assim, não há de se falar em suspensão das execuções fiscais em curso, salvo os casos de parcelamento especial. Trata-se de crédito tributário (indisponível), portanto não está sujeito à negociação ou à repactuação livre. "Somente por lei, em sentido estrito, o Estado pode conferir tratamento diferenciado ou desconto no pagamento de tributo" (STF, 2016).

Contudo, diz a ação, atualmente a jurisprudência vem restringindo os direitos do fisco de providenciar o regular processamento dos executivos fiscais em face de devedores em recuperação judicial, por reconhecer inconstitucionalidade dos dispositivos apontados. Com esses argumentos, o autor pede a concessão de medida cautelar para suspender os processos que tratam do tema e, no mérito, a procedência da ação para que se reconheça a constitucionalidade dos artigos 6º (parágrafo 7º) e 57 da Lei 11.101/2005 e 191-A do CTN. (STF, 2016)

Conforme apresentado na petição inicial da ADC, tendo em vista os princípios da legalidade e da indisponibilidade do interesse público, não se pode falar em negociação dos créditos fiscais, tampouco incluí-los no processo de recuperação judicial (Brasil, 2016).

Para bom entendimento do objeto de tal ADC, é razoável demonstrar a existência, nos tribunais, de controvérsia sobre matéria constitucional. Aliás, é o que dispõe a lei que regulamenta a ADC: "Art. 14. A petição inicial indicará: [...] III – a existência de controvérsia judicial relevante sobre a aplicação da disposição objeto da ação declaratória" (Brasil, 1999a).

Ainda, afirma-se na petição inicial que a exigência da controvérsia judicial se associa à ameaça do princípio da presunção da constitucionalidade e à invalidação prévia de uma decisão tomada por segmentos expressivos do modelo representativo.

No caso em questão, foi indicado que o Superior Tribunal de Justiça (STJ) vinha decidindo reiteradas vezes que a exigência da certidão negativa de débitos (CND) não é cabível, conforme prevê o art. 57 da Lei n. 11.101/2005 e o art. 191-A do CTN. Além disso, a execução fiscal em face do devedor em recuperação judicial poderia prosseguir, mas sem atos de expropriação e apreensão.

Ocorre, porém, que o STJ permite o processamento e a concessão da recuperação judicial sem regularizar os débitos tributários.

> O parcelamento tributário é direito da empresa em recuperação judicial que conduz a situação de regularidade fiscal, de modo que eventual descumprimento do que dispõe o art. 57 da LRF só pode ser atribuído, ao menos imediatamente e por ora, à ausência de legislação específica que discipline o parcelamento em sede de recuperação judicial, não constituindo ônus do contribuinte, enquanto se fizer inerte o legislador, a apresentação de certidões de regularidade fiscal para que lhe seja concedida a recuperação. (Brasil, 2013)

O STJ entende que a execução fiscal deve prosseguir sem, no entanto, permitir atos expropriatórios e constritivos que devem ser feitos exclusivamente pelo juízo da recuperação, o que mitiga o art. 6º, § 7º, da Lei n. 11.101/2005.

Ainda buscando apresentar a controvérsia judicial, verifica-se que o Tribunal Regional Federal da 3ª Região (TRF 3) tem decidido pela viabilidade dos atos constritivos da execução fiscal. Nesse sentido, cabe destacar a seguinte decisão:

> São manifestamente improcedentes os embargos de declaração, pois decidiu, explicitamente, a Turma que a recuperação judicial não impede a penhora o bloqueio eletrônico, até o limite da execução, de valores de titularidade da parte executada, existentes em depósitos ou aplicações em instituições financeiras, através do sistema BACENJUD, considerando que as dívidas tributárias não se sujeitam ao respectivo plano de recuperação, e a simples previsão do CTN, artigo 155-A, §3º, de edição de lei específica para regular condições de parcelamento dos créditos tributários do devedor em recuperação judicial, não autoriza que o Poder

Judiciário crie benefícios outros, sem amparo legal, em prejuízo dos débitos fiscais, a exemplo de impor à Fazenda Pública a aceitação de bens que não se prestam à efetiva satisfação da dívida se existem créditos outros à disposição da executada que garantam a ordem de preferência. (TRF 3, 2011)

Desse modo, resta destacada a controvérsia judicial existente entre os dispositivos legais e as decisões dos tribunais superiores.

3.10 Afronta ao princípio da legalidade

O princípio da legalidade determina que não há infração jurídica sem lei que a determine. Nesse sentido dispõe a frase: *nullum crimen, nulla poena sine lege*, que significa: "não existe crime, nem pena, sem lei que os defina". No mesmo sentido define o art. 5º da CF/1988: "ninguém será obrigado a fazer ou deixar de fazer alguma coisa senão em virtude de lei" (Brasil, 1988).

Assim, pode-se afirmar que apenas a lei poderá criar e abolir direitos, ficando os indivíduos sujeitos a essas ações.

Os atos legislativos gozam de presunção de legitimidade. Desse modo, as leis e os atos normativos têm também presunção de constitucionalidade.

Analisando o princípio da legalidade em matéria correlata, no caso em Direito Tributário, é preciso atentar para o fato de que:

> Bastaria este dispositivo constitucional para que tranquilamente pudéssemos afirmar que, no Brasil, ninguém pode ser obrigado a pagar um tributo ou cumprir um dever instrumental tributário, que não tenham sido criados por meio de lei, da pessoa política competente, é óbvio. Dito de outro modo, do princípio expresso da legalidade poderíamos extratar o princípio da legalidade tributária. (Carrazza, 1986, p. 96)

Dessa forma, o princípio da legalidade seria suficiente para estabelecer a vinculação à lei.

Ora, se até um simples ato notarial realizado por um tabelião tem legitimidade e fé pública, o que se pode dizer a respeito de um ato normativo, que passou por um processo de elaboração previsto constitucionalmente?

Sobre esse princípio, ainda é possível afirmar que ele é uma forma de proteção do indivíduo no tocante às arbitrariedades do Estado. Nada se pode fazer senão aquilo que esteja previsto em lei: isso é válido para o Poder Público (atos administrativos vinculados). Para o indivíduo, o princípio da legalidade quer dizer que tudo se pode fazer, menos o que é proibido por lei.

No Direito Administrativo, uma consideração importante refere-se ao fato de que cada vez mais a lei deixa de representar a expressão pacífica e coerente dos interesses gerais da sociedade. Trata-se de atos personalizados que perseguem interesses de particulares (Guimarães, 2009).

O art. 5º da CF/1988 prevê o princípio da legalidade sob o aspecto privado. Entretanto, no que se refere à Administração Pública, o mesmo princípio está previsto no *caput* do art. 37 da Carta Magna: "A administração pública direta e indireta de qualquer dos Poderes da União, dos Estados, do Distrito Federal e dos Municípios obedecerá aos princípios de legalidade, impessoalidade, moralidade, publicidade e eficiência [...]" (Brasil, 1988).

Ocorre que, sob o regime do Direito Administrativo, o administrador público só poderá agir conforme aquilo que é previsto e autorizado por lei, o que representa uma submissão estatal em relação à lei.

A Administração Pública sempre deve agir a fim de atingir o bem comum, o que significa dizer que a vontade de particulares não deve ser atendida prioritariamente – desde que respeitados os direitos fundamentais pela Administração. A atuação estatal deve acontecer estritamente conforme a lei.

A respeito do princípio da legalidade, deve-se, ainda, mencionar os institutos da reserva legal e da supremacia da lei. Ambos se relacionam à legitimação democrática das ações do Estado. Ademais, esses princípios têm como objetivo evitar que o Estado, representado pelo legislador, aja contra a vontade do povo (Marrara, 2014).

No tocante à **reserva legal**, significa que não pode existir atuação da Administração Pública, caso não exista previsão legal para tanto. Entretanto, há de se ressaltar que a reserva legal não significa o detalhamento específico de todos os tipos de ação estatal, até porque o Poder Público não seria capaz de editar todas as normas necessárias à ação do Estado. Assim, a reserva legal deve ser compreendida como uma exigência legítima para as atividades de restrição do Estado, tais como: atividade de poder de polícia, que pode restringir a liberdade e a propriedade, ou ainda a atividade de intervenção na economia (Marrara, 2014).

Dessa forma, conclui-se que a reserva legal não significa simplesmente uma atuação conforme a lei, mas sim conforme o Direito, baseado em regras, princípios e objetivos implícitos e explícitos nele contidos (Marrara, 2014).

No mesmo contexto, há de se destacar a **supremacia da lei**, que significa que a atuação estatal só é válida se não contrariar as normas em que está fundamentada. É fato que os atos da Administração Pública só podem ser mantidos no ordenamento jurídico se estiverem de acordo com a Constituição, as leis e as demais normas jurídicas (Marrara, 2014).

3.11 Significado e alcance do princípio da legalidade no processo legislativo e no direito público

Quando se fala em norma jurídica, o conceito de legalidade recebe destaque. Trata-se da observância do conjunto do ordenamento jurídico, principalmente das regras e dos princípios do processo legislativo, buscando evitar incompatibilidades e incongruências. Segundo Lopes (2009), "A legalidade é neste caso pré-condição para a legitimidade da norma".

O princípio da legalidade tem participação direta no processo legislativo. O resultado dele tem de respeitar os limites e as formalidades que a CF/1988 determina. Nessa linha, "desrespeitar o Processo Legislativo equivale a exorbitar do Poder, viciando e deturpando a norma dirigida aos representados" (Lopes, 2009).

Ainda, ao abordar o Direito Administrativo, há de se destacar as fontes do Direito, as quais permitem que se identifique o bloco de legalidade que rege sua atividade no Estado e perante a sociedade. Ademais, o conhecimento das fontes é de extrema importância para a análise da legalidade da ação pública (Marrara, 2014).

Sobre a relação do princípio da legalidade com as fontes do Direito, também há de se registrar que o ato administrativo somente é válido se estiver de acordo com o texto legal: "a legalidade das fontes e o uso da fonte correta são pressupostos formais da legalidade da ação administrativa" (Marrara, 2014).

Para explicar o que é o princípio da **legalidade administrativa**, também é necessário entender os conceitos da reserva legal e da supremacia da lei, os quais já tratamos no item 3.10 deste artigo.

Ressalta-se que a visão de que a reserva legal tem relação com competências específicas e estritas é o principal motivo pelo qual, erroneamente, tem-se entendido que o princípio da legalidade administrativa é um óbice à atuação flexível do Estado. É errado afirmar que há de existir lei formal para todos os casos, salvo aqueles previstos na Carta Magna ou aqueles em que haja restrição significativa dos direitos fundamentais do particular pelo Estado (Marrara, 2014).

Consoante elucida Marrara (2014), "O poder público, dessarte, não pode negar o ordenamento sob pena de negar a vontade do povo e, por conseguinte, perder a legitimação democrática imprescindível à validade de sua ação".

No tocante aos esforços e ao papel da doutrina, é possível afirmar que, além das dificuldades pontuais enfrentadas pelo administrador público, existem aquelas em que ele não consegue identificar o bloco normativo ou o "bloco de legalidade" que rege suas condutas. Assim, é consensual que o princípio da legalidade tenha efeito vinculante, na expectativa de um dever de ação compatível com o ordenamento jurídico (Marrara, 2014).

3.12 Controle de constitucionalidade brasileiro e direito comparado

O processo constitucional serve como instrumento de atuação de fórmulas constitucionais, o que garante a transformação do *derecho declarado* em *derecho garantizado* (Grinover, 1973). Isso não ocorre apenas no Direito brasileiro, mas também no estrangeiro.

No Brasil, há diversas ferramentas capazes de garantir a constitucionalidade dos atos normativos; o Direito estrangeiro, por sua vez, não apresenta uma amostra tão pretensiosa (Caggiano, 2018).

> O amparo é, nos ordenamentos jurídicos de tradição hispânica, a medida usualmente adotada para a defesa dos direitos fundamentais consagrados na Constituição. Importa em mecanismo de tutela de prerrogativas e franquias preconizadas pela Lei Maior, e também, em instrumento de proteção desta mesma Lei Maior. Operando em território comandado pelo sistema de Tribunal Constitucional, destaca-se o amparo como medida de competência privativa desta Corte. (Caggiano, 2018)

A seguir, serão demonstrados aspectos do processo constitucional nos sistemas jurídicos alemão e português.

3.12.1 Em Portugal

Inspirado em Jorge Miranda, o controle de constitucionalidade surgiu a partir da Constituição de 1976. Apenas por curiosidade, vale destacar que, inicialmente, o controle era realizado por meio do Conselho da Revolução e da Comissão Constitucional. Tratava-se de um controle político. Com as Revisões Constitucionais de 1981 e de 1982, o Conselho Constitucional foi extinto, instituindo-se o atual modelo de controle constitucional.

> Observa Gomes Canotilho que a Carta Política Portuguesa prevê o controle da constitucionalidade originária e superveniente, ou seja, uma norma constitucional pode ser declarada inconstitucional com a alteração do texto Constitucional. Ressalta o autor, todavia, que essa inconstitucionalidade só pode ser material. Outra observação que faz é no sentido de que a Carta Portuguesa admite também inconstitucionalidade presente e pretérita, ou seja, uma norma considerada inconstitucional pode ser revigorada pela revisão Constitucional. (Cabral, 2009)

O sistema de controle constitucional brasileiro não adota a forma portuguesa. A partir de uma EC, a lei incompatível com essa emenda será apenas revogada, mas não declarada inconstitucional (Cabral, 2009).

Nesse sentido, "O Tribunal Constitucional na interpretação da Constituição, no caso de já haver interpretação consolidada sobre a matéria objeto de apreciação, pela doutrina e jurisprudência, sempre levará em conta essa orientação" (Cabral, 2009).

O modelo de controle constitucional português pode ser apontado como um dos maiores no aspecto de sofisticação, por conta da diversidade de instrumentos e das técnicas empregadas para a vigilância quanto ao atendimento e à implementação dos dispositivos constitucionais (Caggiano, 2018).

> Na modelagem comandada por Lisboa, esta prática se verifica por via de processos constitucionais de competência do Tribunal Constitucional e engloba, por exemplo, um notável mecanismo fiscalizatório, expresso no art. 280º, 5, pelo

qual o Ministério Público tem o dever de recorrer contra decisões que neguem a aplicação de convenção internacional, ato legislativo ou decreto regulamentar. (Caggiano, 2018)

Resumidamente, "compete ao Tribunal Constitucional apreciar a inconstitucionalidade e legalidade nos termos da Constituição Portuguesa" (Marques, 2015).

O controle constitucional em Portugal pode ser considerado misto, pois, ao se referir à garantia da Constituição, a fiscalização é exercida pela jurisdição difusa e concentrada (Carvalho, 2011, citado por Marques, 2015).

No Direito lusitano, existem três espécies de **controle normativo**. Na primeira, há o controle preventivo, ou seja, aplicado antes da promulgação da lei, existindo a possibilidade de manifestação e interferência do Tribunal Supremo (Fiuza, 2005, citado por Marques, 2015). Quanto à segunda forma de controle, o juiz português tem competência para, repressivamente, controlar a inconstitucionalidade de ato normativo, mas é necessária a manifestação do Tribunal. Por fim, a terceira espécie refere-se à inconstitucionalidade por omissão, hipótese em que "A Constituição lusitana, no artigo 283, autoriza que mediante solicitação do Presidente ou do provedor de justiça, o Tribunal já citado aprecia o descumprimento da norma constitucional portuguesa" (Carvalho, 2011, citado por Marques, 2015).

Com base nos conceitos apresentados, é de se concluir que o constituinte brasileiro se baseou na Constituição de Portugal quando da elaboração do art. 103, § 2º, da CF/1988, o qual determina que, "no ato de declaração de inconstitucionalidade por omissão, dentro de trinta dias compete ao órgão responsável as medidas cabíveis" (Fiuza, 2005, citado por Marques, 2015).

O Tribunal Constitucional português compartilha as características próprias de todos os tribunais: trata-se de órgão de soberania, independente, autônomo, não vinculado a qualquer órgão. Os juízes são independentes e inamovíveis e suas decisões impõem-se a qualquer outra autoridade. Diferentemente dos demais tribunais, o Tribunal Constitucional tem sua composição e competência definidas diretamente na Constituição; seus juízes são majoritariamente eleitos pela Assembleia de República; dispõe de autonomias administrativa e financeira e de orçamento próprio, inscrito separadamente entre "encargos gerais do Estado"; e define, ele próprio, as questões relativas à delimitação de sua competência (Cabral, 2009).

3.12.2 Na Alemanha

Ainda que a Constituição de Weimar não tenha apresentado dispositivo expresso que tratasse do controle de constitucionalidade, pode-se dizer que foi a partir dela que houve significativa evolução (Cabral, 2009).

Em 23 de maio de 1949, a partir da Lei Fundamental da República Federal da Alemanha, foi criado o Tribunal Constitucional Federal (TCF). Assim, somente com a promulgação da Lei Fundamental é que foi consolidada, definitivamente, a jurisdição constitucional na Alemanha (Cabral, 2009).

Esse tribunal realiza não apenas a fiscalização sucessiva abstrata da constitucionalidade de normas federais e estaduais, mas também interpreta o sentido e o alcance dos preceitos constitucionais e, em sede de fiscalização concreta, recursos de indivíduos e de entidades coletivas. Há de se ressaltar que o TCF não age de maneira *ex officio* (Nuno, citado por Cabral, 2009). Trata-se de uma entidade que não está vinculada ou subordinada a um órgão estatal. E tem, ainda, autonomia organizacional, administrativa e financeira (Cabral, 2009).

No tocante à competência do TCF para garantir a ordem constitucional e a proteção dos direitos fundamentais, ela é exercida por meio do controle de constitucionalidade **concentrado** ou **difuso** (Pfersmann, 2014). Diferentemente do que ocorre no Brasil, "onde qualquer juiz ou tribunal pode declarar a lei inconstitucional pela via difusa, na Alemanha só a Corte Constitucional tem competência para declarar uma lei inconstitucional, tanto pela via difusa ou pela concentrada" (Pfersmann, 2014, p. 77).

A importância do recurso constitucional como instrumento condutor da proteção dos direitos fundamentais individuais na Alemanha é destacado por Jutta Limbach, ao afirmar que, mediante recurso constitucional, qualquer pessoa pode pedir proteção perante o TCF quando considere que foi lesada em seus direitos fundamentais por atos do Poder Público. O recurso constitucional converte os cidadãos em guardiões da lei fundamental. Graças à vigilância deles, no sentido de justiça e na disposição de se defenderem, é que o TCF pode atuar como defensor dos direitos fundamentais individuais, pois, diferentemente do *ombudsman*, o tribunal não é controlador onipresente do respeito aos direitos fundamentais pelo Estado e pela sociedade. Na qualidade de tribunal, não pode atuar por iniciativa própria, nem sequer quando os juízes que o integram observam com preocupação algum fenômeno da vida constitucional; nessa hipótese, depende sempre de um impulso externo, ou seja, uma petição ou um recurso constitucional (Cabral, 2009).

No Direito Constitucional alemão, compete à Corte Constitucional Federal a interpretação da Constituição e as questões envolvendo órgãos federais, por meio de lei ou da própria norma fundamental (Carvalho, 2011, citado por Marques, 2015).

Assim, a Constituição alemã regulamenta o procedimento e a jurisdição do Tribunal Constitucional, cuja função visa analisar a pertinência do direito formal e material com a Constituição. Como se vê, trata-se de uma típica modalidade de controle da lei, cuja função incide na manutenção da norma infraconstitucional sob a luz de preceitos constitucionais (Marques, 2015).

No Direito alemão, as decisões da Corte Suprema devem estar vinculadas nas matérias estabelecidas na Constituição, e lá é definido quando o controle terá efeito de lei ou eficácia *erga omnes* (Marques, 2015).

Quanto à validade de uma lei violadora no Direito Constitucional alemão, tem-se que a lei é nula. Por isso, o juiz, antes de resolver um litígio, deve analisar se a lei em questão é válida ou não, pois, em um prisma dogmático, uma lei que viola a Constituição é nula e, portanto, não deve ser aplicada na decisão (Cabral, 2009).

3.13 Efeitos cruzados: ADI × ADC

No atual sistema jurídico brasileiro, é possível afirmar que poucas são as diferenças entre uma ADC e uma ADI, principalmente se analisarmos a decisão e os efeitos das respectivas ações (Oliveira, 2013).

O caráter ambivalente da ADI torna-se nítido: uma vez declarada improcedente determinada ação, é considerada constitucional a norma impugnada. Ao analisar a ADC, se declarada impertinente, pode-se afirmar que estará declarada impertinente a norma (Oliveira, 2013).

Esse efeito cruzado entre as duas ações está nitidamente previsto no art. 24 da Lei n. 9.868/1999, que dispõe: "Proclamada a constitucionalidade, julgar-se-á improcedente a ação direta ou procedente eventual ação declaratória; e, proclamada a inconstitucionalidade, julgar-se-á procedente a ação direta ou improcedente eventual ação declaratória" (Brasil, 1999a).

Diante de todo o exposto, é possível concluir que uma decisão que julga procedente uma ADI equivale a uma decisão que julga improcedente uma ADC, e isso comprova o caráter ambivalente dessas ações, pois delas podem decorrer decisões de idênticos efeitos e conteúdo (Oliveira, 2013).

3.14 Considerações finais

A CF/1988 apresenta rol ampliado dos legitimados a ingressar com ações que visem questionar a constitucionalidade de leis ou de atos normativos federais. Entre tais ações destaca-se a ADC, objeto do presente estudo.

A teoria e a prática da ADC são divergentes. A importância da controvérsia judicial é relevante para a justificativa da ADC. Tal realidade permite concluir o efeito cruzado da ADI *versus* ADC, uma vez que, julgada improcedente a primeira, não se finaliza a controvérsia judicial (Leite, 2014).

Sobre a ADC, vale ressaltar que seu mau uso pode torná-la ferramenta do Poder Executivo para implementar medidas impopulares e lesivas à CF/1988 (Bonavides, 2004).

Historicamente, foi demonstrado que a ADC surgiu com a EC n. 3/1993, em um cenário político-econômico muito conturbado, no qual medidas eram necessárias para confirmar decisões que objetivavam a contenção da inflação.

Por fim, também se destacou que a interposição da ADC pode significar uma afronta ao princípio da legalidade, uma vez que toda lei ou ato normativo passa por um processo legislativo, que é dotado de fé pública e legitimidade.

Referências

ARANTES, R. B. Jurisdição política constitucional. In: SADEK, M. T. (Org.). **Reforma do Judiciário**. Rio de Janeiro: Centro Edelstein de Pesquisas Sociais, 2010. p. 13-65. Disponível em: <http://books.scielo.org/id/6kf82/pdf/sadek-9788579820335-02.pdf>. Acesso em: 28 fev. 2018.

BALARÓ, E. H. A ADC e a necessidade da demonstração da controvérsia judicial. **DireitoNet**, 12 out. 2010. Disponível em: <http://www.direitonet.com.br/artigos/exibir/5983/Acao-Declaratoria-de-Constitucionalidade-ADC>. Acesso em: 28 fev. 2018.

BARROSO, L. R. **O controle de constitucionalidade no direito brasileiro**. 2. ed. São Paulo: Saraiva, 2006.

BATISTA JUNIOR, P. N. O plano real à luz da experiência mexicana e argentina. **Estudos Avançados**, v. 10, n. 28, p. 129-197, 1996. Disponível em: <http://www.scielo.br/pdf/ea/v10n28/v10n28a07.pdf>. Acesso em: 28 fev. 2018.

BONAVIDES, P. Jurisdição constitucional e legitimidade (algumas observações sobre o Brasil). **Estudos Avançados**, São Paulo, v. 18, n. 51, maio/ago. 2004. Disponível em: <http://www.scielo.br/scielo.php?script=sci_arttext&pid=S0103-40142004000200007>. Acesso em: 28 fev. 2018.

BRASIL. Constituição (1988). **Diário Oficial da União**, Brasília, DF, 5 out. 1988. Disponível em: <http://www.planalto.gov.br/ccivil_03/constituicao/ConstituicaoCompilado.htm>. Acesso em: 28 fev. 2018.

BRASIL. Constituição (1988). Emenda Constitucional n. 3, de 17 de março de 1993. **Diário Oficial da União**, Poder Legislativo, Brasília, DF, 18 mar. 1993. Disponível em: <http://www.planalto.gov.br/ccivil_03/constituicao/emendas/emc/emc03.htm>. Acesso em: 28 fev. 2018.

_____. Lei n. 5.172, de 25 de outubro de 1966. **Diário Oficial da União**, Poder Legislativo, Brasília, DF, 27 dez. 1966. Disponível em: <http://www.planalto.gov.br/ccivil_03/leis/L9868.htm>. Acesso em: 28 fev. 2018.

_____. Lei n. 9.868, de 10 de novembro de 1999. **Diário Oficial da União**, Poder Executivo, Brasília, DF, 11 nov. 1999a. Disponível em: <http://www.planalto.gov.br/ccivil_03/leis/L9868.htm>. Acesso em: 28 fev. 2018.

_____. Lei n. 11.101, de 9 de fevereiro de 2005. **Diário Oficial da União**, Poder Executivo, Brasília, DF, 9 fev. 2005. Disponível em: <http://www.planalto.gov.br/ccivil_03/_ato2004-2006/2005/lei/l11101.htm>. Acesso em: 28 fev. 2018.

_____. Medida Provisória n. 434, de 27 de fevereiro de 1994. Diário Oficial da União, Poder Executivo, Brasília, DF, 28 fev. 1994a. Disponível em: <http://www.planalto.gov.br/ccivil_03/_ato2007-2010/2008/mpv/434.htm>. Acesso em: 28 fev. 2018.

BRASIL. Presidência da República. Casa Civil. Secretaria de Administração. Diretoria de Gestão de Pessoas. **Mensagem ao Congresso Nacional**: na abertura da 4ª Sessão Legislativa Ordinária da 49ª Legislatura. Brasília, 1994b. Disponível em: <http://www.biblioteca.presidencia.gov.br/presidencia/ex-presidentes/itamar-franco/mensagens-ao-congresso/mensagem-ao-congresso-nacional-na-abertura-da-4a-sessao-legislativa-ordinaria-da-49a-legislatura-1994>. Acesso em: 28 fev. 2018.

BRASIL. Superior Tribunal de Justiça. Recurso Especial n. 1187404/MT, de 19 de junho de 2013. Relator: Ministro Luis Felipe Salomão. **Diário da Justiça**, 21 ago. 2013. Disponível em: <http://www.stj.jus.br/SCON/jurisprudencia/doc.jsp?id=1288849>. Acesso em: 28 fev. 2018.

BRASIL. Supremo Tribunal Federal. Ação Declaratória de Constitucionalidade (ADC) n. 8/DF, de 4 de agosto de 1999. Relator: Ministro Celso de Mello. **Diário da Justiça**, 12 de ago. 1999b. Disponível em: <http://www.stf.jus.br/arquivo/informativo/documento/informativo160.htm>. Acesso em: 28 fev. 2018.

_____. Ação Declaratória de Constitucionalidade (ADC) n. 46/DF. **Petição inicial**, 9 set. 2016. Relator: Ministro Celso de Mello. Disponível em: <http://redir.stf.jus.br/estfvisualizadorpub/jsp/consultarprocessoeletronico/ConsultarProcessoEletronico.jsf?seqobjetoincidente=5048859>. Acesso em: 28 fev. 2017.

BRESSER PEREIRA, L. C.; NAKANO, Y. Hiperinflação e estabilização no Brasil: o primeiro plano Collor. **Revista de Economia Política**, v. 11, n. 4, p. 89-114, out./dez. 1991. Disponível em: <http://www.rep.org.br/PDF/44-6.PDF>. Acesso em: 28 fev. 2018.

CABRAL, F. **Controle de constitucionalidade**. Salto: Schoba, 2009.

CAGGIANO, M. H. **O processo constitucional no Direito estrangeiro**. Disponível em: <http://www.mackenzie.br/fileadmin/Graduacao/FDir/Artigos/monica3.pdf>. Acesso em: 31 jan. 2018.

CARDOSO, F. H. **Diários da presidência**: 1995-1996. São Paulo: Companhia das Letras, 2015.

CARRAZZA, R. A. **Princípios constitucionais tributários e competência tributária**. São Paulo: Revista dos Tribunais, 1986.

CASARÕES, G. S. P. e; SALLUM JR., B. O impeachment do presidente Collor: a literatura e o processo. **Lua Nova**, São Paulo, n. 82, p. 163-200, 2011. Disponível em: <http://www.scielo.br/pdf/ln/n82/a08n82>. Acesso em: 28 fev. 2018.

COSTA, A. A.; CARVALHO, A. D. Z. de; FARIAS, F. J. de. Controle de constitucionalidade no Brasil: eficácia das políticas de concentração e seletividade. **Revista de Direito GV**, São Paulo, v. 12, n. 1, p. 155-187, jan./abr. 2016. Disponível em: <http://www.scielo.br/pdf/rdgv/v12n1/1808-2432-rdgv-12-1-0155.pdf>. Acesso em: 28 fev. 2018.

CURY, A.; GASPARIN, G. Planejado contra hiperinflação, plano Collor deu início à abertura comercial. **G1 Economia**, São Paulo, 29 set. 2012. Disponível em: <http://g1.globo.com/economia/noticia/2012/09/planejado-contra-hiperinflacao-plano-collor-deu-inicio-abertura-comercial.html>. Acesso em: 28 fev. 2018.

FRANCO, I. **Discursos**: de outubro de 1992 a agosto de 1993. Brasília, 1993.

GRINOVER, A. P. **As garantias constitucionais do direito de ação**. São Paulo: Revista dos Tribunais, 1973.

GUIMARÃES, D. S. A. O dever de transparência e motivação da administração pública. In: LIVIANU, R. **Justiça, cidadania e democracia**. Rio de Janeiro: Centro Edelstein de Pesquisa Social, 2009. p. 96-107.

KOERNER, A.; FREITAS, L. O Supremo na Constituinte e a Constituinte no Supremo. **Lua Nova**, São Paulo, n. 88, p. 141-184, 2013. Disponível em: <http://www.scielo.br/pdf/ln/n88/a06n88.pdf>. Acesso em: 28 fev. 2018.

LAMOUNIER, B. Antecedentes, riscos e possibilidades do governo Collor. In: LAMOUNIER, B. (Org.). **De Geisel a Collor**: o balanço da transição. São Paulo: Idesp, 1990.

LATTMAN-WELTMAN, F. **O impeachment de Fernando Collor**. Disponível em <http://cpdoc.fgv.br/producao/dossies/FatosImagens/FernandoCollor>. Acesso em: 28 fev. 2018.

LEITE, F. C. Ação declaratória de constitucionalidade: expectativa, realidade e algumas propostas. **Sequência**, Florianópolis, n. 69, p. 109-132, dez. 2014. Disponível em: <http://www.scielo.br/pdf/seq/n69/05.pdf>. Acesso em: 28 fev. 2018.

LOPES, F. A. **Princípios do processo legislativo**: uma perspectiva interdisciplinar e sistêmica. Biblioteca Digital da Câmara dos Deputados, 2009. Disponível em: <http://bd.camara.gov.br/bd/bitstream/handle/bdcamara/3638/principios_processo_legislativo.lopes.pdf?sequence=5>. Acesso em: 28 fev. 2018.

MARQUES, F. C. Análise crítica das diversas características do controle de constitucionalidade. **Conteúdo Jurídico**, 25 fev. 2015. Disponível em: <http://www.conteudojuridico.com.br/artigo,analise-critica-das-diversas-caracteristicas-do-controle-de-constitucionalidade,52590.html>. Acesso em: 28 fev. 2018.

MARRARA, T. As fontes do direito administrativo e o princípio da legalidade. **Revista Digital de Direito Administrativo**, Ribeirão Preto, v. 1, n. 1, p. 23-51, 2014. Disponível em: <http://www.revistas.usp.br/rdda/article/view/73561/77253>. Acesso em: 28 fev. 2018.

OLIVEIRA, D. **Natureza dúplice ou ambivalente da ADI e da ADC**. 4 set. 2013. Disponível em: <https://www.espacojuridico.com/blog/natureza-duplice-ou-ambivalente-da-adi-e-da-adc-oi-vamos-ler-e-entender/>. Acesso em: 28 fev. 2018.

PFERSMANN, O. **Positivismo jurídico e justiça constitucional no século XXI**. São Paulo: Saraiva, 2014.

SILVA, J. A. da. **Curso de direito constitucional positivo**. 36. ed. rev. e atual. S.l.: PC Editorial, 2013.

SOUZA, R. de. **O governo Itamar Franco**. Brasília: Grupo Brasília de Comunicação, 1994.

STF – Supremo Tribunal Federal. **Governo do DF pede declaração de constitucionalidade de normas sobre execução fiscal**. 20 set. 2016. Disponível em: <http://www.stf.jus.br/portal/cms/verNoticiaDetalhe.asp?idConteudo=325631>. Acesso em: 28 fev. 2018.

_____. **Plenário referenda liminar que suspendeu processos envolvendo Plano Real**. 19 nov. 2014. Disponível em: <http://www.stf.jus.br/portal/cms/verNoticiaDetalhe.asp?idConteudo=280087>. Acesso em: 28 fev. 2018.

TRF 3 – Tribunal Regional Federal da 3ª Região.
AI 00324640920104030000 – 421983. Relator: Desembargador Federal Carlos Muta. **Diário da Justiça**, Brasília, DF, 8 abr. 2011. Disponível em: <https://trf-3.jusbrasil.com.br/jurisprudencia/417030407/agravo-de-instrumento-ai-133386020164030000-sp/inteiro-teor-417030417>. Acesso em: 28 fev. 2018.

VELOSO, F. A.; VILLELA, A.; GIAMBIAGI, F. Determinantes do "milagre" econômico brasileiro (1968-1973): uma análise empírica. **Revista Brasileira de Economia**, Rio de Janeiro, v. 62, n. 2, abr./jun. 2008. Disponível em: <http://www.scielo.br/scielo.php?script=sci_arttext&pid=S0034-71402008000200006>. Acesso em: 28 fev. 2018.

WERNER, B. **A economia brasileira**: uma abordagem profunda da economia brasileira até 2008. 3. ed. rev. e atual. São Paulo: Nobel, 2009.

4

Decisão administrativa: as raízes da estrutura administrativa brasileira e a matriz teórica do processo de tomada de decisões na Administração Pública

Administrative Decision: the Foundations of Brazilian Administrative Structure and the Theoretical Matrix of Public Administration's Decision-Making Process

Eduardo Ramos Caron Tesserolli

Eduardo Ramos Caron Tesserolli

Mestrando em Direito pelo Centro Universitário Internacional Uninter. Especialista em Direito Administrativo pelo Instituto de Direito Romeu Felipe Bacellar. Graduado em Direito pelo Centro Universitário Curitiba (UniCuritiba). Professor convidado na pós-graduação do UniCuritiba e na pós-graduação do Centro Universitário Autônomo do Brasil (UniBrasil). Vice-Presidente da Associação Paranaense de Direito e Economia (Adepar). Advogado.

Resumo

Trata-se de estudo do modelo de Administração Pública no Brasil com fundamento nos conceitos de Max Weber, comparando-os com a primeira reforma administrativa ocorrida a partir do advento do Decreto-Lei n. 200/1967, do Plano Diretor de Reforma do Aparelho de Estado e da reforma realizada por meio da Emenda Constitucional n. 19/1998. No presente estudo, pretendeu-se revelar os pontos da obra de Max Weber que inspiraram os legisladores a estruturar o Estado brasileiro, desde a década de 1960. Houve a preocupação em identificar sob qual aspecto o desenho institucional do processo de decisão pública no Brasil sofreu influência da obra de Niklas Luhmann, constatando-se que as decisões são tomadas segundo um procedimento que as legitima. A eficiência é a meta da Administração Pública no Brasil a partir da década de 1990. Concluiu-se pelo fracasso na tentativa de realização do modelo gerencial de Administração Pública como substituto e opositor ao burocrático, supostamente apto a superá-lo. Percebe-se um sincretismo entre os modelos burocrático e gerencial no Brasil contemporâneo.

Abstract

This article studies Brazil's Public Administration model by comparing Max Weber's concepts to the first administrative reform that occurred through Decree-Law n. 200/1967, to the General Plan to Reform State's Structure, and to Constitutional Amendment 19/1998. The investigation aims to demonstrate Weber's ideas that have been inspiring Brazilian legislators since the 1960s. Furthermore, it aims to show which aspects from Niklas Luhmann's writings affected Brazil's administrative structure. It was noticed that public choices are taken according to a legitimizing procedure. During the 1990s, efficiency is Brazil's Public Administration goal. In conclusion, it is possible to assert that the managerial model as an opposite choice to the bureaucratic model failed. It can be said that characters from both models coexist in contemporary Brazil.

Palavras-chave

Max Weber. Burocracia. Gerencialismo.

Keywords

Max Weber. Bureaucracy. Managerialism.

Sumário

4.1 Considerações iniciais. 4.2 Abordagem histórico-evolutiva. 4.3 Considerações finais. Referências.

Summary

4.1 First considerations. 4.2 Historical and evolutionary approach. 4.3 Final considerations. References.

4.1 Considerações iniciais

Este estudo pretende apresentar um olhar sobre a obra de alguns autores estrangeiros e brasileiros que escreveram a respeito da estruturação administrativa do aparato estatal. O marco teórico adotado é o modelo racional-legal de Max Weber, longamente exposto neste trabalho. Com base nesse paradigma, enfrentar-se-á a crítica carreada no Plano Diretor de Reforma do Aparelho do Estado, de 1995, o qual, pretensamente, oferecia um novo modelo de Administração Pública, mas não logrou o êxito esperado.

4.2 Abordagem histórico-evolutiva

A reforma do Estado parte de uma sensível necessidade da sociedade de readequar as funções daquele às necessidades dos indivíduos, atendendo ao interesse público com eficiência, a fim de atingir o modelo ótimo de Administração Pública.

Para tanto, é necessária uma abordagem histórico-evolutiva dos modelos, como se fará a seguir.

4.2.1 Legitimidade pelo procedimento na Administração Pública burocrática

O Estado moderno evoluiu ao adotar os ideais liberais, que primavam pela limitação da intervenção do Estado, restringindo-se ao exercício de funções de polícia, fomento e gestão pública (ressalte-se: apenas quanto aos serviços essenciais).

Gabardo (2002) afirma que somente com o advento da Revolução Francesa é que a mentalidade predominante entre os soberanos da época (patrimonialista) pode modificar-se, constituindo-se o Estado no papel de coordenação e regulação das funções de interesse comum.

Nesse sentido, fez-se necessário um modelo de gestão que atendesse à demanda pela limitação da atuação estatal: adotou-se, portanto, o modelo burocrático, surgido com o Estado liberal, em meados do século XIX (Brasil, 1995). Ressalte-se que, conforme prudente advertência de Violin (2006, p. 69), o "termo 'burocracia', analisado neste estudo não é o mesmo utilizado popularmente, de forma ingênua (ou não), como sendo um amontoado de processos empoeirados, carimbos, apego por parte dos servidores a regulamentos desarrazoados, filas; quando a mídia ou o cidadão dão o nome de 'burocracia' à falha no sistema e não ao próprio sistema".

Afirma Bresser-Pereira (1996, p. 4):

> a administração burocrática foi adotada para substituir a administração patrimonialista, que definiu as monarquias absolutas, na qual o patrimônio público e o privado eram confundidos. Nesse tipo de administração o Estado era entendido como propriedade do rei. O nepotismo e o empreguismo, senão a corrupção, eram a norma. Esse tipo de administração revelar-se-á incompatível com o capitalismo industrial e as democracias parlamentares, que surgem no século XIX. É essencial para o capitalismo a clara separação entre o Estado e o mercado; a democracia só pode existir quando a sociedade civil, formada por cidadãos, distingue-se do Estado ao mesmo tempo que o controla. Tornou-se, assim, necessário desenvolver um tipo de administração que partisse não apenas da clara distinção entre o público e o privado, mas também da separação entre o político e o administrador público. Surge, assim, a administração burocrática moderna, racional-legal.

Segundo Max Weber ([1974?]), teórico do modelo, a burocracia tem as características a seguir descritas.

- **Funções oficiais** – O exercício de funções oficiais é realizado de forma contínua pelas "autoridades burocráticas", e estas, por sua vez, são criadas para orientar a execução dos "deveres oficiais", delimitados por normas aplicáveis mediante meios de coerção. Conforme Weber, os "deveres oficiais" são atividades regulares distribuídas de forma fixa por um governo burocrático, do qual exsurge a noção de competência (Bresser-Pereira; Schier, 2004); os funcionários que exercerão as funções serão escolhidos entre os mais bem qualificados, segundo um regulamento geral (Weber, [1974?]). O burocrata não inova na ordem jurídica; em razão da tripartição de poderes, apenas regulamenta abstratamente as matérias, contrariamente ao proselitismo e à concessão de favores individuais ocorrentes no patrimonialismo (Bresser-Pereira; Schier, 2004).

- **Hierarquia oficial dos postos e dos níveis de autoridades** – Segundo Weber ([1974?], p. 230), trata-se de um "sistema de mando e subordinação", no qual o cargo superior supervisiona o hierarquicamente inferior. O principal elemento dessa hierarquia é possibilitar a revisão das decisões de autoridades administrativas inferiores pelas hierarquicamente superiores, sem acarretar a absorção da competência inferior pela superior, ou seja, ainda que a autoridade superior possa rever a decisão daquela inferior, mantém-se o cargo e sua competência. Nas palavras de Weber ([1974?], p. 230), "Uma vez criado e tendo realizado sua tarefa, o cargo tende a continuar existindo e a ser ocupado por outra pessoa". Não se pode olvidar que, se há hierarquia funcional, há o poder disciplinar de a autoridade supervisionar e controlar o desempenho da função pelos subordinados (Bresser-Pereira; Schier, 2004).
- **Documentação dos atos emanados no exercício da competência atribuída aos cargos** – Nada mais é do que o registro das informações produzidas pelas autoridades ocupantes de cargos. Sobre a distinção entre o cargo e seu ocupante, "Em princípio, a organização moderna do serviço público separa a repartição do domicílio privado e,

em geral, a burocracia segrega a atividade oficial (deveres oficiais) como algo distinto da esfera da vida privada" (Weber, [1974?], p. 230).

- **Princípio da profissionalização do funcionário** – Weber ([1974?], p. 232) afirma que ocupar um cargo é exercer uma profissão e "Isso se evidencia na exigência de um treinamento rígido, que demanda toda a capacidade de trabalho durante um longo período de tempo e nos exames especiais que, em geral, são pré-requisitos ao emprego. Além disso, a posição do funcionário tem a natureza de um dever". Para aferição da qualificação dos candidatos a provimento de cargo, o modelo burocrático adotou o concurso público ("exames especiais que, em geral, são pré-requisitos ao emprego"), o que assegura a contratação dos profissionais mais bem qualificados para o provimento do cargo.
- **Princípio da especialização das funções administrativas** – Com a definição das funções pelos regulamentos, a burocratização permite a realização desse princípio, que prega a individualização das tarefas, estas, entregues a funcionários especialistas que, com a prática cotidiana, aprendem muito mais (Weber, [1974?]).
- **Posição do funcionário** – Weber ([1974?], p. 232) analisa a posição do funcionário diante do modelo burocrático, que "não é considerado servo pessoal do governante"; após aceitar o cargo significa dizer que aceitou uma obrigação de "administração fiel", em troca da definição de algumas garantias que possibilitam o exercício do cargo de forma livre e independente de pressões da autoridade que o nomeou. Note-se que "administração fiel", mencionada por Weber, refere-se à fidelidade a finalidades impessoais, que objetivam o atendimento do interesse público (Bresser-Pereira; Schier, 2004).
- **Controle dos meios mediante o cumprimento de tarefas segundo "regras calculáveis"** – Max Weber ([1974?], p. 251) afirma que esse elemento da burocracia, tendo em vista a precisão técnica

e econômica da cultura moderna, exige a "calculabilidade" dos resultados, ou seja, diante da submissão de toda a atividade estatal à lei (princípio da legalidade no Estado liberal) é atribuído ao administrador um caminho inescusável a seguir, mediante um rigor procedimental que legitimará seu ato: o controle de meios para atingimento de um resultado.

Nessa esteira, surge a legitimação pelo procedimento, analisada por Luhmann (1985). Segundo o autor, os processos são

> sistemas sociais especiais, que são constituídos de forma imediata e provisória para elaborar decisões vinculativas. [...] Sua função legitimadora fundamenta-se nessa separação em termos de papéis sociais. Nos processos, os participantes são dotados de papéis especiais enquanto eleitores, representantes do povo, acusadores, acusados, requerentes, testemunhas etc., dentro dos quais eles devem poder comportar-se livremente, mas apenas segundo as regras do sistema processual – e não enquanto marido, sociólogo, sindicalista etc. [...] Ao longo do processo, os participantes são levados a especificar suas posições com respeito aos resultados em cada caso ainda em aberto, de tal forma que ao final seu objetivo não possa mais parecer com o objetivo de qualquer outro terceiro. [...] Os processos têm, assim, por objetivo especificar os temas conflitantes, antes do desencadeamento da força física, no sentido de isolar e despolitizar o relutante enquanto indivíduo. Juntamente com a força física, eles representam uma combinação de mecanismos generalizantes e especificantes que sustenta a legitimação da decisão jurídica. (Luhmann, 1985, p. 65-66)

Das lições citadas, é possível extrair que Luhmann (1985), quando analisou a legitimação pelo procedimento, concluiu que esta se iguala às partes participantes no processo, as quais, por mais descontentes que fiquem com o resultado (decisão proferida), participaram ativamente para sua realização e devem aceitá-lo diante de sua força vinculativa, pois a decisão é legítima.

No mesmo sentido, Medauar (2008) afirma que, para a imperatividade do poder não configurar opressão ao indivíduo, representando o posicionamento unilateral e parcial da Administração, é necessária a manifestação paritária, em processo pré-constituído. "Desse modo, a imperatividade do ato apresenta-se como resultado de um processo que viu o confronto de muitos interesses, direitos e deveres e chegou a um ponto de convergência" (Medauar, 2008, p. 70).

Assim, o controle dos atos administrativos segue, basicamente, essa fórmula no modelo burocrático, em que os interessados podem participar ativamente para atingimento do melhor conteúdo das decisões administrativas. Dessa forma, "se ampliam os pressupostos objetivos da decisão administrativa" (Medauar, 2008, p. 69).

O princípio democrático está visceralmente ligado à procedimentalização dos atos administrativos, pois permite a realização da pluralização das manifestações acerca do conteúdo das decisões a serem adotadas pela Administração Pública. Nesse sentido, Bacellar Filho (2003, p. 130) ensina:

> A procedimentalização do agir administrativo, a fixação de regras para o modo como a Administração deve atuar na sociedade e resolver os conflitos configura, assim, condição indispensável para a concretização da democracia. Sem a fixação do procedimento administrativo, impossibilita-se qualquer relação estável entre Administração e cidadão, onde cada um saiba até onde vai o poder do outro e como este poder será exercido.

Gabardo (2002, p. 33-34) afirma, sustentado na lição de Katie Argüello, que a teoria de Weber consiste, pontualmente, no estudo dos fatores que ocasionam aumento da eficiência ao regime funcional dos agentes públicos.

A implantação do modelo burocrático sugere superioridade técnica para a Administração Pública da sociedade, que ocorre segundo dois importantes elementos:

1. moralização do aparelho estatal; e
2. exigência de concurso público para contratação de empregados, aglutinando qualidade à organização administrativa com o incremento do aparato legislativo e regulamentar. (Gabardo, 2002)

A centralização das decisões garante a impessoalidade nas definições de funções e procedimentos e na escolha de pessoas para realizá-los. Assim, proporciona-se segurança e independência ao empregado e restringe-se a voluntariedade no agir administrativo (Gabardo, 2002).

Gabardo (2002, p. 127-128) realiza uma análise muito feliz sobre o resultado da procedimentalização da gestão pública, a qual se faz necessária a colação:

> Ou seja, a clivagem entre o procedimento e os agentes que o realizavam propiciou a autonomização formal do mecanismo burocrático, a ponto de fazê-lo parecer inadequado à satisfação do interesse público e, portanto, passível de substituição por uma sistemática cuja principiologia diverge fortemente do regime jurídico administrativo. Daí a preferência, largamente manifestada na contemporaneidade, pela estrutura flexível-convencional (de caráter gerencial) em detrimento da rígida-procedimental (de caráter burocrático).

O modelo burocrático evoluiu com o Estado moderno, que se agigantou com a absorção de inúmeras atividades, antes sob domínio privado, na busca do atendimento do interesse público, ideais do modelo de Estado de bem-estar social.

O modelo burocrático, conforme a lição de Dallari (2007), foi o berço da licitação, a qual foi criada e desenvolvida sob os princípios da hierarquia e do controle dos meios pelo procedimento. Adiante, o autor afirma que, no modelo burocrático, a Administração precisa ser protegida dos interesses individuais, particulares, "daí a rigidez das estruturas, a estrita legalidade e controle do desenvolvimento das ações administrativas" (Dallari, 2007, p. 41).

A burocracia sofreu severa deturpação decorrente do surgimento de um estamento burocrático (Faoro, 2007), diametralmente oposto ao modelo burocrático, o qual originou o preconceito corrosivo em relação a este, que "tornou-se resistência; a resistência tornou-se crítica; a crítica, mera negação" (Gabardo, 2002, p. 44). Com isso, tomou vulto uma tendência que originou a criação de um novo modelo de gestão: a **desburocratização**.

Gabardo (2002, p. 44) ainda observa que a burocracia, expressão da racionalidade impessoal característica do Estado moderno, culminou como sinônimo de um "sistema lento, precário, inflexível e dispendioso; em suma, ineficiente". Isso ocorreu porque o modelo burocrático foi idealizado para um Estado com moldes liberais, calcado em uma estrutura de controle hierárquico e no formalismo dos procedimentos e, com a evolução do Estado de bem-estar social, em que este inflou seu papel e sua força de intervenção social e econômica, o modelo burocrático começou a desmoronar. Essa falência originou-se da crise vivenciada pelo Estado de bem-estar social, que passou a exigir maior eficiência na Administração Pública (Batista Júnior, 2004).[1]

Foi com a evolução do Estado liberal ao Estado de bem-estar social que surgiu a prestação de serviços públicos. A centralização das atividades levou a uma absorção de várias prestações obrigacionais pelo Estado, entre elas os serviços, os quais a burocracia visava regular com a otimização dos controles hierárquico e procedimental do agir administrativo, propiciando o atendimento ótimo ao interesse público almejado com a realização do serviço.

Dessa forma, estariam todos os particulares satisfeitos, com qualidade, pela prestação obrigacional pública. No entanto, não foi o que aconteceu. Bresser-Pereira (1996), em crítica ao modelo, anota que a Administração Pública burocrática é muito pouco direcionada a satisfazer os anseios dos cidadãos e sedimenta essa visão ao apontar que é cara, lenta e autorreferida.

---

1 No mesmo sentido: Bresser-Pereira, 1996, p. 5-ss.

4.2.2 Estrutura administrativa, eficiência e modelo de Administração Pública gerencial

Quando o Estado evoluiu para o Estado de bem-estar social, agregou inúmeras atividades tidas como *essenciais* aos cidadãos e se agigantou, assumindo uma enorme gama de serviços sociais, como saúde, educação, cultura, entre outros, e de prestação de serviços públicos, como transporte público, fornecimento de energia, construção e manutenção de estradas etc. Nesse cenário, exsurgiu o problema da eficiência daquele gigante.

A burocracia moderna não tinha referenciais já experimentados por outros modelos no talante à promoção da cultura e das práticas sociais, o que a levou a uma invencível crise de legitimação perante as demandas dos cidadãos. Desse modo, "em pouco tempo, a burocracia se tornou um fardo ao Estado Intervencionista" (Gabardo, 2002, p. 44).

No embalo da crise enfrentada pela burocracia, a influência da administração privada (de empresas) começou a incidir sobre a Administração Pública, principalmente no que se refere à descentralização e à flexibilização administrativas após a Segunda Guerra Mundial. Pondera Bresser-Pereira (1996) que, no entanto, a onda de reforma somente ganhou força a partir dos anos 70, quando se iniciou a crise do Estado, culminando, simultaneamente, com a crise da burocracia.

Castro (2008), ao constatar que "o modelo burocrático pretende ser um fim em si mesmo", afirma que, observando-se a eficiência e a flexibilização na gestão, propôs-se uma nova Administração Pública, que pretende a descentralização política e administrativa, "transferindo recursos para níveis regionais e locais e dotando de autonomia decisória administradores responsáveis em suas respectivas regiões". Além disso, "com poucos níveis hierárquicos, pautada na confiança limitada e com controle de resultados, retirando da Administração Pública o sentido autorreferencial e voltando-a ao atendimento das necessidades do cidadão" (Castro, 2008, p. 73).

Na década de 1980, tomou forma a grande revolução na gestão pública em direção a uma Administração Pública **gerencial**. Os delineamentos desse novo modelo de gestão, segundo Bresser-Pereira (1996), são:

- descentralização política, deslocando recursos e tarefas para regiões e localidades;
- descentralização administrativa, transformando administradores públicos em espécie de gerentes autônomos;
- organizações com hierarquia reduzida, substituindo-se a piramidal;
- pressuposição da confiança moderada, em contraposição à desconfiança total;
- controle por resultados *a posteriori*, em vez de controle prévio dos meios pelos procedimentos; e
- Administração Pública voltada ao atendimento do cidadão, no lugar da característica da autorreferência.[2]

Nesse contexto, vale colacionar o panorama traçado por Tesserolli e Castro (2011, p. 112-114) sobre o tema:

> O Plano Diretor da Reforma do Aparelho do Estado consigna que o modelo de administração pública gerencial constitui um avanço e, ao mesmo tempo, um rompimento com o modelo burocrático. Segundo esse documento, aquela está apoiada nesta, "embora flexibilizando alguns de seus princípios fundamentais, como a admissão segundo rígidos critérios de mérito, a existência de um sistema estruturado e universal de remuneração, as carreiras, a avaliação constante de desempenho, o treinamento sistemático". A diferença fundamental é a forma de controle que passou a debruçar esforços sobre os resultados, e não mais nos processos (BRASIL, 1995: 16).

---

2 No mesmo sentido: Brasil, 1995, p. 16-ss.

Adilson Abreu Dallari (2007: 41) afirma, ao corroborar a exposição supra, que "no modelo gerencial essa desconfiança básica é substituída por uma confiança nos agentes; deles serão cobrados os resultados, para a obtenção dos quais são abrandados os controles de processo, são estimuladas as delegações de competências, as parcerias com a iniciativa privada e a adoção da consensualidade, pois o foco está no cidadão, destinatário das ações administrativas". A pretensão do gerencialismo, portanto, é horizontalizar as relações entre poder público e iniciativa privada (CASTRO, 2008: 74).

A denominação "gerencial" foi uma opção dos reformadores brasileiros. Emerson Gabardo (2002: 44-45) afirma que surgiram três movimentos de insurgência à burocracia: o gerencialismo, a Escola da Public Choice e a teoria do "principal-agente". Apesar de diferentes, todas têm em comum não adotarem a legitimação fundamentada aprioristicamente.

A Escola da Public Choice chegou ao seu ápice entre as décadas de 1970 e 1980, e tem seu termo inicial com os conceitos de utilidade e maximização. Na teoria, a Public Choice preconiza o incremento econômico no setor público através de investimento do setor privado (mercado); ação egoística dos indivíduos que buscam, racionalmente, sua satisfação pessoal; agentes públicos que agem para tirar proveito, aumentado seu círculo de poder para garantirem seus cargos; agentes políticos visam apenas seus interesses; atingimento do bem comum pela "maximização de interesses, no qual da inter-relação de egoísmos, 'o resultado final é o bem comum'" (GABARDO, 2002: 45-46).

Quanto ao paradigma do "agente-principal", este busca as relações de sujeição entre o "agente", instrumento da implementação da ação, e o "principal", beneficiado com a realização de seus interesses. Afirma Emerson Gabardo (2002: 46) que "em ambas, prevalece a ideologia neoliberal, mas o seu grau de comprometimento é diferenciado, devendo ser considerado, inclusive, que nenhuma teoria realizou-se de forma pura".

No que toca aos serviços públicos, tem grande importância a vinculação do paradigma burocrático e do gerencial ao princípio da subsidiariedade, no sentido retratado por José Alfredo Oliveira Baracho (2000: 88) "solução intermediária entre o Estado Providência e o Estado Liberal".

Emerson Gabardo (2002: 53) e Raquel Melo Urbano de Carvalho (2009: 216), sustentados na lição de Juan Martín Gonzáles Moras, ensinam que o princípio da subsidiariedade não tem um conceito definido, pois, na expressão do autor, pode ser um "critério direcionador" da dicotomia público-privado e legitimador da intervenção do Estado no domínio econômico privado, ou ainda, segundo doutrina (neo)liberal, quer dizer a retirada do Estado do âmbito econômico se utilizando a privatização.

No entanto, Raquel Melo Urbano de Carvalho (2009: 216) faz ressalva e destaca que a subsidiariedade representa o que é submetido em caráter secundário a outro principal, em segundo plano, e se utiliza a figura da argumentação jurídica subsidiária. O princípio da subsidiariedade, segundo esta autora, surgiu em contraposição ao liberalismo clássico – mínima intervenção do Estado na ordem econômica e direitos individuais garantidos pela estrita legalidade – e ao socialismo centralizador – ampliação da atuação estatal nos domínios econômico e social – como característica política europeia contemporânea.

Nota-se que o princípio é aplicado como critério de distribuição horizontal de competências, entre o privado e o público, na Comunidade Europeia e se tornou referência ao constituinte e ao legislador para editarem normas de distribuição de competências. Em suma, o princípio da subsidiariedade privilegia a competência do ente mais próximo do cidadão, sendo que a de ordem imediatamente superior atua, apenas, em caso de insucesso da primeira (CARVALHO, 2009: 217). O surgimento desse princípio foi incorporado à gestão pública recentemente, com a criação da Comunidade Européia, fase neoliberal do Estado (de Bem-Estar Social). A subsidiariedade acentua a dicotomia entre público e privado, definindo quais são as competências de cada integrante da comunidade, o que impende ser analisado sob a perspectiva da noção de suplementação relacionada com o incentivo à ação individual em função do interesse geral.

A concepção neoliberal do princípio não compreende a diferença entre a noção acima e a mera redução do aparelho estatal, privatizações e ações sociais. O Estado Subsidiário exige estudo meticuloso do grau de intervenção de sua atuação nas áreas sentidas de desenvolvimento, como educação e saúde. Nessa perspectiva se insere a capacitação e qualificação da comunidade para gerenciar eficientemente as carências sentidas pelos cidadãos. Não obstante, a privatização da prestação dos serviços públicos foi incentivada asna fase subsidiaria, ou neoliberal, do Estado, que significa outorgar a particular apenas execução da prestação de serviços públicos e a titularidade do serviço permanece com a Administração Pública.

4.2.3 A legitimação da burocracia no Brasil da década de 1990 até a atualidade

A Administração Pública burocrática exsurge no Brasil a partir da década de 1930, no mesmo ritmo do desenvolvimento industrial brasileiro, quando o Estado passa a intervir de forma maciça na produção de bens e de serviços (Brasil, 1995). A burocracia brasileira foi pensada durante a vigência do modelo patrimonialista, irracional, e "corresponde a um anseio liberal de limitação do poder político do Estado". Os bacharéis – filhos de latifundiários brasileiros, enviados ao exterior para estudar, que retornam com cultura e formação superior – foram os responsáveis pela criação da República brasileira sob forte influência patrimonialista, "sendo as funções públicas exercidas por indivíduos que detinham poder no âmbito privado. Os cargos públicos foram tomados, nesta dimensão, como propriedade dos bacharéis", ao passo que os vencimentos fixos, a aposentadoria e a estabilidade funcional foram recepcionadas como benefícios não merecidos para um povo que não tinha apego aos estudos e à técnica (Bresser-Pereira; Schier, 2004, p. 32).

No governo de Getúlio Vargas, a Administração Pública passou por processo de racionalização ao introduzir a organização administrativa burocrática, com a adoção do concurso para o acesso ao serviço público, após a criação das primeiras carreiras burocráticas no país. Para realização de tal intento, foi criado, em 1936, o Departamento Administrativo do Serviço Público (Dasp), época em que a Administração sofria influência da "teoria da administração científica de Taylor, tendendo à racionalização mediante a simplificação, padronização e aquisição racional de materiais, revisão de estruturas e aplicação de métodos na definição de procedimentos" (Brasil, 1995, p. 18).

Bresser-Pereira (1996, p. 7) aduz que, "mais precisamente, em 1936 foi criado o Conselho Federal do Serviço Público Civil, que, em 1938, foi substituído pelo DASP". Naquele momento foi programada a primeira reforma administrativa brasileira, cujo objetivo era instituir os princípios básicos da burocracia clássica: a centralização e a hierarquia, com a missão de substituir o sistema patrimonial próprio do coronelismo, da venalidade dos cargos e do nepotismo (Castro, 2008).[3]

Com o surgimento da primeira autarquia, em 1938, simultaneamente à criação do Dasp, a Administração Pública brasileira tem o primeiro indicativo da vocação gerencialista do Estado, surgindo a ideia de que "os serviços públicos na 'administração indireta' deveriam ser descentralizados e não obedecer a todos os requisitos burocráticos da 'administração direta' ou central" (Bresser Pereira, 1996, p. 7). No entanto, ainda com esteio na lição de Bresser-Pereira (1996), a primeira tentativa de reforma da Administração Pública brasileira ocorreu na década de 1960, com a

---

3 Segundo Bresser-Pereira (1996, p. 7), o "DASP foi extinto em 1986, dando lugar à SEDAP – Secretaria de Administração Pública da Presidência da República –, que, em janeiro de 1989, é extinta, sendo incorporada na Secretaria do Planejamento da Presidência da República. Em março de 1990 é criada a SAF – Secretaria da Administração Federal da Presidência da República, que, entre abril e dezembro de 1992, foi incorporada ao Ministério do Trabalho. Em janeiro de 1995, com o início do governo Fernando Henrique Cardoso, a SAF transforma-se em MARE – Ministério da Administração Federal e Reforma do Estado".

publicação do Decreto-Lei n. 200/1967,[4] que almejava sobrelevar-se à noção da burocracia clássica adotada até então "e dotava o Estado de princípios racionais que possibilitassem o planejamento e a gestão orçamentária a descentralização e a coordenação das atividades administrativas e o controle de resultados do agir estatal" (Castro, 2008, p. 82-83).

As alterações trazidas pelo Decreto-Lei n. 200/1967 não prosperaram, uma vez que, com maior liberdade outorgada ao gestor público, as regras introduzidas no sistema pelo referido diploma normativo foram desvirtuadas no tocante às normas para criação de entes da Administração Pública indireta, como a burla à proibição à acumulação de cargos públicos e à obrigatoriedade de contratação mediante concurso (Castro, 2008). Essa reforma pode ser considerada como um primeiro momento da Administração gerencial no Brasil. Promoveu-se a descentralização de atividades de produção de bens e serviços para autarquias, fundações, empresas públicas e sociedades de economia mista, reafirmando a racionalização que já ocorria na prática, instituindo-se, consequentemente, o planejamento, o orçamento, a descentralização e o controle de resultados como princípios básicos da Administração. Flexibilizou-se a Administração para alcançar maior eficiência nas atividades do Estado, estreitando-se, dessa forma, os laços da aliança entre os integrantes do modelo tecnoburocrático-capitalista – alta tecnoburocracia estatal, civil e militar e a classe empresária (Bresser-Pereira, 1996, p. 7).

No período entre a edição do Decreto-Lei n. 200/1967 à promulgação da Constituição Federal (CF), de 5 de outubro de 1988 (Brasil, 1988),

---

4   Hélio Beltrão, que inspirou a reforma gerencial no Brasil, "participou da reforma administrativa de 1967 e depois, como Ministro da Desburocratização, entre 1979 e 1983, transformou-se em um arauto das novas idéias. Definiu seu Programa Nacional de Desburocratização, lançado em 1979, como uma proposta política visando, através da administração pública, 'retirar o usuário da condição colonial de súdito para investi-lo na de cidadão, destinatário de toda a atividade do Estado'" (Bresser-Pereira, 1996, p. 7).

o país passou por gestões políticas que utilizaram procedimentos idealizados pelos teóricos burocratas, como: forte intervenção do Estado na economia; distribuição de renda com aumento do gasto público; sucessivas implantações de planos econômicos visando ao ajuste fiscal; estruturação do exercício das funções do Estado administrador em torno de órgãos competentes vinculados entre si hierarquicamente, constituindo-se uma autoridade superior, máxima, que detém a decisão final sobre as medidas a serem concretizadas pelo ente; formalização das decisões por meio de processos administrativos, conferindo publicidade aos atos, os quais deveriam ser escritos; estabelecimento de princípios fundamentais da Administração Pública, como o planejamento, a coordenação, a descentralização, a delegação de competência e o controle.[5]

A Nova República, nos dois primeiros anos do regime democrático, ignorou a crise fiscal e a necessidade de revisão da forma de intervenção do Estado na economia, bem como ampliou os gastos públicos e os salários mediante a adoção de uma versão populista do pensamento de Keynes, visando ao desenvolvimento e à distribuição da renda no país, o que resultou no fracasso do Plano Cruzado (Bresser-Pereira, 1996).

Posteriormente, o Ministério da Fazenda, em 1987, sob a responsabilidade de Bresser-Pereira, adotou medidas para viabilizar um ajuste fiscal, que restou fracassado. Dessa forma, o país não resistiu ao ataque populista de 1988 e 1989 e mergulhou novamente em um regime patrimonialista,

---

5 Note-se que Bresser-Pereira (1996) dá conotação de crítica ao retorno dos ideais burocráticos, entendendo a aplicação destes na Nova República como um retrocesso, da qual não discordamos. De acordo com o autor, tais práticas representaram um retrocesso ao populismo e ao patrimonialismo, como o loteamento dos cargos públicos durante o governo de José Sarney, em 1985, quando assumiu a Presidência da República após o falecimento do Presidente eleito (antes mesmo de ser empossado no cargo) Tancredo Neves. Ainda conforme o autor, tal período não introduziu um panorama de reforma do aparelho estatal, ao contrário, significou a volta aos ideais burocráticos no plano administrativo dos anos 1930 (Bresser-Pereira, 1996).

com o retorno do domínio mercantil. Segundo Bresser-Pereira (1996, p. 9), essa contradição de forças está bem representada no Capítulo VII do Título III da CF/1988, pois:

> De um lado ela é uma reação ao populismo e ao fisiologismo que recrudescem com o advento da democracia. Por isso a Constituição irá sacramentar os princípios de uma administração pública arcaica, burocrática ao extremo.[6] Uma administração pública altamente centralizada, hierárquica e rígida, em que toda a prioridade será dada à administração direta ao invés da indireta.

Para o autor, a CF/1988 é uma Constituição burocrática aprovada por um constituinte incapaz de enxergar que o novo modelo é uma resposta ideal à necessidade de uma Administração Pública eficiente de empresas e serviços sociais. Dessa forma, conclui que o constituinte decidiu completar a reforma burocrática racional-legal antes de analisar os princípios de um modelo moderno, como o gerencialismo, instituindo, por exemplo, o regime jurídico único dos servidores públicos. Na mesma toada, menciona a criação de novos e a consolidação de antigos privilégios, entendendo isso como uma homenagem rendida ao patrimonialismo (Bresser-Pereira, 1996).[7]

Entre os privilégios criticados, Bresser-Pereira (1996, p. 10) afirma:

> O mais grave dos privilégios foi o estabelecimento de um sistema de aposentadoria co remuneração integral, sem nenhuma relação com o tempo de serviço prestado diretamente ao Estado. Este fato, mais a instituição de aposentadorias especiais, que permitiam aos servidores aposentarem-se muito cedo, em torno dos 50 anos, e, no caso dos professores universitários, de acumular aposentadorias, elevou violentamente o custo do sistema previdenciário estatal, representando um pesado ônus fiscal para a sociedade. Um segundo privilégio foi ter permitido que, de um

---

6 Aqui, mais uma vez, nota-se um repúdio ao modelo burocrático.

7 Vale destacar que o texto ora estudado foi publicado antes do advento da Emenda Constitucional n. 19/1998, que modificou a redação originária do art. 39 da CF/1988.

golpe, mais de 400 mil funcionários celetistas das fundações e autarquias as transformassem em funcionários estatutários, detentores de estabilidade econômica.

No mesmo sentido crítico, o Plano Diretor da Reforma do Aparelho do Estado (Brasil, 1995, p. 21-22) assim consigna:

O retrocesso burocrático não pode ser atribuído a um suposto fracasso da descentralização e da flexibilização da administração pública que o Decreto-Lei 200 teria promovido. Embora alguns abusos tenham sido cometidos em seu nome, seja em termos de excessiva autonomia para as empresas estatais, seja em termos do uso patrimonialista das autarquias e fundações (onde não havia a exigência de processo seletivo público para admissão de pessoal), não é correto afirmar que tais distorções possam ser imputadas como causas do mesmo. Na medida em que a transição democrática ocorreu no Brasil em meio à crise do Estado, essa última foi equivocadamente identificada pelas forças democráticas como resultado, entre outros, do processo de descentralização que o regime militar procurara implantar. Por outro lado, a transição democrática foi acompanhada por uma ampla campanha contra a estatização, que levou os constituintes a aumentar os controles burocráticos sobre as empresas públicas e de subsidiárias já existentes.
Afinal, geraram-se dois resultados: de um lado, o abandono do caminho rumo a uma administração pública gerencial e a reafirmação dos ideais da administração pública burocrática clássica; de outro lado, dada a ingerência patrimonialista no processo, a instituição de uma série de privilégios, que não se coadunam com a própria administração pública burocrática.

No entanto, a crise administrativa começava a ser sentida no governo Itamar Franco (1992-1994), ou seja, após o *impeachment* do Presidente Fernando Collor de Mello, que muito contribuiu para o atraso desenvolvimentista idealizado no modelo gerencial. Tal crise não significa apenas que o maior mal a ser combatido pela reforma gerencial é o patrimonialismo generalizado, implantando-se um sistema burocrático "descontaminado de patrimonialismo", no qual os servidores estarão vinculados a critérios de ética pública, de profissionalização da Administração Pública e eficiência. Bresser-Pereira (1996, p. 13) ressalta que "não há qualquer dúvida quanto à importância da profissionalização do serviço público e da obediência aos princípios da moralidade e do interesse público". E complementa, afirmando que "É indiscutível o valor do planejamento e da racionalidade administrativa" (Bresser-Pereira, 1996, p. 14). Entretanto, ao reafirmarem-se valores burocráticos clássicos como resposta à crise, inviabilizam-se os objetivos a que se propunha: a modernização radical da Administração Pública que só poderá ser veiculada sob uma perspectiva gerencial.

O governo do Presidente Fernando Henrique Cardoso publicou referido Plano Diretor da Reforma do Aparelho do Estado (Brasil, 1995, p. 6) "com a finalidade de colaborar com esse amplo trabalho que a sociedade e o Governo estão fazendo para mudar o Brasil". O objetivo desse governo foi claramente estampado na apresentação assinada pelo então presidente da República:

> Este "Plano Diretor" procura criar condições para a reconstrução da administração pública em bases modernas e racionais. No passado, constituiu grande avanço a implementação de uma administração pública formal, baseada em princípios racional-burocráticos, os quais se contrapunham ao patrimonialismo, ao clientelismo, ao nepotismo, vícios estes que ainda persistem e que precisam ser extirpados. Mas o sistema introduzido, ao limitar-se a padrões hierárquicos rígidos e ao concentrar-se no controle dos processos e não dos resultados, revelou-se lento e ineficiente para a magnitude e a complexidade dos desafios que o País passou a enfrentar diante da globalização econômica. A situação agravou-se a partir do início desta década, como resultado de reformas administrativas apressadas, as quais desorganizaram centros decisórios importantes, afetaram a "memória administrativa", a par de desmantelarem sistemas de produção de informações vitais para o processo decisório governamental.
> É preciso, agora, dar um salto adiante, no sentido de uma administração pública que chamaria de "gerencial", baseada em conceitos atuais de administração

e eficiência, voltada para o controle dos resultados e descentralizada para poder chegar ao cidadão, que, numa sociedade democrática, é quem dá legitimidade às instituições e que, portanto, se torna "cliente privilegiado" dos serviços prestados pelo Estado.

É preciso reorganizar as estruturas da administração com ênfase na qualidade e na produtividade do serviço público; na verdadeira profissionalização do servidor, que passaria a perceber salários mais justos para todas as funções. Esta reorganização da máquina estatal tem sido adotada com êxito em muitos países desenvolvidos e em desenvolvimento. (Brasil, 1995, p. 6)

Para concretizar os ideais, o Plano consigna uma estrutura organizacional baseada na composição de setores, no estabelecimento de objetivos, na arquitetura de estratégias para a transição entre os modelos e na afirmação de projetos específicos (Gabardo, 2002). Carvalho (2009) afirma que o processo de reestruturação do Estado foi revigorado no governo Fernando Henrique Cardoso, sob orientação do então Ministro Bresser-Pereira, titular do extinto Ministério da Administração Federal e da Reforma do Estado (Mare), assim complementando:

Foram concebidas medidas em um contexto de reforma, no qual se entenderam necessários o ajustamento fiscal, a redução dos recursos aplicados em setores sociais, as reformas econômicas voltadas para o mercado, com a finalidade de garantir a concorrência interna e criar condições para o enfrentamento da competição internacional, a reforma da previdência social, a inovação dos instrumentos de política social voltados para melhor qualidade dos serviços sociais e a reforma do aparelho do Estado, a fim de elevar a capacidade de o governo tornar realidade as políticas públicas. (Carvalho, 2009, p. 844)

Para fins de concretizar tal Plano, foi publicada a Emenda Constitucional (EC) n. 19, de 4 de junho de 1998 (Brasil, 1998), que, conforme sua ementa, "modifica o regime e dispõe sobre princípios e normas de Administração Pública, servidores e agentes políticos, controle de despesas e finanças públicas e custeio de atividades a cargo do Distrito Federal, e dá outras providências". Essa EC teve como fundamento promover a flexibilidade, a eficiência e a cidadania em relação ao agir administrativo (Castro, 2008). Entre as principais medidas adotadas pelo país após a EC n. 19/1998, "destacam-se o fim da exigência do regime jurídico único e a inserção de figuras como as do contrato de gestão, Agências Executivas, Agências Reguladoras, Organizações Sociais, OSCIP e Parcerias Público-Privadas" (Carvalho, 2009, p. 845).

Entretanto, no tocante à alteração do art. 39 da CF/1988 pela EC n. 19/1998, no sentido de por fim à exigência do regime jurídico único para os servidores públicos, é necessário esclarecer que

> o Pleno do Supremo Tribunal Federal, ao retomar, em 02.08.07, o julgamento da Ação Direta de Inconstitucionalidade n° 2.135, suspendeu a vigência da redação dada pela Emenda Constitucional n. 19/98 ao artigo 39, *caput*, da CR. Por oito votos a três, o Supremo Tribunal Federal deferiu a cautelar para suspender a redação atribuída ao *caput* do artigo 39 pela Emenda Constitucional n. 19. Conforme voto do Ministro Relator Cezar Peluso, a proposta de alteração do *caput* do artigo 39 da Constituição Federal não foi aprovada pela maioria qualificada (3/5 dos parlamentares) da Câmara dos Deputados, em primeiro turno, conforme previsto no artigo 60, § 2°, da Constituição da República. O próprio regimento da Câmara dos Deputados (artigo 118) impedia que a comissão especial de redação da Câmara dos Deputados deslocasse o § 2°, do artigo 39, aprovado, para o *caput* do mesmo artigo 39, cuja proposta de alteração havia sido rejeitada em primeiro turno. Segundo o Ministro César Peluso, é inadmissível realizar transposição dessa natureza por mera emenda constitucional. (Ferraz et al., 2009, p. 65)

Ainda no âmbito da reforma proporcionada pela EC n. 19/1998, acresceu-se expressamente o princípio da eficiência ao *caput* do art. 37 da CF/1988. Moraes (2001), ao tratar do **princípio da eficiência** do ordenamento jurídico brasileiro, menciona, brevemente, a discussão acerca da recepção da eficiência como princípio e aponta duas correntes doutrinárias: a primeira reconhece a pré-existência do princípio da eficiência como regente da atuação administrativa; e a segunda não reconhece a eficiência como princípio, mas sim como finalidade da Administração Pública. Aduz, ainda, que

> a EC n° 19/98, seguindo os passos de algumas legislações estrangeiras, no sentido de pretender garantir maios qualidade na atividade pública e na prestação dos serviços públicos, passou a proclamar que a administração pública direta, indireta ou fundacional, de qualquer dos Poderes da União, dos Estados, do Distrito Federal e dos Municípios deverá obedecer, além dos tradicionais princípios de legalidade impessoalidade, moralidade, publicidade, também ao princípio da eficiência. (Moraes, 2001, p. 30)

Não obstante a apresentação de medidas aptas a alterar o modelo brasileiro de Administração Pública, pode-se afirmar que as características atuais do Estado representam uma releitura da proposta racionalista, legal, de Max Weber. A proposta de uma Administração Pública gerencial não foi concretizada a contento de seus idealizadores. Verifica-se, na prática, a feliz resistência de procedimentos para realização do controle do agir administrativo, operando-se, positivamente, um aprimoramento das práticas administrativas segundo os princípios fundamentais estipulados no Decreto-Lei n. 200/1967.

Bresser-Pereira (2015), ferrenho crítico da estrutura burocrática weberiana adotada no mundo e no Brasil, mudou de ideia e passou a enxergar a relevância do modelo racional-legal da maneira como adotada no país entre 2002 a 2010, durante o governo de Luis Inácio Lula da Silva:

> A eleição, pela primeira vez na história do país, de um candidato de esquerda demonstrou que o capitalismo e a democracia estavam consolidados no Brasil. A consolidação da democracia comprovou-se pelo fato de que, em nenhum momento, a burguesia e os partidos de direita pensaram em golpe de Estado para

enfrentar o problema criado pela eleição de um presidente de esquerda. O Brasil já não era mais o país da oligarquia agroexportadora que jamais era derrotada, nem o país dos liberais autoritários que, quando derrotados, pensavam imediatamente em derrubar o governo eleito. (Bresser-Pereira, 2015, p. 343)

O período de vigência do modelo burocrático no Brasil foi tímido e não produziu os efeitos esperados após a concretização dos ideais da burocracia. Sem sombra de dúvidas, há muito o que se fazer para extirpar as práticas patrimonialistas do Estado brasileiro. Nesse sentido, necessária se faz a imediata evolução da Administração Pública na direção da concretização do modelo gerencial (Castro, 2008). No entanto, não se deve negar que a burocracia idealizada por Max Weber se preocupava com a eficiência na Administração Pública e com os valores gerados na sociedade em que vigia. Muito embora não tenha concretizado-se, reconhecemos que o modelo burocrático não foi implantado segundo os ideais originários, mas sim viciado pelo patrimonialismo e pelo fisiologismo, que falaram mais alto nas práticas administrativas do passado brasileiro.

Dessa forma, a realização de uma gestão administrativa gerencial proporcionará, precipuamente, uma atividade pública preocupada com o atingimento de resultados, controlando-os a fim de realizar eficientemente o interesse público.

4.3 Considerações finais

A democracia já é princípio em vários Estados, inclusive, incorporada nas Constituições. No entanto, o acúmulo de todas as atividades administrativas promotora da concretização dos direitos fundamentais no rol de deveres estatais ocasionou o surgimento de Estados totalitários, como na Alemanha e na Itália.

artigo 4

Decisão administrativa: as raízes da estrutura administrativa brasileira e a matriz teórica do processo de tomada de decisões na Administração Pública

Durante a vigência do Estado de bem-estar social despontou a burocracia, idealizada por Max Weber, que representa a realização da Administração Pública eficiente por excelência, na qual os administradores públicos são separados da pessoa ocupante do cargo, ou seja, insere-se a impessoalidade no trato da "coisa pública"; e aportam o controle hierárquico das decisões administrativas, a organização do serviço público em carreiras, a profissionalização do serviço público, o controle *a priori* das decisões administrativas e a legitimação das decisões administrativas pelo procedimento.

Diante do pluralismo implantado durante o Estado de bem-estar social com a incorporação do princípio democrático, aumentaram as demandas pelas prestações obrigacionais por parte do Estado, o que se mostrou inviável diante de seu agigantamento. Dessa forma, a prestação dos serviços públicos exclusivos do Estado passou a ser delegada a particulares, bem como houve a incorporação do princípio da subsidiariedade, que detém sentido de regionalização de decisões para melhor atendimento das necessidades locais. No entanto, não basta adotar o modelo adequado; a Administração Pública deve estar apta a realizar os desideratos da coletividade, garantindo o atendimento do interesse público com eficiência.

Nesse contexto, em consonância com a estruturação racional-legal do exercício das funções do Estado, da qual se denota a existência do exercício de função administrativa por parte do Poder Executivo – órgão estatal competente para criar e executar políticas públicas aptas à realização dos direitos fundamentais –, percebe-se que nunca ocorreu a alteração do modelo burocrático ao gerencial, proposto, no Brasil, na década de 1990, por meio do Plano Diretor de Reforma do Aparelho do Estado. Vivenciaram-se somente algumas alterações constitucionais, como aquela que autoriza a criação de agências reguladoras; outras – por vício formal de constitucionalidade, como aquela que tentou alterar o *caput* do art. 39 da CF/1988 para extinguir o regime jurídico único dos servidores da União

(Administração Pública direta, autarquias e fundações públicas) – não lograram êxito e, por isso, manteve-se a estrutura hierárquica orgânica da Administração foi mantida.

A atividade estatal brasileira é eminentemente burocrática, no sentido weberiano, racional-legal, pois, conforme se constata na estruturação do ordenamento jurídico brasileiro, a seleção de pessoal é realizada, em regra, por concurso público; a contratação de pessoas naturais ou jurídicas para prestar serviços e para fornecer bens e produtos ocorre por meio de licitação; há cargos de hierarquia superior que são providos por meio de promoção (movimentação funcional) dentro de uma mesma carreira (caso dos delegados da Receita Federal); a CF/1988 determina o aperfeiçoamento do servidor público, exigindo da Administração Pública e do servidor público a profissionalização da função pública, definindo como critério de progressão e promoção funcionais o aprimoramento técnico pertinente ao exercício das atribuições de cada cargo, entre outros pontos.

Não obstante, há novas posturas exigidas pelo ordenamento jurídico que buscam conferir eficiência ao agir administrativo, como: (a) a estruturação de um sistema de controle interno para municípios, estados, Distrito Federal e União, o qual deve se comunicar com os órgãos de controle externo (tribunais de contas e Ministério Público, por exemplo), devendo ser procedimentalizado e responsivo – ou seja, reagir e se adaptar instantaneamente às mudanças e demandas sociais, suprindo as carências em tempo de promover os objetivos fundamentais da República (art. 3º da CF/1988); (b) a utilização de meios alternativos de resolução de conflitos, como a mediação e a arbitragem; (c) a utilização dos procedimentos consensuais de sanção administrativa, como o acordo de leniência previsto na Lei Anticorrupção; (d) a exigência das empresas que se relacionam com o Poder Público de implantação de um programa de integridade, o qual norteará as condutas empresárias ao encontro dos princípios da Administração

Pública previstos no art. 37 da CF/1988; e (e) a adoção dos termos de ajustamento de gestão, regulados por leis em alguns estados da Federação, os quais viabilizam legitimar pelo procedimento a melhor escolha pública, desfocando-se do ímpeto eminentemente punitivo proposto por alguns órgãos de controle externo.

O Estado brasileiro demanda um aprimoramento de sua racionalidade, adequando-o perfeitamente às melhores práticas de gestão pública – não necessariamente àquelas praticadas no âmbito privado, mas abrindo-se ao diálogo, adotando a consensualidade como qualidade do agir administrativo e viabilizando uma permeabilidade na Administração Pública para oportunizar a escolha das melhores técnicas de gestão, segundo a experiência pública (de outros Estados) e privada – e convidando a iniciativa privada para a elaboração da decisão pública, principalmente em razão da subsidiariedade, instaurando o diálogo a partir das comunidades locais municipais, profundas conhecedoras das mazelas da coletividade.

A burocracia faz parte da realidade administrativa brasileira. A mera alteração dos nomes dos procedimentos não acarretará mudança substancial do modelo racional-legal adotado em *terrae brasilis*. O gerencialismo, movimento que pretende realizar o aprimoramento da Administração Pública, permite o diálogo entre agentes públicos e privados em uma constante troca de experiências, mas não se pode afirmar que é a panaceia para as mazelas estatais, pois a estrutura administrativa brasileira é inspirada na lógica racional-legal weberiana, fato que exige o reconhecimento de que o Estado pode adotar algumas práticas gerenciais, o que não o torna gerencialista. Antes, uma burocracia preocupada com o incremento da eficiência das decisões públicas a serem tomadas, demonstrando um sincretismo entre os modelos burocrático e gerencial no Brasil contemporâneo.

Referências

BACELLAR FILHO, R. F. **Processo administrativo disciplinar**. 2. ed. São Paulo: Max Limonad, 2003.

BARACHO, J. A. de O. **O princípio da subsidiariedade**: conceito e evolução. Rio de Janeiro: Forense, 2000.

BATISTA JÚNIOR, O. A. **Princípio constitucional da eficiência administrativa**. Belo Horizonte: Mandamentos, 2004.

BRASIL. Constituição (1988). **Diário Oficial da União**, Brasília, DF, 5 out. 1988. Disponível em: <http://www.planalto.gov.br/ccivil_03/constituicao/ConstituicaoCompilado.htm>. Acesso em: 28 fev. 2018.

BRASIL. Constituição (1988). Emenda Constitucional n. 19, de 4 de junho de 1998. **Diário Oficial da União**, Brasília, DF, 5 jun. 1998. Disponível em: <http://www.planalto.gov.br/ccivil_03/Constituicao/Emendas/Emc/emc19.htm>. Acesso em: 28 fev. 2018.

BRASIL. Presidência da República. Câmara da Reforma do Estado. **Plano Diretor da Reforma do Aparelho do Estado**. Brasília, 1995. Disponível em: <http://www.bresserpereira.org.br/documents/mare/planodiretor/planodiretor.pdf>. Acesso em: 28 fev. 2018.

BRESSER-PEREIRA, L. C. Da administração pública burocrática à gerencial. **Revista do Serviço Público**, Brasília, v. 47, n. 1, p. 1-31, jan./abr. 1996.

BRESSER PEREIRA, L. C.; SCHIER, A. da C. R. Administração pública: apontamentos sobre os modelos de gestão e tendências atuais. In: GUIMARÃES, E. (Coord.). **Cenários do direito administrativo**. Belo Horizonte: Fórum, 2004. p. 21-56.

CARVALHO, R. M. U. de. **Curso de direito administrativo**: parte geral, intervenção do estado e estrutura da administração. 2. ed. rev., atual. e ampl. Salvador: Juspodivm, 2009.

CASTRO, R. P. A. de. **Sistema de controle interno**: uma perspectiva do modelo de gestão pública gerencial. 2. ed. rev. e ampl. Belo Horizonte: Fórum, 2008.

DALLARI, A. A. **Aspectos jurídicos da licitação**. 7. ed. atual. São Paulo: Saraiva, 2007.

FAORO, R. **Os donos do poder**: formação do patronato político brasileiro. 3. ed. São Paulo: Globo, 2007.

FERRAZ, A. K. et al. **Direito do Estado**: questões atuais. Salvador: Juspodivm, 2009.

GABARDO, E. **Princípio constitucional da eficiência administrativa**. São Paulo: Dialética, 2002.

LUHMANN, N. **Sociologia do direito II**. Rio de Janeiro: Tempo Brasileiro, 1985.

MEDAUAR, O. **A processualidade no direito administrativo**. 2. ed. rev. atual. e ampl. São Paulo: Revista dos Tribunais, 2008.

MORAES, A. de. **Reforma administrativa**: Emenda Constitucional n. 19/98. 4. ed. rev. ampl. e atual. de acordo com a EC n. 20/98. São Paulo: Atlas, 2001.

TESSEROLLI, E. R. C.; CASTRO, R. P. A. Os princípios da subsidiariedade e da universalização do serviço público como fundamentos da prestação de serviço público por meio de ppp: realidade brasileira. In: CASTRO, R. P. A.; SILVEIRA, R. D. da (Org.). **Estudos dirigidos de gestão pública na América Latina**. Belo Horizonte: Fórum, 2011, v. 1, p. 109-124.

VIOLIN, T. C. **Terceiro setor e as parcerias com a Administração Pública**: uma análise crítica. Belo Horizonte: Fórum, 2006.

WEBER, M. **Ensaios de sociologia**. Rio de Janeiro: Zahar, [1974?].

Seção II

Estudos de Direito
e jurisdição internacional

5

A responsabilização de sujeitos de Direito Internacional público

International Responsibility in Public International Law

Vinicius Hsu Cleto

Vinicius Hsu Cleto

Mestrando em Direito pelo Centro Universitário Internacional Uninter. Pós-graduado *lato sensu* pela Fundação Escola do Ministério Público do Paraná (Fempar) em associação com o Centro Universitário Autônomo do Brasil (Unibrasil) e pela Universidade Positivo. Bacharel em Direito pela Universidade Federal do Paraná (UFPR). Advogado em Curitiba-PR e em São José dos Pinhais-PR. Procurador Municipal de Itaperuçu-PR.

Resumo

O artigo investiga e apresenta os dois sistemas de responsabilização de pessoas de Direito Internacional. Além de explanações teóricas derivadas de revisões bibliográficas, apresentam-se casos selecionados para cada modalidade de responsabilização, que ilustram as matrizes teóricas eleitas mais representativas do que ocorre faticamente. A primeira espécie de responsabilização é a unilateral, segundo a qual o sujeito de Direito Internacional atesta a existência de norma por sua vez violada, a qual enseja sanção, estabelecida textualmente ou não. A segunda possibilidade é a sanção institucional, que é determinada por procedimento aceito pelos sujeitos de Direito Internacional. Esse procedimento ocorre, em regra, sob administração de braços de organizações internacionais, mas pode estar estabelecido em outros entes; e pode, ainda, ganhar configuração *ad hoc*.

Abstract

This article investigates and presents two mechanisms of international responsibility that affect subjects in Public International Law. Theoretical explanations, based upon written bibliography, are shown. Selected cases are studied for each kind of responsibility, acknowledging the most well-embedded theories. The first genre of international responsibility is imposed unilaterally. The assumed victim attests the existence of an illicit, which determines a sanction, textually based or not. The second possibility is the institutional responsibility, specified by a legitimate procedure, accepted by subjects of Public International law. This procedure often takes place in international organizations; nonetheless, it may happen ad hoc.

Palavras-chave

Responsabilidade internacional. Sanção internacional. Ilícito internacional.

Keywords

International responsibility. International sanction. International illicit.

Sumário

5.1 Considerações iniciais. 5.2 Normas de Direito Internacional público. 5.3 Sujeitos de Direito Internacional público. 5.4 Responsabilização internacional unilateral. 5.5 Responsabilização internacional institucional. 5.6 Considerações finais. Referências.

Summary

5.1 First considerations. 5.2 Public International Law Norms. 5.3 Subjects of Public International Law. 5.4 Unilateral imposition of responsibility. 5.5 Institutional imposition of responsibility. 5.6 Final considerations. References.

5.1 Considerações iniciais

A responsabilidade internacional é o instituto mais importante do Direito Internacional (DI) Público. A operacionalização da responsabilidade pela violação de normas internacionais garante, a um só tempo:

- o reconhecimento das normas internacionais dotadas de juridicidade;
- o reconhecimento dos sujeitos de DI;
- a eficácia das proposições deônticas (aspecto sociológico tão relevante para a estabilidade das relações internacionais); e
- a ameaça em abstrato para potenciais violadores.

Embora de reconhecida importância, a responsabilidade internacional não foi codificada. Os Draft Articles on the Responsibility of States for Internationally Wrongful Acts[1] ainda são esboço de convenção a ser adotada pelos Estados, sujeitos primordiais do DI. Além disso, persiste a dificuldade de se determinar quais são os meios de responsabilização existentes para outras pessoas de DI. Por fim, a falta de autoridade central no âmbito internacional cria dificuldades para precisar as consequências pelos ilícitos. Todas essas questões devem ser enfrentadas a partir da prática internacional, que revela como se realiza, hodiernamente, a responsabilização internacional.

Nem toda responsabilização internacional significa reparação. O instituto é amplo o suficiente para abarcar medidas coercitivas, apenas legítimas diante da violação de direito. Constituem-se, ao fim e ao cabo, em

---
1 Trata-se de rascunho de tratado internacional, redigido na Comissão de Direito Internacional, em 2001, órgão da Organização das Nações Unidas (United Nations, 2001).

verdadeiras sanções[2]. Por conseguinte, podemos conceituar *responsabilização internacional* como o conjunto de consequências impostas a sujeito de DI por conta de violação de norma internacional. As consequências variam desde o pedido de reparação até sanções negativas, passando por medidas coercitivas que exigem reparação, as quais, se insuficientes, operam como simples sanções.

5.2 Normas de Direito Internacional público

Codificadas em tratados, as normas extraídas das convenções apenas apresentam dificuldades quando a redação abre margem para interpretações diversas. Ressalvado esse caso, as normas internacionais codificadas são qualitativamente superiores. Isso porque tratados podem estipular, com precisão, quem são as partes (os sujeitos) de DI, quais as condições de adimplemento dos dispositivos e quais as consequências pela violação de determinados dispositivos. Tratados bem feitos logram determinar, inclusive, quem são os julgadores por eventual violação; e quem são os executores do disposto em julgamento. Portanto, a progressiva codificação do DI merece a promoção exigida no Artigo 13.1, "a", da Carta de São

---

2 "Entre os métodos para a solução pacífica de controvérsias, eram mencionados, geralmente, certos meios coercitivos, que constituem verdadeiras *sanções*, sem o recurso à guerra. No estado a que chegaram as relações internacionais, não se deve mais incluí-los entre os verdadeiros processos de solução pacífica de litígios; e, por outro lado, como sanções, os mesmos só deveriam ser empregados por um organismo internacional e não, individualmente, por um Estado." (Accioly, 2009, p. 101)

Francisco (Brasil, 1945)[3]. No entanto, competem aos sujeitos de DI a qualidade redacional e a precisa estipulação das sanções premiais ou punitivas, tão necessárias para que o DI público perca o caráter primitivo apontado em Hart (2009)[4]. Por exemplo, no caso de decisões juridicamente vinculantes de organizações internacionais, a responsabilização é adequada em razão da institucionalização da instância, estipulada em tratado.

Caso a codificação não goze de boa qualidade, a inadimplência de um ou de mais dispositivos cria impasse quanto às consequências. Como regra, haverá suspensão da aplicação do tratado ou da disposição pela parte ofendida.

Situação ainda mais complexa ocorre com a violação de normas derivadas de outras fontes, a saber, os costumes, os princípios gerais de Direito e os atos unilaterais. Essas fontes determinam, usualmente, apenas as condutas proibidas ou exigidas. As consequências da violação não constam dessas fontes, o que significa ampla margem de atuação dos sujeitos ofendidos. A aplicação dos mecanismos de responsabilização pode ocorrer unilateralmente ou institucionalmente. Apenas limita-se à reação ao princípio da proporcionalidade, que veda rechaço mais intenso do que o prejuízo causado pela violação da norma. Entretanto, nota-se claramente que o grau de abertura para interpretações, especialmente unilaterais, é fator de instabilidade na relação entre sujeitos de DI, pois pode haver

---

3   A Carta de São Francisco – carta constitutiva da Organização das Nações Unidas – foi promulgada no Brasil pelo Decreto n. 19.841 de 22 de outubro de 1945 (Brasil, 1945). Dispõe o Artigo 13.1, "a", que "A Assembléia Geral iniciará estudos e fará recomendações, destinados a: a) promover cooperação internacional no terreno político e incentivar o desenvolvimento progressivo do direito internacional e a sua codificação" (Brasil, 1945).

4   "faltam ao direito internacional não apenas as normas secundárias de modificação e julgamento, responsáveis pela existência do poder legislativo e dos tribunais, mas também uma norma de reconhecimento unificadora que especifique as 'fontes' do direito e forneça critérios gerais para a identificação de suas normas." (Hart, 2009, p. 277)

sucessivos ilícitos cometidos em resposta a outras ilegalidades. Na ausência de tratados internacionais bem confeccionados, apenas a prática legitimada por outros sujeitos de DI[5] permitirá afirmar responsabilização internacional legal. Exige-se, para tanto, lapso temporal relativamente longo, o que importa inescapável incerteza jurídica.

5.3 Sujeitos de Direito Internacional público

Apenas podem ser internacionalmente responsáveis os sujeitos de DI. Trata-se de afirmação facilmente presumível, pois o conceito de sujeito estabelece que apenas entes dotados de personalidade podem assumir direitos e obrigações. Por consequência, a responsabilização internacional depende de personalidade jurídica externa.

Estudada toda a controvérsia doutrinária, este autor entende que a personalidade internacional deve ser aferida a partir de um questionamento. Deve-se indagar se a personalidade do ente pode ser suprimida por única manifestação soberana. Caso a resposta seja negativa, trata-se de sujeito

---

5 Entre a miríade de teorias que tentam explicar o fundamento de obrigatoriedade do DI, apenas a teoria de Triepel merece acolhida. Nas relações internacionais, registram-se inúmeras manifestações de comando, declarações de princípios, imposições mediante força. Apenas merece ser considerado norma jurídica internacional aquela que é aceita pela maioria dos Estados e dos demais sujeitos de DI. Isso porque a violação do dispositivo considerado jurídico permite reação considerada legítima. Portanto, é a *vereinbarung* ou vontade coletiva dos Estados (e demais sujeitos de DI) que cria o DI público, caracterizado por ser conjunto de normas legítimas. Ao fim e ao cabo, é essa a teoria que explica o costume internacional como fonte de Direito. Inexige-se adoção do costume por todos os Estados. Inexige-se aceitação das normas *jus cogens*. Eventual violação determinará reação – institucionalizada ou não – das demais pessoas de DI. Para uma breve exposição da teoria de Triepel, confira: Casella, 2008, p. 762.

de DI. Esse é o único critério que observa a práxis internacional e deixa de lado a simples retórica.

Os Estados são os sujeitos primeiros de DI público, motivo pelo qual sua personalidade é originária. É das relações interestatais que nascem outros sujeitos. No entanto, apenas fala-se de personalidade internacional – independente de único Direito interno – se não pode ser suprimida pela vontade de único ente soberano. O único caso em que a vontade única suprime a personalidade internacional ocorre quando o Estado soberano abdica dela, *v.g.*, admitindo a anexação.

Portanto, organizações internacionais são sujeitos de DI, pois o abandono de membro não determina sua extinção. É igualmente sujeito de DI a pessoa humana, uma vez que pode ser responsabilizada por violações humanitárias, independentemente da aquiescência do Estado de que é nacional ou da manifestação de Estado singular, conforme aferido adiante.

Tantas outras pessoas de Direito interno podem ganhar personalidade internacional, sempre e quando não possa haver supressão unilateral, por única soberania, da prerrogativa. Nisso, percebe-se que a responsabilidade internacional pode alcançar mais do que os sujeitos tradicionais – Estados, organizações internacionais e pessoas humanas –, bastando que a conjunção de vontades de outros sujeitos de DI assim estabeleça. Ao longo deste trabalho, além de se estudar os mecanismos de responsabilização, destacar-se-ão quais as pessoas que podem ser atingidas por determinada modalidade.

5.4 Responsabilização internacional unilateral

Os meios institucionalizados não são a regra na seara internacional, uma vez que dependem da aquiescência dos sujeitos, usualmente Estados soberanos receosos de ingerências externas, ainda que despolitizadas, como as da Corte Internacional de Justiça (CIJ)[6].

Assim, os sujeitos de DI denotam predileção pelo monopólio da interpretação das normas jurídicas internacionais, inclusive para estipular as sanções decorrentes de violações. Trata-se de manifestação natural e compreensível. No entanto, admite-se risco de cometer ilícito. O sujeito de DI que, sancionado, entender que está sendo alvo de conduta ilegal, tende a valer-se ele mesmo de mecanismo unilateral de responsabilização, que nem sempre é proporcional à conduta prévia. Apenas a reação de outros sujeitos de DI possibilita determinar, ao longo do tempo, qual seria a reação unilateral proporcional e condizente com o DI público. Esse processo de sedimentação da legitimidade é lento e potencialmente daninho à estabilidade das relações internacionais. Por essa razão, recomenda-se a progressiva institucionalização da resolução de controvérsias e da consequente atribuição de responsabilidade, ainda que a execução das medidas dispostas pelo órgão político ou judicial caiba ao sujeito lesado. Com efeito, é possível que o órgão de resolução de controvérsias infira que a execução da medida sancionatória compete ao lesado. Ainda assim, não será caso de mecanismo unilateral de responsabilização, pois a atuação individual é limitada pelo dispositivo do julgado. Já as sanções unilaterais são determinadas pelo próprio lesado e, até por isso, tendem à desproporção.

---

6 A cláusula facultativa de jurisdição obrigatória, conhecida como *Cláusula Raul Fernandes*, teve parca aceitação ainda à época de sua redação. Os Estados preferem ter de aquiescer, caso a caso, com a jurisdição da CIJ para tratar de específica controvérsia. Confira o teor do Artigo 36, 2, da Carta das Nações Unidas (Brasil, 1945).

A seguir, analisam-se os meios unilaterais de responsabilização de pessoas de DI.

5.4.1 Retorsão e represália

A retorsão é conduta idêntica àquela tomada pelo sujeito de DI que sofre retaliação[7]. São adotadas iguais medidas, sob exata proporção. Para Accioly (1957), não seria propriamente punição. A retorsão é empregada para responder a atos que, embora lícitos[8], sejam reputados deselegantes, prejudiciais ou imorais. Não se trata, pois, de meio de responsabilização internacional – e, portanto, de punição. A responsabilidade internacional depende, ontologicamente, da violação de norma jurídica.

A represália, por sua vez, é verdadeira sanção internacional[9]. Ocorre em resposta a ato ilícito de sujeito de DI, constituindo-se ela mesma em ato ilegal quando praticada sem fundamento jurídico. Conquanto seja considerada meio coercitivo de solução de controvérsias, nem sempre determina reparação ao *statu quo ante*; pode constituir-se em simples punição.

O Instituto de Direito Internacional, na sessão de Paris (1934), definiu *represálias* como "medidas de coerção, derrogatórias das regras ordinárias do direito das gentes, tomadas por um Estado em consequência de atos ilícitos cometidos em seu prejuízo por outro Estado e destinados a impor

---

7   Nas palavras de Accioly (1957), é espécie de talião.

8   "Como causas legítimas de retorsão, indicam-se as seguintes: o aumento exagerado, por um estado, dos direitos de importação ou trânsito estabelecido sobre os produtos de outro estado; a interdição do acesso de portos de um estado aos navios de outro estado; a concessão de certos privilégios ou vantagens aos nacionais de um estado, simultaneamente com a recusa dos mesmos favores aos nacionais de outro estado etc." (Accioly, 2010, p. 845)

9   Muitas vezes o meio de obter reparação "já é uma sanção como ocorre com as represálias" (Mello, 1995, p. 183).

a este, por meio de um dano, o respeito do direito" (Accioly, 1957, p. 81). Em verdade, como ressaltado, não necessariamente haverá restituição do estado situacional anterior. Haverá simples sanção punitiva caso o ofensor não aceite oferecer reparação. Por óbvio, a represália deve ser proporcional ao ilícito que a justifica. Não necessariamente a reação do sujeito de DI deve ser da mesma natureza da violação original; no entanto, não pode ocorrer abuso de direito. Como a interpretação nos mecanismos unilaterais de responsabilidade compete ao ofendido, abre-se margem para o cometimento de novos ilícitos[10].

A represália é instituto jurídico amplo. Abarca todos os atos que, não fossem reação à ilegalidade, constituiriam eles mesmos violações de DI. Assim, listados os mecanismos de responsabilização internacional, nota-se que apenas a convocação de embaixadores e a ruptura de relações diplomáticas ou consulares não são casos de represália. Isso porque esses atos decorrem da soberania ou da autonomia do sujeito de DI, nunca se constituindo em ilegalidade. O boicote, por sua vez, seria ilícito internacional se violasse disposições convencionais.

5.4.2 Convocação de embaixadores

A convocação de altos representantes diplomáticos para prestação de esclarecimentos apenas é possível para entes de DI que possuam o *jus legationis*, ou seja, apenas para aqueles que possam enviar e receber os sobreditos

---

10 Embora seja posição doutrinária minoritária e incorreta, pois desconforme com a prática internacional, Mello (2004) entende que a simples represália constitui, *per se*, ilícito internacional. "Outros (Calogeropoulos Stratis) consideram que as represálias não devem ser admitidas como válidas, porque a Carta da ONU proíbe o uso da força pelos Estados, a não ser em caso de legítima defesa. Esta segunda corrente nos parece mais acertada, não somente porque o uso da força está proibido, mas também porque a represália só seria justa se houvesse um poderio semelhante entre os Estados [...]." (Mello, 2004, p. 1.287)

funcionários. São, usualmente, os Estados[11] e determinadas organizações internacionais.

A convocação de embaixadores não significa, necessariamente, sanção por violação à norma internacional. Pode representar desprazer por conta de conduta considerada moralmente inadequada, embora legal. Constitui-se em sanção internacional quando o sujeito convocador, geralmente um Estado, afirma que espera desculpas ou esclarecimentos em virtude do que considera ser ilícito internacional. Exige-se do sujeito responsabilizado postura publicamente ativa e conciliatória, a qual, se inobservada, poderá dar ensejo a outras modalidades de responsabilização internacional.

A convocação pode ser: (a) dos próprios representantes alocados no Estado ou na organização internacional (OI); e (b) dos representantes do Estado ou da OI supostamente violador de norma internacional. A primeira modalidade manifesta repúdio a ato considerado imoral ou ilegal, o qual pode preceder a ruptura de relações. A segunda modalidade de convocações é considerada mais intrusiva, pois demanda discurso apologético dos representados do suposto violador. A falta de atenção à demanda do sujeito convocador também tende a ensejar outras modalidades de responsabilização.

Na prática internacional, a modalidade mais recorrente é a convocação dos próprios representantes para que sejam efetuadas consultas. A demanda por esclarecimentos de representantes do sujeito violador é considerada excessiva e até mesmo atentatória da independência do sujeito de DI. Portanto, seria medida potencialmente desproporcional ao ilícito.

Para ilustrar fato histórico sobre convocação de embaixadores, anote-se o caso brasileiro, que convocou seu representante diplomático em Tel Aviv

---

11 A Convenção de Montevidéu estabelece, no Artigo 1, IV, que todo Estado deve ter capacidade de entrar em relação com os demais Estados. Essa Convenção foi promulgada no Brasil pelo Decreto n. 1.570, de 13 de abril de 1937 (Brasil, 1937).

após atuações militares do exército israelense na Faixa de Gaza, em 2014, as quais, segundo o governo brasileiro, teriam sido desproporcionais.

5.4.3 Ruptura de relações diplomáticas e consulares

Exigida *jus legationis*, trata-se de modalidade mais radical de responsabilização internacional. A ruptura de relações diplomáticas ou consulares significa que o sujeito considerado prejudicado abandonou a possibilidade de lograr solução negociada entre representantes. Em regra, a ruptura deriva de ilegalidade. Sanciona-se o sujeito de DI ao desprestigiar-se a representação política ou comercial do outro ente.

O assunto foi brevemente codificado na Convenção de Viena sobre Relações Diplomáticas[12], de 1961, nos Artigos 45-47; e na Convenção de Viena sobre Relações Consulares[13], de 1963, no Artigo 2º.

A ruptura das relações diplomáticas independe de eventual ruptura das relações consulares[14]. Em ambos os casos, pode o rompimento pretender-se permanente ou ser temporário. O restabelecimento das relações indica que a controvérsia internacional foi resolvida.

Exemplo de ruptura de relações diplomáticas como sanção internacional ocorreu durante a Guerra Irã-Iraque. Os franceses romperam relações

---

12 Promulgada no Brasil pelo Decreto n. 56.435, de 8 de junho de 1965 (Brasil, 1965).

13 Promulgada no Brasil pelo Decreto n. 61.078, de 26 de julho de 1967 (Brasil, 1967).

14 Conforme Artigo 2º, 3, da Convenção de Viena sobre Relações Consulares. Por outro lado, segundo o Artigo 2º, 2, da mesma Convenção, o estabelecimento de relações diplomáticas determina automático estabelecimento de relações consulares, salvo disposição em contrário (Brasil, 1967).

com os iranianos após uma série de atentados, em 1986, os quais, segundo o Irã, foram motivados pela aliança armamentista entre franceses e iraquianos. As relações foram restabelecidas apenas em 1988.

5.4.4 Boicote

O boicote é a interrupção de relações comerciais, também conhecido pela expressão *embargo econômico*. Pode apenas ser operado por Estados, pois inexistem registros de organizações internacionais que produzam e comercializem bens.

A princípio, a manutenção de relações econômico-comerciais com diferentes sujeitos de DI, notadamente Estados, é faculdade decorrente da soberania ou da autonomia. Logo, a suspensão de transações com pessoas internas de outro sujeito de DI, ou com este mesmo, não configuraria represália[15], mas retorsão.

No entanto, caso a interrupção dessas relações econômicas viole acordo internacional, tratar-se-ia ou de ilícito ou de verdadeira represália. A ocorrência dessa ilegalidade ou dessa sanção internacional não seria excepcional, uma vez que a Organização Mundial do Comércio (OMC) conta com mais de 160 membros e exige a adoção de tratados internacionais, como o GATT-94[16]. Entre os princípios adotados pela OMC estão o da nação mais favorecida, o do tratamento nacional e o da eliminação de restrições quantitativas de comércio. A imposição de discriminação, *v.g.*, a mercadorias

---

15 Opinião alicerçada por parte da doutrina, citada em Accioly, 1957, p. 86.
16 Para leitura histórica e estrutural sobre a OMC, ver: Pereira, 2003.

procedentes de determinado país-membro da OMC, é potencialmente uma violação à vedação de discriminação[17].

Historicamente, ilustra-se com a tentativa de boicote promovida pela Liga Árabe contra Israel e suas empresas, quando da criação desse Estado nacional.

5.4.5 Embargo

O embargo é o sequestro de cargas e de veículos, especialmente navios, dos sujeitos de DI sancionados (Accioly, 1957). Pode ser aplicado por Estados e até mesmo por organizações internacionais que contem com efetivo capaz de realizar retenção de posses. Pode sofrer a sanção qualquer ente de DI que possua os sobremencionados bens.

Como afronta-se a liberdade de locomoção e o desdobramento da propriedade, que é a posse, trata-se claramente de represália.

Contemporaneamente, há poucos registros de embargo. A prática é considerada excessivamente intrusiva, especialmente se atingidos bens públicos de outros Estados. O Brasil empregou a medida contra a Alemanha, na primeira década do século XX[18], "em proveito do commercio e dos interesses brasileiros", tendo, posteriormente, confiscado os navios (Há um século..., 1916).

---

17 Os princípios da OMC são, entretanto, excepcionáveis. A cláusula de habilitação (*enablive cause*) permite discriminações favoráveis a países em desenvolvimento. Existem, ainda, os *waivers* e as salvaguardas.

18 "El gobierno brasileño decomisa, a título de 'posesión fiscal', 46 buques mercantes alemanes surtos en los puertos nacionales (2JUN), lo que genera una protesta del gobierno alemán" (Garcia, 2005, p. 127).

5.4.6 Bloqueio

Nessa modalidade de represália, o sujeito sancionador, habitualmente um Estado, impede acesso a locais de desembarque do outro sujeito. Historicamente, o denominado *bloqueio pacífico* foi empregado em portos, mas nada impede que haja bloqueio em outros espaços, como pistas de pouso ou vias terrestres. Para ser aplicado, o sujeito sancionador deve possuir aparato militar. O sujeito sancionado, por sua vez, deve ter território soberano ou área especialmente concedida para praticar atividades, como é o caso das organizações internacionais.

Como impedir a livre comunicação entre embarcações e espaços de outros Estados significa, na prática, inutilizar parte de território soberano alheio[19], trata-se claramente de ato ilegal, salvo se empregado como reação proporcional à ilegalidade, é dizer, ressalvada a execução de represália.

Constam vários registros históricos do emprego de bloqueio como sanção internacional. A título de exemplo, França e Grã-Bretanha bloquearam o Prata, em 1845, por conta de restrições de navegação impostas pelo argentino Juan Manuel de Rosas (Garcia, 2005).

Envolvendo o Brasil, o bloqueio operado pelos britânicos contra a Alemanha, nos primórdios da Segunda Guerra Mundial, desintensificou o fluxo comercial germano-brasileiro (Garcia, 2005).

---

19 Ou protegido em tratado, na eventualidade de ser uma organização internacional.

5.4.7 *Ultimatum* e guerra

Destacada certa indefinição sobre o conceito de guerra, especialmente após a emergência de atentados cibernéticos[20], nota-se que as discordâncias doutrinárias dificultaram a classificação do instituto jurídico.

Questiona-se: (a) É necessário enfrentamento armado? (b) É necessário apresentar *ultimatum*? (c) É possível ocorrer guerra entre sujeitos de DI diversos de Estados? (d) Quais as consequências derivadas da guerra? (e) Qual é a natureza da guerra?

Anota-se que as tentativas de invasão de bases de dados informáticos são ofensas à legislação interna de Estados e mesmo de organizações internacionais. Tal ofensa não merece, *per se*, ser considerada guerra, embora seja meio de obtenção de dados estratégicos. Já os intentos de interromper meios de comunicação informáticos são nova modalidade de bloqueio.

Define-se *guerra*, portanto, como o enfrentamento armado entre corpos militares. Não necessariamente a disputa bélica deve ocorrer entre Estados nacionais, pois é possível o embate entre movimentos armados insurgentes[21] entre si ou contra Estados. Ainda, é possível que a guerra seja apenas declarada, sem embate real, mas essa situação é pouco crível na prática, pois dificilmente ensejaria modificação no cenário internacional.

---

20 Já se fala em *guerra cibernética*, muito embora a interrupção de canais informáticos de comunicação aparente ser novo caso de bloqueio. Por sua vez, o acesso ilegal à base de dados informáticos caracteriza espionagem. Nenhum dos casos se configura guerra, pois esta é meio coercitivo de solução de controvérsias. A interrupção de comunicações é caso de bloqueio. A busca de dados secretos é instrumento para lograr vantagens estratégicas, que, se ilegal, pode ensejar guerra, mas que não configura combate.

21 O movimento armado insurgente pode ser considerado sujeito de DI quando assim reconhecido por mais de uma soberania. Se não apresenta personalidade internacional, será tão somente corpo revolucionário/golpista a ser punido pelo Direito interno, que pode abranger as leis de guerra, especialmente as Convenções da Haia de 1899 e de 1907.

O *ultimatum* é o meio de comunicar o início das hostilidades, mas é claramente formalidade que nem sempre é respeitada. Basta que haja confronto aberto entre corpos militares organizados, de acordo com ordens dos superiores, para que se fale em *guerra*, independentemente da duração ou dos meios empregados – aéreos, navais ou terrestres.

Estabelecido o estado de beligerância, há doutrina que alude à extinção dos tratados, das relações diplomáticas, respeitados os tratados que estipulem situações objetivas, *v.g.*, limites fronteiriços. Em verdade, não existe regra fixa para o tratamento dispensado a tratados e a relações após o estabelecimento da guerra. É possível que os beligerantes queiram preservar parte do acervo normativo pactuado ou que um deles sinta-se especialmente prejudicado pelo conteúdo de tratado que estabelece situação objetiva, motivo pelo qual não o admite. A única certeza é que o DI de guerra persiste. Ainda que os sujeitos de DI aleguem que deixam de admitir as normas humanitárias e de condução do conflito estatuídas em convenções, estas são indenunciáveis[22] no costume internacional, o que pode, ao final do conflito, determinar responsabilidade internacional de pessoas naturais e de pessoas morais.

E por falar nesse instituto jurídico, a guerra, em natureza, é meio coercitivo de solução de conflitos. Caso o Estado beligerante não logre modificar a situação de fato que ensejou a disputa bélica, trata-se de sanção[23]; logo, de mecanismo de responsabilização internacional.

---

22 Ademais, o costume proíbe meios perniciosos e desumanos de guerra. Exige-se proporcionalidade na condução dos confrontos. A Declaração de São Petersburgo, de 1868, pede atenuação dos meios bélicos. Costumes proíbem armas, matérias e instrumentos que causam agravos inúteis. Sobre o tema, confira: Accioly et al., 2010, p. 865.

23 "Aliás, conforme observou Kelsen, a guerra pode ser interpretada como um ato coercitivo, previsto em certos casos pelo próprio direito internacional, como sanção de atos ilícitos." (Accioly, 1957, p. 91)

Por ser meio virulento[24], encontra-se bastante restringido pelo DI público contemporâneo.

A Organização das Nações Unidas (ONU) proscreve a iniciativa de guerra[25] como meio de solução de controvérsias. Entretanto, persiste a possibilidade no exercício de legítima defesa[26], quando o Estado agredido – militarmente – tenta restabelecer a paz com as próprias forças, inclusive sob imposição de responsabilidade ao sujeito de DI que promoveu, primitivamente, a agressão.

5.4.8 Exortação à opinião pública

Entre os internacionalistas, há corrente que afirma eficácia do DI público ainda que sentenças arbitrais ou judiciais não sejam efetivadas[27]. Isso porque

24 Nos termos de Accioly (1957), é a *ultima ratio* do DI. Diferentemente do que entendemos correto, no entanto, o autor acredita que a guerra ocorre apenas entre Estados.

25 Conforme Artigo 39 da Carta de São Francisco: "Artigo 39. O Conselho de Segurança determinará a existência de qualquer ameaça à paz, ruptura da paz ou ato de agressão, e fará recomendações ou decidirá que medidas deverão ser tomadas de acordo com os Artigos 41 e 42, a fim de manter ou restabelecer a paz e a segurança internacionais" (Brasil, 1945).

26 Conforme Artigo 51 da Carta de São Francisco: "Artigo 51. Nada na presente Carta prejudicará o direito inerente de legítima defesa individual ou coletiva no caso de ocorrer um ataque armado contra um Membro das Nações Unidas, até que o Conselho de Segurança tenha tomado as medidas necessárias para a manutenção da paz e da segurança internacionais. As medidas tomadas pelos Membros no exercício desse direito de legítima defesa serão comunicadas imediatamente ao Conselho de Segurança e não deverão, de modo algum, atingir a autoridade e a responsabilidade que a presente Carta atribui ao Conselho para levar a efeito, em qualquer tempo, a ação que julgar necessária à manutenção ou ao restabelecimento da paz e da segurança internacionais" (Brasil, 1945).

27 "Convém, entretanto, não confundir a força obrigatória da sentença arbitral com a sua força *executória*. Esta não existe, porque não existe nenhuma autoridade internacional a qual incumba assegurar a execução dos julgamentos arbitrais" (Accioly, 1957, p. 42). Accioly (1957) acredita que a única sanção, nesse caso, é a vexação perante a opinião pública.

o descumprimento de determinações dos órgãos decisórios é atacado por jornalistas, analistas de relações internacionais e populações nacionais.

No mesmo sentido, caso determinado sujeito de DI viole norma patentemente válida no ordenamento internacional, potencialmente sofrerá críticas por parte dos demais entes, que podem valer-se de notas governamentais, pronunciamentos públicos ou recomendações unilaterais, segundo suas próprias convicções e interpretações, motivo pelo qual se trataria de mecanismo de responsabilização unilateral.

Resta descobrir, entretanto, se a postura da opinião pública internacional pode ser considerada modalidade de responsabilização[28]. Segundo Ramos (2001), a crença no vexame internacional é política, inexistente rastro de juridicidade[29]. Já Accioly entende que a vexação é caso de sanção (Accioly, 1956).

Para compreender a questão, desentendimentos devem ser desfeitos. Primeiramente, esclarece-se que a juridicidade da sanção, em DI público, não depende da institucionalização, formal, da instância que dispõe e executa a sanção. A juridicidade é aferida pela prática aceita pela maioria dos sujeitos de DI, de tal maneira que se possa falar em legitimidade da sanção aplicada.

Em segundo lugar, é de se perquirir se a sanção apenas pode ser aplicada por outro sujeito de DI. Esse questionamento é de suma importância, pois poderia excluir entes de Direito interno dos mecanismos de

---

28 No clássico *Vinte anos de crise: 1919-1939*, Carr (2001) faz breve apanhado histórico sobre o emprego da opinião internacional para efeitos sancionatórios. Afirma o autor que "As primeiras tentativas de invocar a opinião pública como força na esfera internacional realizaram-se nos Estados Unidos" e que "A crença no poder de coerção da razão, expressa através da voz do povo, era particularmente inerente a Wilson". Por outro lado, "A crise da Manchúria demonstrou que a 'condenação da opinião pública internacional', invocada por Taft e por tantos outros depois dele, era uma coisa em que não se podia confiar" (Carr, 2001, p. 44-50).

29 Para o doutrinador, há diferença entre sanção jurídica e sanção moral (Ramos, 2001).

responsabilização internacional. Organizações não governamentais que, sem personalidade internacional, promovam campanhas de desprestígio contra violadores de normas internacionais não poderiam ser executoras de sanções externas. O posicionamento doutrinário correto entende que apenas pode ser executor de sanção internacional ente que tenha personalidade de DI. Com efeito, a prerrogativa de aplicar sanções não deixa de ser um direito, é dizer, uma faculdade de ação legítima. Logo, é necessária personalidade internacional. Portanto, manifestações de entidades da sociedade civil cuja personalidade pode ser modificada e suprimida por única soberania não são caso de responsabilização internacional[30]; constituem-se em verdadeira reação moral a eventuais ilícitos internacionais.

Em contrapartida, caso a vexação seja promovida por órgãos de sujeito de DI, fala-se em sanção jurídica e internacional. Isso porque a possibilidade de, *v.g.*, emitir notas de repúdio é garantida pelo ordenamento internacional. Todo Estado, conceitualmente soberano, tem direito de se autodeterminar perante seus pares. Nisso, ao promover repúdio a eventuais ilícitos, exortando órgãos internos de outros sujeitos, pratica verdadeira **sanção internacional**. No mesmo sentido, organizações internacionais que publicizam pareceres que escancaram ilícitos internacionais também impõem sanção internacional. É da conjunção de vontades de entes soberanos que nasce a prerrogativa da OI de promover a vexação pública. Esse direito não pode ser suprimido por única soberania. Logo, é sanção internacional. Será jurídica sempre e quando a reação ao ilícito condisser

---

30 Pessoas que podem ter a personalidade modificada ou suprimida por único ente soberano podem perder, a depender do direito interno, a possibilidade de manifestar-se contrariamente a ilícitos internacionais. Como esse direito de proferir sanção *lato sensu* não é assegurado por ordenamento internacional, não se fala em sanção internacional, tampouco em responsabilidade internacional.

com a interpretação majoritária[31] dos demais sujeitos de DI, de tal sorte que seja considerada sanção legítima.

Em suma, a exortação à opinião pública é sanção jurídica internacional se (a) promovida por outro sujeito de DI; (b) o repúdio condiz com a interpretação legitimada pelos demais sujeitos de DI[32].

5.5 Responsabilização internacional institucional

Quando a doutrina enaltece o papel de órgãos judiciais ou até mesmo de políticos na imposição de sanções, fá-lo porque a interpretação da norma violada e a consequência derivada não competem à parte prejudicada. Nisso, espera-se decisão imparcial. Mesmo a determinação das consequências por violação de costume, a qual não é prevista codificadamente, ganha legitimidade.

No entanto, diferentemente do que se esperaria à primeira vista, a responsabilização internacional institucional não prescinde da ação unilateral ou plurilateral de sujeitos de DI. É bastante comum que organizações internacionais sofisticadas, como as Nações Unidas, ainda dependam de apoio executivo.

---

31 É a reação que é considerada lícita pela maior parte dos sujeitos de DI. Quando se fala em maioria, não necessariamente se fala em termos numéricos. Basta que os sujeitos mais influentes na arena internacional logrem obediência à interpretação. Nesse caso, está presente a legitimidade que confere juridicidade à sanção.

32 Notas de repúdio, ofensas a modos de condução da política exterior, quando desprovidas de fundamento jurídico, podem constituir elas mesmas uma manifestação de ilícito internacional. O conceito de reparação, em DI público, abrange o dano moral. O Artigo 31, 2, do *Draft Articles on Responsibility of States for Internationally Wrongful Acts* dispõe que "ofensa inclui qualquer dano, material **ou moral**, causado por ato ilícito de Estado" (United Nations, 2001, tradução nossa).

Por consequência, a nota distintiva em relação aos mecanismos unilaterais de responsabilização não é a existência de forças armadas neutras, da OI, capazes de impor a vontade institucionalizada. A diferença reside no processo de legitimação da decisão. Para fazer parte de demandas institucionais, o sujeito de DI, usualmente, aquiesce com a participação. Logo, a decisão do órgão foi previamente aceita. Assim, a responsabilização daí advinda não pode ser, sob nenhum argumento, considerada ingerência em assuntos soberanos ou intervenção política.

A única exceção aparente, como veremos, versa sobre a responsabilidade dita criminal da pessoa humana. Mesmo nesse caso, porém, não há de se falar em ingerência de um só ente soberano.

5.5.1 Meios institucionais políticos

Os meios institucionais políticos distinguem-se dos meios institucionais judiciais porque o órgão decisório não é escolhido entre juristas imparciais de países-membros. Nos meios judiciais, usualmente denominam-se *Cortes* as instâncias decisórias. Já os mecanismos políticos oficiais reúnem sujeitos de DI usualmente ligados de forma direta aos interesses do ente que representam.

Nem por isso as decisões dessas instâncias merecem ser desconsideradas. Os sujeitos de DI que nela se reúnem aceitam os termos da carta constitutiva. Ademais, ainda que o sujeito de DI sancionado não seja membro da OI/instância política, não há impeditivo aprioristico para que, respeitadas as atribuições do órgão, seja imposta sanção a terceiro nos mesmos moldes dos mecanismos unilaterais de responsabilização.

5.5.1.1 Admoestação e censura em organizações internacionais

Conquanto seja equívoco recorrente, as sanções internacionais não acarretam, necessariamente, o retorno ao *statu quo ante*. Nem poderia ser diferente. Até sistemas de Direito interno não podem exigir a reparação integral. Crimes que ofendem bens jurídicos como a vida, *v.g.*, não determinam reação estatal capaz de reparar a lesão realizada. Haveria consequências diversas, como pagamento de indenizações, assistência material à família de acordo com a expectativa de vida do assassinado, além da sanção penal.

Em DI público ocorre fenômeno idêntico. A violação de direitos nem sempre determina a reparação pelo ilícito. Muitas vezes, questiona-se a fragilidade da sanção imposta, considerada insuficiente para demover futuras condutas ilegais de sujeitos de DI. Tal questão, entretanto, cabe a analistas de relações internacionais. Sanções consideradas leves não podem ser ignoradas: existem e demonstram eficácia da norma jurídica.

Dessa forma, as admoestações e as censuras de organizações internacionais fazem parte dos mecanismos de responsabilização internacional, uma vez que são verdadeiras sanções internacionais impostas institucionalmente[33].

Por ser mecanismo de fácil implementação, existe razoável quantidade de exemplos. A título de ilustração, a Assembleia Geral da Organização dos Estados Americanos (OEA) poderá examinar violações a normas de DI e oferecer censuras. Caso um Estado recuse-se a obedecer à sentença da Corte Interamericana de Direitos Humanos, esta "submeterá à Assembléia Geral da OEA, em cada período ordinário de sessões, um relatório sobre

---

33 Além de promover a vexação, a adoção de censura por OI, especialmente de alcance regional ou global, legitima censuras unilaterais. Assim, as exortações à opinião pública são consideradas legais, não podendo ensejar reações que aleguem danos morais.

suas atividades no ano anterior. Nesse relatório indicará os casos em que um Estado não houver dado cumprimento a suas sentenças" (Ramos, 2001, p. 96).

5.5.1.2 Recomendações e resoluções de organizações internacionais

Embora não tenham caráter mandatório, as recomendações de organizações internacionais, especificamente de abrangência regional ou universal, são constituidoras do costume internacional, bem como representam interpretação da maioria dos membros. Nisso, o descumprimento do conteúdo deôntico da recomendação gera, invariavelmente, vexação internacional, bem como abre margem para exortações à opinião pública, sempre que o ato revele norma internacional. Exortações à opinião pública por descumprimento de recomendações sem caráter jurígeno, no entanto, podem engendrar danos morais, uma vez que o descumprimento não pode ser considerado ilegalidade.

O quadro é mais bem definido no caso das resoluções de organizações internacionais, entendidas como atos normativos vinculantes proferidos no seio da OI. Essas resoluções, quando descumpridas, sempre geram vexação internacional e exortação à opinião pública. Em outros casos, a resolução de OI é, ela mesma, sanção internacional. Trata-se do caso da resolução do Conselho de Segurança das Nações Unidas (CSNU), que pode impor medidas coercitivas variadas, como bloqueio de comunicações e ofensivas bélicas[34]. Caso a execução da resolução não logre fazer cessar o ato ilícito, é ela mesma genuína sanção internacional. O caso das Nações Unidas, para efeitos de execução, merece atenção especial. A ONU não dispõe de contingente militar que serve apenas à organização; depende, fundamentalmente, da observância de seus membros. O descumprimento da resolução poderia acarretar outras resoluções, dirigidas contra os infratores, mas tal praxe seria longa e politicamente danosa. A solução foi criar um grupo de cinco países – contemporaneamente, Estados Unidos, China, Rússia, França e Grã-Bretanha – com poder de veto. A lógica subjacente, ressalvadas todas as críticas quanto à obsolescência dessa composição, entende que a anuência de cinco grandes potências mundiais garantiria a eficácia da resolução, visto que ao menos esses Estados cumpririam a resolução. Assim, a responsabilização internacional estaria assegurada.

---

34 É a redação dos Artigos 41 e 42 da Carta da ONU. "Artigo 41. O Conselho de Segurança decidirá sobre as medidas que, sem envolver o emprego de forças armadas, deverão ser tomadas para tornar efetivas suas decisões e poderá convidar os Membros das Nações Unidas a aplicarem tais medidas. Estas poderão incluir a interrupção completa ou parcial das relações econômicas, dos meios de comunicação ferroviários, marítimos, aéreos, postais, telegráficos, radiofônicos, ou de outra qualquer espécie e o rompimento das relações diplomáticas. Artigo 42. No caso de o Conselho de Segurança considerar que as medidas previstas no Artigo 41 seriam ou demonstraram que são inadequadas, poderá levar a efeito, por meio de forças aéreas, navais ou terrestres, a ação que julgar necessária para manter ou restabelecer a paz e a segurança internacionais. Tal ação poderá compreender demonstrações, bloqueios e outras operações, por parte das forças aéreas, navais ou terrestres dos Membros das Nações Unidas" (Brasil, 1945).

5.5.1.3 Suspensão e exclusão de organizações internacionais

Essa modalidade de sanção ocorre porque foi violado dispositivo adotado pela organização internacional.

Interpretação extensiva dessa modalidade de sanção internacional abarca exclusão de cúpulas, conferências e reuniões internacionais estabelecidas com periodicidade. Nesses casos, não há organização internacional, pois inexistente personalidade. Essa interpretação extensiva, portanto, está mais próxima de espécie de vexação internacional concertada do que da suspensão e exclusão de organizações internacionais, pois estes últimos casos têm procedimentos regrados, constituindo-se em verdadeiro mecanismo de responsabilização institucional.

Muitas organizações internacionais preveem a modalidade sancionatória.

A mais relevante de todas, a ONU, prevê a suspensão de membros no Artigo 5 da Carta de São Francisco[35]. No dispositivo seguinte, afirma-se que a exclusão é aceitável desde que haja violações persistentes do conteúdo da Carta[36].

---

35 "Artigo 5. O Membro das Nações Unidas, contra o qual for levada a efeito ação preventiva ou coercitiva por parte do Conselho de Segurança, poderá ser suspenso do exercício dos direitos e privilégios de Membro pela Assembléia Geral, mediante recomendação do Conselho de Segurança. O exercício desses direitos e privilégios poderá ser restabelecido pelo conselho de Segurança." (Brasil, 1945)

36 "Artigo 6. O Membro das Nações Unidas que houver violado persistentemente os Princípios contidos na presente Carta, poderá ser expulso da Organização pela Assembléia Geral mediante recomendação do Conselho de Segurança." (Brasil, 1945)

No contexto regional americano, o Protocolo de Reforma da Carta da OEA, também conhecido como *Protocolo de Washington* (Brasil, 1998), prevê a suspensão de membros que tenham governos golpistas. O Protocolo reformou a redação do Artigo 9 da Carta da OEA[37].

Ainda na América, o Mercado Comum do Sul (Mercosul) conta com o Protocolo de Ushuaia sobre Compromisso Democrático no Mercosul, Bolívia e Chile (Brasil, 2002a), que prevê a possibilidade de suspensão de Estado-membro quando o governo de turno seja considerado autoritário[38].

---

37 "Artigo 9. Um membro da Organização, cujo Governo Democraticamente constituído seja deposto pela força, poderá ser suspenso do exercício do direito de participação nas sessões da Assembléia Geral, da Reunião de Consulta, dos Conselhos da Organização e das Conferências Especializadas, bem como das comissões, grupos de trabalho e demais órgãos que tenham sido criados. a) A faculdade de suspensão somente será exercida quando tenham sido infrutíferas as gestões diplomáticas que a Organização houver empreendido a fim de propiciar o restabelecimento da democracia representativa no Estado membro afetado; b) A decisão sobre a suspensão deverá ser adotada em um período extraordinário de sessões da Assembléia Geral, pelo voto afirmativo de dois terços dos Estados membros; c) A suspensão entrará em vigor imediatamente após sua aprovação pela Assembléia Geral; d) Não obstante a medida de suspensão, a Organização procurará empreender novas gestões diplomáticas destinadas a coadjuvar o restabelecimento da democracia representativa no Estado membro afetado; e) O membro que tiver sido objeto de suspensão deverá continuar observando o cumprimento de suas obrigações com a Organização; f) A Assembléia Geral poderá levantar a suspensão mediante decisão adotada com a aprovação de dois terços dos Estados membros; e g) As atribuições a que se refere este Artigo se exercerão de conformidade com a presente Carta." (Brasil, 1998)

38 "Artigo 5. Quando as consultas mencionadas no artigo anterior resultarem infrutíferas, os demais Estados Partes do presente Protocolo, no âmbito específico dos Acordos de Integração vigentes entre eles, considerarão a natureza e o alcance das medidas a serem aplicadas, levando em conta a gravidade da situação existente. Tais medidas compreenderão desde a suspensão do direito de participar nos diferentes órgãos dos respectivos processos de integração até a suspensão dos direitos e obrigações resultantes destes processos." (Brasil, 2002a)

Na União de Nações Sul-americanas (Unasul), há cláusula democrática no Protocolo Adicional ao Tratado Constitutivo, de 2010, firmado em Georgetown[39].

5.5.2 Meios institucionais judiciais

Os órgãos judiciais e seus análogos, os órgãos arbitrais, diferem-se dos órgãos políticos porquanto se enfatizam a imparcialidade e o conhecimento jurídico de seus membros. A composição, não raro, é determinada por mandatos com prazos fixos. Garante-se, assim, a autonomia decisória.

Para expressar melhor a distinção, denominam-se *tribunais* ou *cortes* os órgãos jurisdicionais. A seguir, destacam-se os principais meios judiciais de imposição de sanções.

5.5.2.1 Tribunal Penal Internacional e tribunais penais de guerra

Embora a distinção entre ilícito cível e penal, na esfera internacional, seja de difícil aferição, esforços para determinar quais são as violações mais repreensíveis vêm sendo feitos.

Os tribunais de guerra e o Tribunal Penal Internacional buscam evitar que pessoas naturais[40] socorram-se na soberania de Estados nacionais para escapar de sanções tipicamente criminais, como a restrição de liberdade e a pena de morte. Nisso, dissipam-se quaisquer dúvidas sobre a personalidade internacional do ser humano. Se uma só soberania não pode suprimir

---

39 Todo o Protocolo trata especificamente das medidas possíveis diante de rupturas democráticas, com especial ênfase ao contido no Artigo 4, que cuida do procedimento. Consta nesse artigo a possibilidade de suspensão da participação dos órgãos da Unasul.

40 Especialmente chefes de Estado e de governo. Artigo de minha autoria esboçou panorama geral e cuidou de questões polêmicas (ver: Cleto, 2015).

a possibilidade de responsabilização individual, admite-se a internacionalização da sanção dirigida à pessoa humana.

O DI contemporâneo contempla a possibilidade de criação de tribunais de guerra (a) mediante resolução do Conselho de Segurança das Nações Unidas; (b) pelos vencedores das guerras[41]; (c) mediante tratado internacional, cujo grande exemplo é o Estatuto de Roma[42]. Embora a primeira e a segunda modalidades sejam possibilidades presentes[43], a tendência é que o papel do Tribunal Penal Internacional[44] cresça gradativamente, pois é permanente e regulado por código escrito.

5.5.2.2 Cortes de direitos humanos

Os direitos humanos, compreendidos como conjunto de direitos inalienáveis, indivisíveis e mínimos do ser humano, ganharam destaque após a Segunda Guerra Mundial. Entretanto, por serem considerados

---

41 Como ocorreu em Nuremberg e em Tóquio no pós-Segunda Guerra Mundial. É verdade que os vencedores dos conflitos armados dificilmente sofrem com essa responsabilização institucionalizada, procedimental, mas persistem os demais mecanismos de responsabilização internacional para condenar eventuais ilícitos.

42 Promulgado no Brasil pelo Decreto n. 4.388, de 25 de setembro de 2002 (Brasil, 2002b).

43 O Conselho de Segurança das Nações Unidas pode reeditar a criação de tribunais penais ad hoc, como fez para Ruanda e para a ex-Iugoslávia. Quanto aos tribunais pós-guerra dos vitoriosos, muito se criticou a justiça de vencedores, a falta de juízo natural, a falta de procedimento prévio, a parcialidade dos julgadores. Tais críticas têm respaldo em várias legislações internas de países ocidentais, mas o DI não as reconhece. Os Tribunais de Nuremberg e do Extremo Oriente no pós-1945 foram aceitos em 21.11.1947, quando a AGNU fez resolução que reafirma princípios de DI no Estatuto do Tribunal de Nuremberg. Legítima, portanto, a figura do tribunal pós-guerra. Todo Estado belicoso deve conceber a possibilidade de ser julgado por tribunal de vencedores e, portanto, evitar violações ao jus in bello.

44 Para visão global sobre o Tribunal Penal Internacional, recomenda-se a leitura de Cardoso, 2012.

excessivamente genéricos, fez-se esforço para que se concretizassem em tratados internacionais, cuja eficácia seria assegurada por meios judiciais[45].

Hodiernamente, existem três grandes cortes de defesa dos direitos humanos, cada uma delas inserida em um continente.

O caso mais tradicional é da Corte Europeia de Direitos Humanos, criada no âmbito da Convenção Europeia de Direitos Humanos, adotada pelo Conselho da Europa em 1950. A Corte de Estrasburgo, como também é conhecida, oferece sentenças vinculantes a todos os países que fazem parte do Conselho da Europa, organização internacional com 47 membros[46]. Nessa Corte, há juízes sob mandato de duração fixada, eleitos pela Assembleia Parlamentar do Conselho da Europa. O peticionamento pode ser realizado por Estados-membros[47] ou até mesmo por pessoas naturais, organizações não governamentais ou grupo de indivíduos[48]. Quanto à eficácia decisória, não é possível revogar leis ou anular atos administrativos, mas estabelecem-se condenações pecuniárias, indenizatórias, que podem ser repetidas até que haja modificação em normativas abstratas, especialmente nos chamados *casos-piloto* ou *leading cases*. Em panfleto para divulgação didática, a Corte de Estrasburgo assim resume os meios de responsabilização:

---

45 Os Comitês dos Pactos de 1966 são casos de meios institucionais políticos que se baseiam na vexação internacional.

46 Para um *brief* explicativo da Corte de Estrasburgo, confira o documento oficial em: ECHR, 2018b.

47 Nos termos do art. 33 da Convenção Europeia de Direitos Humanos. "Qualquer Alta Parte Contratante pode submeter ao Tribunal qualquer violação das disposições da Convenção e dos seus protocolos que creia poder ser imputada a outra Alta Parte Contratante." (ECHR, 2018a)

48 Nos termos do art. 34 da Convenção Europeia de Direitos Humanos. "O Tribunal pode receber petições de qualquer pessoa singular, organização não governamental ou grupo de particulares [...]." (ECHR, 2018a)

As sentenças por violação são vinculativas para os Estados em causa, e estes estão obrigados a executá-las. O Comitê de Ministros do Conselho da Europa velará pela execução das sentenças, sobretudo para assegurar o pagamento efetivo dos montantes atribuídos pelo Tribunal aos requerentes para reparação dos prejuízos que estes sofreram [...] Sempre que profere uma sentença que declara uma violação da Convenção, o Tribunal transmite o dossiê ao Comitê de Ministros do Conselho da Europa, o qual determina, em conjunto com o país em causa e o serviço responsável pela execução das sentenças, a forma de as executar e de prevenir futuras violações idênticas da Convenção. Daí resultarão medidas gerais, nomeadamente alterações à legislação e, se for caso disso, medidas individuais [...]. (ECHR, 2012, p. 10)

No caso americano, apresenta-se a Corte Interamericana de Direitos Humanos. Tem como base interpretativa nuclear a Convenção Interamericana de Direitos Humanos, o Pacto de San José da Costa Rica de 1969. Embora o direito de acionar a Corte ainda não tenha sido estendido a indivíduos, estes podem acessar a Comissão Interamericana para que possam levar casos à Corte. Quanto a sentenças, podem exigir indenização pecuniária e desconstituição de atos lesivos (Ramos, 2001), embora os meios de consecução da decisão vinculante sejam estabelecidos pelo Direito interno (Ramos, 2001). No caso de desobediência à sentença da Corte, ela "submeterá à Assembléia Geral da OEA, em cada período ordinário de sessões, um relatório sobre suas atividades no ano anterior. Nesse relatório indicará os casos em que um Estado não houver dado cumprimento a suas sentenças" (Ramos, 2001, p. 96). Trata-se de tentativa de vexação.

Por fim, foi recentemente estabelecido o Tribunal Africano dos Direitos do Homem e dos Povos mediante o Protocolo à Carta Africana dos Direitos Humanos e dos Povos Relativo à Criação do Tribunal Africano dos Direitos Humanos e dos Povos, de 1998, cujo vigor data de 2004 (ACHPR, 2018). A Comissão Africana, Estados e organizações internacionais da África podem acionar a Corte. Organizações não governamentais e indivíduos, para provocar diretamente a Corte, dependem da aquiescência do Estado a ser acionado[49]. As sentenças são vinculantes, interpretadas apenas pela própria Corte e devem ser executadas no lapso temporal estabelecido, nos termos do Artigo 30 do Protocolo supracitado. Descumprido o decisório, o Protocolo prevê supervisão de órgão político para que haja plena execução (Artigo 29 do Protocolo). Como a sentença é transmitida aos membros da União Africana e à Comissão Africana, ao menos garante-se vexação pelo descumprimento.

5.5.2.3 A Corte Internacional de Justiça

A CIJ é o órgão judiciário internacional mais importante. Sucessora da Corte Permanente de Justiça Internacional (CPJI), todos os membros da ONU são, *ipso facto*, membros da CIJ, nos termos do Artigo 93.1 da Carta de São Francisco[50].

A CIJ apenas aceita lides entre Estados. Ainda que não seja membro da ONU, é possível que seja autor ou réu, mas apenas nos termos do Artigo 93.2 da Carta da ONU[51].

A nota de destaque é o meio encontrado para assegurar-se a eficácia da decisão da CIJ, inapelável. Caso um Estado saia vitorioso da demanda, descumprida a sentença, poderá remeter o caso ao Conselho de Segurança (CSNU) para que (a) faça recomendações; (b) tome medidas diversas:

---

49 Ver Artigo 5 do Protocolo, que trata do Acesso à Corte, em: ACHPR, 2018.

50 "Artigo 93. 1. Todos os Membros das Nações Unidas são ipso facto partes do Estatuto da Corte Internacional de Justiça." (Brasil, 1945)

51 "Artigo 93. 2. Um Estado que não for Membro das Nações Unidas poderá tornar-se parte no Estatuto da Corte Internacional de Justiça, em condições que serão determinadas, em cada caso, pela Assembléia Geral, mediante recomendação do Conselho de Segurança." (Brasil, 1945)

Artigo 94

1. Cada Membro das Nações Unidas se compromete a conformarse com a decisão da Corte Internacional de Justiça em qualquer caso em que for parte.

2. Se uma das partes num caso deixar de cumprir as obrigações que lhe incumbem em virtude de sentença proferida pela Corte, a outra terá direito de recorrer ao Conselho de Segurança que poderá, se julgar necessário, fazer recomendações ou decidir sobre medidas a serem tomadas para o cumprimento da sentença. (Brasil, 1945)

À primeira vista, foi medida inteligente para garantir que o órgão judiciário mais relevante do mundo tivesse "dentes", ou seja, não fosse *toothless tiger*, incapaz de fazer valer o decidido. No entanto, surgiram problemas práticos. Como a atuação do CSNU é indispensável, os membros permanentes estão bem acobertados de eventuais julgados. Para além disso, a possibilidade de medidas tomadas pelo órgão mais relevante das Nações Unidas afastou contendores. A CIJ, para ser acionada, deve contar com aquiescência não apenas do autor, mas também do réu, casuisticamente[52].

5.5.2.4 Arbitragem como alternativa judicial

A arbitragem oferece as mesmas vantagens dos órgãos judiciais, a saber, imparcialidade dos julgadores e conhecimento técnico na análise, mas não sofre dos ônus estipulados nos estatutos e regulamentos das Cortes. As partes litigantes podem escolher os árbitros, formando câmaras *ad hoc*, bem como estabelecer quais tratados e contratos deverão ser analisados, afastados os demais diplomas ou regras consuetudinárias.

---

52 Ressalva-se a aceitação da cláusula de jurisdição obrigatória, que tem pouca aceitação pelos Estados, pois imporia esse meio de resolução de controvérsias e, portanto, de responsabilização internacional. Ver Artigo 36 do Estatuto da Corte Internacional de Justiça, anexo da Carta da ONU (Brasil, 1945).

No entanto, caso o laudo arbitral seja descumprido, é bastante provável que o mecanismo de responsabilização seja unilateral, da parte afetada, pois inexistentes as instâncias políticas verificadas na CIJ ou nas cortes de direitos humanos, analisadas anteriormente.

Ainda assim, a arbitragem é alternativa a ser considerada. O descumprimento do arbitrado legitima a sanção imposta, ainda que unilateral, especialmente se o mecanismo de responsabilidade for previamente estabelecido no laudo.

Na história brasileira, a arbitragem teve protagonismo. Foi empregada, por exemplo, na Questão da Guiana, em 1896, para dirimir conflito fronteiriço entre Brasil e França. Antes, havia sido utilizada na Questão de Palmas, que contrapôs brasileiros e argentinos (Vidigal; Doratioto, 2014).

5.6 Considerações finais

O DI público ainda não apresenta a estabilidade dos sistemas estatais internos, uma vez que nem sempre as consequências dos ilícitos internacionais estão bem determinadas.

No entanto, o instituto da responsabilidade internacional, que conta com apenas um *draft* de convenção, é estudado com cuidado pela doutrina, pois é capaz de precisar quem são os sujeitos de DI, quais proposições deônticas juridicamente vinculantes devem seguir e quais as consequências legítimas pela violação das normas.

Este trabalho esboçou os mecanismos unilaterais e institucionais de responsabilização internacional. Ressaltou que a prévia determinação de órgão intérprete, bem como de consequências advindas da violação, garantem estabilidade às relações internacionais e promovem a eficácia das normas jurídicas de DI. Nisso, faz sentido estimular esforços de codificação.

Não significa, entretanto, que a falta de órgão judicial ou político impeça que as normas internacionais sejam protegidas por outros mecanismos de responsabilização. Conquanto instáveis e passíveis de crítica, foram e são empregados desde o início do DI público contemporâneo. Apenas o longo processo de legitimação das interpretações – o que denomino *sedimentação do DI* – pode determinar, para casos concretos, qual é a reação justa, proporcional e de direito.

Referências

ACCIOLY, H. **Tratado de direito internacional público**. 2. ed. Rio de Janeiro: Ministério das Relações Exteriores, 1956. v. 1.

_____. **Tratado de direito internacional público**. 2. ed. Rio de Janeiro: Ministério das Relações Exteriores, 1957. v. 2.

ACCIOLY, H. **Tratado de direito internacional público**. São Paulo: Quartier Latin, 2009. v. 3.

ACCIOLY, H. et al. **Manual de direito internacional público**. 18. ed. São Paulo: Saraiva, 2010.

ACHPR – African Commission on Human and People's Rights. **Protocol to the African Charter on Human and Peoples' Rights on the Establishment of the African Court on Human and Peoples' Rights**. Disponível em: <http://www.achpr.org/instruments/court-establishment/>. Acesso em: 6 fev. 2018.

BRASIL. Decreto n. 1.570, de 13 de abril de 1937. Convenção sobre Direitos e Deveres dos Estados. **Diário Oficial da União**, Poder Executivo, Rio de Janeiro, RJ, 19 abr. 1937. Disponível em: <http://www.planalto.gov.br/ccivil_03/decreto/1930-1949/d1570.htm>. Acesso em: 5 fev. 2018.

_____. Decreto n. 19.841, de 22 de outubro de 1945. Carta das Nações Unidas. **Coleção de Leis do Brasil**, Poder Executivo, Rio de Janeiro, RJ, 1945. Disponível em: <http://www.planalto.gov.br/ccivil_03/decreto/1930-1949/d19841.htm>. Acesso em: 5 fev. 2018.

_____. Decreto n. 56.435, de 8 de junho de 1965. Convenção de Viena sobre Relações Diplomáticas. **Diário Oficial da União**, Poder Executivo, Rio de Janeiro, RJ, 11 jun. 1965. Disponível em: <http://www.planalto.gov.br/ccivil_03/decreto/antigos/d56435.htm>. Acesso em: 5 fev. 2018.

_____. Decreto n. 61.078, de 26 de julho de 1967. Convenção de Viena sobre Relações Consulares. **Diário Oficial da União**, Poder Executivo, Rio de Janeiro, RJ, 28 jul. 1967. Disponível em: <http://www.planalto.gov.br/ccivil_03/decreto/d61078.htm>. Acesso em: 5 fev. 2018.

_____. Decreto n. 2.760, de 27 de agosto de 1998. Protocolo de Washington. **Diário Oficial da União**, Poder Executivo, Brasília, DF, 28 ago. 1998. Disponível em: <http://www.planalto.gov.br/ccivil_03/decreto/D2760.htm>. Acesso em: 5 fev. 2018.

_____. Decreto n. 4.210, de 24 de abril de 2002. Protocolo de Ushuaia sobre Compromisso Democrático no Mercosul, Bolívia e Chile. **Diário Oficial da União**, Poder Executivo, Brasília, DF, 25 abr. 2002a. Disponível em: <http://www.planalto.gov.br/ccivil_03/decreto/2002/d4210.htm>. Acesso em: 5 fev. 2018.

BRASIL. Decreto n. 4.388, de 25 de setembro de 2002. Estatuto de Roma do Tribunal Penal Internacional. **Diário Oficial da União**, Poder Executivo, Brasília, DF, 26 set. 2002b. Disponível em: <http://www.planalto.gov.br/ccivil_03/decreto/2002/d4388.htm>. Acesso em: 5 fev. 2018.

CARDOSO, E. **Tribunal penal internacional**: conceitos, realidades e implicações para o Brasil. Brasília: Funag, 2012.

CARR, E. H. **Vinte anos de crise**: 1919-1939 – uma introdução ao estudo das relações internacionais. 2. ed. Brasília: Ed. da UnB, 2001.

CASELLA, P. B. **Fundamentos do direito internacional pós-moderno**. São Paulo: Quartier Latin, 2008.

CLETO, V. H. O Tribunal Penal Internacional e os Chefes de Estado e de Governo. **Conteúdo Jurídico**, Brasília, 29 jun. 2015. Disponível em: <http://www.conteudojuridico.com.br/?artigos&ver=2.53905&seo=1>. Acesso em: 5 fev. 2018.

GARCIA, E. V. **Cronología de las Relaciones Internacionales de Brasil**. Rio de Janeiro: Contraponto, 2005.

HÁ UM SÉCULO: sequestro de navios alemães. **O Estado de S. Paulo**, 29 mar. 1916. Disponível em: <http://acervo.estadao.com.br/noticias/acervo,ha-um-seculo-sequestro-de-navios-alemaes,12202,0.htm>. Acesso em: 5 fev. 2018.

HART, H. L. A. **O conceito de direito**. São Paulo: WMF Martins Fontes, 2009.

MELLO, C. D. de A. **Curso de direito internacional público**. 15. ed. Rio de Janeiro: Renovar, 2004. v. 2.

_____. **Responsabilidade internacional do Estado**. Rio de Janeiro: Renovar, 1995.

PEREIRA, R. M. de S. **O conceito de anulação ou prejuízo de benefícios no contexto da evolução do GATT à OMC**. Rio de Janeiro: Renovar, 2003.

RAMOS, A. de C. **Direitos humanos em juízo**: comentários aos casos contenciosos e consultivos da Corte Interamericana de Direitos Humanos. São Paulo: Max Limonad, 2001.

ECHR – European Court of Human Rights. **Convenção Europeia dos Direitos do Homem**. Disponível em: <http://www.echr.coe.int/Documents/Convention_POR.pdf>. Acesso em: 6 fev. 2018a.

_____. **O TEDH em 50 perguntas**. 2012. Disponível em: <http://www.echr.coe.int/Documents/50questions_POR.pdf>. Acesso em: 6 fev. 2018.

_____. **O tribunal em síntese**. Disponível em: <http://www.echr.coe.int/Documents/Court_in_brief_POR.pdf>. Acesso em: 6 fev. 2018b.

UNITED NATIONS. **Draft articles on Responsibility of States for Internationally Wrongful Acts**. 2001. Disponível em: <http://legal.un.org/ilc/texts/instruments/english/commentaries/9_6_2001.pdf>. Acesso em: 5 fev. 2018.

VIDIGAL, C. E.; DORATIOTO, F. F. M. **História das relações internacionais do Brasil**. São Paulo: Saraiva, 2014.

6

O sistema interamericano de proteção aos direitos humanos: análise da decisão da Corte Interamericana de Direitos Humanos no caso Gomes Lund e outros *vs.* Brasil

The Inter-American Human Rights Protection System: Analysis of the Inter-American Court of Human Rights' Decision upon Gomes Lund's Case and Others versus Brazil

Endrigo Purini Pelegrino

Endrigo Purini Pelegrino

Mestrando em Direito pelo Centro Universitário Internacional Uninter.

Resumo

O presente artigo objetiva a análise do sistema interamericano de proteção aos direitos humanos, perpassando pela abordagem do papel e da missão da Comissão Interamericana de Direitos Humanos e da Corte Interamericana de Direitos Humanos para culminar com o exame da decisão da Corte Interamericana de Direitos Humanos no caso Gomes Lund e outros *vs.* Brasil.

Abstract

The present article aims to analyze the inter-American human rights protection system. The roles played by the Inter-American Commission on Human Rights and the Inter-American Court of Human Rights are studied. Both preliminary investigations are used to comment on the decision Gomes Lund and others vs. Brazil of the Inter-American Court of Human Rights.

Palavras-chave

Direito Internacional dos direitos humanos. Sistema interamericano de direitos humanos. Comissão Interamericana de Direitos Humanos. Corte Interamericana de Direitos Humanos.

Keywords

International Law and human rights. Inter-American human rights protection system. Inter-American Court of Human Rights.

Sumário

6.1 Considerações iniciais. 6.2. O sistema interamericano de proteção aos direitos humanos. 6.3 A decisão da Corte Interamericana de Direitos Humanos no caso Gomes Lund e outros vs. Brasil. 6.4 Considerações finais. Referências.

Summary

6.1 First considerations. 6.2. Inter-American human rights protection system. 6.3 The decision of the Inter-American Court of Human Rights upon Gomes Lund's case vs. Brazil. 6.4 Final considerations. References.

6.1 Considerações iniciais

No presente texto, aborda-se a questão que envolve a proteção interamericana dos direitos humanos.

Primeiramente, dedica-se à análise do sistema interamericano de proteção aos direitos humanos, perpassando por sua origem no contexto da Organização dos Estados Americanos (OEA) e culminando com o estudo do funcionamento da Comissão Interamericana de Direitos Humanos e da Corte Interamericana de Direitos Humanos.

Em seguida, analisa-se o caso concreto contencioso levado à apreciação da Corte Interamericana de Direitos Humanos e que envolve a República Federativa do Brasil – Gomes Lund e outros *vs*. Brasil, também conhecido como *Caso Araguaia*. Apresentam-se, também, breves considerações acerca da contextualização do caso, os argumentos apresentados pelas partes envolvidas e os principais pontos da decisão proferida pela Corte Interamericana de Direitos Humanos.

Ressalta-se, desde já, que não se pretende esgotar o assunto neste texto, mas apenas e tão somente tecer breves considerações acerca da temática e, com isso, fomentar o debate acerca da importância da proteção internacional dos direitos humanos.

6.2 O sistema interamericano de proteção aos direitos humanos

Inicialmente, é importante citar os quatro documentos que normatizam o sistema interamericano de proteção aos direitos humanos:

1. Declaração Americana dos Direitos e Deveres do Homem, de 1948;
2. Carta da Organização dos Estados Americanos, de 1948;

3. Convenção Americana de Direitos Humanos, de 1969; e
4. Protocolo de San Salvador, de 1988.

Atualmente, o compromisso dos Estados americanos de respeito aos direitos humanos é realizado pela via de dois sistemas distintos de responsabilização dos Estados violadores de direitos tidos como fundamentais.

O primeiro sistema é o da OEA, que tem por base as disposições da Carta da própria OEA e da Declaração Americana dos Direitos e Deveres do Homem.

O segundo é o sistema da Convenção Americana de Direitos Humanos, que, por sua vez, fundamenta-se, especialmente, nas disposições da Convenção Americana dos Direitos Humanos, entre tantos outros diplomas convencionais, mas que também conta com a previsão de aplicação subsidiária do sistema normativo da OEA.

Os membros do segundo sistema necessariamente integram o primeiro, mas a recíproca não é verdadeira, tendo em vista que apenas parte dos Estados americanos integram o sistema da Convenção Americana de Direitos Humanos.

A origem do sistema interamericano de proteção de direitos humanos remonta ao ano de 1948. Durante a 9ª Conferência Interamericana entre Estados da região, foi aprovada a Declaração Americana de Direitos e Deveres do Homem e a Carta da OEA, que é o marco inicial do sistema interamericano (Ramos, 2001).

A Carta da OEA proclamou um dever genérico de proteção aos direitos humanos, e a Declaração Americana de Direitos e Deveres do Homem enumerou os direitos fundamentais da pessoa humana.

Em seguida, na linha do vagaroso desenvolvimento da proteção internacional de direitos humanos nas Américas, um passo importante foi dado com a criação de um órgão especializado da OEA. Em 1959, durante a 5ª Reunião de Ministros da Relações Exteriores realizada no Chile, foi criada a Comissão Interamericana de Direitos Humanos, como órgão integrante do sistema de proteção da OEA.

No início, a Comissão Interamericana de Direitos Humanos era encarregada de promover os direitos humanos. Entretanto, a partir de 1965, precisamente durante a II Conferência Interamericana Extraordinária, foram aprovadas modificações em seu Estatuto e, por conta disso, sua competência foi ampliada, passando a ser um verdadeiro órgão internacional de supervisão do cumprimento dos compromissos constantes da Carta da OEA e da Declaração Americana de Direitos e Deveres do Homem, recebendo petições, inquirindo Estados e fazendo recomendações (Ramos, 2001).

Por meio do protocolo de Buenos Aires, de 1967, foi realizada emenda à Carta da OEA e, por consequência, a Comissão Interamericana de Direitos Humanos foi incorporada à sua estrutura permanente, passando a ser órgão especial do sistema de proteção da OEA.

Na sequência dos acontecimentos que marcaram o desenvolvimento do sistema interamericano de proteção de direitos humanos, aparece a aprovação do texto da Convenção Americana de Direitos Humanos, em 1969, em São José, na Costa Rica.

A Convenção Americana de Direitos Humanos entrou em vigor em 1978, quando reuniu 11 ratificações. Por meio dela, a Comissão Interamericana de Direitos Humanos recebeu novas atribuições e, além disso, foi criado um novo órgão que integra o sistema de proteção da Convenção, isto é, a Corte Interamericana de Direitos Humanos.

Após as atribuições conferidas pela Convenção Americana de Direitos Humanos, a Comissão Interamericana de Direitos Humanos assumiu papel dúplice, ou seja, além de órgão permanente da estrutura do sistema de proteção da OEA, encarregado de receber petições individuais sobre violações de direitos humanos protegidos pela Carta da OEA e pela

Declaração Americana dos Direitos e Deveres do Homem, passou a ser um dos dois órgãos principais do sistema da Convenção, encarregado de receber petições individuais e, sobretudo, de propor a ação de responsabilidade internacional perante a Corte Interamericana de Direitos Humanos.

As funções da Comissão, portanto, são semelhantes nos dois sistemas de proteção, embora baseadas em diplomas normativos distintos.

A única observação importante a ser feita é que, no sistema da Convenção, à Comissão só é possível propor ação de responsabilidade internacional em face dos Estados americanos eventualmente infratores que ratificaram a Convenção e, além disso, que aceitaram a jurisdição da Corte. Fora dessas hipóteses, resta à Comissão acionar os Estados americanos eventualmente infratores perante a Assembleia Geral da OEA.

O Brasil ratificou a Convenção em 1992 por meio do Decreto Legislativo n. 27/1992 e do Decreto Executivo n. 678/1992. Além disso, aceitou a jurisdição da Corte em 1998, por meio do Decreto Legislativo n. 89/1998 (Ramos, 2001).

Pode-se afirmar, assim, que a importância da Convenção está assentada na positivação no Direito Internacional de um rol de direitos humanos, além de instituir um sistema judicial de controle do cumprimento de tais direitos perante a Corte.

6.2.1 A Comissão Interamericana de Direitos Humanos

A Comissão Interamericana de Direitos Humanos é órgão que integra tanto o sistema de proteção da OEA quanto o sistema de proteção da Convenção, tendo, portanto, função ou papel dúplice, conforme já mencionado.

A Comissão é formada por sete comissários, que necessariamente devem ser pessoas da mais alta autoridade moral e de notório saber em matéria de direitos humanos.

Os comissários são eleitos para mandato de quatro anos e só poderão ser reeleitos uma vez. O exercício do mandato é incompatível com atividades que possam influir em sua independência e imparcialidade.

A eleição dos comissários é realizada na Assembleia Geral da OEA e é baseada em lista de candidatos propostos pelos governos dos Estados-membros. Cada governo pode propor até três candidatos, nacionais ou não. Quando determinado Estado apresentar lista tríplice de candidatos, pelo menos um deles deverá ser nacional de Estado distinto do proponente.

Todas essas condições estruturais da Comissão constam dos Artigos 34 a 37 da Convenção:

> Artigo 34. A Comissão Interamericana de Direitos Humanos compor-se-á de sete membros, que deverão ser pessoas de alta autoridade moral e de reconhecido saber em matéria de direitos humanos.
> Artigo 35. A Comissão representa todos os membros da Organização dos Estados Americanos.
> Artigo 36. 1. Os membros da Comissão serão eleitos a título pessoal, pela Assembleia Geral da Organização, de uma lista de candidatos propostos pelos governos dos Estados membros. 2. Cada um dos referidos governos pode propor até três candidatos, nacionais do Estado que os propuser ou de qualquer outro Estado membro da Organização dos Estados Americanos. Quando for proposta uma lista de três candidatos, pelo menos um deles deverá ser nacional de Estado diferente do proponente.
> Artigo 37. 1. Os membros da Comissão serão eleitos por quatro anos e só poderão ser reeleitos uma vez, porém o mandato de três dos membros designados na primeira eleição expirará ao cabo de dois anos. Logo depois da referida eleição, serão determinados por sorteio, na Assembleia Geral, os nomes desses três

membros. 2. Não pode fazer parte da Comissão mais de um nacional de um mesmo Estado. (OEA, 1969)

A Convenção Americana de Direitos Humanos estabeleceu um **procedimento bifásico** de proteção aos direitos humanos: há uma etapa, necessária, que se processa perante a Comissão Interamericana de Direitos Humanos, e uma eventual etapa posterior, que se processa perante a Corte Interamericana de Direitos Humanos, só existindo em relação aos Estados-membros que aceitaram a jurisdição da Corte.

Com relação ao sistema de proteção aos direitos humanos da Convenção – efetivamente o que interessa ao presente estudo –, a Comissão pode receber petições individuais e interestatais contendo alegações de violações de direitos humanos. O procedimento individual é de adesão obrigatória, e o interestatal, não, conforme estabelecem os Artigos 44 e 45 da Convenção:

> Artigo 44. Qualquer pessoa ou grupo de pessoas, ou entidade não governamental legalmente reconhecida em um ou mais Estados membros da Organização, pode apresentar à Comissão petições que contenham denúncias ou queixas de violação desta Convenção por um Estado Parte.
> Artigo 45. 1. Todo Estado Parte pode, no momento do depósito do seu instrumento de ratificação desta Convenção ou de adesão a ela, ou em qualquer momento posterior, declarar que reconhece a competência da Comissão para receber e examinar as comunicações em que um Estado Parte alegue haver outro Estado Parte incorrido em violações dos direitos humanos estabelecidos nesta Convenção. (OEA, 1969)

A Corte Interamericana de Direitos Humanos só pode ser acionada pelos Estados-membros do sistema da Convenção e pela Comissão. A Comissão, portanto, exerce uma espécie de papel de *dominus litis* perante a Corte.

Por conta disso, a vítima tem apenas o direito de peticionar à Comissão Interamericana de Direitos Humanos, que, por sua vez, analisará a admissibilidade da demanda e, se admitida a petição, passará ao exame do mérito.

Em outras palavras, à Comissão é atribuída a missão de analisar a admissibilidade e o mérito das petições, podendo arquivar as demandas, isto é, deixar de levá-las à apreciação da Corte caso sejam inadmissíveis quanto ao juízo de admissibilidade ou infundadas quanto ao juízo de mérito. E, uma vez arquivadas as demandas pela Comissão, não há possibilidade de recurso para a vítima peticionante.

Por fim, mesmo na hipótese de petições interestatais, o procedimento prévio perante a Comissão é obrigatório.

6.2.1.1 Procedimento perante a Comissão Interamericana de Direitos Humanos

Fase de admissibilidade

A Comissão é provocada mediante petição escrita, que pode ser de autoria da própria vítima ou de terceiros, incluindo organizações não governamentais. Na petição, devem ser apontados os fatos que caracterizam a violação de direitos humanos, delimitando, se possível, o nome da vítima e de qualquer autoridade que tenha tido conhecimento da situação.

As condições de admissibilidade da petição estão estabelecidas na Convenção, em seu Artigo 46, quais sejam, o esgotamento dos recursos locais, a ausência do decurso do prazo de seis meses para a representação, a ausência de litispendência internacional e a ausência de coisa julgada internacional (OEA, 1969).

A regra sobre o **esgotamento** funciona como redutor de tensões entre os Estados e viabiliza a possibilidade de resolução amistosa da situação, além de afirmar o caráter subsidiário da jurisdição internacional.

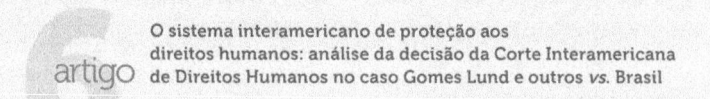

A regra do **prazo de seis meses** está ligada à regra anterior, de modo que o prazo é contado da data da decisão definitiva interna sobre os fatos.

As regras sobre a **litispendência** e sobre a **coisa julgada** visam evitar decisões conflitantes, ou seja, tutelar a coerência e a segurança jurídica em sede de decisões internacionais. Portanto, elas dizem respeito às jurisdições internacionais.

Confira-se a íntegra do dispositivo em comento:

> Artigo 46. 1. Para que uma petição ou comunicação apresentada de acordo com os artigos 44 ou 45 seja admitida pela Comissão, será necessário: a. que hajam sido interpostos e esgotados os recursos da jurisdição interna, de acordo com os princípios de direito internacional geralmente reconhecidos; b. que seja apresentada dentro do prazo de seis meses, a partir da data em que o presumido prejudicado em seus direitos tenha sido notificado da decisão definitiva; c. que a matéria da petição ou comunicação não esteja pendente de outro processo de solução internacional; e, d. que, no caso do artigo 44, a petição contenha o nome, a nacionalidade, a profissão, o domicílio e a assinatura da pessoa ou pessoas ou do representante legal da entidade que submeter a petição. 2. As disposições das alíneas a e b do inciso 1 deste artigo não se aplicarão quando: a. não existir, na legislação interna do Estado de que se tratar, o devido processo legal para a proteção do direito ou direitos que se alegue tenham sido violados; b. não se houver permitido ao presumido prejudicado em seus direitos o acesso aos recursos da jurisdição interna, ou houver sido ele impedido de esgotá-los; e c. houver demora injustificada na decisão sobre os mencionados recursos. (OEA, 1969)

É importante observar que a própria Convenção estabelece hipóteses em que são dispensadas ou não exigíveis as condições a respeito do esgotamento prévio dos recursos locais e da ausência do decurso de prazo, conforme previsto no Artigo 46, 2.

Fase de conciliação

Superada a fase da admissibilidade da petição, ingressa-se na fase conciliatória. A Convenção estabelece que a Comissão deve promover, isto é, buscar a solução amistosa da situação, sempre respeitando os direitos protegidos na Convenção.

Se a solução amigável é obtida, a Comissão elabora relatório completo, contendo os fatos e termos do acordo, e remete-o ao peticionário, aos Estados e ao Secretário-Geral da OEA.

O acordo somente será aceito pela Comissão se for efetivamente adequado para resolver a situação e fundado no respeito aos direitos humanos protegidos pela Convenção.

Fase do Primeiro Informe

Superada a fase de conciliação, a Comissão elabora o chamado *Primeiro Informe*, que constata ou não uma violação aos direitos humanos. Se não constatar, o assunto é encerrado e não há recurso cabível contra essa decisão. Nessa hipótese, a Comissão funciona como *dominus litis* absoluta, desempenhando o papel de intérprete final da Convenção.

Entretanto, caso se convença da existência de violação, o Primeiro Informe, em caráter confidencial, será elaborado com recomendações ao Estado americano infrator. Tais recomendações devem ser cumpridas no prazo de três meses.

Caso não cumpridas as recomendações, o Estado infrator poderá ser acionado perante a Corte, na hipótese de ter aceitado sua jurisdição. Se não aceitou, a Comissão avançará para a elaboração do Segundo Informe.

Fase do Segundo Informe

Essa fase só se inicia na ausência de ação de responsabilidade internacional perante a Corte. O Segundo Informe também apresenta recomendações ao Estado infrator, contendo o prazo para seu integral cumprimento.

Finalizado o prazo, a Comissão verifica se as recomendações foram cumpridas. Se não foram, a Comissão publica o relatório, além de encaminhá-lo à Assembleia da OEA.

6.2.2 A Corte Interamericana de Direitos Humanos

O segundo órgão da Convenção, a Corte Interamericana de Direitos Humanos, é uma instituição judicial autônoma. Não é órgão do sistema da OEA, mas somente do sistema da Convenção, conforme estabelece o Artigo 33, "b", do texto convencional (OEA, 1969).

A Corte é competente para conhecer dos casos contenciosos quando o Estado demandado tenha formulado declaração unilateral de reconhecimento de sua jurisdição, bem como para interpretar a Convenção e qualquer outro instrumento normativo de proteção a direitos humanos aplicados aos membros da OEA, atuando, nessa segunda hipótese, por meio de petição de qualquer Estado-membro da OEA.

A Corte é composta por sete juízes eleitos pelos Estados que integram a Convenção. Os Estados elaboram lista com até três candidatos – sendo tríplice a lista, necessariamente um dos candidatos deverá ser de nacionalidade distinta da do Estado proponente – e, em Assembleia Geral da OEA, elegem os juízes para um mandato de seis anos, com possibilidade de uma reeleição.

Na Corte não pode haver mais de um juiz da mesma nacionalidade. Além disso, eles devem ser juristas da mais alta autoridade moral e de reconhecida competência em matéria de direitos humanos. E mais, os juízes gozam das imunidades e dos privilégios dos agentes diplomáticos, conforme estabelecem os Artigos 52, 53 e 70 da Convenção (OEA, 1969).

A Corte não é um tribunal permanente. Ela funciona em sessões ordinárias e extraordinárias. Os períodos ordinários são determinados pela própria Corte, e os extraordinários são realizados quando há convocação do presidente ou da maioria dos juízes.

O quórum para deliberação é constituído por cinco juízes, e as decisões são tomadas pela maioria. Se houver empate, o presidente tem o voto de qualidade, nos termos do Artigo 56 (OEA, 1969).

Os sujeitos que atuam perante a Corte são os Estados e a Comissão, conforme restritivamente estabelece o Artigo 61 da Convenção (OEA, 1969). Excepcionalmente admite-se a participação do indivíduo na fase processual da estipulação da reparação devida, ou seja, no polo ativo pode figurar um Estado ou a Comissão e, no polo passivo, necessariamente deve figurar um Estado.

6.2.2.1 Processamento do Estado perante a Corte Interamericana de Direitos Humanos

Propositura da ação e exceções preliminares

A Comissão, depois de não acatadas as conclusões do Primeiro Informe pelo Estado infrator, pode acioná-lo perante a Corte, caso o Estado tenha reconhecido sua jurisdição. Ressalta-se que "os outros Estados contratantes, que tenham também reconhecido a jurisdição da Corte, podem acionar um Estado, já que a garantia de direitos humanos é uma 'obrigação objetiva', de interesse de todos contratantes da Convenção Americana de Direitos Humanos" (Ramos, 2013, p. 239).

A propositura da ação é feita perante a Secretaria da Corte, nos termos do Artigo 34 do Regulamento da Corte (OEA, 2003). Isso ocorre mediante a apresentação da petição inicial da demanda, que indicará as partes do caso, o objeto da demanda, uma exposição dos fatos, as provas oferecidas apontando os fatos respectivos, as testemunhas e os peritos, os fundamentos de direito e as conclusões pertinentes, bem como os nomes do agente ou dos delegados.

Proposta a ação, cabe ao presidente da Corte fazer o juízo de admissibilidade, pois se não preenchidos os requisitos fundamentais, o autor poderá supri-los no prazo de 20 dias, conforme estabelece o Artigo 34 do Regulamento da Corte (OEA, 2003).

Uma vez preenchidos, o presidente determina a notificação do Estado demandado e da Comissão para funcionar como *custos legis*, caso não seja a autora da ação, em observância ao que estabelece o Artigo 35 do Regulamento da Corte (OEA, 2003).

O Estado requerido poderá arguir exceções preliminares no prazo de dois meses a contar da citação. A petição com as exceções será apresentada à Secretaria e conterá a exposição dos fatos e os fundamentos, bem como documentos de apoio, além da indicação de eventuais provas a produzir.

Na sequência, as partes interessadas serão intimadas para apresentar manifestação sobre as exceções no prazo de 30 dias. Depois, a Corte poderá convocar audiência ou decidir diretamente sobre as exceções.

Conciliação

Admite-se a conciliação na fase judicial do sistema de proteção da Convenção. Entretanto, a Corte não homologará eventual acordo entre as partes se ele não se mostrar adequado à proteção dos direitos humanos, considerando a indisponibilidade dos interesses envolvidos.

Produção de provas

Nos quatro meses seguintes à notificação, o Estado requerido apresentará contestação. Na sequência, o presidente da Corte fixará a data da abertura do procedimento oral e designará as audiências necessárias.

As provas documentais, periciais, testemunhais, entre outras, só serão admitidas se indicadas na inicial e na contestação. Excepcionalmente, será admitida prova não indicada, caso se demonstre que a ausência de indicação decorreu de impedimentos justificados ou de força maior.

A Corte, por sua vez, pode produzir prova *ex officio*.

Fase decisória

Encerrada a fase probatória, a Corte delibera. A sentença internacional, no caso, é similar à sentença interna, que deverá conter os nomes do presidente e dos demais juízes que a tenham proferido, do secretário e do secretário adjunto; a indicação das partes e seus representantes e, quando apropriado, dos representantes das vítimas ou de seus familiares; a descrição dos fatos; as conclusões das partes; os fundamentos de direito; a decisão sobre o caso; e, finalmente, o pronunciamento sobre as custas, se procedente.

Fase das reparações

Essa fase de reparação não é obrigatória e só ocorre quando a Corte não fixa a reparação em etapa anterior.

Nela, a Corte determina o início de uma nova etapa do processo, intimando o autor e a vítima ou seus familiares para apresentar os pleitos de reparação e respectivas provas, bem como o Estado, para impugnar e apresentar as provas cabíveis. Muitas vezes, as partes – autor, Estado infrator e vítima – acordam sobre o conteúdo da reparação.

Em caso de composição, a Corte verificará a justiça desse acordo, podendo homologá-lo ou, caso contrário, dispor sobre a reparação mais apropriada para a defesa dos direitos violados naquele feito.

6.3 A decisão da Corte Interamericana de Direitos Humanos no caso Gomes Lund e outros vs. Brasil

O Caso Araguaia (ou Gomes Lund e outros *vs.* Brasil) tem significativa importância, uma vez que representa a condenação do Brasil perante a Corte Interamericana de Direitos Humanos por violações praticadas por agentes do Estado no contexto do conflito conhecido como *Guerrilha do Araguaia*.

Por meio da sentença proferida em 24 de novembro de 2010, a Corte reconheceu que o Brasil deixou de investigar os desaparecimentos ocorridos durante a Guerrilha do Araguaia e, por conta disso, condenou-o a indenizar os familiares dos desaparecidos; a realizar investigação penal dos autores dos crimes cometidos pelos agentes estatais na Guerrilha do Araguaia; a localizar e identificar as vítimas ou seus restos mortais; e, por fim, a viabilizar o acesso aos acervos históricos e a divulgar suas informações.

A relevância do caso decorre da condenação do Estado brasileiro, traduzindo a vitória das vítimas e de seus familiares, cujos direitos fundamentais foram duramente violados no período obscuro e sombrio da ditadura militar no Brasil.

Além disso, o caso tem relevo ímpar também porque representa um conflito entre a jurisdição internacional da Corte e a jurisdição constitucional do Supremo Tribunal Federal (STF), ainda que esse aspecto não seja propriamente o objeto de estudo deste trabalho.

O STF, por ocasião do julgamento da Arguição de Descumprimento de Preceito Fundamental (ADPF) n. 153/DF, decidiu pela constitucionalidade da chamada *Lei da Anistia* (Brasil, 2010), que, entre outras disposições, estendeu a benesse aos crimes comuns praticados por agentes estatais contra os opositores do regime militar, abarcando, assim, os atos praticados no contexto da Guerrilha do Araguaia.

Por conta da referida decisão do STF, proibiu-se a investigação criminal dos delitos praticados pelos agentes do governo ditatorial, entre eles os da Guerrilha do Araguaia.

De outro lado, a Corte Interamericana de Direitos Humanos, por ocasião do julgamento do Caso Araguaia, afirmou que o Brasil ratificou a Convenção Americana de Direitos Humanos e que aceitou a jurisdição da Corte. Por conta disso, reconheceu que a Lei da Anistia contraria o texto convencional, em verdadeiro exercício de controle de convencionalidade.

Assim, há clara divergência de decisões e um latente conflito de jurisdições, o que faz sobressair a importância do Caso Araguaia para eventuais estudos específicos.

6.3.1 Submissão do Caso Araguaia à Comissão Interamericana de Direitos Humanos

O Centro pela Justiça e Direito Internacional (CEJIL) e o Human Rights Watch/Americas peticionaram, perante a Comissão Interamericana de Direitos Humanos, em nome dos desaparecidos na Guerrilha do Araguaia e dos familiares destes. Em 07 de agosto de 1995, a petição foi recebida pela Comissão.

Posteriormente, ingressaram também como peticionários a Comissão de Familiares de Mortos e Desaparecidos Políticos do Instituto de Estudos da Violência do Estado, o Grupo Tortura Nunca Mais, do Rio de Janeiro, e Angela Harkavy (irmã de um dos desaparecidos), conforme informações contidas no Informe n. 33, de 6 de março de 2001, da Comissão Interamericana de Direitos Humanos (OEA, 2001)[1].

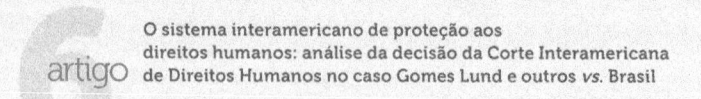

Por meio do Informe n. 33/2001, a Comissão admitiu o caso, registrando-o sob o n. 11.552, em razão da possível violação dos Artigos 4, 8, 12, 13 e 25 da Convenção (OEA, 1969) e dos Artigos I, XXV e XXVI da Declaração Americana dos Direitos e Deveres do Homem (OEA, 1948).

Na sequência, a Comissão emitiu o Relatório de Mérito n. 91/2008[2], por meio do qual concluiu que o Estado era responsável pelas violações dos direitos humanos que lhe foram imputadas.

A Comissão informou, por intermédio do Relatório n. 91/2008, que o Brasil não realizou uma investigação criminal com o objetivo de processar e sancionar os responsáveis pelo desaparecimento forçado de 70 vítimas e pela execução de Maria Lúcia Petit da Silva. Ressaltou, ainda, que os recursos internos de caráter civil não foram eficazes para garantir o acesso à informação sobre a Guerrilha do Araguaia.

O Brasil, embora intimado das prorrogações de prazo para que para que informasse acerca das ações realizadas, deixou transcorrer os prazos. Em razão disso, a Comissão decidiu levar o caso à Corte, aproveitando para firmar jurisprudência interamericana a respeito das leis de anistia, principalmente no que tange aos desaparecimentos forçados e à obrigação dos Estados de concretizar o conhecimento da verdade e a persecução criminal das violações de direitos humanos.

---

1   O Informe n. 33/2001 foi o documento que instrumentalizou a admissibilidade da petição perante a Comissão (OEA, 2001).

2   O Informe n. 91/2008 foi o documento que instrumentalizou a análise do mérito da petição pela Comissão (OEA, 2009).

6.3.2 Submissão do Caso Araguaia à Corte Interamericana de Direitos Humanos

O caso foi levado à Corte em 2009 e o Brasil foi intimado a respeito da ação no mês de maio do mesmo ano.

Durante a tramitação da demanda perante a Corte, além da apresentação das petições principais e de documentos pelas partes, foi colhido o depoimento de 26 pretensas vítimas, além de 4 testemunhas e de peritos. A Corte oportunizou, em seguida, a apresentação das alegações finais orais das partes sobre as exceções preliminares, o mérito, as reparações e as custas. Por fim, em 21 de junho de 2010, foram recebidas as alegações finais escritas da Comissão, dos representantes e do Brasil.

A sentença foi proferida em 24 de novembro de 2010. Nela, a Corte rechaçou as preliminares e analisou o mérito da causa. Ao final, julgou parcialmente procedente os pedidos formulados pela Comissão e pelos representantes das vítimas.

6.3.2.1 Argumentos apresentados pelas partes

Conforme consta da sentença proferida pela Corte, o Brasil apresentou quatro exceções preliminares. A primeira diz respeito à suposta incompetência *ratione temporis* da Corte, porque os fatos supostamente teriam ocorrido antes da aceitação da jurisdição da Corte pelo Brasil no ano de 1998. A segunda, por sua vez, ligada à suposta falta de esgotamento dos recursos internos. A terceira sobre possível falta de interesse processual dos representantes. Por fim, a última no sentido de ser proibida a utilização da Corte como uma "quarta instância", haja vista a existência de decisão nos autos da ADPF n. 153/DF (Brasil, 2010).

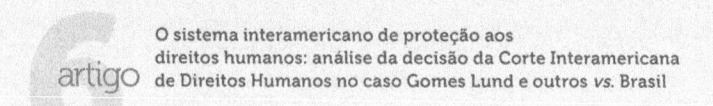

Veja-se a síntese, elaborada por Moraes (2011, p. 98-99), das alegações apresentadas pelo Brasil:

> Na audiência pública, o Brasil afirmou sua responsabilidade pelas violações de direitos humanos ocorridas durante a Guerrilha do Araguaia. Por outro lado, mencionou diversas medidas adotadas, inclusive extrajudiciais, como a Lei nº 9.140/95, mediante a qual o Estado reconheceu sua responsabilidade pelos desaparecimentos forçados de opositores políticos no período de 2 de setembro de 1961 a 15 de agosto de 1979, determinando a possibilidade de concessão de uma reparação pecuniária aos familiares de mortos e desaparecidos políticos, e instituiu a Comissão Especial sobre Mortos e Desaparecidos Políticos (CEMDP), cujos trabalhos resultaram na publicação do relatório "Direito à Memória e à Verdade", em 2007. Além da CEMDP, o Estado criou o Grupo de Trabalho Tocantins com a finalidade de coordenar e executar as atividades necessárias para a localização, reconhecimento e identificação dos corpos dos guerrilheiros e dos militares mortos durante a Guerrilha do Araguaia, em cumprimento da sentença da Ação Ordinária nº 82.00.024682-5.
>
> No que concerne ao mérito, arguiu que a responsabilização já houve, mediante o pagamento das indenizações e as medidas de resgate à memória das vítimas acima arguidas. Quanto à punição dos responsáveis mediante medidas penais, incide a vedação da Lei nº 6.683/79, aprovada pelo Congresso Nacional em 28 de agosto de 1979, após debate democrático. Assim, fez objeções à aplicação da doutrina de crimes contra a humanidade ao caso, em função dos princípios de legalidade e anterioridade da lei penal. Destacou que, para que o costume internacional possa criar um tipo penal, "seria necessário que estivesse devidamente consolidado no momento dos fatos (1972-1974)", e que a "universalização da tipificação do crime de lesa-humanidade no plano internacional ocorreu apenas com o [...] Estatuto de Roma [do Tribunal Penal Internacional], em 1998". Por fim, referiu quanto à prescrição de eventual pretensão punitiva.

A Comissão, por sua vez, contestou as exceções preliminares deduzidas pelo Brasil. Sustentou a competência da Corte, afirmando que a ação diz respeito às violações das disposições da Convenção, as quais persistem depois do reconhecimento da competência da jurisdição, uma vez que a infração tem natureza continuada. Além disso, alegou que a ADPF n. 153/DF (Brasil, 2010) é posterior ao Informe n. 33/2001 (Brasil, 2001).

A Comissão informou, ainda, que o Brasil não havia implementado algumas medidas constantes no Relatório de Mérito n. 91/2008 (Brasil, 2009), tais como: garantir que a Lei de Anistia n. 6.683/1979 não fosse fator impeditivo da realização da persecução criminal das violações aos direitos humanos; responsabilizar criminalmente os autores dos delitos; e reunir e publicar os documentos relativos à Guerrilha do Araguaia.

Quanto ao mérito, a Comissão pediu a condenação do Brasil sustentando que o desaparecimento forçado é crime de lesa-humanidade e que, salvo raras exceções, todas aqueles que foram presos pelo governo militar desapareceram.

Além disso, informou que, ao eliminarem as provas, os autores dos ilícitos não sofreram sanção alguma. A Comissão, por fim, alegou que, embora tenha havido o pagamento de indenização, ainda não havia sido repassada informação alguma aos familiares sobre os fatos e o paradeiro dos desaparecidos.

6.3.2.2 Decisão da Corte Interamericana de Direitos Humanos

No início da sentença proferida em 24 de novembro de 2010, a Corte analisou e afastou todas as exceções preliminares suscitadas pelo Brasil.

No tocante à alegação de incompetência *ratione temporis*, a Corte considerou a data do reconhecimento de sua jurisdição pelo Brasil, os termos desse reconhecimento e o princípio da irretroatividade disposto no Artigo 28 da Convenção de Viena sobre o Direito dos Tratados de 1969 (Brasil, 2009). Desse modo, embora o Brasil tenha reconhecido a jurisdição da Corte em 1998, esta afastou a arguição de incompetência em razão do caráter permanente dos ilícitos de desaparecimento, que, mesmo iniciados anteriormente a 1998, perpetuavam-se no tempo enquanto não solucionados pelo Brasil.

Com relação à alegação de falta de interesse processual, a Corte observou que as eventuais medidas reparatórias adotadas pelo Brasil no âmbito interno não impedem o conhecimento do caso pela Comissão e pela Corte, sobretudo porque, conforme sua jurisprudência, a responsabilidade internacional nasce a partir da violação das normas convencionais. Havendo afirmação sobre a insuficiência das medidas internas, cabe à Corte conhecer do caso, razão pela qual afastou a preliminar.

Quanto à falta de esgotamento das vias internas, diante da existência da ADPF n. 153/DF (Brasil, 2010), a Corte afastou a preliminar informando que tal ação constitucional não está à disposição das vítimas, mas apenas de determinadas pessoas legitimadas. Afora isso, a Corte afirmou que a arguição visa resolver questão de direito relativa à não recepção de ato normativo pela Constituição Federal (CF) de 1988, ao passo que a ação perante a Corte objetiva elucidar os fatos envolvendo violações de direitos humanos tutelados pela Convenção e estabelecer a respectiva responsabilidade. Desse modo, a Corte também afastou a preliminar levantada pelo Estado brasileiro.

No que diz respeito à última preliminar, a Corte refutou o argumento relativo à "quarta instância", informando que a ação perante sua jurisdição não visa reformar a decisão proferida pelo STF. Além disso, a Corte ressaltou que a demanda pretendia a realização de um controle de convencionalidade dos atos estatais, e a arguição tinha objetivo distinto, justificando, assim, o afastamento da preliminar.

No mérito, inúmeras foram as questões enfrentadas pela Corte. A primeira relativa ao desaparecimento forçado e aos direitos violados das pessoas tidas como desaparecidas. A segunda referente à aplicação da Lei de Anistia como óbice à investigação, ao processamento e à punição dos delitos. A terceira com relação à insuficiência das medidas judiciais internas cíveis. A quarta no que tange à falta de acesso à informação sobre os acontecimentos da Guerrilha do Araguaia. E a última quanto à falta de acesso à verdade e à justiça.

Primeiramente, a Corte observou que a Convenção Internacional para a Proteção de Todas as Pessoas Contra o Desaparecimento Forçado (Brasil, 2016) caracteriza como ilícito o desaparecimento forçado e involuntário de pessoas e que, ainda que assim não fosse, que o desaparecimento se coaduna com outras práticas tidas como ilícitas previstas em vários instrumentos internacionais, a exemplo da privação da liberdade, da negativa de reconhecer a detenção e revelar o fim ou o paradeiro da pessoa presa. E ressaltou que "A prática de desaparecimentos forçados implica um crasso abandono dos princípios essenciais em que se fundamenta o Sistema Interamericano de Direitos Humanos e sua proibição alcançou o caráter de *jus cogens*" (CorteIDH, 2010).

Ainda quanto à primeira questão de mérito, a Corte indicou ausência de controvérsia dos fatos, isto é, constatou a ocorrência dos desaparecimentos durante a Guerrilha do Araguaia e a responsabilidade do Estado brasileiro. Quanto ao número de vítimas, estabeleceu o prazo de 24 meses para que se produzisse prova, de acordo com a legislação brasileira, acerca do assunto e que se viabilizasse a identificação dos ofendidos.

Ademais, a Corte enfatizou que

> a obrigação de investigar violações de direitos humanos encontra-se dentro das medidas positivas que os Estados devem adotar para garantir os direitos reconhecidos na Convenção. Salientou que o dever de investigar, apesar de ser uma obrigação de meios e não de resultado, deve ser assumido pelo Estado não como uma simples formalidade e, com base nisso, as autoridades devem iniciar, ex officio e sem demora, uma investigação séria, imparcial e efetiva, por todos os meios legais disponíveis. (Moraes, 2011, p. 103-104)

Ainda, a Corte observou que a efetiva responsabilização dos autores de delitos relativos a direitos humanos é essencial também para a reparação eficiente das vítimas, bem como para garantir um sistema de justiça equitativo, fomentando a estabilidade de todas as sociedades.

Nessa linha de raciocínio, em casos de graves violações aos direitos humanos, como no Peru (Barrios Altos e La Cantuta), no Chile (Almonacid Arellano e outros) e no Brasil (demanda em julgamento), a Corte destacou a incompatibilidade das anistias com a Convenção Americana de Direitos Humanos, uma vez que elas caracterizam ou simbolizam proteção deficiente, que é proscrita.

Desse modo, por esses argumentos principais, a Corte abordou as questões relativas à Lei da Anistia e à proteção insuficiente, concluindo pela responsabilidade do Estado brasileiro.

Em seguida, no que diz respeito ao direito à informação, a Corte afirmou que, diante de violação de direitos humanos, as autoridades governamentais não podem se valer de subterfúgios como o segredo de Estado ou a confidencialidade para não fornecer as informações requisitadas por outras autoridades incumbidas da investigação de determinados fatos graves.

Além disso, o ato de qualificar determinada informação como sigilosa e, por consequência, impedir o acesso por outras pessoas ou autoridades, não pode ficar no âmbito de decisão exclusivo de determinado órgão cujos membros são alvo da investigação. Por isso, concluiu pela responsabilidade do Brasil quanto à falta de acesso às informações da guerrilha por parte das vítimas e dos respectivos familiares.

Moraes (2011, p. 106, grifos do original) bem sintetiza:

> Com base no disposto no artigo 63.1 da Convenção Americana, a Corte indicou que toda violação de uma obrigação internacional que tenha provocado dano compreende o dever de repará-lo adequadamente [...]. Assim, reputou como

lesionados, pelas ações e omissões do Estado acima discriminadas, as vítimas dos desaparecimentos forçados e seus familiares. Reconheceu a existência de **danos morais** e de **danos materiais**, fixando indenizações, por critério de equidade, a favor de cada um dos familiares considerados vítimas pela sentença. Além disso, determinou que o Estado preste **atendimento psicológico** aos familiares.

Determinou, outrossim, o dever do Estado de determinar as correspondentes responsabilidades penais e aplicar efetivamente as sanções e consequências que a lei disponha, da seguinte forma: a) determinar a responsabilidade dos autores materiais e intelectuais do desaparecimento forçado das vítimas e da execução extrajudicial, ressaltando que, por se tratar de violações graves de direitos humanos, e considerando a natureza dos fatos e o caráter continuado ou permanente do desaparecimento forçado, **o Estado não poderá aplicar a Lei de Anistia em benefício dos autores**, bem como nenhuma outra disposição análoga, prescrição, irretroatividade da lei penal, coisa julgada, *ne bis in idem* ou qualquer excludente similar de responsabilidade para eximir-se dessa obrigação; b) garantir que as autoridades competentes realizem, *ex officio*, as investigações correspondentes, tendo acesso à documentação e informação pertinentes e autorizando a participação dos familiares das vítimas.

Por fim, além de impor a obrigação de dar publicidade à sentença da Corte, ao Brasil também foi determinada a promoção dos atos necessários à ratificação da Convenção Interamericana sobre o Desaparecimento Forçado de Pessoas e à tipificação do crime de desaparecimento forçado.

6.4 Considerações finais

O sistema interamericano de proteção aos direitos humanos é um dos principais sistemas regionais de proteção, destacando-se ao lado do sistema europeu e do sistema africano. Ele é composto por quatro diplomas normativos principais: a Declaração Americana dos Direitos e Deveres do Homem, de 1948; a Carta da Organização dos Estados Americanos, de 1948; a Convenção Americana de Direitos Humanos, de 1969; e o Protocolo de San Salvador, de 1988.

Instituído em 1948 com a Declaração Americana dos Direitos e Deveres do Homem e a Carta da Organização dos Estados Americanos, o sistema foi desenvolvendo-se paulatinamente ao longo dos anos. Em 1969, a Convenção Americana de Direitos Humanos assumiu, entre outros, o papel de definir e sacramentar a missão da Comissão Interamericana de Direitos Humanos e de criar e consolidar a missão da Corte Interamericana de Direitos Humanos – único órgão de natureza judicial do sistema, ao qual se submetem apenas os Estados que expressamente aceitaram sua jurisdição.

O Brasil ratificou a Convenção por meio do Decreto Legislativo n. 27/1992 e do Decreto Executivo n. 678/1992, bem como aceitou a jurisdição da Corte nos termos do Decreto Legislativo n. 89/1998. O país foi acionado perante a Corte Interamericana de Direitos Humanos em diversas oportunidades, entre elas no Caso Araguaia (ou Gomes Lund e outros *vs.* Brasil).

O Caso Araguaia tem significativa importância porque representa a condenação do Brasil perante a Corte Interamericana de Direitos Humanos por violações praticadas por agentes do Estado no contexto do conflito conhecido como *Guerrilha do Araguaia*, isto é, conflito armado ocorrido em período de ditadura militar.

Por meio da sentença proferida em 24 de novembro de 2010, a Corte reconheceu que o Brasil deixou de investigar os desaparecimentos ocorridos durante o conflito conhecido como *Guerrilha do Araguaia* e, por conta disso, condenou-o a indenizar os familiares dos desaparecidos; realizar investigação penal dos autores dos crimes cometidos pelos agentes estatais durante essa guerrilha; localizar e identificar as vítimas ou seus restos mortais; e, por fim, viabilizar o acesso aos acervos históricos e divulgar suas informações.

A relevância do caso decorre da condenação do Estado brasileiro, traduzindo não só a vitória das vítimas e de seus familiares, cujos direitos fundamentais foram duramente violados no período obscuro e sombrio da ditadura militar no Brasil, mas sobretudo a proteção internacional aos direitos humanos no contexto das Américas.

Além disso, o caso se constitui em um conflito entre a jurisdição internacional da Corte e a jurisdição constitucional do STF, ainda que esse aspecto não seja propriamente o objeto de estudo deste trabalho.

O STF, por ocasião do julgamento da ADPF n. 153/DF, decidiu pela constitucionalidade da Lei da Anistia, que, entre outras disposições, estendeu a benesse aos crimes comuns praticados por agentes estatais contra os opositores do regime militar, abarcando, assim, os atos praticados na Guerrilha do Araguaia.

Por conta da referida decisão do STF, proibiu-se a investigação criminal dos delitos praticados pelos agentes do governo ditatorial, entre eles os da Guerrilha do Araguaia.

De outro lado, a Corte Interamericana de Direitos Humanos, por ocasião do julgamento do Caso Araguaia, afirmou que o Brasil ratificou a Convenção Americana de Direitos Humanos e que aceitou a jurisdição da Corte. Por essa razão, reconheceu que a Lei da Anistia contraria o texto convencional, em verdadeiro exercício de controle de convencionalidade.

Assim, há clara divergência de decisões e um latente conflito de jurisdições, o que faz sobressair a importância do Caso Araguaia para eventuais estudos específicos.

Referências

BRASIL. Decreto n. 7.030, de 14 de dezembro de 2009. Convenção de Viena sobre o Direito dos Tratados. **Diário Oficial da União**, Poder Executivo, Brasília, DF, 15 dez. 2009. Disponível em: <http://www.planalto.gov.br/ccivil_03/_ato2007-2010/2009/decreto/d7030.htm>. Acesso em: 27 fev. 2018.

_____. Decreto n. 8.767, de 11 de maio de 2016. Convenção Internacional para a Proteção de Todas as Pessoas contra o Desaparecimento Forçado. **Diário Oficial da União**, Poder Executivo, 11 maio 2016. Disponível em: <http://www.planalto.gov.br/ccivil_03/_ato2015-2018/2016/decreto/D8767.htm>. Acesso em: 27 fev. 2018.

BRASIL. Supremo Tribunal Federal. Arguição de Descumprimento de Preceito Fundamental (ADPF) n. 153/DF, de 29 de abril de 2010, Relator: Ministro Eros Grau, **Diário da Justiça**, 6 ago. 2010, Brasília, DF. Disponível em: <http://redir.stf.jus.br/paginadorpub/paginador.jsp?docTP=AC&docID=612960>. Acesso em: 26 fev. 2018.

CORTEIDH – Corte Interamericana de Direitos Humanos. Caso Gomes Lund e outros ("Guerrilha do Araguaia") *vs.* Brasil. **Sentença**, 24 nov. 2010. Disponível em: <http://www.sdh.gov.br/assuntos/atuacao-internacional/sentencas-da-corte-interamericana/sentenca-araguaia-24.11.10-1>. Acesso em: 27 fev. 2018.

MORAES, A. L. Z. de. O "Caso Araguaia" na Corte Interamericana de Direitos Humanos. **Revista Liberdades**, n. 8, p. 88-110, set./dez. 2011. Disponível em: <http://www.revistaliberdades.org.br/_upload/pdf/9/artigo4.pdf>. Acesso em: 27 fev. 2018.

OEA – Organização dos Estados Americanos. Comissão Interamericana de Direitos Humanos. **Convenção Americana sobre Direitos Humanos**. 22 nov. 1969. Disponível em: <http://www.cidh.oas.org/basicos/portugues/c.convencao_americana.htm>. Acesso em: 26 fev. 2018.

_____. **Declaração Americana dos Direitos e Deveres do Homem**. 1948. Disponível em: <https://www.cidh.oas.org/basicos/portugues/b.Declaracao_Americana.htm>. Acesso em: 26 fev. 2018.

_____. **Demanda perante a Corte Interamericana de Direitos Humanos**: Caso 11.552 – Julia Gomes Lund e outros (Guerrilha do Araguaia). 26 mar. 2009. Disponível em: <https://www.cidh.oas.org/demandas/11.552%20Guerrilha%20do%20Araguaia%20Brasil%2026mar09%20PORT.pdf>. Acesso em: 26 fev. 2018.

_____. **Informe**, n. 33, 6 mar. 2001. Disponível em: <http://www.cidh.oas.org/annualrep/2000sp/CapituloIII/Admisible/Brasil11.552.htm>. Acesso em: 6 fev. 2018.

_____. **Regulamento da Corte Interamericana de Direitos Humanos**. 4 dez. 2003. Disponível em: <https://www.cidh.oas.org/basicos/portugues/Viejos/w.Regulamento.Corte.htm>. Acesso em: 26 fev. 2018.

RAMOS, A. de C. **Direitos humanos em juízo**. São Paulo: Max Limonad, 2001.

_____. **Processo internacional de direitos humanos**. 3. ed. São Paulo: Saraiva, 2013.

7

A necessidade de reforma estrutural do Conselho de Segurança da Organização das Nações Unidas

The Need for Structural Reform of United Nations' Security Council

Rodrigo Otávio Monteiro da Silva

Rodrigo Otávio Monteiro da Silva

Mestrando em Direito pelo Centro Universitário Internacional Uninter em Jurisdição e Processo na Contemporaneidade. Pós-graduado em Direito Processual Civil. Graduado em Direito pelo Uninter. Professor de Direito Processual Civil do Uninter. Advogado.

Resumo

Este artigo apresenta três partes principais. Na primeira, abordam-se as origens históricas que culminaram na criação da Organização das Nações Unidas (ONU). Três momentos distintos serviram de inspiração para o surgimento da ONU, o primeiro deles foi o Congresso de Viena, de 1815, o segundo ocorreu com as Conferências de Paz de Haia de 1899 e 1907 e o terceiro foi a formação da Sociedade das Nações ou Liga das Nações. A segunda parte explicita a importância do Conselho de Segurança das Nações Unidas (CSNU), revelando sua composição atual, suas atribuições, seu procedimento, bem como o sistema de votação das matérias e questões que lá são analisadas. Em um terceiro momento, na parte final do trabalho, analisam-se a necessidade de reformulação e a ampliação da atual estrutura do CSNU.

Abstract

This article will be developed in three main parts. First of all, the historical origins that led to the creation of the United Nations (UN) will be approached. Three distinct moments served as inspiration for the emergence of the UN. The first one was the Congress of Vienna, in 1815. The second moment took place with the Hague Peace Conferences of 1899 and 1907. Finally, the third moment was the birth of the League of Nations.

The second part of this article will explain the importance of the UN Security Council (UNSC), revealing its current composition, the Council's attributions, its procedure, and the voting system. As a conclusion, this article will analyze possible reforms and expansion of the UNSC.

Palavras-chave

Origens históricas. Organização das Nações Unidas. Conselho de Segurança. Reforma.

Keywords

Historical origins. United Nations. Security Council. Reform.

Sumário

7.1 Considerações iniciais. 7.2 Origens históricas e criação da Organização das Nações Unidas. 7.3 Composição, atribuições, procedimentos e sistema de votação do Conselho de Segurança das Nações Unidas. 7.4 A necessidade de reformulação do Conselho de Segurança das Nações Unidas. 7.5 Considerações finais. Referências.

Summary

7.1 First considerations. 7.2 Historical origins and creation of the United Nations. 7.3. Composition, tasks, procedures and voting system of the UN Security Council. 7.4 The need for a recast of the UN Security Council. 7.5 Final Considerations. References.

7.1 Considerações iniciais

A Organização das Nações Unidas (ONU) perfaz-se na amostra do estágio de avanço da integração entre povos e Estados. Contudo, seu acatamento não é unânime, tampouco o tratamento dado aos Estados-membros é igualitário.

Também é preciso considerar que a adesão de novos membros está sujeita ao momento político, a uma análise não destituída de preconceitos e interesses nem sempre confessáveis e, finalmente, aos potenciais econômico, geopolítico e bélico dos pretendentes.

Por trás de tudo isso segue o poder do Conselho de Segurança das Nações Unidas (CSNU), que, entre outras características, dá vez e voz de veto a cinco de seus membros, criando uma mácula ao próprio estatuto da entidade.

É evidente que isso não surgiu por alguma espécie de revelação ou pelo descobrimento feito por algum gênio de qualquer espécie. Tudo na sociedade humana é fruto de um processo histórico, e o caso da ONU não é diferente.

Abordar esse tema conflituoso é empolgante, na medida em que tantas opiniões se concentram, concordam e divergem na base, no conteúdo e na forma de se institucionalizar a unidade humana.

7.2 Origens históricas e criação da Organização das Nações Unidas

A criação da Organização das Nações Unidas, bem como de seu Conselho de Segurança, é produto de um longo processo histórico, que se iniciou muito antes do final da Segunda Guerra Mundial.

Três momentos históricos distintos serviram de embriões para o surgimento da ONU e do CSNU.

O primeiro deles foi o Congresso de Viena, de 1815. Nessa ocasião, ficou evidente a necessidade de redesenhar, pós-Revolução Francesa, o mapa político da Europa, haja vista as guerras de conquistas e da expansão das forças napoleônicas que influenciaram toda a geopolítica de equilíbrio de forças entre os países daquele continente.

O grande desdobramento do Congresso de Viena foi a criação da chamada *Santa Aliança*, um acordo militar formado por Rússia, Prússia, Império Austro-Húngaro e Inglaterra, cujo objetivo era garantir um sistema constante de consulta entre as potências europeias e combater os movimentos revolucionários que pretendiam dizimar as monarquias absolutistas europeias. Mais tarde, a França também foi incluída nesse rol.

Castro (2007, p. 51) assim assevera:

> O balanço de poder corporificado nas várias conferências realizadas ao longo do século XIX mostraria que a ordem de 1815 deveria ser preservada com seus valores de conservadorismo, anti-revolucionarismo, legitimidade dinástica e hegemonia partilhada. O liberalismo como importante força ideológica político-econômica representava a expressão dos interesses da burguesia ascendente e, como consequência, precisava ser debelado por meio de uma reação conservadora das potências vencedoras e fundadoras do "concerto europeu" pós-napoleônico.

O segundo momento norteador para a criação da ONU ocorreu com a convocação para duas Conferências de Paz ocorridas na cidade de Haia, Holanda, em 1899 e 1907. A primeira teve a participação de 26 Estados e tratou de estabelecer regras de comércio internacional e criação procedimental na busca de soluções de controvérsias comerciais.

Já a segunda edição, de 1907, contou com a participação de 44 Estados e teve como foco central – representando avanço significativo em relação à primeira – viabilizar a codificação e sistematização do Direito Internacional, principalmente com relação ao direito de guerra e ao direito na guerra. Nessa conferência, também se decidiu pela criação de uma corte internacional permanente de justiça, dedicada a analisar e julgar conflitos internacionais.

Novamente, Castro (2007, p. 55) adverte:

> As lições das conferências de Haia de 1899 e de 1907 enfatizam que os Estados, como corpos políticos e contendo, ampliadamente, as mesmas aspirações humanas, são dotados, conforme afirmação de tese sociobiologista, de um ciclo de nascimento, crescimento, maturidade, caducidade e declínio/extinção. Além disso, questionam a macroestrutura dos fatos políticos internacionais, buscando otimizar suas próprias preferências e alternativas disponíveis. Os interesses dos Estados no plano internacional são interesses egóicos e são externados pelo canal da prática diplomática. Assim, pode-se também correlacioná-los com o processo de conferencização jurídica em Haia como elemento importante a ser também incorporado na teoria e na prática política do ONU.

Já o terceiro momento histórico que influenciou e inspirou a criação da ONU e do CSNU foi a formação da Sociedade das Nações ou Liga das Nações, em 1919. Com o final da Primeira Grande Guerra, os países vencedores se reuniram em Versalhes, subúrbio de Paris, França, para firmar um tratado de paz.

Sobre esse momento histórico, MacMillan (2004, p. 3) assim observou:

> Uma vez cessado os combates, era necessário construir a paz. Um desafio tão complexo como fora a guerra de trincheiras e que por meses dividiu os homens mais poderosos do mundo. Estes líderes, depois de muitos debates, decidiram

artigo 7
A necessidade de reforma estrutural do Conselho de Segurança da Organização das Nações Unidas

se reunir em Paris: "Em 1919, Paris foi a capital do mundo. A Conferência de Paris era o assunto mais importante, e o promotores da paz, os peacemakers, as pessoas mais poderosas do mundo. Reuniram-se dia após dia. Argumentaram, debateram, brigaram e refizeram o mundo. Montaram acordos. Redigiram tratados. Criaram novos países e novas organizações. Jantaram juntos e juntos foram ao teatro. Por seis meses, de janeiro a junho, Paris foi, a um só tempo, o governo do mundo, seu tribunal de recursos e seu parlamento, o foco de seus receios e de suas esperanças. Oficialmente, a conferência durou ainda mais e entrou para o ano de 1920, mas aqueles primeiros meses foram os que valeram, quando as decisões-chave foram tomadas e as sequências cruciais de eventos postas em movimento. O mundo nunca viu algo parecido, e nunca mais verá.

No preâmbulo do Pacto de Versalhes, estabeleceu-se que, para desenvolver a cooperação entre as Nações e para lhes garantir a paz e a segurança, as partes contratantes precisam:

aceitar certas obrigações de não recorrer à guerra; manter claramente relações internacionais fundadas sobre a justiça e a honra; observar rigorosamente as prescrições do Direito Internacional; fazer reinar a justiça e respeitar escrupulosamente todas as obrigações dos tratados nas relações mútuas dos povos organizados. (Sociedade das Nações, 1919)

Esses princípios de preservação da paz e seguranças internacionais foram idealizados inicialmente por Woodrow Wilson, Presidente dos

Estados Unidos (1913-1921), quando apresentou 14 pontos para o processo de paz[1]. Importa destacar que os Estados Unidos não participaram da Sociedade das Nações durante sua existência, muito embora tenham fomentado sua criação.

---

1 "Conheça os 14 pontos da proposta de paz de Woodrow Wilson:
1) Inaugurar pactos de paz, depois dos quais não deverá haver acordos diplomáticos secretos, mas sim diplomacia franca e sob os olhos públicos;
2) Liberdade absoluta de navegação nos mares e águas fora do território nacional, tanto na paz quanto na guerra, com exceção dos mares fechados completamente ou em parte por ação internacional em cumprimento de pactos internacionais;
3) Abolição, na medida do possível, de todas as barreiras econômicas entre os países e o estabelecimento de uma igualdade das condições de comércio entre todas as nações que consentem com a paz e com a associação multilateral;
4) Garantias adequadas da redução dos armamentos nacionais até o menor nível necessário para garantir a segurança nacional;
5) Um reajuste livre, aberto e absolutamente imparcial da política colonialista, baseado na observação estrita do princípio de que a soberania dos interesses das populações colonizadas deve ter o mesmo peso dos pedidos equiparáveis das nações colonizadoras;
6) Retirada dos Exércitos do território russo e solução de todas as questões envolvendo a Rússia, visando assegurar melhor cooperação com outras nações do mundo. O tratamento dispensado à Rússia por suas nações irmãs será o teste de sua boa vontade, da compreensão de suas necessidades como distintas de seus próprios interesses e de sua simpatia inteligente e altruísta;
7) Bélgica, o mundo inteiro concordará, precisa ser restaurada, sem qualquer tentativa de limitar sua soberania a qual ela tem direito assim como as outras nações livres;
8) Todo território francês deve ser libertado e as partes invadidas restauradas. O mal feito à França pela Prússia, em 1871, na questão da Alsácia e Lorena, deve ser desfeito para que a paz possa ser garantida mais uma vez, no interesse de todos;
9) Reajuste das fronteiras italianas, respeitando linhas reconhecidas de nacionalidade;
10) Reconhecimento do direito ao desenvolvimento autônomo dos povos da Áustria-Hungria, cujo lugar entre as nações queremos ver assegurado e salvaguardado;
11) Retirada das tropas estrangeiras da Romênia, da Sérvia e de Montenegro, restauração dos territórios invadidos e o direito de acesso ao mar para a Sérvia;
12) Reconhecimento da autonomia da parte da Turquia dentro do Império Otomano e a abertura permanente do estreito de Dardanelos como passagem livre aos navios e ao comércio de todas as nações, sob garantias internacionais;
13) Independência da Polônia, incluindo os territórios habitados por população polonesa, que devem ter acesso seguro e livre ao mar;
14) Criação de uma associação geral sob pactos específicos para o propósito de fornecer garantias mútuas de independência política e integridade territorial dos grandes e pequenos Estados." (Folha Online, 2008)

A necessidade de reforma estrutural do Conselho de Segurança da Organização das Nações Unidas

A Liga das Nações, porém, fracassou em seu desiderato, haja vista que não conseguiu evitar um novo conflito de proporções internacionais. A forte crise econômica e social vivenciada ao final dos anos 1920 e as duras punições aos países derrotados na Primeira Grande Guerra, em especial a Alemanha, acabou "estimulando as ambições totalitárias, expansionistas e vingativas da Alemanha hitlerista" (Castro, 2007, p. 60). Como bem esclarece Araújo (2002, p. 20-21): "A Liga, portanto, vai se esvaziando, perdendo legitimidade em meio à crise sócio-econômica generalizada, inoperância, debilidade e estagnação política das décadas de 30 e primeira metade da década de 40".

Saldanha (2006, p. 122-123) aponta diversos fatores para o desaparecimento das Ligas das Nações, tais como:

> a desmoralização da instituição a partir da política de apaziguamento anglo-francesa, os dois países mais importantes da organização; a retirada da Alemanha em 1933; a expulsão da Rússia em 1939; a tolerância frente aos ataques japoneses de 1931 à China, à invasão à Abissínia e a ocupação da Áustria e Tchecoslováquia; assim como a política vergonhosa em relação à Espanha, onde a República, com seu governo legitimamente eleito membro da Liga das Nações, era tratada em nível de igualdade com os golpes fascistas. Estes fatos levaram à falência da organização, paralisada em 1939. Assim, deve-se ressaltar que as nações atacadas durante este período eram membros da Liga das Nações, o que colocou por terra um dos principais pressupostos da existência desta, a segurança coletiva.

Muito embora a Liga das Nações, com sede em Genebra, Suíça, não tenha obtido êxito na preservação da paz entre as nações, do ponto de vista de estrutura e organização funcional inspirou, consideravelmente, a criação da ONU. Órgãos como Assembleia Geral, Secretariado, Conselho e Corte Permanente de Justiça Internacional serviram de modelo para a atual estrutura do CSNU e da própria ONU.

O nome *Nações Unidas* foi cunhado, em 1942, por Franklin D. Roosevelt, Presidente dos Estados Unidos (1933-1945), quando veio a público a Declaração das Nações Unidas, ocasião em que 26 países anunciavam sua decisão e firmavam compromisso de continuar lutando contra as chamadas *potências do eixo* – Alemanha, Itália e Japão (ONU, 2018).

Mais tarde, ao final da Segunda Grande Guerra, em 1945, ocorreu a primeira Conferência das Nações Unidas, com a participação de 51 governos. A Carta das Nações Unidas foi ratificada em 24 de outubro de 1945, pelos 5 membros permanentes do Conselho de Segurança e pela maioria dos 46 países signatários.

De acordo com a redação do Artigo 1 da Carta das Nações Unidas, os **princípios** basilares das Nações Unidas são:

1. Manter a paz e a segurança internacionais e, para esse fim: tomar, coletivamente, medidas efetivas para evitar ameaças à paz e reprimir os atos de agressão ou outra qualquer ruptura da paz e chegar, por meios pacíficos e de conformidade com os princípios da justiça e do direito internacional, a um ajuste ou solução das controvérsias ou situações que possam levar a uma perturbação da paz;
2. Desenvolver relações amistosas entre as nações, baseadas no respeito ao princípio de igualdade de direitos e de autodeterminação dos povos, e tomar outras medidas apropriadas ao fortalecimento da paz universal;
3. Conseguir uma cooperação internacional para resolver os problemas internacionais de caráter econômico, social, cultural ou humanitário, e para promover e estimular o respeito aos direitos humanos e às liberdades fundamentais para todos, sem distinção de raça, sexo, língua ou religião; e
4. Ser um centro destinado a harmonizar a ação das nações para a consecução desses objetivos comuns. (Brasil, 1945)

Já os **objetivos** principais da ONU são: (a) defender os direitos fundamentais do ser humano; (b) garantir a paz mundial, colocando-se contra qualquer tipo de conflito armado; (c) buscar mecanismos que promovam

artigo 7
A necessidade de reforma estrutural do Conselho de Segurança da Organização das Nações Unidas

o progresso social das nações; e (d) criar condições para manter a justiça e o Direito Internacional.

Para a consecução dessas finalidades, a ONU conta com uma enorme estrutura hierarquizada, tendo como principais **órgãos**:

- Assembleia Geral, órgão máximo de deliberação, composta atualmente por 193 países signatários, com sede em Nova Iorque, Estados Unidos;
- Secretariado, órgão de administração e articulação diplomática com os Estados-membros;
- Conselho Econômico e Social, que exerce função primordial perante as agências especializadas;
- Tribunal Internacional de Justiça, com sede em Haia, Holanda, órgão interno, jurisdicional e consultivo; e
- Conselho de Segurança, que representa o foro de deliberação para manutenção da paz em as nações.

Além dos órgãos principais, a ONU conta com diversas **agências** especializadas, tais como:

- FAO – Alimentos e Agricultura;
- AIEA – Agência Internacional de Energia Atômica;
- OACI – Organização da Aviação Civil Internacional;
- FMI – Fundo Monetário Internacional;
- UIT – União Internacional de Telecomunicação;
- Unesco – Educação, Ciência e Cultura;
- Unido – Desenvolvimento Industrial;
- BM – Banco Mundial;
- PAM – Programa Alimentar Mundial;
- OMS – Organização Mundial da Saúde;
- OMT – Organização Mundial do Turismo;

- Unicef – Infância e Adolescência;
- OMC – Organização Mundial do Comércio;
- PIMC – Painel Intergovernamental de Mudanças Climáticas.

Por óbvio que versar sobre a atuação de cada uma dessas agências fugiria do objeto do presente artigo. Tal menção apenas serve para descrever suscintamente o organograma da ONU. Assim, na sequência, passa-se a abordar a estrutura e a organização específicas do Conselho de Segurança.

7.3 Composição, atribuições, procedimentos e sistema de votação do Conselho de Segurança das Nações Unidas

O Conselho de Segurança das Nações Unidas (CSNU) é órgão essencial para o funcionamento do sistema da ONU e responsável, entre outras, pela manutenção da paz e segurança internacionais. Suas resoluções revestem-se de caráter vinculante, isto é, as decisões que lá são proferidas obrigam a todos os demais Estados-membros.

Atualmente, o CSNU tem uma estrutura composta por 15 **membros efetivos**, sendo 5 deles permanentes e 10 rotativos.

Os membros permanentes do CSNU são compostos por Estados Unidos, Rússia, Reino Unido, França e China.

Já os membros não permanentes são escolhidos entre os Estados-membros que compõem a Assembleia Geral da ONU para mandatos de dois anos, não existindo possibilidade de reeleição desses países.

Como **membros rotativos** do biênio 2015-2017, fizeram parte do conselho: Egito, Japão, Ucrânia, Senegal, Uruguai, Angola, Malásia, Nova Zelândia, Espanha e Venezuela.

artigo 7 — A necessidade de reforma estrutural do Conselho de Segurança da Organização das Nações Unidas

A **presidência** do CSNU é exercida mensalmente de modo rotativo pelos membros, em ordem alfabética, seguindo a nomenclatura do país em inglês, como se pode extrair do sítio oficial do Conselho de Segurança (United Nations Security Council, 2018).

Castro (2007) critica o CSNU e defende o argumento, para ele negativo, de que o CSNU não é, propriamente, um órgão responsável pela segurança e paz internacionais como revela a Carta das Nações Unidas, mas um ente de preservação da ordem mundial, centralizada na hegemonia unilateral americana. E explica:

> O "jogo de poder internacional" é operacionalizado da seguinte maneira: Primeiramente, os EUA hierarquizam, em termos de interesses nacionais, e tipificam uma determinada problemática (faxinas étnicas, golpes de estados, guerras vivis, guerras inter-estatais) de acordo com sua agenda interna. Tal hierarquização é trazida para a atenção da instância P-3 e, subsequentemente, para a instância P-5. Se não houver interesses imediatos em ambas as instâncias (P-3 e P-5), a temática é então dialogada com os demais países do CSNU. Se não houver interesse de nenhuma das partes em lidar com a crise ou houver um fator de impedimento (veto, por exemplo), a problemática terá pouca abrangência e eficácia no CSNU. (Castro, 2007, p. 81)

O autor ainda elucida que a

> ordem mundial se concebe numa função diretamente atrelado à estrutura cratológica e axiológica das Relações Internacionais de um determinado momento histórico. A cada momento histórico corresponde uma determinada ordem mundial. Por axiologia se entende o estudo do conjunto dos valores sociais, morais, intelectuais e filosóficos de um determinado grupo hegemônico em relação aosdemais Estados, e por cratologia se entende a estrutura e a forma de poder de alta e baixa densidade (político-diplomático, econômico-financeiro, cultural, militar e geodemográfico). (Castro, 2007, p. 83)

Isso significa que o país que detém a liderança hegemônica decisória tem responsabilidades de ordem cratológica, ou seja, financeira, militares e políticas, bem como axiológica, na busca permanente na preservação do *status quo*.

Cabe ainda refletir que, se a preocupação do CSNU fosse realmente a manutenção e a preservação da paz mundial, o órgão poderia ter, efetivamente, empenhado-se para evitar o separatismo do Cáucaso, a fratura social e econômica na Somália e no Haiti e o genocídio em Ruanda, por exemplo, matérias que foram excluídas da pauta de decisões do Conselho.

Com a finalidade de facilitar a compreensão em relação à importância do CSNU, listam-se suas principais **atribuições** (Martins, 2013):

- Recomendar à Assembleia Geral que admita novos membros na ONU e emanar a decisão final sobre as admissões.
- Suspender ou expulsar um Estado.
- Investigar controvérsia ou situação que dê ensejo a atrito ou conflito nos países ou no contexto internacional.
- Criar, por intermédio de resoluções, comissões e órgãos subsidiários para auxiliar em casos de agressão, desarmamento e terrorismo, por exemplo.
- Criar comitês de aplicação de sanções, com vistas a verificar, em conflitos específicos, a imposição de penalidades econômicas, financeiras, diplomáticas e de comercialização de arsenais militares.
- Criar tribunais *ad hoc* para julgar penalmente indivíduos que tenham cometido graves crimes contra a humanidade em determinado conflito.
- Elaborar planos para o desarmamento e a regulamentação dos armamentos, a fim de que não haja necessidade de intervenção em Estados que queiram se armar, evitando, assim, uma corrida armamentista no cenário internacional.

- Mediar acordos sobre a tutela de regiões afetadas em razão de problemas com governos ou da derrubada destes ou, ainda, de regiões que estejam em competição entre grupos.
- Tomar as medidas necessárias para fazer cumprir sentenças proferidas pela Corte Internacional de Justiça (CIJ) e aquelas que não foram cumpridas voluntariamente.
- Eleger, por intermétido dos conselheiros, os membros CIJ.
- Decidir, em conjunto com a Assembleia Geral, se um Estado não filiado à ONU pode se tornar membro da CIJ.
- Indicar o nome do Secretário-Geral, que deve, então, ser aprovado pela Assembleia Geral.

Amorim (1998, p. 7), revela a base legal para o monopólio de autorização da coerção militar pelo CSNU:

> As decisões inspiradas nos dispositivos do Capítulo VII – que podem ir do embargo de armas, passando por sanções abrangentes para chegar à autorização de intervenção armada – constituem as únicas manifestações verdadeiramente impositivas da autoridade do Conselho de Segurança, na medida em que dispensam o consentimento das partes. Garantir que a imposição da ordem internacional pelo Conselho de Segurança seja fundada na justiça – e não apenas no poder – exige, antes de mais nada, que a autorização da coerção seja disciplinada por uma agenda multilateral, capaz de refletir interesses políticos coletivos e coerentes com os dispositivos da Carta da ONU. O recurso a medidas de Capítulo VII não pode nem ser posto a serviço de 31 agendas individuais, nem ser arbitrário ou excessivamente liberal, sob pena de uma desvalorização do critério da ameaça à paz e segurança internacionais como gatilho acionador da coerção, e sob risco de uma intervenção indevida e indiscriminada em assuntos internos (como se sabe o Artigo 2.7 da Carta proíbe a ingerência em assuntos internos salvo em situações colocadas sob a égide do Capítulo VII).

Com relação ao **procedimento político-decisório** do CSNU, a Carta das Nações Unidas não especifica seu funcionamento. Para isso, é preciso se socorrer ao regimento interno do Conselho de Segurança – United Nations Security Council Provisional Rules of Procedure (UNSCPRP). Importante ressaltar que, qualquer que seja o procedimento adotado pelo CSNU, tal decisão não poderá ir de encontro às finalidades da Carta das Nações Unidas.

De acordo com o UNSCPRP, o processo decisório do CSNU consiste, basicamente, em resoluções, que, como assevera Castro (2007), visam apontar a solução para algum problema relacionado com a manutenção da ordem mundial. É um texto com valor jurídico vinculativo, contrariamente a uma resolução da Assembleia Geral. Esse caráter vinculativo das resoluções do CSNU está consagrado no Direito Internacional público na Carta das Nações Unidas: "Artigo 25. Os membros da Organização comprometem-se a aceitar e aplicar as decisões do Conselho de Segurança conforme a presente Carta" (Brasil, 1945).

Aponta o autor que o CSNU tem uma ordem hierárquica do enquadramento das resoluções, que vai de menor a maior gravidade dos assuntos colocados em pauta, a saber: matéria ou temática (*matters*); questões (*questions*); situações (*situations*); disputas (*disputes*); ameaças à paz ou ruptura da paz (*threats to peace or breaches of peace*); atos de agressão (*acts of aggression*).

Cabe gizar que qualquer um dos 15 países-membros poderá suscitar a atenção do Pleno do CSNU. Isso também vale para países não membros, desde que patrocinados por qualquer um dos membros do Conselho.

Ainda, adverte Castro (2007, p. 108): "quando maior for a gravidade e a urgência, maior a possibilidade do uso do Capítulo VII da Carta, que versa sobre a força coercitiva e interventiva das Nações Unidas para solucionar uma determinada problemática", o que, na visão do autor, poderá levar sempre ao uso de intervenções unilaterais por parte dos Estados Unidos.

Muito embora e apesar de que cada membro do Conselho tem direito a um voto (Artigo 27, 1, da Carta das Nações Unidas), transparecendo uma igualdade entre os Estados integrantes do CSNU, somente os membros permanentes têm direito ao veto regular (veto nominal).

Sato (2003, p. 162) assim critica: "o veto é um dos mecanismos que limitam as ações da organização, este apenas demonstra a diferença entre as grandes potências vencedoras da 2° Guerra Mundial e os outros estados membros da ONU".

Castro (2007, p. 112), no mesmo sentido, ensina que

> o veto representa ferramenta política essencial de manutenção do *status quo*. Demonstra que nenhuma iniciativa, medida ou propositura das Nações Unidas poderá contrarias o casamento das posições dos vencedores na construção da ordem mundial no pós-guerra. Além disso, o veto mostra que o sistema de consultas do CSNU funciona mais efetivamente quando a polaridade é centralizada em uma única potência hegemônica, como é a atual configuração mundial.

Por fim, é importante reiterar que as resoluções do CSNU apresentam força vinculante, de validade imediata, não necessitando ser ratificadas internamente pelos parlamentos nacionais dos Estados-membros, de acordo com a redação do Artigo 25 da Carta das Nações Unidas.

7.4 A necessidade de reformulação do Conselho de Segurança das Nações Unidas

Em virtude das alterações de ordem geopolítica ocorridas no cenário internacional após o fim da Guerra Fria, tomou força o debate, a partir de 1997, por ocasião da 51ª Conferência das Nações Unidas, presidida por Ismail Razali, da Malásia, sobre a necessidade de ampliação do poder de deliberação e de decisão do Conselho de Segurança da ONU. À época, o chamado *Plano Razali* consistia em ampliar em cinco o número de membros permanentes do CSNU, distribuídos da seguinte forma: um para os Estados em desenvolvimento da América Latina e Caribe, um para os Estados em desenvolvimento da Ásia e dois representantes dos Estados desenvolvidos (Asamblea General De Las Naciones Unidas, 1998).

Hoje, a tentativa de reforma tem sido encabeçada pelos seguintes países: Brasil, Alemanha, Índia e Japão, conhecidos como *Grupo dos 4* ou *G4*. O sítio oficial do Itamaraty relata que o G4, como premissa básica, defende

a expansão do CSNU nas categorias de membros permanentes e não permanentes, com maior participação dos países em desenvolvimento em ambas, com vistas a melhor refletir a atual realidade geopolítica. Com base no firme reconhecimento mútuo de que são candidatos legítimos a membros permanentes em um Conselho de Segurança reformado, os quatro países apoiam seus respectivos pleitos de forma recíproca. (Brasil, 2018b)

O texto ainda revela que, em 2005,

o G-4 apresentou nas Nações Unidas projeto específico de resolução (A/59/L.64), que resultaria num Conselho expandido para um total de 25 membros, com 6 novos assentos permanentes atribuídos a África (2), Ásia (2), Europa Ocidental (1) e América Latina e Caribe (1) e 4 novos assentos não-permanentes para África (1), Ásia (1), Europa Oriental (1) e América Latina e Caribe (1). A proposta do G-4 também previa reavaliação da reforma após 15 anos, quando seria considerada, entre outros aspectos, a questão do veto. Até essa revisão, os novos membros permanentes assumiriam o compromisso de não fazer uso do veto nas suas deliberações no CSNU. (Brasil, 2018b)

O Itamaraty defende ser urgente uma nova reforma do Conselho de Segurança da ONU. Segundo o Ministério das Relações Exteriores, "Regiões como a África e a América Latina seguem excluídas da participação permanente nesse centro decisório. Uma estrutura de governança

artigo 7
A necessidade de reforma estrutural do Conselho de Segurança da Organização das Nações Unidas

desatualizada compromete sua legitimidade – e, com isso, sua eficácia" (Brasil, 2018a). Diz ainda:

> O mundo não pode prescindir de um Conselho de Segurança que seja capaz de lidar com as graves ameaças à paz. O Conselho de Segurança renovado deveria refletir a emergência de novos atores, em particular do mundo em desenvolvimento, que sejam capazes de contribuir para a superação dos desafios da agenda internacional. (Brasil, 2018a)

Ao analisar a atual configuração do cenário internacional, tem-se que a Alemanha e o Japão postulam suas vagas pelo fato de representarem duas potências econômicas de enorme impacto para as deliberações políticas.

A Índia, por sua vez, vale-se de seu poderio bélico e do interesse de pacificar as questões de segurança da região.

Já o Brasil pretende utilizar-se da ampliação do CSNU para consolidar-se como líder regional entre os Estados da América Latina.

Entretanto, Vargas (2011, p. 77) ressalta:

> A ausência de um consenso entre os Estados africanos, quanto à proposta apresentada pelo G-4, gerou incertezas concernentes à possibilidade de sua aprovação. Uma derrota na Assembleia Geral representaria um alto custo político aos países propositores, assim, a exemplo da Proposta de Razali, o documento redigido não foi levado à votação.

Importa asseverar que os entraves no âmbito político dos países que ocupam as cadeiras permanentes no CSNU, em especial Estados Unidos, Rússia e a indefinição política da União Europeia com a saída do Reino Unido do grupo, dificultam enormemente a tomada de decisão consensual quanto a uma possível reforma no CSNU.

Giza-se que, mesmo considerando esses fatores, a Elect the Council, entidade privada global, apresenta uma alternativa inovadora para as alterações do Conselho de Segurança da ONU. Na proposta, a eleição dos membros que compõem o CSNU seria feita de forma proporcional, e não mais no sistema de membros permanentes e direito de veto (Elect the Council, 2016).

De forma resumida, entre as principais mudanças,

> a proposta da Elect the Council prevê um período de transição de 15 anos para a implementação das mudanças na composição do Conselho de Segurança. Durante esse período, o Conselho seria integrado por 26 membros. [...]
> Depois dos 15 anos, seria criada uma nova categoria de assentos para países que cumpram três critérios mínimos: participação relevante na economia e da população global e proporção de gastos com defesa. [...] Os outros 24 membros do Conselho seriam eleitos por votações regionais, a exemplo do que ocorre hoje na eleição dos atuais membros não permanentes. Desse total, oito seriam eleitos para um mandato de cinco anos (e poderiam ser reeleitos) e 16 seriam eleitos por um período de três anos, não renováveis. [...]
> Por um período de 15 anos, o novo Conselho de Segurança poderia tomar decisões sobre todos os capítulos da Carta da ONU, com exceção de até cinco questões relacionadas ao Capítulo VII da Carta (que trata das ações em caso de ameaça à paz, ruptura da paz e de atos de agressão). [...]
> A nova sistemática ficaria sujeita a uma revisão obrigatória depois de 30 anos. (Barbosa, 2016)

Como se vê, apesar das tentativas de reforma e ampliação do CSNU, a matéria está longe de ser colocada em pauta.

7.5 Considerações finais

Diante do exposto, foi possível constatar que interesses conflitantes se entrechocam permanentemente sobre o tema, com uma gama de cores e paixões distintas.

artigo 7
A necessidade de reforma estrutural do Conselho de Segurança da Organização das Nações Unidas

A verdade que parece fortalecer-se é que a ONU nunca atingiu os objetivos pretendidos por seus fundadores, signatários de sua Declaração de Direitos.

As nações não são iguais, as culturas são diferentes, o comportamento é ímpar, as pretensões são conflituosas, a importância econômica, às vezes, é diametralmente oposta, a capacidade de influenciar é variável, e assim por diante.

Fica evidente, da leitura dos autores citados e de muitos outros, que a questão que se coloca mais destacadamente é que o tratamento igualitário e respeitoso entre os países-membros nunca existiu nem existe.

O exemplo mais marcante são os evidentes privilégios dos cinco membros permanentes do Conselho de Segurança, que, com seu poder de veto (de efeito vinculante), mais têm servido para manter o *status quo*, assim preservando a preeminência de alguns, do que para assegurar o cumprimento da Carta da ONU.

A reformulação, tanto geopolítica quanto operacional, do CSNU é uma necessidade de que há muito a sociedade humana necessita, mas que se vê constantemente barrada pelo mesmo poder de veto que deve ser reformado.

As nações não desenvolvidas, em desenvolvimento, menos estáveis economicamente, menos belicistas, que destoam das potências que se privilegiam com a estrutura atual, precisam criar uma unidade ideológica para se impor e, assim, reivindicar as mudanças que há muito são imprescindíveis.

Referências

AMORIM, C. L. N. Entre o desequilíbrio unipolar e a multipolaridade: o Conselho de Segurança da ONU no período pós-Guerra Fria. **Instituto de Estudos Avançados da USP**, 11 set. 1998. Disponível em: <http://www.iea.usp.br/publicacoes/textos/amorimdesequil_briounipolar.pdf>. Acesso em: 28 fev. 2018.

ARAÚJO, L. I. **Das organizações internacionais**. Rio de Janeiro: Forense, 2002.

ASAMBLEA GENERAL DE LAS NACIONES UNIDAS. **Informe del Grupo de Trabajo de composición abierta sobre la cuestión de la representación equitativa en el Consejo de Seguridad y del aumento del número de sus miembros y otros asuntos relativos al Consejo de Seguridad**. Nueva York, 1998. Disponível em: <http://www.cinu.org.mx/onu/reforma_cs/a52_47.pdf>. Acesso em: 28 fev. 2018.

BARBOSA, R. Reforma do Conselho de Segurança da ONU. **O Estado de São Paulo**, 8 mar. 2016. Disponível em: <http://opiniao.estadao.com.br/noticias/geral,reforma-do-conselho-de-seguranca-da-onu,10000020070>. Acesso em: 28 fev. 2018.

BRASIL. Decreto n. 19.841, de 22 de outubro de 1945. Carta das Nações Unidas. **Coleção de Leis do Brasil**, Poder Executivo, Rio de Janeiro, RJ, 1945. Disponível em: <http://www.planalto.gov.br/ccivil_03/decreto/1930-1949/d19841.htm>. Acesso em: 25 fev. 2018.

BRASIL. Ministério das Relações Exteriores. Reforma do Conselho de Segurança das Nações Unidas. **Apresentação**. Disponível em: <http://csnu.itamaraty.gov.br/images/19._a_59_164_g4.pdf >. Acesso em: 28 fev. 2018.

BRASIL. Ministério das Relações Exteriores. Reforma do Conselho de Segurança das Nações Unidas. **O Brasil e a reforma**. Disponível em: <http://csnu.itamaraty.gov.br/o-brasil-e-a-reforma>. Acesso em: 28 fev. 2018.

CASTRO, T. **Conselho de Segurança da ONU**: unipolaridade, consensos e tendências. Curitiba: Juruá, 2007.

ELECT THE COUNCIL. **Motivation and proposals**: version n. 5. 12 June 2016. Disponível em: <http://electthecouncil.org/documents/ElecttheCouncil.v5.pdf>. Acesso em: 21 fev. 2018.

FOLHA ONLINE. Conheça o Tratado de Paz de 14 pontos proposto por Woodrow Wilson. **Folha de S. Paulo**, 11 nov. 2008. Disponível em: <http://m.folha.uol.com.br/mundo/2008/11/466290-conheca-o-tratado-de-paz-de-14-pontos-proposto-por-woodrow-wilson.shtml>. Acesso em: 28 fev. 2018.

MACMILLAN, M. Prefácio. In: _____. **Paz em Paris, 1919**: a Conferência de Paris e seu mister de encerrar a Grande Guerra. Rio de Janeiro: Nova Fronteira, 2004.

MARTINS, H. L. M. O Conselho de Segurança das Nações Unidas e a sua contribuição para manutenção da segurança internacional: uma breve reflexão sobre sua estrutura organizacional e atuação na manutenção da paz. In: ENCONTRO NACIONAL DO CONPEDI/UNINOVE, 22., 2013.

ONU – Nações Unidas no Brasil. **A história da organização**. Disponível em: <https://nacoesunidas.org/conheca/historia/>. Acesso em: 28 fev. 2018.

SALDANHA, E. **Teoria das relações internacionais**. Curitiba: Juruá, 2006.

SATO, E. Conflito e cooperação nas relações internacionais: as organizações internacionais no século XXI. **Revista Brasileira de Política Internacional**, v. 46, n. 2, p. 161-176, 2003.

SOCIEDADE DAS NAÇÕES. **Pacto da Sociedade das Nações**. 1919. Disponível em: <http://www.direitoshumanos.usp.br/index.php/Documentos-Internacionais-da-Sociedade-das-Na%C3%A7%C3%B5es-1919-a-1945/pacto-da-sociedade-das-nacoes-1919.html>. Acesso em: 27 fev. 2018.

UNITED NATIONS SECURITY COUNCIL. Disponível em: <http://www.un.org/en/sc/>. Acesso em: 28 fev. 2018.

VARGAS, J. A. C. **Campanha permanente**: o Brasil e a reforma do Conselho de Segurança da ONU. Rio de Janeiro: Editora da FGV, 2011.

Seção III

Estudos sobre a relação entre jurisdições interna e internacional: tensões e compatibilidades

8

Congresso Nacional
e tratados internacionais:
o regime constitucional
de 1988

*National Congress and International Treaties:
the Constitutional Regime of 1988*

Francisco Rezek

Francisco Rezek

Doutor em Direito Internacional Público (1970) pela Universidade de Paris. Diploma in Law da Universidade de Oxford (1979). Graduado em Direito pela UFMG (1966). Professor de Direito Internacional e de Direito Constitucional na Universidade de Brasília. Diretor do Departamento de Direito (1974-1976) e da Faculdade de Estudos Sociais (1978-1979). Professor de Direito Internacional no Instituto Rio Branco (1976-1996). Professor na Academia de Direito Internacional da Haia. Procurador e Subprocurador-Geral da República (1972-1983). Ministro do Supremo Tribunal Federal (1983-1990, 1992-1997). Presidente do Tribunal Superior Eleitoral (1989-1990). Ministro de Estado das Relações Exteriores do Brasil (1990-1992). Juiz da Corte Internacional de Justiça das Nações Unidas (1997-2006). Advogado.

Resumo

O artigo analisa a relação entre o regime constitucional de 1988 e os acordos internacionais. Estuda-se o potencial conflito entre lei interna e tratados internacionais.

Abstract

This article analyzes the relationship between the constitutional regime of 1988 and international agreements. The potential conflict between internal law and international treaties is studied.

Palavras-chave

Constituição. Tratados internacionais. Conflito de normas.

Keywords

Constitution. International treaties. Conflict of norms.

Sumário

8.1 O regime constitucional de 1988. 8.2 Conflito entre tratado e norma de produção interna. 8.3 Situações particulares no Brasil.

Summary

8.1 The constitutional regime of 1988. 8.2 Conflict between treaties and internal norms. 8.3 Particular situations in Brazil.

8.1 O regime constitucional de 1988

A Constituição Federal vigente (CF/1988) diz ser de competência exclusiva do Congresso Nacional "resolver definitivamente sobre tratados, acordos ou atos internacionais que acarretem encargos ou compromissos gravosos ao patrimônio nacional", e ao Presidente incumbe "celebrar tratados, convenções e atos internacionais, sujeitos a referendo do Congresso Nacional" (Brasil, 1988, art. 49, inciso I, e art. 84, inciso VIII).

A Carta não inova substancialmente por mencionar encargos etc.: não há compromisso internacional que não os imponha às partes, ainda que não pecuniários. Ela preserva, ademais, a redundância terminológica, evitando qualquer dúvida sobre o propósito abrangente do constituinte. Uma exegese constitucional inspirada na experiência norte-americana − e em quanto ali se promoveu a partir da compreensão restritiva do termo *treaties* −, se não de todo inglória no Brasil republicano anterior, tornou-se agora (ou mais exatamente desde o regime constitucional de 1967-1969) impensável. Concedendo-se, pois, que tenha Accioly abonado, a seu tempo, uma prática estabelecida *extra legem*, é provável que tal prática, na amplitude com que tenciona convalidar acordos internacionais desprovidos de toda forma de consentimento parlamentar, não se possa hoje defender senão *contra legem*.

Muitas vezes se viu tratar a prática dos acordos executivos como uma imperiosa necessidade estatal, a ser escorada, a todo preço, pela doutrina. Os argumentos metajurídicos que serviram de apoio a essa tese enfatizavam a velocidade com que se passam as coisas na política internacional contemporânea, diziam da importância das decisões rápidas, enalteciam o dinamismo e a vocação simplificadora dos governos, deplorando, por contraste e finalmente, a lentidão e a obstrutiva complexidade dos trabalhos parlamentares. Não se sabe o que mais repudiar nesse repetido discurso, se o que tem de frívolo ou o que tem de falso. O suposto ritmo trepidante do labor convencional, nas relações internacionais contemporâneas, seria fator idôneo à tentativa de inspirar o constituinte, nunca à pretensão de desafiá-lo. Por outro lado, é inexata e arbitrária a assertiva de que os parlamentos, em geral, quando vestidos de competência para resolver sobre tratados, tomem nisso maior tempo regular que aquele despendido pelos governos – também em geral – para formar suas próprias decisões definitivas a respeito, mesmo que não considerado o período de negociação, em que agentes destes – e não daqueles – já conviviam com a matéria em processo formativo. Toda pesquisa por amostragem permitirá, neste país, e não apenas nele, concluir que a demora eventual do Legislativo na aprovação de um tratado é companheira inseparável da indiferença do próprio Executivo em relação ao andamento do processo; e que o empenho real do governo pela celeridade ou a importância da matéria tendem a conduzir o parlamento a prodígios de expediência.[1]

Juristas da consistência de Hildebrando Accioly e de João Hermes Pereira de Araújo não escoraram, naturalmente, seu pensamento em considerações do gênero referido. Nem se pode dizer que tenham tomado por arma, na defesa da prática dos acordos executivos, o entendimento restritivo da fórmula "tratados e convenções", em um exercício hermenêutico à americana. O grande argumento de que se valeram, na realidade, foi o do **costume constitucional**, que se teria desenvolvido, entre nós, temperando a fria letra da lei maior.

---

1   O Tratado de Itaipu foi encaminhado ao Congresso por mensagem presidencial datada de 17 de maio de 1973. No dia 30 do mesmo mês, promulgava-se o Decreto Legislativo n. 23/1973, aprovando-o. No Senado – cujo pronunciamento sucede sempre ao da Câmara –, durou dois dias a tramitação da matéria. O Acordo nuclear Brasil-Alemanha também ilustra a assertiva do texto. A mensagem presidencial que o mandou ao Congresso é de 21 de agosto de 1975, e o inteiro processo se concluiria com a promulgação do Decreto Legislativo n. 83/1975, aprobatório do acordo, em 20 de outubro seguinte. Nesse caso, foi de 20 dias a permanência da matéria no Senado.

Parece, entretanto, que a gênese de normas constitucionais costumeiras, em uma ordem jurídica encabeçada por Constituição escrita – e não exatamente sumária ou concisa –, pressupõe o silêncio ou, no mínimo, a ambiguidade do diploma fundamental. Assim, a Carta se omite de abordar o desfazimento, por denúncia, de compromissos internacionais, e de partilhar a propósito a competência dos poderes políticos. Permite, pois, que um costume constitucional preencha – com muita nitidez, desde 1926 – o espaço normativo vazio. Tal não é o caso no que tange à determinação do poder convencional, de cujo exercício a Carta, expressa e quase que insistentemente, não quer ver excluído o Poder Legislativo. Não se pode compreender, portanto, e sob risco de fazer ruir toda a lógica jurídica, a formação idônea de um costume constitucional **contra a letra da Constituição**.

A própria realidade do elemento psicológico de qualquer costume é, no caso, muito discutível. Não há *opinio juris* em que, como no Itamaraty, a sombra da dúvida, que se projetava, em seu tempo, sobre o espírito de Raul Fernandes, marca ainda incômoda presença. Está claro que os acordos executivos, até hoje celebrados sob o pálio doutrinário de Accioly, expõem-se à luz plena do conhecimento: publica-os o Diário Oficial da União, e lêem-nos os membros do Congresso. Mas o silêncio usual não perfaz a *opinio juris*, além de se ver quebrado vez por outra.

Na edição de 25 de maio de 1972, à página 3, o jornal *O Estado de S. Paulo* estampou esta notícia:

> O voto de aplauso ao Chanceler Gibson Barbosa, sugerido pelo Deputado Marcelo Linhares à Comissão de Relações Exteriores da Câmara, pelo êxito brasileiro na assinatura do acordo de pesca com Trinidad-Tobago, foi sustado pela unanimidade dos membros daquele órgão técnico, sob a alegação "de desconhecimento oficial do texto aprovado".

Lembraram os deputados Flávio Marcílio e Henrique Turner o texto constitucional, que dá competência exclusiva ao Congresso Nacional para resolver definitivamente sobre os tratados, convenções e atos internacionais celebrados pelo Presidente da República, não importando que título tenham tais documentos.

Revelou Flávio Marcílio o interesse da Marinha em que os acordos de pesca fossem ratificados pelo Congresso Nacional, em contraposição à opinião dominante do Itamaraty, pelo não-envio deles ao Legislativo sob o argumento de que sua aprovação seria muito demorada.

Henrique Turner acentuou que, no caso do acordo de Roboré, o governo alegara que se tratava "apenas de notas reversais", mas acabou remetendo seu texto ao Congresso, para que se soubesse se era realmente um tratado ou realmente "notas reversais".

O deputado paulista admitiu a hipótese de o Itamaraty não ter ainda encaminhado o acordo ao Congresso, talvez por não lhe interessar a divulgação antes de serem concluídos entendimentos idênticos com outros países, como ocorreu recentemente com os Estados Unidos.

De qualquer maneira, mesmo com essa tentativa de explicação, a Comissão decidiu, por unanimidade, sustar a votação do voto de aplauso e congratulação, proposto pelo Deputado Marcelo Linhares, até que o Ministério das Relações Exteriores forneça à Câmara os necessários esclarecimentos sobre a matéria.[2]

8.1.1 Constituição e acordos executivos: juízo de compatibilidade

Sobre a premissa de que um costume constitucional se pode desenvolver em afronta à literalidade da lei maior, os patrocinadores contemporâneos da prática do acordo executivo, no Brasil, prosseguem fiéis ao rol permissivo lavrado sob a vigência da Carta de 1946. Na lógica, na observação de outros modelos nacionais, na própria experiência local – não na Constituição –,

---

2 A notícia foi confirmada pela Ata da 6ª reunião ordinária da Comissão de Relações Exteriores da Câmara dos Deputados, realizada em 24 de maio de 1972.

pretendem encontrar base para sua lista de tratados consumáveis sem consulta ao Congresso. Não é de estranhar, assim, que a lista seja encabeçada justamente por seus dois tópicos indefensáveis – visto que, quanto a eles, nenhuma acomodação aos preceitos da lei fundamental se pode conceber. Trata-se dos acordos "sobre assuntos que sejam da competência privativa do poder Executivo", e daqueles "concluídos por agentes que tenham competência para isso, sobre questões de interesse local ou de importância restrita", que compõem as alíneas "a" e "b" do rol de Accioly (1948, p. 8).

Tão nebulosa é a segunda categoria – sobre a qual não se produziram fundamentos teóricos, senão exemplos avulsos – que melhor parece não discuti-la em abstrato, sobretudo à vista da probabilidade de que não constitua mais que extensão periférica da primeira. Esta, por seu turno, vem a ser uma versão da terceira categoria norte-americana de *executive agreements*, concebida em termos menos precisos que os do modelo. A adaptação, de todo modo, resulta impossível: no Brasil, os poderes constitucionais que revestem o Executivo são por este amplamente exercitáveis à luz singular da ordem jurídica nacional, mesmo no que tange ao relacionamento diplomático ordinário. Quando se cuide, porém, de legislar internacionalmente, de envolver no contexto outra soberania, assumindo perante esta compromissos regidos pelo Direito das Gentes, e apoiados na regra *pacta sunt servanda*, não há como agir à revelia da norma específica, que exige a combinação da vontade dos dois poderes políticos, independentemente da importância do tratado ou de qualquer outro elemento quantitativo.

Não é ocioso lembrar quanto se encontram já ampliados os poderes reais do Executivo, nesse domínio, pela interposição dos entes parestatais dotados de personalidade jurídica de direito privado – e hábeis, assim, para contratar com seus congêneres no exterior, até mesmo com Estados estrangeiros, sob a autoridade política do governo e sem controle parlamentar.

Por certo que a alegada competência privativa do governo não pretende confundir-se com o poder regulamentar e buscar legitimidade nas leis votadas pelo Congresso. Se assim fosse, tampouco haveria lugar para acordos executivos no setor: seria insensato assumir compromissos externos em área normativa subordinada, por excelência, ao próprio Congresso, que a todo tempo poderia alterar a lei passível de regulamento. Idêntico raciocínio proscreve a conclusão de acordos executivos naquele domínio em que a lei formal tenha autorizado o governo à ação administrativa discricionária – concessão de licenças de pesca ou pesquisa mineralógica, entre outros temas comuns –, porque a mutabilidade da lei seria incompatível com o vínculo assumido ante soberania estrangeira. O quadro é, na essência, diverso daquele em que o Congresso norte-americano, por lei, expressamente autoriza o governo a pactuar com nações estrangeiras sobre determinada matéria. Nesse caso, a estabilidade dos tratados resultará garantida pela própria lei, conscientemente elaborada para servir de base ao comprometimento exterior.

Mais grave parece o fenômeno da complacência perante os acordos executivos, em nações cuja ordem constitucional não os abona em princípio, quando se verifica que, a propósito, o padrão norte-americano, mal compreendido alhures, conduziu ou propende a conduzir a conclusões e a práticas alarmantes. Descrevendo o entendimento oficial dessa questão na Argentina, Juan Carlos Puig (1975) dá como pacífico que o que pode o governo, ali, resolver por decreto, é matéria idônea para fazer objeto de acordo executivo.

No Brasil, como noutras nações de regime republicano presidencialista, o Poder Executivo repousa nas mãos do chefe de Estado, a quem o ministério serve como um corpo de auxiliares, na expressiva linguagem da Lei Fundamental (Brasil, 1988, art. 76 e art. 84, inciso II). Os poderes constitucionais privativos do governo são aqueles que a Carta vigente atribui no art. 84 ao Presidente da República, como exercer a direção superior da Administração federal, iniciar o processo legislativo ou vetar projetos de lei. É importante observar que a competência para celebrar "tratados, convenções e atos internacionais" se inscreve nessa mesma lista, só que acrescida do vital complemento "sujeitos a referendo do Congresso Nacional" (Brasil, 1988, art. 84, inciso VIII). Não há, dessarte, como fugir à norma específica, a pretexto de que o tema do ato internacional compromissivo pode inscrever-se em outro inciso da relação. Assim fosse e nos defrontaríamos com uma perspectiva convencional gigantesca, além de tangente de pontos os mais sensíveis do poder político. O Presidente da República, por sua singular autoridade constitucional, nomeia e destitui livremente os ministros de Estado, bem como exerce o comando supremo das Forças Armadas (Brasil, 1988, art. 84, incisos I e XIII). Ninguém, contudo, o estimará por isso autorizado a celebrar acordos executivos, por hipótese, com o Equador e com a Santa Sé, partilhando temporariamente aquele comando supremo e condicionando a escolha e a dispensa de ministros ao parecer da Cúria Romana.

Apesar de tudo, o *acordo executivo* – se assim chamamos todo pacto internacional carente da aprovação individualizada do Congresso – é uma prática convalidável desde que, abandonada a ideia tortuosa dos assuntos da competência privativa do governo, busque-se encontrar na Lei Fundamental sua **sustentação jurídica**.

Três entre as cinco categorias arroladas por Accioly são compatíveis com o preceito constitucional: os acordos "que consignam simplesmente a interpretação de cláusulas de um tratado já vigente", os "que decorrem, lógica e necessariamente, de algum tratado vigente e são como que o seu complemento" e os de *modus vivendi*, "quando têm em vista apenas deixar as coisas no estado em que se encontram, ou estabelecer simples bases para negociações futuras" (Accioly, 1948a, p. 8). Os primeiros, bem assim estes últimos, inscrevem-se no domínio da diplomacia ordinária, que se pode apoiar em norma constitucional não menos específica que aquela referente à celebração de tratados. Os intermediários se devem reputar, sem qualquer acrobacia hermenêutica, cobertos por prévio assentimento do Congresso Nacional. Isso demanda, porém, explicações maiores.

8.1.1.1 O acordo executivo como subproduto de tratado vigente

Nesse caso, a aprovação congressional, reclamada pela Carta, sofre no tempo um deslocamento antecipativo, sempre que, ao aprovar certo tratado, com todas as normas que nele se exprimem, abona o Congresso desde logo os acordos de especificação, de detalhamento, de suplementação, previstos no texto e deixados a cargo dos governos pactuantes.

Dir-se-á que o acordo executivo, subproduto evidente de acordo anterior aprovado pelo Congresso, escapa assim ao reclamo constitucional de uma análise de seu texto acabado, implícito na fórmula *ad referendum*. Ao contrário, porém, de toda exigência legal de **condição prévia** – que, em princípio, não se pode suprir com a respectiva satisfação *a posteriori* –, a exigência do referendo pode perfeitamente dar-se por suprida quando ocorre a antecipação do consentimento. Desnecessário lembrar que, nesse caso, a eventual exorbitância no uso do consentimento antecipado encontra remédio corretivo nos mais variados ramos do Direito e em todas as ordens jurídicas.

Nos exemplos seguintes, observam-se, primeiro, a previsão convencional de acordos executivos e, em seguida, a conformação vinculada destes últimos.

1. No Acordo Brasil-Marrocos sobre Transportes Aéreos Regulares:

   Artigo VIII
   1. Cada Parte Contratante poderá promover consultas com as autoridades aeronáuticas da outra Parte para interpretação, aplicação ou modificação do Anexo ao presente Acordo ou se a outra Parte Contratante tiver usado da faculdade prevista no Artigo III.
   2. Tais consultas deverão ser iniciadas dentro do prazo de 60 (sessenta) dias a contar da data da notificação do pedido respectivo.
   3. Quando as referidas autoridades aeronáuticas das Partes Contratantes concordarem em modificar o Anexo ao presente Acordo, tais modificações entrarão em vigor depois de confirmadas por troca de notas, por via diplomática (Brasil, 1979a)

   No Acordo Básico de Cooperação Técnica Brasil-Itália:

   Artigo I
   4. [...] Os programas de cooperação serão executados em conformidade com os entendimentos técnicos que forem estabelecidos entre as autoridades qualificadas para tanto. Esses entendimentos passarão a ter força executiva na data em que forem confirmados por troca de notas, as quais passarão a constituir Ajustes Complementares ao presente Acordo. (Brasil, 1980a)

   No Acordo Brasil-Colômbia sobre Usos Pacíficos da Energia Nuclear:

   Art. 4. A fim de dar cumprimento à cooperação prevista neste Instrumento, os órgãos designados de conformidade com os termos do Artigo I, parágrafo 2, celebrarão Acordos Complementares de Execução, nos quais serão estabelecidas as condições e modalidades específicas de cooperação, incluindo a realização de reuniões técnicas mistas para estudo e avaliação de programas (Brasil, 1986)

2. No Ajuste Complementar ao Acordo Básico de Cooperação Técnica Brasil-R. F. da Alemanha, concluído por troca de notas, em 5 de maio de 1981:

Senhor Embaixador,
Tenho a honra de acusar recebimento da nota [...] datada de hoje, cujo teor em português é o seguinte:
'Senhor Ministro,
Com referência à nota [...] de 17 de abril de 1979, bem como em execução do Acordo Básico de Cooperação Técnica, de 30 de novembro de 1963, concluído entre os nossos dois Governos, tenho a honra de propor a Vossa Excelência, em nome do Governo da República Federal da Alemanha, o seguinte Ajuste sobre o desenvolvimento de processo bioquímico contra a ferrugem no cafeeiro.
[...]' (H.J.S.).
[...] (R.S.G.). (Brasil, 1981d, p. 116)

No Ajuste Complementar ao Acordo de Cooperação Científica e Tecnológica Argentina-Brasil:

O Governo da República Federativa do Brasil
e
O Governo da República Argentina
Animados do desejo de desenvolver a cooperação científica e tecnológica, com base no Artigo II do Acordo de Cooperação Científica e Tecnológica, firmado em Buenos Aires a 17 de maio de 1980, e
Reconhecendo a importância da cooperação no campo das comunicações para promover o desenvolvimento econômico e industrial,
Acordam o seguinte:
[...] (R.S.G.) (O.C.). (Brasil, 1980b, p. 142)

A constitucionalidade do acordo executivo que, em razão do disposto em tratado antes aprovado pelo Congresso, aparece como subproduto daquele, não pode ser colocada em dúvida. Essa tese é, no mínimo, compatível com o que preceitua o art. 84 da Carta de 1988. Dessarte, serve o costume para convalidá-la.

O Congresso, ademais, tem perfeita ciência do assentimento prévio que confere a esses acordos antevistos na literalidade de um pacto submetido a seu exame. E se, porventura, não deseja no caso concreto abdicar do controle individualizado de todos os subprodutos ali enunciados, procede como quando aprovou o Acordo Básico de Cooperação Brasil-Líbia:

Aprova o texto do Acordo Básico de Cooperação entre a República Federativa do Brasil e a Jamairia Árabe Popular Socialista da Líbia, celebrado em Brasília, a 30 de junho de 1978.

Art. 1º Fica aprovado o texto do Acordo Básico de Cooperação entre a República Federativa do Brasil e a Jamairia Árabe Popular Socialista da Líbia, celebrado em Brasília, a 30 de junho de 1978.

Art. 2º Todas as emendas ou alterações introduzidas no texto referido no artigo anterior só se tornarão eficazes e obrigatórias para o País após a respectiva aprovação pelo Congresso Nacional.

Art. 3º Este decreto legislativo entrará em vigor na data de sua publicação.

Senado Federal, em 09 de junho de 1981.

Senador Jarbas Passarinho

Presidente (Brasil, 1981b)

8.1.1.2 O acordo executivo como expressão de diplomacia ordinária

Precedendo o inciso que se refere à celebração de "tratados, convenções e atos internacionais, sujeitos a referendo do Congresso Nacional", o art. 84 da CF/1988 encerra um inciso apartado que diz ser da competência privativa do Presidente da República "manter relações com os Estados estrangeiros" (Brasil, 1988). Nesse dispositivo tem sede a titularidade, pelo governo, de toda a dinâmica das relações internacionais: incumbe-lhe estabelecer e romper, a seu critério, relações diplomáticas, decidir sobre o intercâmbio consular, sobre a política de maior aproximação ou reserva a ser desenvolvida ante determinado bloco, sobre a atuação de nossos representantes no seio das organizações internacionais, sobre a formulação, a aceitação e a recusa de convites para entendimentos bilaterais ou multilaterais tendentes à preparação de tratados. Enquanto não se cuide de incorporar ao Direito interno um texto produzido mediante acordo com potências estrangeiras, a autossuficiência do Poder Executivo é praticamente absoluta.[3]

Também no referido inciso – cuja autonomia em relação a tratados merece destaque – parece repousar a autoridade do governo para a conclusão de compromissos internacionais terminantemente circunscritos na rotina diplomática, no relacionamento ordinário com as nações estrangeiras. Não seria despropositado, mas por demais rigoroso, sustentar que a opção pelo procedimento convencional desloca o governo de sob o pálio desse inciso lançando-o no domínio da regra seguinte e obrigando-o à consulta parlamentar. Dir-se-ia então que, livre para decidir unilateralmente sobre qual a melhor interpretação de certo dispositivo ambíguo de um tratado em vigor, ou sobre como mandar proceder em zona de fronteira enquanto não terminam as negociações demarcatórias da linha limítrofe em causa, ou sobre a cumulatividade de nossa representação diplomática em duas nações distantes, ou ainda sobre quantos escritórios consulares poderão ser abertos no Brasil por tal país amigo, o governo decairia dessa discrição,

---

3 Temperam-na, não obstante, os fatores seguintes:
- A declaração de guerra e a celebração da paz, promovidas pelo Presidente da República, têm suas validades condicionadas ao endosso ulterior do Congresso, quando este não haja manifestado antecipadamente sua aquiescência.
- Na escolha dos chefes de missão diplomática de caráter permanente, depende o Presidente da aprovação prévia do Senado Federal, por voto secreto.
- Como todo ministro de Estado, encontra-se o chanceler obrigado a comparecer perante a Câmara dos Deputados, o Senado, ou qualquer de suas comissões, desde que convocado por uma ou outra casa para prestar, pessoalmente, informações acerca de assunto determinado. A convocação dirá respeito, presumivelmente, a tema afeto às relações exteriores. Pode transparecer em tal ensejo a desaprovação do Congresso à política exterior do governo. Nada, porém, mais que isso. Em um sistema presidencialista, as convicções do Congresso não vinculam o Executivo. Diversamente do que sucede nos regimes parlamentares, não depende entre nós o governo, ou cada um de seus integrantes em particular, da confiança do Legislativo.

passando a depender do abono congressional quando entendesse regular qualquer daqueles temas mediante acordo com Estado estrangeiro. O rigor não elide a razoabilidade dessa tese, que não é, contudo, a melhor. Acordos como o *modus vivendi* e o *pactum de contrahendo* nada mais são, em regra, que exercício diplomático preparatório de outro acordo, este sim substantivo e destinado à análise do Congresso. Acordos interpretativos, a seu turno, não representam outra coisa senão o desempenho do dever diplomático de entender adequadamente – para melhor aplicar – um tratado concluído mediante endosso do parlamento.

Deve-se haver, entretanto, como pedra de toque na identificação dos acordos executivos inerentes à diplomacia ordinária, e por isso legitimáveis à luz do inciso VII do art. 84 da CF/1988, o escrutínio de dois caracteres indispensáveis: a **reversibilidade** e a **preexistência de cobertura orçamentária**.

Esses acordos devem ser, com efeito, desconstituíveis por vontade unilateral, expressa em comunicação à outra parte, sem delongas – ao contrário do que seria normal em caso de denúncia. De outro modo – ou seja, se a retratação unilateral não fosse hábil a operar prontamente –, o acordo escaparia às limitações que o conceito de rotina diplomática importa. Por igual motivo, deve a execução desses acordos depender unicamente dos recursos orçamentários **alocados às relações exteriores**, e nunca de outros.

São muitos os exemplos de acordos executivos celebrados pelo governo brasileiro – na pessoa do ministro das Relações Exteriores ou de chefe de missão diplomática, nas mais das vezes –, e caracterizáveis como expressão da atividade diplomática ordinária, coberta por inciso autônomo do art. 84 da Constituição em vigor. Alguns deles citamos a seguir.

- Acordo Brasil-Uruguai sobre Turismo, concluído por troca de notas:

  Senhor Ministro,
  Tenho a honra de dirigir-me a Vossa Excelência com relação ao intercâmbio turístico entre a República Federativa do Brasil e a República Oriental do Uruguai, cujo volume experimentou um crescimento constante nos últimos anos.
  2. Esta circunstância requer uma permanente adequação das normas aplicáveis para facilitar e promover o normal desenvolvimento do turismo recíproco.
  3. Contudo, as normas que regulam a referida atividade, ou que de alguma maneira sobre ela incidem, referem-se atualmente a temas específicos e conexos, como migrações, transportes, alfândega e outros, cuja harmonia normativa é necessário lograr para estimular as correntes turísticas entre nossos países.
  4. Para tal fim, e com o objetivo de harmonizar no maior grau possível as disposições que regulam o desenvolvimento do intercâmbio turístico brasileiro-uruguaio e de consubstanciar num instrumento jurídico a aspiração que nos é comum, é necessário concertar a adoção de medidas adequadas para lograr um acordo de caráter integral sobre facilitação do turismo.
  5. Para tanto, o Governo brasileiro concorda com o de Vossa Excelência em celebrar o referido acordo, o qual seria concluído como resultado do seguinte procedimento prévio:
  1. Criar uma Comissão *ad hoc* que terá a seu cargo os estudos prévios correspondentes e a redação de um projeto de convênio para a facilitação do turismo entre a República Federativa do Brasil e a República Oriental do Uruguai.
  2. A Comissão será integrada por funcionários designados por cada uma das Partes.
  3. A Comissão deverá finalizar os estudos prévios e redigir o pertinente projeto de acordo antes do dia 1º de janeiro de 1981.
  6. A presente Nota e a de Vossa Excelência de mesma data e idêntico teor constituem um acordo entre nossos Governos, o qual entrará em vigor a partir do dia de hoje.
  [...] (R.S.G.). (Brasil, 1980b, p. 171)

- Acordo Argentina-Brasil sobre Transportes Marítimos, concluído por troca de notas:

Senhor Encarregado de Negócios,
Tenho a honra de acusar recebimento da nota no 192, de 18 de junho de 1981, relativa às negociações de novo Convênio sobre Transporte Marítimo entre o Governo da República Federativa do Brasil e o Governo da República Argentina, cujo teor em português é o seguinte:
'Senhor Ministro,
Tenho a honra de dirigir-me a Vossa Excelência, com referência ao Acordo, por troca de notas, celebrado nesta cidade no dia 20 de agosto último, mediante o qual nossos Governos criaram uma Comissão Especial encarregada de preparar texto de um projeto de convênio sobre transporte marítimo, que consolide e atualize as disposições que regulam o citado transporte.
Sobre o assunto, tendo em vista que a citada Comissão Especial deve finalizar seu trabalho antes do dia 18 de junho de 1981, e que, não obstante haver avançado significativamente na tarefa que lhe foi cometida, restam a precisar certos aspectos do Convênio, tenho a honra de manifestar a concordância do Governo da República Argentina com o de Vossa Excelência, em estender por 180 dias adicionais, a partir desta data, o prazo fixado para a conclusão das tarefas da Comissão Especial.
A presente nota e a de resposta de Vossa Excelência, de mesma data e igual teor, constituirão um acordo entre ambos os Governos, que entrará em vigor no dia de hoje.
[...]' (R.A.R.).
2. Em resposta, comunico a Vossa Senhoria que o Governo brasileiro concorda com a proposta de prorrogação de prazo contida na nota, a qual, com a presente, constitui acordo entre os dois Governos, a entrar em vigor na data de hoje.
[...] (R.S.G.). (Brasil, 1981d, p. 126)

- Acordo Brasil-Malásia sobre Estabelecimento de Escritório Comercial, concluído por troca de notas:

    Senhor Embaixador,
    Tenho a honra de levar ao conhecimento de Vossa Excelência que o Governo brasileiro concorda em que seja mantido na cidade de São Paulo um escritório da Federação da Malásia para fins comerciais, nas seguintes condições:
    a) o escritório, designado como Escritório Comercial da Federação da Malásia, constituirá uma seção dos serviços comerciais da Embaixada da Malásia no Brasil;
    b) o Escritório Comercial terá exclusiva função de fomentar o intercâmbio comercial entre o Brasil e a Federação da Malásia e promover os interesses comerciais desta última no Brasil, não podendo, entretanto, praticar atos de comércio;
    c) as instalações do Escritório Comercial, bem como sua correspondência, gozarão do privilégio de inviolabilidade;
    d) os funcionários de nacionalidade malásia que vierem a servir no Escritório Comercial em São Paulo serão considerados um acréscimo ao número total dos funcionários da Embaixada da Federação da Malásia no Brasil;
    [...]
    2. Fica assegurada pelo Governo da Federação da Malásia reciprocidade de tratamento ao Governo brasileiro caso este venha a solicitar o estabelecimento de Escritório da mesma natureza na Federação da Malásia.
    3. A presente nota e a respectiva resposta de Vossa Excelência, de igual teor, constituirão um Acordo sobre a matéria entre os Governos do Brasil e da Federação da Malásia, o qual entrará em vigor na data de recebimento da nota de resposta.
    [...] (R.S.G.). (Brasil, 1981c)

- Acordo Argentina-Brasil sobre Identificação de Limites, concluído por troca de notas:

    Senhor Ministro,
    Tenho a honra de dirigir-me a Vossa Excelência para referir-me à conveniência de melhorar a identificação do limite de nossos países, no trecho do rio Uruguai, que compreende os grupos de ilhas Chafariz (argentinas) e Buricá ou Mburicá

(brasileiras), tendo em conta que as citadas ilhas, por sua situação geográfica, podem suscitar dúvidas nos habitantes da zona, com respeito à jurisdição sobre as mesmas.

2. As ilhas citadas foram incorporadas definitivamente ao domínio territorial de cada um dos dois países, de conformidade com o Tratado de 6 de outubro de 1898, pelos 'Artigos Declaratórios da Demarcação de Fronteiras entre a República Argentina e os Estados Unidos do Brasil', assinados no Rio de Janeiro, em 4 de outubro de 1910.

3. A respeito do assunto, é-me grato levar ao seu conhecimento que o Governo brasileiro concorda com o de Vossa Excelência em atribuir à Comissão Mista de Inspeção dos Marcos da Fronteira Brasil-Argentina, constituída por troca de notas de 11 de maio e 17 de junho de 1970, as faculdades para a construção dos marcos que considere convenientes nos grupos de ilhas Chafariz (argentinas) e Buricá ou Mburicá (brasileiras).

4. A presente nota e a de Vossa Excelência, da mesma data e idêntico teor, constituem um acordo entre nossos Governos, que entra em vigor nesta data.

[...] (C.S.D.G.R.). (Brasil, 1982)

Ficou visto que não se enquadra na ação diplomática ordinária, não podendo, assim, celebrar-se executivamente o acordo que envolva ônus apartado dos recursos do orçamento para as relações exteriores. A aprovação do Congresso é, nesse caso, indispensável.

O Protocolo Preliminar Bolívia-Brasil sobre Navegação Fluvial do Amazonas, firmado em La Paz, em 29 de março de 1958, com que se pôs a funcionar certa comissão mista para estudos e sugestões, teria sido celebrável pela autoridade dos dois governos, não importasse despesas de algum vulto na época. Como consequência disso, foi submetido ao Congresso, que o aprovou pelo Decreto Legislativo n. 4/1961.

O Acordo Brasil-FAO sobre Estabelecimento de Escritório da Organização em Brasília, firmado em Roma, em 1979, não difere, em natureza, daquele acordo Brasil-Malásia já citado e consumado pelos dois governos. Aqui, porém, a necessidade do abono do Congresso – que o aprovou pelo Decreto Legislativo n. 122/1980 – explica-se à leitura do Artigo IV:

> O Governo, através do Ministério da Agricultura, prestará assistência ao estabelecimento e efetivo funcionamento do Escritório do Representante da FAO no Brasil, emprestando à FAO instalações, móveis, material de escritório e demais acessórios, bem como um aparelho de telex e telefones, e deverá também proporcionar pessoal de apoio técnico e administrativo e serviços de limpeza e manutenção para as instalações acima mencionadas. As despesas decorrentes do uso diário dos aparelhos de telex e telefones e quaisquer outras que a FAO considerar necessárias ao bom funcionamento do Escritório correrão inteiramente à conta da FAO. A contribuição governamental está especificada no Anexo ao presente Acordo. (Brasil, 1981c)

Um raciocínio analógico talvez explique, a esta altura, a razão por que tradicionalmente se apontam como independentes de aprovação parlamentar os **acordos de trégua** e assemelhados, que se concluem, dentro do estado de guerra, entre chefes militares – agentes do Poder Executivo das respectivas partes. Mais que o argumento pragmático, tocante às circunstâncias prementes em que se ajustam esses pactos, vale a consideração de que presenciamos, nesse quadro, o exercício de uma diplomacia de guerra; ou a manutenção de relações – no caso especialíssimas, por óbvio – com Estados estrangeiros, em um clima de guerra. A trégua, o cessar fogo, o acordo para preservação de certas áreas, ou para troca de prisioneiros, e outras tratativas a cargo de comandos militares – quase todas previstas nas grandes Convenções de Haia e de Genebra – configuram à evidência o resultado de uma peculiar diplomacia ordinária; e, tais como os acordos desta resultantes em tempo de paz, ostentam as características do não comprometimento de recursos indisponíveis e da reversibilidade. Mal há lugar para que se efetive esta última, tão imediata a execução ou tão breve a duração de muitos dos acordos da cena de guerra.

Não se confundam esses acordos com a celebração da paz. Esta é de tal modo valorizada pela Constituição brasileira, que, para o simples ato de fazê-la – e independentemente, assim, da confirmação de um tratado de paz – depende o Presidente da República de aprovação ou do referendo do Congresso (art. 84, inciso XX, da CF/1988).[4]

8.1.2 Procedimento parlamentar

Quando tenha sido possível o tratado consumar-se executivamente, por troca de notas ou pela assinatura do instrumento único, ele é publicado no Diário Oficial no título correspondente ao Ministério das Relações Exteriores. Em caso algum esses acordos pretendem produzir efeito sobre particulares, mas, por imperativo do direito público brasileiro, a divulgação oficial se impõe para que a própria ação de funcionários públicos da área, no sentido de dar cumprimento ao avençado, seja legítima. Importa agora informar sobre o procedimento que circunda, no Brasil, a apreciação do tratado pelo Congresso Nacional.

Concluída a negociação de um tratado, é certo que o Presidente da República – que, como responsável pela dinâmica das relações exteriores, poderia não tê-la jamais iniciado, ou dela não ter feito parte, se coletiva, ou haver ainda, em qualquer caso, interrompido a participação negocial brasileira – está livre para dar curso, ou não, ao processo determinante do consentimento. Ressalvada a situação própria das convenções internacionais do trabalho[5] ou alguma inusual obrigação imposta pelo próprio tratado

---

4 Na vigência da Carta de 1946, era necessária, em todos os casos, a aprovação prévia do Congresso para a feitura da paz – assim entendida, juridicamente, a terminação do estado de guerra. A respeito, ver: Carneiro, 2000d.

5 Sobre as convenções internacionais do trabalho e a razão pela qual é menor, nesse terreno, a liberdade do governo, ver: Rezek, 1984, p. 164-168.

em causa, tanto pode o chefe do governo mandar arquivar, desde logo, o produto a seu ver insatisfatório de uma negociação bilateral ou coletiva, quanto determinar estudos mais aprofundados na área do Executivo, a todo momento; e submeter, quando melhor lhe pareça, o texto à aprovação do Congresso. Tudo quanto não pode o Presidente da República é manifestar o consentimento definitivo, em relação ao tratado, sem o abono do Congresso Nacional. Esse abono, porém, não o obriga à ratificação.[6] Isso significa, em outras palavras, que a vontade nacional, afirmativa

---

6 Parecer de Accioly (1948b) sob a vigência da Constituição de 1946:
"Aprovado um tratado pelo Congresso Nacional, pode o Poder Executivo adiar a sua ratificação ou deixar de o ratificar? A questão tem dois aspectos: o internacional e o interno (ou constitucional).
1) Sob o primeiro, é princípio corrente, já consignado até em convenção internacional (art. 7º da Convenção de Havana, de 1928), que a ratificação de um tratado pode ser livremente recusada por qualquer de suas partes contratantes. Realmente, ou se considere a ratificação como a confirmação explícita, dada pela autoridade competente do Estado, do ato assinado por seu representante, ou se considere, como quer Anzilotti, como a verdadeira declaração da vontade de estipular — é sabido que ela não constitui mera formalidade, sem importância, e que cada parte contratante tem a plena liberdade de a dar ou de a recusar. A assinatura ou acordo dos plenipotenciários é apenas — conforme escrevi em meu Tratado de Direito Internacional Público — um primeiro ato, após o qual os órgãos competentes do Estado vão apreciar a importância e os efeitos ou consequências do tratado. Essa apreciação, entre nós, cabe em parte ao Poder Legislativo, mas não pode deixar de caber igualmente ao Poder Executivo ou, antes, ao Presidente da República, que é o órgão ao qual incumbe a representação do Estado e aquele a quem compete manter as relações do país com os Estados estrangeiros. Dessa apreciação, pode resultar a confirmação ou a rejeição do tratado. Internacionalmente, a primeira hipótese é representada pela ratificação, expressa pelo Presidente da República. Pouco importa para a outra ou as outras partes contratantes que um dos órgãos do Estado (no caso, o Poder Legislativo) já tenha dado sua aquiescência ao tratado. O que vale é que o Poder representativo do Estado, ou seja, o Executivo, o ratifique. Assim, a potência ou potências estrangeiras não têm propriamente que indagar se já se verificou ou não a aprovação do ato pelo Congresso Nacional: o que lhe ou lhes importa é a ratificação pelo Chefe do Estado.
2) Do ponto de vista constitucional, não vejo onde exista a obrigação do Poder Executivo ratificar um tratado, como consequência necessária da aprovação do mesmo pelo Congresso Nacional. É verdade que a Constituição Federal, em seu art. 66, no 1, declara ser da competência exclusiva do Congresso Nacional resolver definitivamente sobre os tratados e convenções celebrados com os Estados

quanto à assunção de um compromisso externo, repousa sobre a **vontade conjugada** dos dois poderes políticos. A vontade individualizada de cada um deles é necessária, porém não suficiente.

> estrangeiros pelo Presidente da República. Parece-me, porém, que essa estipulação deve ser entendida no sentido de que o tratado — celebrado como deve ser, pelo Presidente da República (por meio de delegado seu) — não está completo, não pode ser definitivo, sem a aprovação do Congresso Nacional. Aquela expressão significa, pois, que o tratado celebrado pelo Poder Executivo não pode ser confirmado ou entrar em vigor sem a aprovação do Congresso Nacional; mas não quererá dizer que essa aprovação obrigue o Presidente da República a confirmar o tratado. E não quererá dizer isso, não só porque seria, então, desnecessária a ratificação, mas também porque o órgão das relações exteriores do Estado, aquele a quem compete privativamente manter relações com Estados estrangeiros, é o Presidente da República — que, por isso mesmo, se acha mais habilitado, do que o Congresso, a saber se as circunstâncias aconselham ou não o uso da faculdade da ratificação. Por outro lado, essa interpretação lógica é confirmada implicitamente por outra disposição da Constituição Federal. De fato, determina esta, em seu art. 37, no VII, que ao Presidente da República compete privativamente celebrar tratados e convenções internacionais ad referendum do Congresso Nacional; donde se deve concluir que o papel do Congresso, no caso, é apenas o de aprovar ou rejeitar o ato internacional em apreço — isto é, autorizar ou não a sua ratificação, ou seja, resolver definitivamente sobre o dito ato. Assim, o Presidente da República assina o tratado, por delegado seu, mediante uma condição: a de submeter ao Congresso Nacional o texto assinado. Depois do exame pelo Congresso, estará o Presidente habilitado, ou não, a confirmar ou ratificar o ato em causa. A rejeição pelo Congresso impede a ratificação; a aprovação permite-a, mas não a torna obrigatória.
> Green Hackworth, em seu recente Digest of International Law (vol. V, p. 54), menciona um caso bem expressivo dessa interpretação, assinalando o seguinte fato, relativo à convenção internacional da hora (International Time Convention), de 1913. O Senado aprovou-a, o Presidente chegou a ratificá-la, o respectivo instrumento de ratificação foi enviado à Embaixada americana em Paris, para depósito, mas, depois, por decisão do próprio Governo americano, foi dali devolvido a Washington, sendo anulado. O consultor do Departamento de Estado, a quem fora submetida a questão de saber se o Poder Executivo podia anular uma ratificação, independentemente de qualquer ação do Senado ou Congresso, opinara em sentido favorável. É de se notar que, no caso, não se tratava de deixar de ratificar um ato aprovado pelo Senado, mas de anular uma ratificação já dada e ainda não depositada. Na verdade, poucas vezes sucederão hipóteses como essa ou como a que vim encarando; porque, em geral, o governo que assina um ato internacional e o submete ao poder competente, para sobre ele opinar, deseja que o mesmo seja posto em vigor. Assim, logo que obtém a aprovação ou o parecer favorável, trata de ratificar o ato em apreço. Nada impede, porém, que circunstâncias supervenientes mostrem a necessidade, às vezes imperiosa, de sustar, por certo tempo ou, até, indefinidamente, a ratificação do ato já aprovado pelo Congresso ou, como sucede nos Estados Unidos, pelo Senado."

A perspectiva aberta ao chefe do governo – de não ratificar o tratado aprovado pelo Congresso – torna lógica a simultaneidade eventual do exame parlamentar e do prosseguimento de estudos no interior do governo. Ilustram essa hipótese as primeiras linhas de um parecer de Carneiro (2000c, p. 505):

> Tendo-se verificado que a convenção sobre privilégios e imunidades das agências especializadas das Nações Unidas, aprovada na Assembléia-Geral de 21 de novembro de 1947, não foi oportunamente submetida à minha apreciação, como havia sido determinado e se afirmou (até acentuando-se a demora do meu parecer) – veio-me agora às mãos, para o mesmo fim, o referido convênio.
> No entanto, esse convênio já se acha, ao que fui informado, em exame no Congresso Nacional – e, anteriormente, tivera, provavelmente, a coparticipação e a assinatura do representante do Brasil. Em tais condições, torna-se agora difícil fazer acolher alguma modificação conveniente.
> Ainda assim, não me posso furtar à satisfação do pedido que tenho presente.

A remessa de todo tratado ao Congresso Nacional, para que o examine e, se assim julgar conveniente, aprove, faz-se por **mensagem** do presidente da República, acompanhada do inteiro teor do projetado compromisso e da exposição de motivos que a ele, presidente, terá endereçado o ministro das Relações Exteriores.[7] Essa mensagem é capeada por um aviso do ministro chefe do Gabinete Civil ao primeiro secretário da Câmara dos Deputados – visto que, tal como nos projetos de lei de iniciativa do governo, ali, e não no Senado, tem curso inicial o procedimento relativo aos tratados internacionais.

Os papéis a seguir transcritos dão ideia da integralidade do que tem entrada no Congresso Nacional.

---

7 Ocasionalmente, em razão da matéria, firmam a exposição de motivos outros ministros de Estado além do titular das Relações Exteriores.

Em 19 de abril de 1982.

Excelentíssimo Senhor Primeiro Secretário:
Tenho a honra de encaminhar a essa Secretaria a Mensagem do Excelentíssimo Senhor Presidente da República, acompanhada de Exposição de Motivos do Senhor Ministro de Estado das Relações Exteriores, relativa ao texto do Tratado de Amizade e Cooperação entre o Governo da República Federativa do Brasil e o Governo da República do Equador, concluído em Brasília a 09 de fevereiro de 1982.
Aproveito a oportunidade para renovar a Vossa Excelência protestos de elevada estima e consideração (J.L.A. – Ministro Chefe do Gabinete Civil)

Mensagem n° 150
Excelentíssimos Senhores Membros do Congresso Nacional:
Em conformidade com o disposto no artigo 44, inciso I, da Constituição Federal, tenho a honra de submeter à elevada consideração de Vossas Excelências, acompanhado de Exposição de Motivos do Senhor Ministro de Estado das Relações Exteriores, o texto do Tratado de Amizade e Cooperação entre o Governo da República Federativa do Brasil e o Governo da República do Equador, concluído em Brasília a 09 de fevereiro de 1982.
Brasília, em 19 de abril de 1982 (J.F.)

Senhor Presidente,
Tenho a honra de encaminhar a Vossa Excelência o anexo Tratado de Amizade e Cooperação entre o Governo da República Federativa do Brasil e o Governo da República do Equador, assinado em Brasília, no dia 9 de fevereiro passado, por ocasião da visita ao Brasil do Presidente Osvaldo Hurtado Larrea.
2. Trata-se de documento que, pela flexibilidade e característica de acordo-quadro, visa a sistematizar a ampla área das relações entre os dois países, além de estabelecer diretrizes básicas de cooperação e prever a institucionalização, por instrumentos complementares, de mecanismos próprios para a consecução dos objetivos nele fixados.
3. O referido Tratado estabelece, em seu Artigo II, a criação de uma Comissão de Coordenação Brasileiro-Equatoriana, que terá por finalidade fortalecer a cooperação entre os dois países, analisar e acompanhar o desenvolvimento de assuntos

de interesse mútuo relativos à política bilateral, regional ou multilateral, e igualmente propor aos dois Governos as medidas que julgue pertinentes, sobretudo nos seguintes campos:

[...]

4. Tendo presente a crescente importância do papel que a Amazônia deve desempenhar como elemento de união entre os países que integram e como ponto focal de um vasto processo de cooperação, sob a égide do Tratado de Cooperação Amazônica, o Tratado de Amizade e Cooperação consigna a decisão das Partes Contratantes de outorgar a mais alta prioridade à execução dos diversos projetos acima relacionados. Constituindo-se, dessa forma, em marco significativo nas relações Brasil-Equador, o referido ato internacional proporcionará elementos para que a cooperação mútua se desenvolva e fortifique de forma harmônica e sistemática, dentro de entendimento e boa vizinhança, em benefício do estreitamento dos laços que unem os dois países.

5. À vista do exposto, Senhor Presidente, creio que o Tratado de Amizade e Cooperação em apreço mereceria ser submetido à aprovação do Congresso Nacional, nos termos do artigo 44, inciso I, da Constituição Federal. Caso Vossa Excelência concorde com o que precede, permito-me submeter à alta consideração o anexo projeto de Mensagem ao Poder Legislativo, acompanhado do texto do Tratado em apreço.

Aproveito a oportunidade para renovar a Vossa Excelência, Senhor Presidente, os protestos do meu mais profundo respeito. (R.S.G.)

(Segue-se o texto integral do tratado)

A matéria é discutida e votada separadamente, primeiro na Câmara, depois no Senado. A aprovação do Congresso implica, nesse contexto, a aprovação de uma e outra de suas duas casas. Isso vale dizer que a eventual desaprovação no âmbito da Câmara dos Deputados põe termo ao processo, não havendo por que levar a questão ao Senado em tais circunstâncias.

Tanto a Câmara quanto o Senado têm comissões especializadas *ratione materiae*, cujos estudos e pareceres precedem a votação em Plenário. O exame do tratado internacional costuma envolver, em uma e outra casa, pelo menos duas das respectivas comissões: a de Relações Exteriores e a de Constituição e Justiça. O tema convencional determinará, em cada caso, o parecer de comissões outras, como as de Finanças, Economia, Indústria e Comércio, Segurança Nacional, Minas e Energia. A votação em Plenário requer o *quorum* comum de presenças – maioria absoluta do número total de deputados, ou de senadores –, devendo manifestar-se em favor do tratado a maioria absoluta dos presentes. O sistema difere, pois, do norte-americano, em que apenas o Senado deve aprovar tratados internacionais, exigindo-se naquela casa o *quorum* comum de presenças, mas sendo necessário que dois terços dos presentes profiram voto afirmativo.[8]

Os regimentos internos da Câmara e do Senado se referem, em normas diversas, à tramitação interior dos compromissos internacionais, disciplinando seu trânsito pelo Congresso Nacional.

O êxito na Câmara e, em seguida, no Senado significa que o compromisso foi aprovado pelo Congresso Nacional. Incumbe formalizar essa decisão do parlamento, e sua forma, no Brasil contemporâneo, é a de um **decreto legislativo**, promulgado pelo presidente do Senado Federal, que o faz publicar no Diário Oficial da União.

Alguns comentários tópicos, neste ponto, parecem úteis.

- O uso do decreto legislativo como instrumento de aprovação congressional dos tratados é de melhor técnica que o uso da lei formal, qual se pratica na França[9] e já se praticou, outrora, no Brasil.[10] Não faz sentido

---

8 Essa maioria qualificada foi o que não conseguiu obter no Senado, em 1919, o Presidente Woodrow Wilson, em relação ao Pacto da Sociedade das Nações.

9 E também, ao que informam os textos, na Argentina, no Chile, na Colômbia e na Venezuela. No México adota-se a forma da resolução do Senado.

10 Confira a referência ao Tratado brasileiro-peruano de 1874, sobre permuta territorial, e alguns exemplos de aprovação de tratados na vigência da Constituição de 1891 em: Oliveira, 1912, p. 48.

que esse ato aprobatório, espelhando com absoluta pureza a posição do Congresso, comporte sanção do Presidente da República – e abra, consequentemente, a insólita possibilidade do veto.

- Nos períodos da história do Brasil em que, desativado o Congresso, assumiu o Executivo seus poderes, teria sido lógico que o chefe de Estado simplesmente prescindisse de qualquer substituto formal do decreto legislativo de aprovação. Os juristas da época assim não entenderam. No Estado Novo, desencontraram-se, ademais, quanto ao diploma executivo preferível: alguns tratados foram aprovados por decreto simples,[11] outros, por decreto-lei.[12] Esta última foi também a forma adotada pela junta governativa no recesso parlamentar compulsório de 1969.[13] Em todos esses casos, observou-se um curioso processo de determinação da vontade nacional: o Executivo negociava e firmava o compromisso. Analisava-o depois e, se disposto a ir adiante, editava o decreto ou decreto-lei aprobatório. Em seguida, munido de sua própria aprovação, ratificava o tratado.

---

11 Tratado de Extradição Brasil-Venezuela, de 1938, aprovado pelo Decreto n. 4.868, de 9.11.1939.

12 Tratado de Extradição Brasil-Colômbia, de 1938, aprovado pelo Decreto-Lei n. 1.994, de 31.01.1940; Acordo sul-americano de Radiocomunicações, de 1935, aprovado pelo Decreto-Lei n. 687, de 14.09.1938.

13 Acordo Geral de Cooperação Brasil-R. F. da Alemanha, de 1969, aprovado pelo Decreto-Lei n. 681, de 15.07.1969; Tratado da Bacia do Prata, de 1969, aprovado pelo Decreto-Lei n. 682, de 15.07.1969; Atos (diversos) do XV Congresso da UPU, de 1964, aprovados pelo Decreto-Lei n. 544, de 18.04.1969.

- A aprovação pode ter como objeto qualquer espécie de tratado, sem exclusão do que se tenha concluído por troca de notas,[14] sendo numerosos os decretos legislativos que já se promulgaram para abonar compromissos vestidos dessa roupagem.[15]
- O decreto legislativo exprime unicamente a aprovação. Não se promulga esse diploma quando o Congresso rejeita o tratado, caso em que cabe apenas a comunicação, mediante mensagem, ao Presidente da República. Exemplos de desaprovação repontam com extrema raridade na história constitucional do Brasil, e entre eles destaca-se o episódio do tratado argentino-brasileiro de 25 de janeiro de 1890, sobre a fronteira das Missões, rejeitado pelo Plenário do Congresso em 18 de agosto de 1891, por 142 votos contra cinco.[16]
- Um único decreto legislativo pode aprovar dois ou mais tratados.[17] Todavia, novo decreto legislativo deve aprovar tratado que antes, sob essa mesma forma, haja merecido o abono do Congresso, mas que,

---

14 O ritual muda, preservado o princípio, se o compromisso, nesse caso, já se encontrava em vigor quando da submissão ao Congresso.

15 Ver: Decreto Legislativo n. 5/1951; Mensagem n. 532/1980 do Presidente ao Congresso; Carneiro, 2000a e 2000b.

16 Nesse caso o próprio governo, e pela voz de Quintino Bocaiúva – que conduzira as negociações com o chanceler argentino Zeballos – recomendou a seus partidários no Congresso a desaprovação do Tratado (ver: Bello, 1964, p. 73-75). Para outro caso de rejeição, ocorrido em 1949, e atinente a um pacto bilateral com a Tchecoslováquia, ver: Carneiro, 2000b, p. 410.

17 Decreto Legislativo n. 91/1972:
"Art. 1º É aprovado o texto do Tratado sobre Vinculação Rodoviária, assinado em Corumbá, a 4 de abril de 1972, e o do Protocolo Adicional ao Tratado sobre Vinculação Rodoviária, firmado, em La Paz, a 5 de outubro de 1972, celebrados sobre a República Federativa do Brasil e a República da Bolívia.
Art. 2º Este Decreto Legislativo entra em vigor na data de sua publicação, revogadas as disposições em contrário.
Senado Federal, em 5 de dezembro de 1972.
Petrônio Portella
Presidente do Senado Federal." (Brasil, 1972)

depois da ratificação, tenha sido um dia **denunciado** pelo governo[18].
Extinta a obrigação internacional pela denúncia, cogita-se assumir novo pacto, embora de igual teor, e nada justifica a ideia de que o governo possa fazê-lo por si mesmo.

- A forma integral de um Decreto Legislativo que aprove, simplesmente, o tratado internacional é a seguinte:

    Decreto Legislativo n° 25, de 28 de maio de 1979
    Aprova o texto do Acordo Básico de Cooperação Técnica e Científica entre o Governo da República Federativa do Brasil e o Governo da República da Guiné-Bissau, celebrado em Brasília, a 18 de maio de 1978.
    Faço saber que o Congresso Nacional aprovou, nos termos do artigo 44, inciso I, da Constituição, e eu, Luiz Viana, Presidente do Senado Federal, promulgo o seguinte:
    Art. 1° É aprovado o texto do Acordo Básico de Cooperação Técnica e Científica entre o Governo da República Federativa do Brasil e o Governo da República da Guiné-Bissau, celebrado em Brasília, a 18 de maio de 1978.
    Art. 2° Este Decreto Legislativo entra em vigor na data de sua publicação.
    Luiz Viana
    Presidente do Senado Federal (Brasil, 1979b)

---

18 Decreto Legislativo n. 77/1973:
   "Art. 1º É aprovado o texto da Convenção Nacional Internacional para a Regulamentação da Pesca da Baleia, concluída em Washington, a 2 de dezembro de 1946, aprovada pelo Decreto Legislativo nº 14, de 9 de março de 1950, promulgada pelo Decreto nº 28. 524, de 18 de agosto de 1950, e denunciada, por nota da Embaixada do Brasil em Washington, ao Departamento de Estado Norte-Americano, a 27 de dezembro de 1965, com efeito a partir de 30 de junho de 1966, em virtude de não haver, na ocasião, maior interesse do Brasil em continuar a participar da referida convenção.
   Art. 2º Este Decreto Legislativo entrará em vigor na data de sua publicação, revogadas as disposições em contrário.
   Senado Federal, em 7 de dezembro de 1973.
   Paulo Torres
   Presidente do Senado Federal." (Brasil, 1973)

A aprovação parlamentar é retratável? Pode o Congresso Nacional, por decreto legislativo, revogar o igual diploma com que tenha antes abonado certo compromisso internacional? Se o tratado já foi ratificado – ou seja, se o consentimento definitivo da República já se exprimiu no plano internacional –,[19] é evidente que não. Caso contrário, seria difícil fundamentar a tese da impossibilidade jurídica de tal gesto. Há, de resto, um precedente.

Decreto Legislativo n° 20, de 1962.

Revoga o Decreto Legislativo n° 13, de 6 de outubro de 1959, que aprovou o Acordo de Resgate, assinado em 1956, entre os Governos do Brasil e da França.

Art. 1° É revogado o Decreto Legislativo n° 13, de 6 de outubro de 1959, que aprovou o Acordo de Resgate assinado no Rio de Janeiro em 4 de maio de 1956, entre o Governo dos Estados Unidos do Brasil e da França, para a execução administrativa de questões financeiras e a liquidação, por meio de arbitramento, das indenizações devidas pelo Brasil, em decorrência da encampação das estradas de Ferro São Paulo-Rio Grande e Vitória-Minas, bem como da Companhia Port of Pará.

Art. 2° Este Decreto Legislativo entrará em vigor na data de sua publicação, revogadas as disposições em contrário.

Senado Federal, em 15 de dezembro de 1962.

Auro Moura Andrade

Presidente do Senado Federal (Brasil, 1962)

Esse diploma revocatório de decreto legislativo anterior resultou de um projeto que mereceu, no âmbito da Comissão de Constituição e Justiça da Câmara dos Deputados, o parecer seguinte:

O Deputado José Bonifácio, pelo projeto de decreto legislativo número 36, de 1960, deseja a revogação do decreto legislativo acima transcrito. Em longa e bem articulada justificação, demonstra o equívoco a que foi levado o Congresso Nacional para

---

19 E não é, no caso, importante saber se o tratado já entrou em vigor ou não; ressalvada a possibilidade de retirada da ratificação em circunstâncias excepcionais.

aprovar o Acordo de Resgate assinado no Rio de Janeiro, em 4 de maio de 1956, entre os Governos dos Estados Unidos do Brasil e da França.

É da competência exclusiva do Congresso Nacional resolver definitivamente sobre os tratados e convenções celebrados com os Estados estrangeiros pelo Presidente da República (art. 66, I, da Constituição Federal).

Em face das razões alegadas, algumas delas que atingem o decreto legislativo em vigor para colocá-lo em orla de duvidosa constitucionalidade, consideramos que se deve permitir a tramitação do Projeto Legislativo n° 36-60.

Brasília, em dezembro de 1960.

Pedro Aleixo, Relator

8.2 Conflito entre tratado e norma de produção interna

O primado do Direito das Gentes sobre o direito nacional do Estado soberano é, ainda hoje, uma proposição doutrinária. Não há, em Direito Internacional positivo, norma assecuratória de tal primado. Descentralizada, a sociedade internacional contemporânea vê cada um de seus integrantes ditar, no que lhe concerne, as regras de composição entre o Direito Internacional e o de produção doméstica. Resulta que, para o Estado, a constituição nacional, vértice do ordenamento jurídico, é a sede de determinação da estatura da norma jurídica convencional. Dificilmente uma dessas leis fundamentais desprezaria, neste momento histórico, o ideal de segurança e estabilidade da ordem jurídica a ponto de subpor-se, a si mesma, ao produto normativo dos compromissos exteriores do Estado. Assim, posto o primado da Constituição em confronto com a norma *pacta sunt servanda*, é corrente que se preserve a autoridade da lei fundamental do Estado, ainda que isso signifique a prática de um ilícito pelo qual, no plano externo, deve aquele responder.

Embora sem emprego de linguagem direta, a Constituição brasileira deixa claro que os tratados se encontram aqui sujeitos ao controle de constitucionalidade, a exemplo dos demais componentes infraconstitucionais do ordenamento jurídico. Tão firme é a convicção de que a lei fundamental não pode sucumbir, em qualquer espécie de confronto, que nos sistemas mais obsequiosos para com o Direito das Gentes tornou-se encontrável o preceito segundo o qual todo tratado conflitante com a Constituição só pode ser concluído depois de se promover a necessária reforma constitucional. Norma desse exato feitio aparece na Constituição francesa de 1958, na Constituição argelina de 1976 e na Constituição espanhola de 1978.

Excepcional, provavelmente única, a Constituição holandesa, após a revisão de 1956, admite, em determinadas circunstâncias, a conclusão de tratados derrogatórios de seu próprio texto, cuja promulgação importa, por si mesma, uma reforma constitucional.

Abstraída a constituição do Estado, sobrevive o problema da concorrência entre tratados e leis internas de estatura infraconstitucional. A solução, em países diversos, consiste em garantir prevalência aos tratados. Em outros, entre os quais o Brasil contemporâneo, garante-se-lhes apenas um tratamento paritário, tomados como paradigmas as leis nacionais e os diplomas de grau equivalente.

8.2.1 Prevalência dos tratados sobre o Direito interno infraconstitucional

Não se coloca em dúvida, em parte alguma, a prevalência dos tratados sobre leis internas anteriores à sua promulgação. Para primar, em tal contexto, não seria preciso que o tratado recolhesse da ordem constitucional o benefício hierárquico. Sua simples introdução no complexo normativo estatal faria operar, em favor dele, a regra *lex posterior derogat priori*. A prevalência de que fala este tópico é a que tem indisfarçado valor hierárquico, garantido ao compromisso internacional plena vigência, sem embargo de leis posteriores que o contradigam. A França, a Grécia e a Argentina oferecem, neste momento, exemplos de semelhante sistema.

Constituição francesa de 1958, art. 55: "Os tratados ou acordos devidamente ratificados e aprovados terão, desde a data de sua publicação, autoridade superior à das leis, com ressalva, para cada acordo ou tratado, de sua aplicação pela outra parte" (França, 1958).

Constituição da Grécia de 1975, art. 28, § 1º: "As regras de direito internacional geralmente aceitas, bem como os tratados internacionais após sua ratificação [...], têm valor superior a qualquer disposição contrária das leis" (Grécia, 1975).

Constituição política da Argentina, texto de 1994, art. 75, § 22: "os tratados e concordatas têm hierarquia superior à das leis" (Argentina, 1994).

8.2.2 Paridade entre o tratado e a lei nacional

O sistema brasileiro se identifica àquele consagrado nos Estados Unidos da América, sem contramarchas na jurisprudência nem objeção doutrinária de maior vulto. Parte da "lei suprema da nação", o tratado ombreia com as leis federais votadas pelo Congresso e sancionadas pelo presidente – embora seja ele próprio o fruto da vontade presidencial somada à do Senado, e não à das duas casas do parlamento americano. A supremacia significa que o tratado prevalece sobre a legislação dos estados federados, tal como a lei federal ordinária. Não, porém, que seja superior a esta. De tal modo, em caso de conflito entre tratado internacional e lei do Congresso, prevalece nos Estados Unidos o texto mais recente. É certo, pois, que uma lei federal pode fazer "repelir" a eficácia jurídica de tratado anterior no plano interno.

Se assim não fosse – observa Schwartz (1972) –, estar-se-ia dando ao tratado não força de lei, mas de restrição constitucional.

Nos trabalhos preparatórios da Constituição brasileira de 1934, foi rejeitado o anteprojeto de norma, inspirada na Carta espanhola de 1931, que garantisse entre nós o primado dos compromissos externos sobre as leis federais ordinárias. A jurisprudência, contudo, não cessou de oscilar até pouco tempo atrás, e a doutrina permanece dividida. Rangel (1960), partidário do primado da norma convencional, enumerou, entre autores de idêntico pensamento, Pedro Lessa, Filadelfo Azevedo, Vicente Rao, Accioly e Carlos Maximiliano. Azevedo (1945), quando ainda ministro do Supremo Tribunal Federal (STF), em 1945, publicou comentário demonstrativo da convicção unânime da corte, naquela época, quanto à prevalência dos tratados sobre o Direito interno infraconstitucional (Azevedo, 1945).

De setembro de 1975 a junho de 1977, estendeu-se, no Plenário do STF, o julgamento do Recurso Extraordinário n. 80.004,[20] em que assentada por maioria a tese de que, ante a realidade do conflito entre tratado e lei posterior, esta, porque expressão última da vontade do legislador republicano, deve ter sua prevalência garantida pela Justiça – apesar das consequências do descumprimento do tratado, no plano internacional. A maioria valeu-se de precedentes do próprio Tribunal para ter como induvidosa a introdução do pacto – no caso, a Lei uniforme de Genebra sobre letras de câmbio e notas promissórias – na ordem jurídica brasileira, desde sua promulgação. Reconheceu, em seguida, o conflito real entre o pacto e um diploma doméstico de nível igual ao das leis federais ordinárias – o Decreto-lei n. 427/1969, posterior em cerca de três anos à promulgação daquele –, visto que a falta de registro da nota promissória, não admitida pelo texto de Genebra com a causa de nulidade do título, vinha a sê-lo nos termos

---

20 Ver comentário à decisão do STF em: Fraga, 1997.

do decreto-lei. Admitiram as vozes majoritárias que, faltante na Constituição do Brasil garantia de privilégio hierárquico do tratado internacional sobre as leis do Congresso, era inevitável que a Justiça devesse garantir a autoridade da mais recente das normas, porque paritária sua estatura no ordenamento jurídico (Brasil, 1977). Entretanto, ficou claro que, dada a diversidade das fontes de produção normativa, não se deve entender que isso é uma simples aplicação do princípio *lex posterior derogat priori*. O tratado tem, sem dúvida, qualidade para derrogar a lei anterior desde o instante em que passa a integrar nossa ordem jurídica. Mas a lei interna carece de virtude para derrogar uma norma que envolve outras soberanias além da nossa. Diz-se, então, que o Judiciário enfrenta, no caso do conflito real entre tratado e lei mais recente, a contingência de "afastar a aplicação" do primeiro, sem dá-lo por derrogado. Por isso é que se, em termos práticos, resulta preferível não que o governo denuncie o tratado,[21] mas que o Congresso revogue a norma interna com ele conflitante, o tratado, jamais derrogado pela lei, volta a aplicar-se entre nós em plenitude. Por acaso, foi justamente o que aconteceu com o texto de Genebra sobre títulos de crédito, uma vez que revogado, algum tempo depois, o decreto-lei que com ele entrara em conflito.

8.3 Situações particulares no Brasil

Há, contudo, exceções à regra da paridade? Há domínios temáticos em que, desprezada a ideia de valorizar simplesmente a última palavra do legislador ordinário, seja possível reconhecer o primado da norma internacional ainda que anterior à norma interna conflitante? Duas situações merecem, a propósito, um comentário apartado: as que se desenham, no domínio tributário,

---

21 O que não nos exonera da responsabilidade internacional por eventuais consequências do conflito enquanto não surte efeito a denúncia.

à luz do art. 98 da Lei n. 5.172, de 25 de outubro de 1966 (Brasil, 1966) – Código Tributário Nacional (CTN) – e, no domínio dos direitos e das garantias fundamentais, à luz do art. 5º, §§ 2º e 3º, da CF/1988.

8.3.1 Domínio tributário: o art. 98 do CTN

O dispositivo em análise prevê que os tratados (os que vinculam o Brasil, naturalmente) "revogam ou modificam a legislação tributária interna e serão observados pela que lhes sobrevenha" (Brasil, 1966, art. 98). Essa linguagem sugere mais uma norma preventiva de conflitos do que uma regra de solução do conflito consumado, mas, se assim for entendida, ela é virtualmente supérflua. Não há dúvida de que o tratado revoga, em qualquer domínio, a norma interna anterior; tampouco de que o legislador, ao produzir Direito interno ordinário, deve observar os compromissos externos da República, no mínimo para não induzi-la em ilícito internacional. Assim, para que se dê ao art. 98 efeito útil, é preciso lê-lo como uma norma hierarquizante naquele terreno em que o CTN foi qualificado pela Constituição para ditar "normas gerais". O STF tem reconhecido, desde que primeiro tratou do assunto até a hora atual, e de modo uniforme, a eficácia do art. 98 do CTN e sua qualidade para determinar o que pretende (Velloso, 2002). Em matéria tributária, há de buscar-se com mais zelo ainda que noutros domínios a compatibilidade. Mas, se aberto e incontornável o conflito, prevalece o tratado, mesmo quando anterior à lei.

Resolve-se por mais de um caminho, creio, a questão de saber se o CTN tem estatura para determinar, em sua área temática, um primado que a própria Constituição não quis determinar no quadro geral da ordem jurídica. Faz sentido, por exemplo, dizer que, no caso do conflito de que ora cuidamos, a norma interna sucumbe por inconstitucionalidade. Ao desprezar o art. 98 do CTN e entrar em conflito com tratado vigente, a lei ordinária implicitamente terá pretendido **inovar norma geral de Direito Tributário**, estabelecendo, para si mesma, uma premissa conflitante com aquele artigo, qual seja, a de que é possível ignorar o compromisso internacional e dispor de modo destoante sobre igual matéria. É uma hipótese *sui generis* de inconstitucionalidade formal: a lei não ofende a Carta pela essência de seu dispositivo, nem por vício qualquer de competência ou de processo legislativo, mas por uma premissa ideológica hostil à exclusividade que a Carta dá à lei complementar para ditar normas gerais de Direito Tributário.

8.3.2 Direitos e garantias fundamentais: o art. 5º, §§ 2º e 3º, da CF/1988

No desfecho do extenso rol de direitos e garantias fundamentais do art. 5º da CF/1988, um segundo parágrafo estabelece que aquela lista não exclui outros direitos e garantias decorrentes do regime e dos princípios consagrados na carta, ou dos tratados internacionais em que o Brasil seja parte. Sobre essa última categoria nada se ouviu nos anos seguintes do STF, cuja maioria era, entretanto, pouco receptiva à ideia de que a norma asseguratória de algum outro direito, quando expressa em tratado, tivesse nível constitucional. Isso resultava provavelmente da consideração de que, assim postas as coisas, a Carta estaria dando ao Executivo e ao Congresso, este no *quorum* simples da aprovação de tratados, o poder de aditar à lei fundamental; quem sabe até mesmo o de mais tarde expurgá-la mediante a denúncia do tratado, já então – o que parece impalatável – até pela vontade singular do governo, habilitado que se encontra, em princípio, à denúncia de compromissos internacionais. As perspectivas da jurisprudência, nesse domínio, pareciam sombrias quando se levavam em conta algumas decisões majoritárias que o Supremo tomou na época a propósito da prisão do depositário infiel (ou daqueles devedores que o legislador ordinário brasileiro entendeu de assimilar ao depositário infiel), diante do texto da Convenção de São José da Costa Rica.

A questão foi entretanto equacionada, em dezembro de 2004, pelo aditamento do terceiro parágrafo ao mesmo artigo constitucional: os tratados sobre direitos humanos que o Congresso aprove com o **rito da emenda à Carta** — em cada casa dois turnos de sufrágio e o voto de três quintos do total de seus membros — integrarão em seguida a ordem jurídica no nível das normas da própria Constituição. Essa nova regra, que se poderia chamar de *cláusula holandesa* por analogia com certo modelo prevalente nos Países Baixos e ali pertinente à generalidade dos tratados, autoriza algumas conclusões prospectivas. Não é de crer que o Congresso vá doravante bifurcar a metodologia de aprovação dos tratados sobre direitos humanos. Pode haver dúvida preliminar sobre a questão de saber se determinado tratado configura realmente essa hipótese temática, mas se tal for o caso o Congresso seguramente adotará o rito previsto no terceiro parágrafo, de modo que, se aprovado, o tratado se qualifique para ter estatura constitucional desde sua promulgação — que pressupõe, como em qualquer outro caso, a ratificação brasileira e a entrada em vigor no plano internacional. Não haverá, quanto à semelhante tratado, a possibilidade de denúncia pela só vontade do Executivo, nem a de que o Congresso force a denúncia mediante lei ordinária, e provavelmente nem mesmo a de que se volte atrás por meio de uma repetição, às avessas, do rito da emenda à Carta, visto que ela mesma se declara imutável no que concerne a direitos dessa natureza.

Uma última dúvida diz respeito ao passado, a algum eventual direito que um dia se tenha descrito em tratado de que o Brasil seja parte – e que já não se encontre no rol do art. 5º da CF/1988. Qual o seu nível? Isso há de gerar controvérsia entre os constitucionalistas, mas é sensato crer que ao promulgar esse parágrafo na Emenda Constitucional n. 45/2004, sem nenhuma ressalva abjuratória dos tratados sobre direitos humanos outrora concluídos mediante processo simples, o Congresso constituinte os elevou à categoria dos tratados de nível constitucional. Essa é uma equação jurídica da mesma natureza daquela que explica que nosso CTN, promulgado a seu tempo como lei ordinária, tenha sido promovido à lei complementar à Constituição desde o momento em que a Carta estabeleceu que as normas gerais de Direito Tributário deveriam estar expressas em diploma dessa estatura.

Referências

ARGENTINA. Constitución de la Nación Argentina (1994). Disponível em: <http://www.constitution.org/cons/argentin.htm>. Acesso em: 24 fev. 2018.

ACCIOLY, H. A ratificação e a promulgação dos tratados em face da Constituição Federal Brasileira. **Boletim da Sociedade Brasileira de Direito Internacional**, n. 7, p. 5-11, 1948a.

_____. Parecer. **Boletim da Sociedade Brasileira de Direito Internacional**, n. 8, p. 164-166, 1948b.

AZEVEDO, P. de. Os tratados e os interesses privados em face do direito brasileiro. **Boletim da Sociedade Brasileira de Direito Internacional**, n. 1, p. 12-29, 1945.

BELLO, J. M. **História da República**. São Paulo: Editora Nacional, 1964.

BRASIL. Constituição (1988). **Diário Oficial da União**, Brasília, DF, 5 out. 1988. Disponível em: <http://www.planalto.gov.br/ccivil_03/constituicao/ConstituicaoCompilado.htm>. Acesso em: 28 fev. 2018.

BRASIL. Decreto n. 83.241, de 7 de março de 1979. **Diário Oficial da União**, Poder Executivo, Brasília, DF, 9 mar. 1979a. Disponível em: <http://www2.camara.leg.br/legin/fed/decret/1970-1979/decreto-83241-7-marco-1979-432764-publicacaooriginal-1-pe.html>. Acesso em: 24 fev. 2018.

_____. Decreto n. 84.967, de 28 de julho de 1980. **Diário Oficial da União**, Poder Executivo, Brasília, DF, 30 jul. 1980a. Disponível em: <http://www2.camara.leg.br/legin/fed/decret/1980-1987/decreto-84967-28-julho-1980-434447-publicacaooriginal-1-pe.html>. Acesso em: 24 fev. 2018.

_____. Decreto n. 86.006, de 14 de maio de 1981. **Diário Oficial da União**, Poder Executivo, Brasília, DF, 15 maio 1981a. Disponível em: <http://www2.camara.leg.br/legin/fed/decret/1980-1987/decreto-86006-14-maio-1981-435901-publicacaooriginal-1-pe.html>. Acesso em: 14 fev. 2018.

_____. Decreto n. 92.501, de 26 de março de 1986. **Diário Oficial da União**, Poder Executivo, Brasília, DF, 31 mar. 1986. Disponível em: <http://www.planalto.gov.br/ccivil_03/decreto/1980-1989/1985-1987/D92501.htm>. Acesso em: 24 fev. 2018.

_____. Decreto Legislativo n. 20, de 15 de dezembro de 1962. **Diário Oficial da União**, Poder Executivo, Brasília, DF, 18 dez. 1962. Disponível em: <http://www2.camara.leg.br/legin/fed/decleg/1960-1969/decretolegislativo-20-15-dezembro-1962-351007-publicacaooriginal-1-pl.html>. Acesso em: 14 fev.2018.

_____. Decreto Legislativo n. 91, de 5 de dezembro de 1972. **Diário Oficial da União**, Poder Executivo, Brasília, DF, 6 dez. 1972. Disponível em: <http://legis.senado.leg.br/legislacao/ListaTextoSigen.action?norma=537636&id=14241139&idBinario=15810965&mime=application/rtf>. Acesso em: 24 fev.2018.

BRASIL. Decreto Legislativo n. 77, de 7 de dezembro de 1973. **Diário Oficial da União**, Poder Executivo, Brasília, DF, 10 dez. 1973. Disponível em: <http://legis.senado.leg.br/legislacao/ListaTextoSigen.action?norma=581591&id=14347256&idBinario=15712693&mime=application/rtf>. Acesso em: 14 fev.2018.

_____. Decreto Legislativo n. 25, de 18 de maio de 1979. **Diário Oficial da União**, Poder Executivo, Brasília, DF, 29 maio 1979b. Disponível em: <https://www.jusbrasil.com.br/diarios/3219900/pg-1-secao-1-diario-oficial-da-uniao-dou-de-29-05-1979>. Acesso em: 24 fev.2018.

_____. Decreto Legislativo n. 23, de 9 de junho de 1981. **Diário Oficial da União**, Poder Executivo, Brasília, DF, 11 jun. 1981b. Disponível em: <http://legis.senado.leg.br/legislacao/ListaTextoSigen.action?norma=535812&id=14246042&idBinario=15758896&mime=application/rtf>. Acesso em: 24 fev. 2018.

_____. Lei n. 5.172, de 25 de outubro de 1966. **Diário Oficial da União**, Poder Legislativo, Brasília, DF, 27 dez. 1966. Disponível em: <http://www.planalto.gov.br/ccivil_03/leis/L9868.htm>. Acesso em:31 jan. 2018.

BRASIL. Ministério das Relações Exteriores. Acordo Argentina-Brasil sobre Identificação de Limites, de 16 de setembro de 1982. **Diário Oficial da União**, Brasília, DF, 19 out. 1982.

_____. Acordo Brasil-Malásia sobre estabelecimento de escritório comercial, de 15 de outubro de 1981. **Diário Oficial da União**, Brasília/DF, 28 out. 1981c.

_____. **Resenha da política exterior do Brasil**. jul./ago./set., 1980b. Disponível em: < http://www.funag.gov.br/chdd/images/Resenhas/RPEB_26_jul_ago_set_1980.pdf>. Acesso em: 24 fev. 2018.

BRASIL. **Resenha da política exterior do Brasil**. abr./maio/ jun., 1981d. Disponível em: <http://www.funag.gov.br/chdd/ images/Resenhas/RPEB_29_abr_mai_jun_1981.pdf>. Acesso em: 24 fev. 2018.

BRASIL. Supremo Tribunal Federal. Recurso Extraordinário (RE) n. 80.004/SE, de 1º de junho de 1977. Relator: Ministro Xavier de Albuquerque. **Diário da Justiça**, Brasília, DF, 29 dez. 1977. Disponível em: <http://redir.stf.jus.br/paginadorpub/paginador. jsp?docTP=AC&docID=175365>. Acesso em: 24 fev. 2018.

CARNEIRO, L. Acordo por notas reversais sobre isenção de impostos: necessidade de homologação pelo Congresso Nacional. In: MEDEIROS, A. P. C. de (Org.). **Pareceres dos consultores jurídicos do Itamaraty**. Brasília: Senado Federal, 2000a. v. IV. (Coleção Brasil 500 anos). p. 318-322. Disponível em: <http://www2.senado.leg.br/bdsf/item/id/1044>. Acesso em: 24 fev. 2018.

_____. Acordo por troca de notas: quando é necessária a aprovação pelo Congresso Nacional. In: MEDEIROS, A. P. C. de (Org.). **Pareceres dos consultores jurídicos do Itamaraty**. Brasília: Senado Federal, 2000b. v. IV. (Coleção Brasil 500 anos). p. 401-414. Disponível em: <http://www2.senado.leg.br/bdsf/item/id/1044>. Acesso em: 24 fev. 2018.

_____. Convenção sobre privilégios e imunidades das agências especializadas das Nações Unidas. In: MEDEIROS, A. P. C. de (Org.). **Pareceres dos consultores jurídicos do Itamaraty**. Brasília: Senado Federal, 2000c. v. IV. p. 505-509. (Coleção Brasil 500 anos). Disponível em: <http://www2.senado.leg.br/bdsf/item/id/1044>. Acesso em: 24 fev. 2018.

CARNEIRO, L. Interpretação do art. 66, II, e do art. 87, VII e VIII, da Constituição Federal: necessidade de autorização do Congresso para assinatura de tratado de paz com o Japão. In: MEDEIROS, A. P. C. de (Org.). **Pareceres dos consultores jurídicos do Itamaraty**. Brasília: Senado Federal, 2000d. v. IV. (Coleção Brasil 500 anos). p. 516-518. Disponível em: <http://www2.senado.leg.br/bdsf/item/id/1044>. Acesso em: 24 fev. 2018.

FRAGA, M. **Conflito entre tratado internacional e norma de direito interno**. Rio de Janeiro: Forense, 1997.

FRANÇA. Constituição (1958). Disponível em: <http://www.conseil-constitutionnel.fr/conseil-constitutionnel/root/bank_mm/portugais/constitution_portugais.pdf>. Acesso em: 24 fev. 2018.

GRÉCIA. The Constitution of Greece (1975). Disponível em: <http://www.hri.org/docs/syntagma/>. Acesso em: 24 fev. 2018.

OLIVEIRA, J. M. C. de. **Atos diplomáticos do Brasil**. Rio de Janeiro: Jornal do Comércio, 1912. v. II.

PUIG, J. C. **Derecho de la Comunidad Internacional**. Buenos Aires: Depalma, 1975.

RANGEL, V. M. La procédure de conclusion des accords internationaux au Brésil. **R. Fac. SP**, v. 55, p. 264-265, 1960.

REZEK, J. F. **Direito dos tratados**. Rio de Janeiro: Forense, 1984.

SCHWARTZ, B. **Constitutional Law**. Nova York, Macmillan, 1972.

VELLOSO, C. M. da S. **O direito internacional e o Supremo Tribunal Federal**. Belo Horizonte: Cedin, 2002.

9

Matriz teórica da *common law* inglesa e sua influência no Direito Internacional público costumeiro

Theoretical Matrix of English Common Law and its Influence on Customary International Law

Cláudia Fernanda Souza de Carvalho Becker Silva

Cláudia Fernanda Souza de Carvalho Becker Silva

Mestranda em Direito pelo Centro Universitário Internacional Uninter, linha de pesquisa Jurisdição na Contemporaneidade. Graduada em Direito pela Fundação Universidade Regional de Blumenau (2001). Pós-Graduada em Direito Constitucional pela Universidade do Sul de Santa Catarina (Unisul) e em Processo Civil pela Universidade Anhanguera Uniderp. Professora da Fundação Universidade Regional de Blumenau, disciplinas do Núcleo de Prática Jurídica, e na Uniasselvi – Fameblu, disciplinas de Direito Penal, Criminologia e Prática Jurídica.

Resumo

O Direito Internacional, embora não seja novo, ainda encontra pouca matéria disciplinada por escrito para fundamentar as decisões dos tribunais à que os países se submetem por ratificação de tratados. Assim, encontra nos costumes internacionais grande parte das disposições que são aplicadas. O sistema da *common law*, desenvolvido a partir de 1066, é o sistema jurídico no mundo que se utiliza do critério de aplicação de precedentes jurisprudenciais e dos costumes para análise das questões jurídicas suscitadas. Assim, surgiu o questionamento sobre a influência dessa matriz na resolução dos conflitos judicializados na esfera do Direito Internacional.

Abstract

International Law, although not new, still finds little written subject to justify the decisions of the Courts to which the countries submit by ratification of treatise. Thus, it finds in international customs much of the provisions that are applied. The Common Law system, developed after 1066, is the legal system that uses the criterion of application of jurisprudential precedents and customs to analyze the legal issues raised. Therefore, the question arose about the influence of this matrix in the resolution of judicial conflicts in the sphere of international law.

Palavras-chave

Common law. Direito Internacional. Influência.

Keywords

Common law. Internacional law. Influence.

Sumário

9.1 Considerações iniciais. 9.2 Como e onde é configurada a *common law*. 9.3 Direito Internacional costumeiro no direito público e as demais fontes do Artigo 38 do Estatuto da Corte Internacional de Justiça. 9.4 Influência da *common law* inglesa no Direito Internacional costumeiro 9.5 Considerações finais. Referências.

Summary

9.1 First considerations. 9.2 Common law: procedure and whereabouts. 9.3 customary law in Public International law and other sources of law: article 38 of the Statute of the International Court of Justice. 9.4 Influence of english common law in customary international law. 9.5 Final considerations. References.

9.1 Considerações iniciais

O Direito Internacional público é aquele que solucionará as contendas entre os Estados mundiais. Porém, não existe ainda um Poder Legiferante mundial. As normas jurídicas são criadas pelos Estados-membros primordialmente por meio de tratados e aplicação de costumes.

No mundo, há duas matrizes teóricas do Direito:

1. *Civil law*: a mais adotada, em que se aplica aos casos concretos o direito codificado pelo legislador; e
2. *Common law*: adotada principalmente pelos países de colonização inglesa, baseia-se na aplicação de precedentes jurisprudenciais e costumes.

Para os países que adotam a matriz da *common law* – em sua maioria países colonizados pela Inglaterra, onde vigora a *commonwealth* – o Direito aplicado é conhecido como *consuetudinário*, porque advém da aplicação de precedentes jurisprudenciais e costumes.

Este trabalho surgiu da curiosidade da influência da aplicação desse método secular de justiça, que resistiu à codificação do Direito pelo mundo.

Na parte inicial, analisou-se a origem da *common law* inglesa. Há de se ressaltar que o texto se preocupou apenas na análise da *common law* aplicada na Inglaterra, uma vez que existem diferenças substanciais entre os sistemas dos demais países que a adotam. Examinou-se sua origem, sua historicidade, suas fontes e como é aplicada hoje na Inglaterra.

Em um segundo momento, tratou-se das fontes do Direito Internacional que estão elencadas no Artigo 38 da Corte Internacional de Justiça, dispositivo considerado um paradigma para o Direito Internacional.

Na terceira parte, abordou-se o modo como o sistema inglês da *common law* influencia a forma de aplicação do Direito Internacional. Como essa tradição milenar pode ser utilizada pelos internacionalistas para auxiliar na criação e aplicação desse ramo do Direito, tão moderno e necessário para as relações entre os Estados.

9.2 Como e onde é configurada a *common law*

A matriz jurídica da *common law* é mais que um sistema jurídico, trata-se de uma verdadeira tradição jurídica (Abboud; Carnio; Oliveira, 2014); baseia-se na aplicação de precedentes jurisprudenciais, costumes, regras entranhados historicamente na sociedade garantindo uma segurança e estabilidade ao sistema como um todo.

Hoje, é adotado como sistema jurídico nos países de colonização e dominação inglesa, como Estados Unidos (exceto Louisiana) e o Canadá (exceto Quebec).

Preliminarmente, faz-se necessário um esclarecimento: não é mais cabível igualar *common law* com o sistema inglês, uma vez que cada país que se desvinculou da dominação inglesa foi modificando seu sistema para se adequar à sua realidade histórico-cultural-geográfica. David (1986) alerta que apenas a Inglaterra e o País de Gales seguem o modelo inglês vigente. Porém, sem dúvida nenhuma e indiscutivelmente, a Inglaterra é o berço da *commow law*.

9.2.1 Breve histórico da formação do sistema jurídico da *common law*

Todos os sistemas jurídicos derivam e foram influenciados pelo Direito Romano, em maior ou menor grau. Até mesmo a *common law* foi influenciada por ele, ainda que de uma maneira mais singela (Abboud; Carnio; Oliveira, 2014).

O desenvolvimento da *common law*, até o que se conhece hoje, foi dividido em quatro períodos históricos (David, 1986).

No primeiro período, as terras inglesas eram habitadas, em sua maioria, por três povos – os anglos, os saxões e os jutos; é período anterior à dominação normanda, de 1066 –, e cada reino tinha o próprio sistema de aplicação do Direito, baseados nos costumes locais.

No período seguinte, de 1066 até 1485, com a dinastia dos Tudors, o sistema começa a se desenvolver, com vistas à obtenção de um sistema único para toda a Inglaterra que suplantasse os direitos locais (David, 1986).

Os autores tradicionais[1] designam como marco inicial do sistema da *common law* a conquista normanda sobre a Inglaterra em 1066, porém, deve-se ter em mente que o sistema começa a se formar a partir dessa data, e não que sua implementação, pronta e acabada, ocorreu nessa data.

Em 1066, Guilherme, "o Conquistador", Duque da Normandia, invadiu a Inglaterra e reivindicou o título de monarca. Para assegurar seu reinado, o novo Rei despejou as famílias anglo-saxônicas e nomeou seus seguidores como nobres e donos das terras. Foi um período muito sangrento, em que a Inglaterra padeceu com as guerras e com a fome.

No terceiro período, de 1485 a 1832, o sistema vigente à época, por ser muito restrito e quase intangível, começou a ser ameaçado e substituído pelo que se denominou *equity*. Era um sistema de aplicação de justiça que, diferentemente da *common law*, conseguia escapar do formalismo exagerado e possibilitava o alcance a decisões judiciais mais efetivas (David, 1997).

O último período é o que perdura até os dias atuais. É o sistema moderno, com a junção da *common law* e da *equity* em um único sistema, em que, com base nos precedentes, nos costumes e nas leis, há de se manter a segurança jurídica e também adequar o Judiciário para os casos novos decorrentes da globalização e da tecnologia (David, 1986).

---

1 David (1986) considera como marco inicial da *common law* a invasão normanda, conforme se depreende de seu livro *Os grandes sistemas do direito contemporâneo*.

Dessa forma, pode-se afirmar que a *common law* é a matriz jurídica que surgiu na Inglaterra, a partir de 1066, após a invasão pela Normandia, com o objetivo de criar um **direito comum**, em contraposição aos direitos locais. A ideia era unir o país e assegurar o poder do monarca sobre o território conquistado.

Com as instalações dos tribunais reais de justiça – conhecidos como tribunais de Westminster em razão do local onde se estabeleceram –, há a substituição dos *county court* ou *hundred court*, que eram as assembleias em que se aplicava o Direito local (David, 1986).

O sistema da *common law* aplicava o Direito. No entanto, era um sistema que se preocupava muito mais com as peculiaridades processuais do que com o direito material – o bem da vida – discutido em juízo. O sistema se apegava muito aos formalismos jurídicos, não raro eram os casos em que a parte não alcançava o direito de ter seu caso examinado por um júri. Ademais, o sistema apresentava muitas limitações em relação às consequências aplicadas ao perdedor dos julgamentos.

Dessa forma, era comum as partes não conseguirem alcançar um julgamento por meio das regras da *common law*, servindo-se, então, de uma petição para dirigir-se ao monarca, que era a fonte inesgotável de justiça na Terra. A ele, o rei, era permitido, em alguns casos, decidir com base em sua consciência e na equidade. Contudo, até a Guerra das Duas Rosas[2], essas petições eram raramente apresentadas e julgadas (David, 1997).

Com o aumento das petições, estas passaram a ser julgadas por um Chanceler – alto funcionário da Coroa que agia em nome dela. Em virtude desse grande número de julgamentos, o Chanceler, em vez de buscar a equidade de cada caso em concreto, acabava por criar "regras de equidade".

---

2   Luta entre as famílias York e Lancaster sobre os direitos sucessórios pelo trono da Inglaterra, assim chamada porque os brasões das famílias eram decorados: o da família York com a rosa branca e o da família Lancaster com a rosa vermelha.

Assim, embora o procedimento fosse diverso, ambos os modelos vigentes se baseavam em regras precedentes para julgar (David, 1997). Ocorre que as relações entre essas estruturas dualistas não eram harmônicas. A *equity* era uma necessidade do sistema para suprir o que o engessado sistema da *common law* não conseguia abarcar. Depois de um período até mesmo violento, em 1616, o Rei Jaime I pronuncia-se a favor da continuidade da Chancelaria, que não pode ter aumentada sua competência e que passa a decidir com base em seus precedentes, e submeter-se ao controle da Casa dos Lordes (David, 1986).

David (1986, p. 298) afirma que "a *equity* parece-lhes um conjunto de regras que vieram corrigir historicamente o direito inglês, e que constituem hoje uma peça integrante do mesmo".

Com a Revolução Francesa, os clamores populares, exigiram a modificação da estrutura judicial para retirá-la dos monarcas – os magistrados eram dominados pelos monarcas, que exerciam o poder absoluto. Assim, transferiu-se para o Parlamento, que representaria os anseios da população, a titularidade de confecção das normas jurídicas e, por consequência, do Direito que deveria ser aplicado, a fim de que houvesse um controle do órgão jurisdicional que deveria apenas aplicar a letra da lei, tolhendo, assim, a discricionariedade de qualquer magistrado.

A Inglaterra não sofreu drasticamente a influência dessa mudança de paradigma por vários fatores que contribuíram para sua não aplicação. A *civil law*, como aplicação do direito escrito e codificado, surge após a Revolução Francesa como resposta ao povo sobre o falido e corrupto sistema jurídico francês, que era muito ligado e obediente ao rei. Há pouco tempo, o país já tinha enfrentado sua própria revolução[3], combatendo o absolutismo monárquico, sem precisar valer-se dessa mudança de sistema

---

3   Revolução gloriosa, em 1688.

jurídico. Além disso, contribuiu para essa não influência o aspecto geográfico da Inglaterra, já que é uma ilha.

No período de 1873 a 1875, o *Judicate Acts* suprimiu a distinção entre as duas espécies de aplicação do Direito e, assim, ambos os tribunais poderiam aplicar regras de *common law* e de *equity* – até aquele momento, era necessário adentrar no tribunal correto para que se conseguisse uma decisão esperada (Sistema Legal Inglês, 1964).

Após a breve análise sobre o histórico da *common law*, para entender como ela se formou e como pode se sustentar como um sistema tão arraigado na tradição, passar-se-á a uma abordagem sobre sua aplicação atual na Inglaterra.

9.2.2 Sistema jurídico de aplicação da *common law* na Inglaterra[4]

Para compreender as fontes do Direito na *common law*, é necessário examinar como ocorre a distribuição dos órgãos do Poder Judiciário.

Os tribunais superiores compõem a Supreme Court of Judicature.

O Hight Court of Justice é formado pelo Banco da Rainha, pela Seção da Chancelaria e pela Seção da Família – a divisão é meramente por conveniência e para permitir determinados juízes especializados e algumas regras excepcionais para alguns tipos de processos.

O Crown Court é competente para processos criminais. Das decisões do Crown Court cabem, em alguns casos excepcionais, recurso para a Câmara dos Lordes.

---

4   Esta seção foi redigida, especificamente, com base em: Sistema Legal Inglês, 1964; e David, 1986 e 1997.

A Court of Appeal é uma espécie de segundo grau para os outros dois. A Comissão Judiciária do Conselho Privado conhece de recursos interpostos contra decisões de tribunais dos territórios britânicos além-mar.

Ainda, os tribunais de jurisdição inferiores são aqueles onde efetivamente aplica-se o Direito.

Por fim, há de se ressaltar que o Poder Judiciário não conhece uma figura equivalente à do Ministério Público na Inglaterra, isso porque entende que não haveria uma equiparação de armas entre as partes e que não é possível uma intromissão do Poder Executivo na distribuição da Justiça.

9.2.3 Fontes da *common law* inglesa

É um comum afirmar-se que a *common law* é um sistema baseado primordialmente nos costumes, tanto que o sistema inglês é reconhecido como um sistema costumeiro. Todavia este é um sistema que se baseia mais nos **precedentes jurisprudenciais** do que propriamente nos costumes.

O costume é relevante para a vida inglesa e também para o Direito. Ele é utilizado para a manutenção de algumas regras convencionais tradicionalíssimas. São regras de convivência que não são disciplinadas pelo Direito. Entretanto, para o costume ser utilizado como algo que produza efeitos no campo jurídico, é preciso que ele seja determinado como **costume imemorial**[5].

E mais, no instante que os costumes foram incorporados pelo sistema jurídico, passam a integrar-se aos precedentes jurisprudenciais, e por isso são vinculantes nas decisões judiciais.

---

5 "uma regra de Common Law, baseada em uma lei do ano de 1265, precisou que o costume imemorial era o que existia em 1189. A prova de tal antiguidade não é hoje, de fato, exigida, mas o costume não será considerado juridicamente obrigatório, na Inglaterra, se se provar que não podia existir já em 1189." (David, 1986, p. 348)

Então, tem-se os precedentes jurisprudenciais como a fonte primeira do sistema jurídico *common law* inglês.

Os precedentes foram construídos com o passar dos anos, a partir dos tribunais de Westminster; eles é que criam realmente o Direito aplicado pelas Cortes. Ocorre que são formulados apenas das decisões tomadas pelos tribunais superiores – aqueles que se debruçam sobre os problemas formando razões de decidir que serão vinculantes para as Cortes inferiores. David (1986, p. 341) sintetiza com maestria a regra dos precedentes:

> 1º – As decisões tomadas pelas Câmaras dos Lordes constituem precedentes obrigatórios, cuja doutrina deve ser seguida por todas as jurisdições salvo excepcionalmente por ela própria; 2º – As decisões tomadas pelo Court of Appeal constituem precedentes obrigatórios para todas as jurisdições inferiores hierarquicamente a este tribunal e, salvo em matéria criminal, para o próprios Court of Appeal; 3º – As decisões tomadas pelo High Court of Justice impõem-se às jurisdições inferiores e, serem rigorosamente obrigatórias, têm um grande valor de persuasão e são geralmente seguidas pelas diferentes divisões do próprios High Court of Justice e pelo Crown Court.

É um sistema que tem como base as decisões dos tribunais que se tornam precedentes, ou seja, a continuidade de pensamento. Destaca-se que até 1966 não era possível modificar os precedentes das decisões da House of Lords. Nesse ano, o Lorde Chanceler autorizou que a Casa pudesse se afastar dos precedentes desde que justificado pelo interesse da Justiça. Por ser dinâmico, o Direito também acompanha a evolução da sociedade, mesmo que seja fundamentado nos precedentes, porém, é necessário esse respeito para que sejam asseguradas a continuidade e a segurança jurídica (David, 1986).

Embora não seja obrigatoriedade a exposição dos motivos que levaram o julgador à decisão, os magistrados ingleses primam por apresentar suas razões de decidir, deixando claro a *ratio decidendi*. Essa razão exposta é que se incorpora ao direito, tornando-se a linha a ser seguida nos casos em que se possa usar a mesma razão para decidir (David, 1986).

A Inglaterra é fiel a esse sistema de precedentes dos tribunais porque entende que eles foram importantes para que fossem alcançados diversos direitos fundamentais (David, 1986).

Uma característica interessante do sistema da *common law* inglesa é a concentração dos tribunais e das Cortes em Londres, o que facilitaria a preservação do sistema da *common law*.

O Direito inglês também se utiliza de **lei** para organizar seu ordenamento jurídico. As leis, a princípio, ou seja, pela teoria clássica, eram entendidas apenas como um meio de trazer adendos ou algum ajuste aos princípios seguidos pelos precedentes jurisprudenciais. Isso porque, naquele país, ainda vigora a cultura de que o Direito é produzido pelo Poder Judiciário, órgão autônomo, e não pode ser subordinado às normas criadas pelo Parlamento (David, 1997).

No entanto, essa realidade vem sendo modificada aos poucos, principalmente por alguns avanços sociais. Mas mesmo essas leis, para ser aplicadas, ainda enfrentam alguma resistência.

Não quer se dizer que as leis serão ignoradas, elas serão aplicadas pelos juízes ao caso concreto, mas só serão entendidas como incorporadas ao ordenamento jurídico após sua transformação em precedentes jurisprudenciais, e a partir daí serão aplicados os precedentes, e não mais a lei. Isso acontece pela própria tradição da *common law*, porque os juristas assim estão acostumados e, acima de tudo, porque esse é o modo usual de aplicar o Direito na *common law* (David, 1986).

A **doutrina**, por sua vez, tem pouca viabilidade no sistema da *common law*, uma vez que os ensinamentos ocorrem mediante análise de casos.

9.3 Direito Internacional costumeiro no direito público e as demais fontes do Artigo 38 do Estatuto da Corte Internacional de Justiça

O Direito Internacional público é o ramo do Direito que se preocupa em regular as relações jurídicas internacionais entre os países soberanos. Porém, diferentemente dos outros ramos do Direito que analisam as relações jurídicas internas – sob a soberania dos Estados e, por isso, conforme o processo legislativo interno –, no Direito Internacional não existe um Poder Legislativo mundial, o que resulta em um problema relacionado às fontes do Direito.

O sistema legal internacional é um **sistema horizontal**, em que todos os países têm o mesmo poder – pelo menos em tese – de produzir as fontes do Direito. A dificuldade encontrada pelos estudiosos e aplicadores do Direito reside na determinação dessas fontes, que vêm sendo criadas, adaptadas e modificadas lentamente com o passar do tempo.

O costume internacional foi a fonte mais utilizada por muito tempo, porém, hoje já se vislumbra maior codificação do Direito Internacional com os tratados.

Para tentar clarear quais são as fontes do Direito Internacional, pode-se utilizar o Artigo 38 do Estatuto da Corte Internacional de Justiça:

1. A Corte, cuja função seja decidir conforme o direito internacional as controvérsias que sejam submetidas, deverá aplicar;
    a) as convenções internacionais, sejam gerais ou particulares, que estabeleçam regras expressamente reconhecidas pelos Estados litigantes;
    b) o costume internacional como prova de uma prática geralmente aceita como direito;
    c) os princípios gerais do direito reconhecidos pelas nações civilizadas;

d) as decisões judiciais e as doutrinas dos publicitários de maior competência das diversas nações, como meio auxiliar para a determinação das regras de direito, sem prejuízo do disposto no Artigo 59.

2. A presente disposição não restringe a faculdade da Corte para decidir um litígio *ex aequo et bono*, se convier às partes. (Brasil, 1945)

Não existe qualquer hierarquia entre as fontes do Direito, embora os tratados constem no Estatuto, como a alínea "a", eles não têm prevalência de aplicação em relação aos costumes, por exemplo. É preciso avaliar a fonte que deve ser aplicada ao caso: "se uma norma é considerada *jus cogens*, ela deve ser aplicada antes de qualquer outra, não importando se é costume ou tratado" (Jo, 2000).

9.3.1 Tratados

Os tratados são a primeira fonte de Direito Internacional elencada no Estatuto da Corte Internacional de Justiça (Brasil, 1945). Eles têm diversas nomenclaturas, como *tratados, convenções, acordos*. Parte da doutrina[6] entende que, a depender da designação que se dê ao tratado, já se estará estipulando qual será seu conteúdo. Porém, não existe nenhuma regra disciplinando essa questão.

Em razão da influência da cultura jurídica dos países a que alguns autores pertencem, eles divergem sobre o tratamento dos tratados como *fonte*. Alguns doutrinadores ingleses consideram que ele é apenas fonte de obrigações, e não de direito (Trindade, 2002).

Os tratados internacionais e sua forma de confecção, publicidade, validade eram regidos pelos costumes internacionais. Em 1969, a Convenção de Viena sobre Direito dos Tratados teve por objetivo regular a celebração,

---

6 Como Jo (2000), em sua obra *Introdução ao direito internacional*.

a aplicação e a extinção dos tratados. No entanto, cabe fazer algumas ressalvas em relação à sua aplicação. A Convenção só pode ser aplicada para os tratados posteriores a ela e para aqueles países que são delas signatários (Brasil, 2009).

A Convenção de Viena define *tratado*, em seu Artigo 2, como "um acordo internacional celebrado entre Estados em forma escrita e regido pelo direito internacional, que conste ou de um instrumento único ou de dois ou mais instrumentos conexos, qualquer que seja sua denominação específica" (Brasil, 2009).

O tratado internacional, então, é um acordo celebrado entre países internacionais – dois ou mais – que os vincula com direitos e obrigações recíprocas. Embora a Convenção mencione a forma escrita, ainda hoje são admitidos, mesmo que raramente, os tratados verbais.

O processo de conclusão e entrada em vigor dos tratados também está previsto na Convenção de Viena sobre Direito dos Tratados. A adoção do texto está prevista no Artigo 9, e a autenticação, no Artigo 10; o consentimento em obrigar-se e a notificação da decisão estão previstos no Artigo 11; a entrada em vigor do tratado está prevista no Artigo 24; e o registro e a publicação, no Artigo 80 (Brasil, 2009).

Os tratados **bilaterais** são aqueles realizados entre dois Estados, já os **multilaterais** são os realizados entre três ou mais Estados. No caso dos tratados multilaterais, uma das partes pode querer participar da maior parte do disposto, mas excetuar alguma cláusula específica. Nessa situação, se compatível com o objeto do tratado, o Estado pode fazer uso da reserva.

A **reserva** é a possibilidade de o Estado participar da maior parte do tratado e excetuar sua concordância sobre alguma cláusula específica. Entretanto, essa reserva não pode ferir o objetivo do tratado em razão da limitação por princípio; também existe a possibilidade de o próprio tratado prever essa impossibilidade de solicitar a reserva (Trindade, 2002).

É indiscutível que a segurança jurídica proporcionada por um tratado é muito grande, porque a prova é de fácil concretude, diferentemente do que ocorre com os costumes internacionais.

Em contraponto aos tratados internacionais, em que, necessariamente, há a participação de dois ou mais Estados, existem os atos unilaterais.

Esses **atos unilaterais** são a manifestação de vontade de determinado Estado, criando direitos ou obrigações para o Estado subscritor. Embora não estejam elencados no Artigo 38 do Estatuto da Corte Internacional de Justiça (Brasil, 1945) como tal, são fonte de Direito. São exemplos de atos unilaterais a notificação, o protesto e a renúncia.

9.3.2 Costume internacional

O Direito Internacional foi desenvolvido com base nos costumes entre os Estados. Tanto o Direito Internacional privado quanto o público existem desde antes dos tratados internacionais como os conhecemos atualmente.

Existe hoje uma tendência em codificar os costumes, transformando-os em tratados internacionais, porque como os costumes são práticas reiteradas, são flexíveis e, algumas vezes, acabam se tornando conflituosos e difíceis de ser provados no decorrer da contenda. Contudo, as relações ainda hoje se baseiam, em grande parte, em costumes, ou seja, em práticas reiteradas que são consideradas de obediência obrigatória, sendo de extrema importância para o Direito Internacional.

A prova do costume também pode ser de difícil constatação, sendo da incumbência daquele que o alegar a seu favor. Para isso, a parte interessada deve demonstrar a repetição constante e uniforme da prática[7].

---

7 Brownlie (1997, p. 17) enumera diversas fontes de provas dos costumes, entre elas "a correspondência diplomática, as declarações políticas externas, os comunicados de imprensa, os pareceres de consultores jurídicos oficiais, os manuais oficiais sobre questões jurídicas [...]".

As Cortes internacionais têm entendido que é mais importante a continuidade e a uniformidade da reiteração da ação pelos países interessados do que propriamente o tempo desde que a prática começou (Jo, 2000). O costume é constituído por uma parte **objetiva**, que é a prática internacional, e pela parte **subjetiva**, chamada de *opinio iuris sive necessitades*[8], que é a certeza de que aquela prática é um direito – é o elemento psicológico do Direito Internacional consuetudinário. Assim, para que uma prática seja reconhecida como um costume internacional, deve ser reiterada uniformemente e entendida como norma de Direito Internacional obrigatória.

9.3.3 Princípios gerais do Direito

Existem situações que não estarão previstas nos tratados internacionais e tampouco poderão ser resolvidas com base nos costumes. No Direito Internacional, tal qual no Direito interno, uma questão levada a uma Corte não pode ficar sem resposta por falta de previsão no ordenamento jurídico. Por isso, o Estatuto da Corte Internacional de Justiça previu, no Artigo 38, em sua alínea "c", a possibilidade de utilização dos princípios para o preenchimento dessas lacunas (Brasil, 1945).

Trindade (2002, p. 48) destaca que ainda existem dúvidas sobre o que sejam esses princípios gerais e afirma que, "para uns, a expressão diria respeito aos princípios de direito internacional propriamente dito, enquanto para outros aos princípios dos direitos internos do diversos Estados; para

---

8 Pode-se comprovar a exigência da demonstração do elemento subjetivo da decisão proferida no caso da plataforma continental do mar do Norte de 1969, extraída do livro de Souza (2001, p. 14) "não apenas os atos respectivos devem refletir uma prática estabelecida, mas eles devem ser tais, ou praticados de tal forma, que evidenciem uma crença de que esta prática é considerada obrigatória pela existência de uma norma jurídica que a demanda. A necessidade de tal crença, ou seja, a existência de um elemento subjetivo, acha-se implícita no próprio conceito de *opinio iuris sive necessitades*".

uns seriam princípios de direito natural, enquanto outros se opõe a tal posição".

O Estatuto dispõe que os princípios são os reconhecidos pelos países civilizados; ocorre que praticamente todos os países do mundo já estão civilizados. Uma dificuldade que se encontra para a determinação de que princípios são esses é a impossibilidade de utilizar de forma generalizada os princípios internos dos países, pois a sociedade é heterogênea – há países capitalistas, ateus, socialistas, mulçumanos etc. (Jo, 2000).

Assim, esses princípios reconhecidos como *universais* têm a necessidade de se coadunar com todos os ordenamentos internos.

Existe a possibilidade de que sejam aplicados alguns princípios apenas para determinado bloco de países que têm as mesmas características. São chamados de *princípios regionais*, como aqueles que podem ser aplicados para os países do Mercosul ou da União Europeia.

Akehurts (citado por Trindade, 2002) afirma que grande parte dos problemas dos princípios gerais poderia ser resolvida se, ao se examinar o caso concreto, fossem aplicados os princípios reconhecidos pelas partes litigantes, sem a necessidade de reconhecimento em qualquer outro país.

A maior parte dos princípios acaba sendo identificada por meio das decisões da Corte Internacional de Justiça, porque esta tem sua composição bastante heterogênea, buscando representar todas as culturas (Trindade, 2002).

Não existe ainda um rol dos princípios gerais do Direito Internacional, alguns autores tentam extraí-los das decisões das Cortes. Outra dificuldade é distinguir um princípio geral do Direito internacional do costume e, por isso, na prática, os juízes optam por aplicar os costumes.

9.3.4 Decisões judiciais

As decisões judiciais também estão previstas no rol das fontes do Direito Internacional.

Aqui é preciso entender o termo em seu sentido *lato*, abrangendo as decisões das Cortes internacionais, como as arbitrais, as consultivas e até mesmo as judiciais do Direito interno (Jo, 2000).

A decisão apenas obriga as partes que estão litigando, conforme o disposto no Artigo 39 do Estatuto da Corte (Brasil, 1945).

Outro ponto importante a ser destacado é que as Cortes internacionais não têm hierarquia entre elas, sendo todas consideradas de igual importância. Assim, qualquer decisão de qualquer Corte pode ser adotada em uma decisão (Jo, 2000).

Embora não exista esse caráter de precedente obrigatório, as Cortes acabam utilizando as razões de decidir ou explicitam os fundamentos de ter deixado de segui-lo para que não seja alegada a parcialidade das decisões.

Jo (2000) alerta que a proliferação de tribunais internacionais – Tribunal de Direitos Humanos, Criminal, do Mar etc. – poderá causar decisões contraditórias pela falta de uma Corte superior que regulamente as decisões proferidas e sirva de base para todas as Cortes inferiores.

Outrossim, mesmo as decisões do Direito interno podem servir como orientadoras para a aplicação de um Direito Internacional. Nesse caso, o juiz que aplicar o direito ao caso concreto deve se precaver de aplicar uma norma que tenha cunho internacional, sob pena de adotar, no âmbito internacional, normas de caráter interno.

9.3.5 Doutrina

A doutrina, reconhecida como fonte secundária pelo Estatuto da Corte Internacional de Justiça (Brasil, 1945), é aquela advinda dos esforços e escritos dos maiores juristas internacionalistas de cada Estado (Trindade, 2002).

No início do Direito Internacional, a doutrina era mais utilizada como base para fundamentar as decisões, mas, com a evolução dos tratados e dos costumes internacionais, ela foi sendo relegada. Isso também se deve ao fato de que carece do assentimento dos Estados. Diferentemente dos costumes e dos tratados, a doutrina não tem a concordância dos Estados sobre seu conteúdo (Brownlie, 1997).

Desse modo, as decisões das Cortes acabam apresentando como razão de decidir, primordialmente, as fontes primárias do Direito Internacional.

Contudo, os tribunais arbitrais, a *contrario sensu*, ainda recorrem constantemente às doutrinas em suas decisões. Além disso, a doutrina serve para que os Estados consigam fazer um esboço elucidativo da matéria que pretendem ver discutida (Brownlie, 1997). As doutrinas também, não raro, refletem o entendimento sobre o Direito Internacional de determinado país. Impossível deixar de refletir, ainda que parcialmente, posições nacionais ou nacionalistas.

9.3.6 *Ex aequo et bono* (equidade)

A equidade é bastante criticada como fonte do direito. É a aplicação da Justiça pura, diversamente do conceito existente em *common law*.

O Estatuto apenas reconhece a possibilidade de sua aplicação se as partes concordarem. Assim, os julgadores, para fundamentar seus posicionamentos, aplicam os tratados ou os costumes ao lado da alegação de equidade.

Cada vez menos existe a necessidade da adoção da equidade para que seja viável a concretização de um julgamento, porque as fontes do Direito, em especial os tratados, são mais abrangentes.

9.4 Influência do *common law* no Direito Internacional costumeiro

A matriz jurídica mundial é composta primordialmente de dois sistemas de aplicação do Direito: a *common law* e a *civil law*.

A matriz da *common law* baseia-se na aplicação de precedentes jurisprudenciais, costumes e tradição. Desde 1265 (David, 1986) a *common law* deixou de, explicitamente, ter seu direito baseado nos costumes, passando a utilizar a técnica dos precedentes jurisprudenciais como fundamento de seu ordenamento jurídico. Contudo, trata-se de uma sociedade que tem seu cerne cravado nos costumes e nas tradições seculares, motivo pelo qual, até hoje, essa matriz é nomeada de *direito consuetudinário*.

Para esse sistema, o Direito é criado pelo sistema Judiciário, que é o único que tem competência para a aplicação do direito, sendo quase inconcebível que o parlamento ou o monarca edite normas jurídicas.

Difere-se do segundo sistema, *civil law*, que se baseia na codificação do Direito e na aplicação das leis ao caso concreto, as quais são criadas pelo Poder Legislativo. Há uma divisão formal: o Poder Legislativo é competente para criar normas, e o Poder Judiciário, para aplicar normas, não se admitindo a criação das normas pelo aplicador do direito.

Já o Direito Internacional, esse sistema novo, mutante e flexível, por não contar com um Poder Legislativo único, reconhece, segundo o Artigo 38 do Estatuto da Corte Internacional de Justiça, sua fonte primária de normas jurídicas nos tratados entre os Estados e nos costumes (Brasil, 1945).

As decisões judiciais e a doutrina são auxiliares. A equidade, como visto, é critério de julgamento que depende da aquiescência das partes litigantes.

Os costumes, para que sejam considerados como fonte de Direito Internacional, devem preencher alguns requisitos objetivos e subjetivos. O requisito **objetivo** é a prática reiterada, constante e uniforme. É a prática uniforme que se comprova quando um Estado repete a conduta sempre que presente uma situação similar. As Cortes levam isso como razão de decidir, mesmo que a prática reiterada tenha se dado em um curto espaço de tempo.

Também é necessária a comprovação do elemento **subjetivo**, sendo este entendido como a vontade do Estado – *opinio iuris sive necessitates* –, que é a demonstração de que a prática é dita pelo Estado como obrigatória.

O sistema jurídico da *common law* é, até hoje, conhecido como *consuetudinário*, pois se baseava nos costumes até 1265 e, para comprová-los, era necessária a demonstração da crença de que aquela prática era obrigatória e a reiteração das condutas por tempo juridicamente relevante.

Vislumbra-se aqui a primeira influência do sistema da *common law* no Direito Internacional. Os requisitos de aplicação dos costumes no Direito Internacional remetem aos mesmos requisitos de aplicação do Direito consuetudinário inglês.

Outra influência que pode ser retirada da análise conjunta dos sistemas da *common law* e do Direito Internacional público é a aplicação dos costumes e a falta do Poder Legislativo central, legiferante. O Direito, assim, é ditado pelos operadores, cabendo ao aplicador determinar qual o direito vigente mediante comprovação dos costumes internacionais.

Contudo, a incidência da *common law*, com seu sistema secular, é ainda maior do que isso, ela influencia a forma de operar o Direito Internacional.

Aquele que se aventura a trabalhar com Direito Internacional público não pode se restringir como um aplicador do Direito acostumado com a matriz da *civil law*, uma vez que lhe faltarão subsídios para conseguir construir e efetivar o Direito nessa forma de matriz.

Para o internacionalista que desejar aplicar apenas a letra fria da lei – tratados – nos casos de conflito, pode ser impossível o preenchimento da lacuna que se formará. Nem todas as questões conflituosas conseguem ser previstas antecipadamente e resolvidas por tratados bilaterais ou multilaterais, sendo necessária a busca da solução em outras fontes do Direito, que o sistema inglês leva como razão de decidir.

A matriz da *common law* influencia o modo de pensar do internacionalista, demonstrando que, por séculos, foi possível existir um direito positivado não escrito, não necessitando de codificações estéreis para possibilitar a aplicação da Justiça interna e, agora, tampouco, para aplicar a Justiça internacional.

9.5 Considerações finais

A *common law*, modelo de aplicação do Direito dos países da *commonwealth*, em especial o aplicado na Inglaterra, tem como marco o ano de 1066, com a invasão pelos normandos, que, no intuito de subjugar seus perdedores e dominar o território recém-dominado, criaram uma lei comum (*common law*), que deveria ser respeitada por todos, em contraponto às leis tribais de cada parte do território. Os tribunais ficaram centralizados e conhecidos como *tribunais de Westminster*.

As decisões desse modelo de sistema jurídico baseavam-se, à época, na oralidade e nos costumes.

O Direito Internacional público é o ramo do Direito que disciplina as relações internacionais entre os Estados soberanos. As normas jurídicas são construídas com a participação dos Estados mundiais em virtude da inexistência de um órgão superior que possa legislar.

O Estatuto da Corte Internacional de Justiça traz, em seu Artigo 38, as fontes do Direito Internacional: tratados e costumes como fontes primárias; doutrinas, decisões judiciais e princípios como fontes secundárias; e, por fim, a equidade (Brasil, 1945).

Os internacionalistas entendem que, embora haja uma ordem de disposição no Artigo 38, não existe uma ordem de submissão entre as normas, sendo, então, tanto o tratado quanto os costumes internacionais as fontes primeiras para a busca da resolução de conflitos internacionais.

O presente trabalho teve o objetivo de demonstrar como a tradição da *common law,* aplicada especialmente na Inglaterra, pode influenciar – e entende-se que influencia – a forma de aplicação do Direito Internacional.

O sistema do Direito Internacional construiu entendimento sobre as premissas que possibilitam a aplicação do costume como fonte do Direito. Para isso, trouxe como requisitos objetivos a uniformidade, a continuidade e reiteração da conduta pelo Estado, e como requisito subjetivo, o entendimento da prática como obrigatória pelo Estado.

Nota-se que estes também são os requisitos para a aplicação dos costumes na *common law.* Porém, agora, para esta última, é necessário a prova da época do conflito, fator que o Direito Internacional não considera relevante.

Mesmo com essa pequena diferenciação, pode-se observar a grande contribuição do sistema da *common law* na aplicação do Direito ao caso concreto, e na construção do pensamento e da argumentação, não sendo necessário o uso de codificação ou de tratados, encontrando no próprio costume, ou seja, na prática reiterada considerada obrigatória, a força coercitiva para a aplicação do Direito.

Referências

ABBOUD, G.; CARNIO, H. G.; OLIVEIRA, R. T. **Introdução à teoria e à filosofia do direito**. 2. ed. São Paulo: Revista dos Tribunais, 2014.

BRASIL. Decreto n. 19.841, de 22 de outubro de 1945. Carta das Nações Unidas. **Coleção de Leis do Brasil**, Poder Executivo, Rio de Janeiro, RJ, 1945. Disponível em: <http://www.planalto.gov.br/ccivil_03/decreto/1930-1949/d19841.htm>. Acesso em: 25 fev. 2018.

_____. Decreto n. 7.030, de 14 de dezembro de 2009. Convenção de Viena sobre o Direito dos Tratados **Diário Oficial da União**, Poder Executivo, Brasília, DF, 15 dez. 2009. Disponível em: <http://www.planalto.gov.br/ccivil_03/_ato2007-2010/2009/decreto/d7030.htm>. Acesso em: 24 fev. 2018.

BROWNLIE, I. **Princípios de direito internacional público**. Lisboa: Fundação Calouste Gulbenkian, 1997.

DAVID, R. **O direito inglês**. São Paulo: M. Fontes, 1997.

_____. **Os grandes sistemas do direito contemporâneo**. São Paulo: M. Fontes, 1986.

JO, H. M. **Introdução ao direito internacional**. São Paulo: LTr, 2000.

SISTEMA LEGAL INGLÊS. London: The Curwen Press, 1964.

SOUZA, I. M. **Direito internacional costumeiro**. Porto Alegre: Sérgio Antonio Fabris, 2001.

TRINDADE, A. A. C. **O direito internacional em um mundo em transformação**. Rio de Janeiro: Renovar, 2002.

10

A força executiva das decisões da Corte Interamericana de Direitos Humanos no Brasil

The Executive Force of Decisions from the Inter-American Court of Human Rights

Katiuscya Ayecha Heise Ferreira Binde

Katiuscya Ayecha Heise Ferreira Binde

Graduada e pós-graduada em Direito pela Faculdade Estácio de Sá. Mestranda em Direito pelo Centro Universitário Internacional Uninter.

Resumo

O objeto do presente artigo é analisar os direitos humanos sob a ótica da Justiça internacional, avaliando o crescente processo de judicialização desses direitos no âmbito internacional, seus dilemas e seus avanços, em especial o sistema interamericano de direitos humanos, o papel da Comissão Interamericana de Direitos Humanos e da Corte Interamericana de Direitos Humanos. Ainda, será examinado o papel que o Brasil vem desempenhando na garantia dos direitos humanos e o que a promulgação da Emenda Constitucional n. 45/2004 veio a dificultar na promoção e garantia dos direitos humanos na esfera interna em detrimento dos compromissos assumidos no âmbito internacional.

Abstract

This article aims to analyze human rights as applied by international courts. The buoyant role played by international judges is evaluated. The functions of the Inter-American Commission on Human Rights and of the Inter-American Court of Human Rights are emphasized. Brazil's actions are studied, specifically after the entry into force of Constitutional Amendment n. 45/2004.

Palavras-chave

Emenda Constitucional n. 45/2004. Tratados internacionais. Direitos humanos.

Keywords

Constitutional Amendement n. 45/2004. Internal treaties. Human rights.

Sumário

10.1 Considerações iniciais. 10.2 Sistema interamericano de direitos humanos. 10.3 Hierarquia dos tratados internacionais de direitos humanos no Brasil. 10.4 A força executiva das decisões proferidas pelo sistema interamericano de direitos humanos. 10.5 Considerações finais. Referências.

Summary

10.1 First considerations. 10.2 Inter-American system of human rights. 10.3 Human rights treaties hierarchy in Brazil. 10.4 The executive force of decisions from the Inter-American Court of Human Rights. 10.5 Final considerations. References.

10.1 Considerações iniciais

A judicialização dos direitos humanos tem como ponto de partida o Tribunal de Nuremberg e o de Tóquio, que inovaram ao afirmar a responsabilidade internacional penal do indivíduo como algo distinto da responsabilidade do Estado. O protagonismo do Tribunal de Nuremberg, que foi um tribunal *ad hoc* criado para o julgamento de crimes cometidos durante a Segunda Guerra Mundial por líderes políticos e militares da Alemanha nazista, destaca-se ao dar início a uma política do Direito voltada tanto para a tipificação quanto para a judicialização internacional dos direitos humanos na esfera penal.

Essa judicialização aponta para o processo de afirmação de uma ordem pública internacional com novas características, atenta ao vínculo entre a paz e os direitos humanos.

A fase inicial desencadeou o aparecimento da responsabilidade dos Estados na esfera cível e, nesse campo, ganhou importância o papel das Cortes regionais de proteção dos direitos humanos, em especial o da Comissão Interamericana de Direitos Humanos (CIDH), bem como a força executiva das decisões da Corte Interamericana de Direitos Humanos para a garantia e efetividade desses direitos no âmbito dos Estados americanos.

A evolução dos direitos humanos na América Latina tardou a acontecer, após subsequentes regimes ditatoriais. Hoje, nota-se que os Estados ainda resistem à aplicação de direitos humanos, intrinsecamente internacionais, muitas vezes valendo-se do ordenamento jurídico interno, como é, possivelmente, o caso brasileiro, de acordo com a Emenda Constitucional (EC) n. 45, de 30 de dezembro de 2004 (Brasil, 2004).

10.2 Sistema interamericano de direitos humanos

Segundo a "teoria do caos" ou "teoria dos sistemas caóticos", muitos acreditam que do caos ou da desorganização nasce a organização.

Ao se realizar uma análise horizontal das ciências sociais e do Direito, percebe-se que a teoria do físico-matemático brasileiro pode ser empregada nas ciências sociais tanto quanto nas exatas e que, a partir de um ponto de ruptura sistêmico, ocorre a transformação social, fenômeno este presenciado pelo movimento de internacionalização dos direitos humanos.

Seu ponto de ruptura ou caos consagrou-se com as atrocidades cometidas principalmente pelos Estados nazistas e stalinistas na Segunda Guerra Mundial (1939-1945) e na Guerra Fria. Assim, em 1948, a humanidade, destroçada, proclamou Resolução-217 A (III) da Assembleia-Geral das Nações Unidas, contendo a Declaração Universal dos Direitos Humanos, que estabeleceu pela primeira vez a proteção universal de tais prerrogativas, tendo imposto como único requisito fundamental a identificação do sujeito (ou comunidade de sujeitos) como pessoa humana para que possa fruir e gozar de direitos, compondo, assim, uma unidade indivisível, interdependente e inter-relacionada (ONU, 1948).

A universalização dos direitos humanos deu ensejo à formação de um sistema normativo internacional de proteção. Na ideia de horizontalização com a ciência política, o Direito Internacional transpôs e adaptou o que no Direito interno já acontecera desde o final do século XVIII, com o Estado liberal e o Estado providência, sendo suficiente para o Direito Internacional sair de sua era clássica (paz e guerra) para passar à era nova ou contemporânea de sua evolução, como Direito Internacional da cooperação e da solidariedade.

A origem do atual sistema interamericano de proteção de direitos humanos está no primeiro semestre de 1948, quando foi realizada a 9ª Conferência Interamericana entre Estados da região. Nessa conferência, aprovou-se a Declaração Americana de Direitos e Deveres do Homem e a Carta da Organização dos Estados Americanos (OEA).
Conforme ensina Ramos (2014, p. 247),

> A Carta da OEA proclamou, de modo genérico, o dever de respeito aos direitos humano por parte de todo Estado-membro da organização. Já a Declaração Americana enumerou quais são os direitos fundamentais que deveriam ser observados e garantidos pelos Estados.

Nesse contexto, Piovesan (1996) assim elucida:

> Forma-se o sistema normativo global de proteção dos direitos humanos, no âmbito das Nações Unidas. Este sistema normativo, por sua vez, é integrado por instrumentos de alcance geral (como os Pactos Internacionais de Direitos Civis e Políticos e de Direitos Econômicos, Sociais e Culturais de 1966) e por instrumentos de alcance específico, como as Convenções internacionais que buscam responder a determinadas violações de direitos humanos, como a tortura, a discriminação racial, a discriminação contra as mulheres, a violação dos direitos das crianças, dentre outras formas de violação.

O enraizamento sistêmico ocorrido com a nova era de valorização do homem e de seu entorno funda-se nas ideias de uma ética universal, que, combinada com os valores da liberdade, da igualdade e da indivisibilidade, inaugura a era de direito a ter direitos.

Porém, ainda que o avanço inaugural tenha sido um marco na história dos direitos humanos, vive-se agora um grave problema, que, nas palavras de Bobbio (1996) "é fielmente esclarecido, não padecemos mais de declarar ou fundamentar os Direitos Humanos, mas sim de protegê-los com efetividade. Ou seja, implementá-los".

artigo
A força executiva das decisões da Corte Interamericana
de Direitos Humanos no Brasil

Essa implementação prática representa o estágio da hermenêutica atual de proteção dos direitos humanos, que se iniciou com a universalidade abstrata e filosófica inicial, modificou-se para a positivação concreta e particularizada no Estado-nação e, finalmente, resultou na **universalidade concreta** dos direitos humanos internacionalmente protegidos.

A universalidade concreta desafia o Direito Internacional em virtude da avalanche desenfreada que é a contínua violação das normas internacionais. Bastando uma breve análise das diversas situações de desrespeito aos direitos humanos no mundo para constatar a amplitude da importância em se implementar de forma prática os direitos humanos.

Nessa onda renovatória, o Brasil está em pé de alfabetização, tendo em vista que somente em 1998 reconheceu a jurisdição obrigatória da Corte Interamericana de Direitos Humanos ao encaminhar nota de reconhecimento ao Secretário-Geral da Organização dos Estados Americanos (OEA) no dia 10 de dezembro do mesmo ano. Ressalte-se que não houve a promulgação de Decreto Executivo na oportunidade, tendo em vista que, em 1992, fora promulgado o Decreto Executivo n. 678 sobre a Convenção Americana de Direitos Humanos, inovando a ordem jurídica brasileira. Assim, em 1998, o Decreto Legislativo n. 89 apenas autorizou o Poder Executivo a aceitar a jurisdição da Corte Interamericana de Direitos Humanos.

10.2.1 A Comissão Interamericana de Direitos Humanos e seu papel na comunidade internacional

Após a aprovação, em 1948, da Declaração Americana dos Direitos e Deveres do Homem, foi criada a CIDH em 1959, constituindo-se no órgão central do sistema interamericano de proteção aos direitos humanos. Os membros da CIDH são eleitos na Assembleia-Geral da OEA, com a participação de todos os Estados-membros, devendo ser pessoas de ilibado saber jurídico e respeitabilidade moral e ética, com reconhecida competência em matéria de direitos humanos. A eleição de seus membros é feita a partir de uma lista de candidatos propostos pelos Estados-membros da OEA (até três candidatos por Estado), sendo eleitos sete para assumir mandatos de quatro anos, iniciando-se em 1º de janeiro do ano seguinte da eleição.

A CIDH é uma entidade autônoma da OEA, sem vínculo com governos específicos. Suas principais **finalidades** são: promover a observância e a defesa dos direitos humanos; estimular a consciência dos direitos humanos nos povos das Américas; formular recomendações aos governos dos Estados no sentido de que adotem medidas progressivas em prol dos direitos humanos no âmbito de suas legislações internas, de suas Constituições e dos tratados internacionais de que fizerem parte; promover o respeito aos direitos humanos; preparar estudos ou relatórios que considerar convenientes para o desempenho de suas funções; solicitar aos governos dos Estados que lhe forneçam informações sobre as medidas que adotarem em matéria de direitos humanos; atender às consultas que, por meio da Secretaria-Geral da OEA lhe formularem os Estados-membros sobre questões relacionadas com os direitos humanos; apresentar relatório anual à Assembleia-Geral da OEA; fazer observações *in loco* em um Estado-membro da OEA, com a anuência ou a convite do governo respectivo.

Além da função político-diplomática, a CIDH tem atribuição pseudo-judicial em razão da competência prevista no Artigo 44 da Convenção Americana sobre Direitos Humanos, que permite a comunicação de violação de direitos humanos à Comissão por meio de petições, por qualquer Estado-parte da Convenção, por qualquer pessoa ou grupo de pessoas, ou entidade não governamental legalmente reconhecida em um ou mais Estados-membros da OEA (OEA, 1969).

A força executiva das decisões da Corte Interamericana de Direitos Humanos no Brasil

Ressalta-se que, mesmo o cidadão não tendo acesso à Corte, o indivíduo ou a organização não governamental podem iniciar o processo internacional de responsabilização dos Estados-membros. Isso ocorre por intermédio de apresentação de denúncia ou queixa de violação de direitos humanos à Comissão ou mediante petição do próprio Estado-membro da OEA.

Ainda, e não menos importante, a CIDH é responsável por supervisionar as condutas dos Estados referentes às obrigações internacionais estabelecidas na Convenção Americana ou na Declaração Americana quando um país não houver ratificado a Convenção, bem como supervisionar obrigações internacionais decorrentes de outros tratados e convenções regionais e globais da Organização das Nações Unidas (ONU) que tenham entrado em vigor após a Convenção Americana.

Quanto à **jurisdição internacional** do sistema interamericano de Direitos Humanos, sua função é complementar à soberania do Estado-membro, sendo estas as regras gerais: esgotamento das esferas judiciais domésticas; prazo decadencial de seis meses após a ciência da decisão irrecorrível interna; ausência de litispendência em matéria internacional; e, em caso de representação, por meio de entidade não governamental ou pela própria vítima, a petição deve conter o nome, a nacionalidade, a profissão, o domicílio e a assinatura da pessoa ou do representante legal da entidade que peticionar.

Porém, consoante redação do Artigo 46, 2, da Convenção, existem exceções à regra nos casos em que:

> a. não existir, na legislação interna do Estado de que se tratar, o devido processo legal para a proteção do direito ou direitos que se alegue tenham sido violados;

b. não se houver permitido ao presumido prejudicado em seus direitos o acesso aos recursos da jurisdição interna, ou houver sido ele impedido de esgotá-los; e

c. houver demora injustificada na decisão sobre os mencionados recursos. (OEA, 1969)

Além dessas exceções, a jurisprudência da Corte Interamericana de Direitos Humanos prevê mais três hipóteses de dispensa de esgotamento dos recursos internos: 1) recurso inidôneo; 2) recurso inútil; e 3) ausência de defensores ou presença de barreiras de acesso à Justiça.

O **procedimento de denúncias individuais** (PDI) constitui pré-requisito processual para o encaminhamento do caso à Corte Interamericana de Direitos Humanos, sendo plenamente possível, durante o PDI, que a Comissão proponha solução amigável entre as partes – mecanismo eficaz quando os Estados se comprometem a respeitar e tomar medidas concretas para reparar as violações de direitos humanos denunciadas.

O **procedimento de solução amistosa** (PSA) é proposto pela Comissão às partes antes da fase de elaboração do relatório previsto no Artigo 50 da Convenção Americana. Se as partes não aceitarem o PSA, a Comissão apresentará ao Estado o relatório para cumprimento de suas recomendações. Se a Comissão considerar que o Estado não cumpriu as orientações do primeiro relatório, deverá submeter o caso à Corte Interamericana de Direitos Humanos e, caso o Estado não cumpra as recomendações previstas no relatório ou este não tenha sido solucionado ou submetido à Corte Interamericana de Direitos Humanos, a Comissão elaborará o relatório final. Se o Estado ainda assim não cumprir as orientações, a Comissão decidirá se vai publicá-lo no Relatório Anual a ser divulgado na Assembleia-Geral da OEA (OEA, 1969). Frise-se aqui que o Relatório e as recomendações da Comissão não têm força de coisa julgada, eficácia esta que se reserva exclusivamente à Corte Interamericana de Direitos Humanos.

Durante a segunda etapa do procedimento, a CIDH deve se colocar à disposição das partes, com vistas a alcançar uma solução amistosa para o problema, fundamentando-se no respeito aos direitos humanos reconhecidos pela Convenção. Se uma solução amistosa for obtida, a CIDH deve elaborar um relatório, descrevendo os fatos pertinentes ao caso e a forma na qual foi solucionado. Esse relatório é transmitido pela CIDH ao Secretário-Geral da OEA para publicação (Piovesan, 2012).

10.2.2 A Corte Interamericana de Direitos Humanos

Em seus primeiros anos, a Comissão restringiu-se a promover os direitos humanos consagrados pela Declaração Americana no continente. O Estatuto da Comissão, aprovado pelo Conselho da OEA em 1960, não estabeleceu outros poderes ou funções para assegurar o respeito aos direitos humanos.

Com as alterações aprovadas pelas II Conferência Interamericana Extraordinária, de 1965, o Estatuto da CIDH teve suas funções ampliadas.

A CIDH transformou-se em verdadeiro órgão internacional de supervisão do cumprimento, pelos Estados da OEA, de seus compromissos (elencados na Carta da OEA e na Declaração Americana), os quais objetivam resguardar os direitos humanos.

Para tanto, a Comissão foi autorizada a receber e examinar petições individuais sobre possíveis violações de direitos humanos, bem como a inquirir os Estados sobre os fatos apurados e recomendar condutas a serem por eles observadas.

Esse desenvolvimento institucional da CIDH foi consagrado pela elaboração do Protocolo de Buenos Aires, 1967 (em vigor desde 1970), que emendou a Carta da OEA. Pelo Protocolo, a Comissão passou a ser o orgão principal da própria OEA, superando a debilidade inicial de ter sido criada por mera resolução adotada em reunião de ministros.

Dessa forma, a CIDH "incorporou-se à estrutura permanente da OEA, tendo os Estados a obrigação de responder aos seus pedidos de informação, bem como cumprir, em boa-fé, suas recomendações, pois essas eram fundadas na própria Carta da OEA, agora reformada" (Ramos, 2014).

De acordo com o Protocolo, a Comissão é composta por sete comissários, que são pessoas de alta autoridade moral e notório saber na área de direitos humanos, indicados por Estados da OEA e eleitos em escrutínio secreto pela Assembleia da organização.

Os membros da CIDH, não obstante a indicação governamental, atuam com autonomia, devendo desempenhar suas funções baseados em suas convicções pessoais, independentemente de posições políticas ou nacionais.

Após a edição do Protocolo, o próximo salto no desenvolvimento do sistema interamericano de proteção de direitos humanos foi a aprovação do texto da Convenção Americana de Direitos Humanos em São José, Costa Rica, em 1969.

Contudo, a Convenção em vigor apenas em 1978, depois de ter alcançado o mínimo de 11 ratificações. Além de prever novas atribuições para a CIDH, a Convenção criou a Corte Interamericana de Direitos Humanos – segundo órgão de supervisão do sistema interamericano de direitos humanos.

A ênfase da Convenção é no campo dos chamados *direitos civis* e *políticos* (Artigos 3 a 25), mas também traz menção aos direitos sociais, econômicos e culturais em seu Artigo 26, no qual foi mencionado o compromisso dos Estados em adotar providências para o gozo daqueles direitos.

A partir da entrada em vigor da Convenção, a Comissão passou a ter papel dúplice: a) continuou a ser um órgão da OEA, encarregado de zelar pelos direitos humanos e pelo processamento de petições individuais, retratando violações de direitos humanos protegidos pela Carta da OEA e pela Declaração Americana; b) passou a ser órgão também da Convenção Americana de Direitos Humanos, analisando petições individuais e interpondo ação de responsabilidade internacional contra um Estado perante a Corte.

A adesão brasileira ao Pacto de San José foi concretizada por meio do Decreto Legislativo n. 27, de 28 de maio de 1992, e pelo Decreto Executivo n. 678, de 6 de novembro de 1992.

Quanto à jurisdição da Corte Interamericana de Direitos Humanos, o Brasil efetuou seu reconhecimento, após a autorização do Congresso, por meio do Decreto Legislativo n. 89/1998.

Cabe aqui uma observação. Em geral, a praxe republicana de incorporação de tratados internacionais exige a aprovação do texto pelo Congresso (**fase do decreto legislativo**) e sua posterior promulgação pelo Poder Executivo (**fase do decreto executivo**).

Entretanto, no caso, não houve necessidade de outro decreto executivo para promulgar o reconhecimento da jurisdição da Corte, aprovado pelo Decreto Legislativo n. 89/1998, porque foi, acertadamente, considerado que o Decreto Executivo n. 678/1992 (que promulgou a Convenção Americana de Direitos Humanos) já havia inovado a ordem jurídica brasileira.

O Decreto Legislativo n. 89/1998 apenas autorizou o Poder Executivo a aceitar a jurisdição da Corte. Logo, não inovou o ordenamento jurídico interno, sendo desnecessário um novo Decreto Executivo. Esse entendimento imprimiu rapidez na adesão brasileira à jurisdição da Corte.

Há outros instrumentos internacionais integrantes do sistema interamericano de direitos humanos. Vale citar alguns: Convenção Interamericana para Prevenir e Punir o Crime de Tortura (de 1985, ratificada pelo Brasil em 1989); Protocolo Adicional à Convenção Americana de Direitos

Humanos relativo à Abolição da Pena de Morte (de 1990, ratificado pelo Brasil em 1996); Convenção Interamericana para Prevenir, Punir e Erradicar a Violência contra a Mulher (de 1994, ratificada pelo Brasil em 1995); Convenção Interamericana sobre Desaparecimento Forçado de Pessoas (de 1994, aprovada pelo Brasil em 2016).

10.3 Hierarquia dos tratados internacionais de direitos humanos no Brasil

10.3.1 Incorporação dos tratados de direitos humanos antes da Emenda Constitucional n. 45/2004

A visão do Direito brasileiro a respeito do Direito Internacional está na própria Constituição Federal (CF) de 1988 (Brasil, 1988), pois se trata de um dos temas fundamentais do ordenamento. Porém, a inserção no arcabouço constitucional ocorreu de forma tímida. A CF/1988 nem sequer tem um capítulo próprio sobre o tema, apresentando-se em alguns singelos artigos, que, depois de interpretados pelo Supremo Tribunal Federal (STF), constituem-se vértice central da visão do Direito brasileiro sobre Direito Internacional.

Ocorre que as normas internacionais advêm de diversas fontes, como se verifica da inteligência do Artigo 38 do Estatuto da Corte Internacional de Justiça (Brasil, 1945).

Para Ramos (2013, p. 255) deve-se, ainda, "analisar a relação do Direito brasileiro com as chamadas fontes extraconvencionais, com foco, em especial, no chamado costume internacional".

Acontece que a Constituição, em seus poucos dispositivos que versam sobre tratados, deixou de fazer menção aos costumes internacionais, acabando por dividir a posição do STF sobre esses dois tipos de normas internacionais. Todavia, a partir de uma visão internacionalista, é evidente que o Brasil se obriga por todas as fontes normativas do Artigo 38 do Estatuto da Corte Interamericana de Justiça (Brasil, 1945), ainda mais que o país é signatário da Convenção de Viena sobre o Direito dos Tratados (Brasil, 2009). E isso significa que o Brasil se submete ao Direito Internacional público como um todo!

Com isso, como bem observa Ramos (2013, p. 187, grifo do original) desencadeou-se o aparecimento de "dois fenômenos ao longo dos anos na prática constitucional brasileira, a saber: o processo de **formação** e **incorporação** desses tratados ao direito brasileiro e o processo de **impregnação** do direito brasileiro pelas normas internacionais extraconvencionais".

Nessa dicotomia, torna-se essencial analisar de forma crítica os tratados internacionais de direitos humanos antes e depois da EC n. 45/2004 e seu lento processo de inteligência perante o STF.

Anteriormente à EC n. 45/2004, os tratados de direitos humanos seguiam o processo de aprovação dos demais tratados, com fundamento no art. 84, inciso VIII, da CF/1988, que estabelece que compete ao Presidente da República celebrar tratados, convenções e atos internacionais, sujeitos a referendo do Congresso Nacional e, ainda, no art. 49, inciso I, que dispõe que é da competência exclusiva do Congresso Nacional resolver definitivamente matéria sobre tratados, acordos ou atos internacionais que acarretam encargos ou compromissos gravosos ao patrimônio nacional (Brasil, 1988). Essa participação de poderes na formação da vontade brasileira em celebrar definitivamente um tratado internacional consagrou a **teoria da junção de vontades** ou **teoria dos atos complexos**, ou, ainda, como diria

Rezek (2011), *treaty-making power*. Para que um tratado internacional seja formado, é necessária a conjunção de vontades do Poder Executivo e do Poder Legislativo, apesar de ser sempre o Executivo o exclusivo condutor das relações internacionais de um país.

Inicialmente, após as negociações, o Estado realiza a **assinatura** do texto negociado, momento em que geralmente manifesta sua predisposição em ratificar, no futuro, o texto do tratado. Ainda pode fazer adesão a texto de tratados já existentes, dos quais não participou da negociação. A assinatura é de atribuição do Chefe do Executivo, como prescreve o art. 84, inciso VIII, da CF/1988, que utiliza o vocábulo "celebrar" em sentido impróprio: a assinatura, em geral, não vincula o Estado brasileiro. Antes, é necessário o referendo pelo Congresso Nacional. Após a assinatura, cabe ao Poder Executivo encaminhar o texto assinado do futuro tratado ao Congresso.

A segunda etapa diz respeito à **aprovação**. Segue-se o trâmite: o Presidente encaminha mensagem presidencial ao Congresso Nacional, acompanhada da exposição de motivos pelo Ministro das Relações Exteriores, solicitando a aprovação congressual ao texto do futuro tratado, que vai anexado na versão oficial em português. Inicia-se o trâmite de um projeto de decreto legislativo, que deve ser aprovado nas duas Casas do Congresso, em quatro votações por maioria qualificada (3/5), sendo promulgado e publicado pelo presidente do Congresso. Caso aprovado, o texto do tratado internacional é publicado no anexo ao decreto legislativo no Diário do Congresso Nacional.

Aprovado o decreto legislativo, o presidente da República, querendo, pode, em nome do Estado, proceder à **ratificação** do tratado. Para a Convenção de Viena sobre Direito dos Tratados, a celebração definitiva de um tratado pode manifestar-se pela assinatura, troca dos instrumentos constitutivos do tratado, ratificação, aceitação, aprovação ou adesão, ou por quaisquer outros meios se assim acordado (Artigo 11). Todas essas formas expressam o consentimento definitivo exarado pelo chefe do Executivo após a aprovação congressual.

Em geral, a ratificação em tratados bilaterais ocorre pela via da troca de notas; já os tratados multilaterais ou plurilaterais são ratificados pelo depósito do instrumento de ratificação perante um dos Estados parte ou organização internacional, designados para tal mister pelo próprio tratado.

Assim, fecha-se o ciclo de formação de um tratado para o Brasil. Porém, a norma, válida internacionalmente, não será válida internamente até que seja editado o decreto de promulgação (também chamado de *decreto executivo* ou *decreto presidencial*) pelo presidente da República e referendado pelo ministro das Relações Exteriores (art. 87, inciso I, da CF/1988). Esse é o modo interno brasileiro de proceder à ratificação, forma que vigora desde os tempos do Império.

No plano doméstico, essa etapa de **incorporação** só apresenta uma fase: a edição do decreto de promulgação, o que revela a inovação no ordenamento jurídico brasileiro e valida o tratado no plano interno. Como não há prazo para sua edição, o Brasil fica vinculado internacionalmente, mas não internamente. Tal divergência acarreta a responsabilização do Brasil no âmbito internacional, pois há casos de o tratado já ter vigência internacional, mas ainda não ter sido editado o respectivo decreto executivo (Ramos, 2013).

Desde 1988, a CF determinou a incorporação automática das normas de tratados internacionais de direitos humanos ratificados pelo Brasil, a qual advém da letra do art. 5º, § 1º, que, ao dispor sobre a aplicabilidade imediata dos direitos e garantias fundamentais, levaria à dispensa do decreto de promulgação (Brasil, 1988). Bastaria o ato de ratificação e a entrada em vigor, no plano internacional, do tratado de direitos humanos para que este fosse, automaticamente, válido no âmbito interno.

Porém, o STF interpretou o art. 5°, § 1°, da CF/1988 de forma restritiva, uma vez que este regeria somente a aplicação interna dos direitos e das garantias fundamentais, sem relação, então, com a necessidade ou não de decreto executivo na incorporação de tratados.

A incorporação dos tratados de direitos humanos, por se tratar de tema relativo à hierarquia das normas, está prevista na CF/1988 e depende da interpretação final do Supremo. Apesar do apelo à promoção da dignidade da pessoa humana, não houve alteração do posicionamento do STF nos primeiros anos subsequentes à edição da Constituição.

Caso paradigmático foi o julgamento do Recurso Extraordinário n. 80.004, de 1977, quando se entendeu pela equivalência da lei ordinária e dos tratados internacionais. Dessa forma, os atos internacionais não seriam, de forma automática, hierarquicamente superiores às leis ordinárias, uma vez que os conflitos entre essas normas teriam de ser solucionados mediante aplicação do critério cronológico ou da especialidade (Brasil, 1977).

Outro caso emblemático dessa mera ordinariedade foi o da prisão civil do depositário infiel, não prevista pela Convenção Americana de Direitos Humanos, que, em seu Artigo 7, veda a prisão civil com exceção daquele do devedor de alimentos. Ainda na década de 1990, segundo Ramos (2013), o STF decidiu que o artigo citado teria *status* de mera lei ordinária, devendo ser subordinado à CF/1988, que, em seu art. 5°, inciso LXVII, prevê, além da prisão civil em razão do inadimplemento de obrigação alimentar, a prisão civil do depositário infiel. Mas, houve divisão de votos no julgamento do *Habeas Corpus* n. 72.131/RJ, *leading case* do tema à época: os Ministros Marco Aurélio, relator originário, Francisco Rezek, Carlos Velloso e Sepúlveda Pertence votaram pela concessão da ordem, ou seja, pela prevalência da Convenção Americana de Direitos Humanos (Brasil, 2003).

Para reforçar a visão contrária, o STF comparou a CF/1988 com a Constituição argentina, a qual, depois da reforma de 1994, consagrou expressamente a hierarquia constitucional dos tratados internacionais de direitos humanos. Para a Corte Suprema brasileira, a diferença entre as duas Constituições demonstrava que, quando o constituinte almeja estabelecer um *status* normativo diferenciado aos tratados de direitos humanos, ele assim o faz expressamente.

Contudo, tal posicionamento tem sido veementemente criticado ao longo do tempo. Inicialmente houve quem defendesse uma hierarquia supraconstitucional dos tratados internacionais de direitos humanos. Esse posicionamento é fruto da primazia do Direito Internacional previsto tanto na Convenção de Viena sobre Direito dos Tratados quanto por órgãos internacionais. No entanto, não há consenso na classe política para a alteração, mediante EC, da ambiguidade brasileira sobre Direito Internacional. Lembra-se que o Estado brasileiro se comprometeu no plano internacional à adesão e ao cumprimento de diversos tratados. Exemplo disso é a adesão ao Tratado de Viena, porém, na prática, no âmbito interno, o que se verifica é a negligência na prevalência de tais compromissos.

Ainda, outros defendiam, desde a edição da CF/1988, o estatuto constitucional dos tratados de direitos humanos por força de seu art. 5°, § 2°. Nesse sentido, tal dispositivo asseguraria, para parte da doutrina, a hierarquia constitucional a tratados de direitos humanos ratificados pelo Brasil, pois sua redação constitui verdadeira cláusula aberta, fornecendo aos direitos humanos previstos em tratados internacionais a almejada estatura constitucional.

Em meados de 2000, o Ministro Sepúlveda Pertence, com o intuito de conciliar a visão do Supremo e o ponto de vista doutrinário, no Recurso Ordinário em *Habeas Corpus* n. 79.785/RJ, sustentou que deveríamos "aceitar a outorga de força supralegal às convenções de Direitos Humanos, de modo a dar aplicação direta às suas normas – até se, necessário, contra lei ordinária – sempre que, sem ferir a Constituição, a complementem, especificando ou ampliando os direitos e garantias dela constantes" (Brasil, 2002).

Por fim, até a edição da EC n. 45/2004, havia intenso debate doutrinário sobre a posição hierárquica dos tratados internacionais de direitos humanos, especialmente em virtude do disposto no art. 5º, § 2º, da CF/1988.

Para Ramos (2013), esse descompasso sobre a hierarquia normativa dos tratados de direitos humanos pode ser resumido em quatro posições de maior repercussão: natureza supraconstitucional, em razão de sua origem internacional (Celso de Melo), natureza constitucional (Trindade, Piovesan, entre outros), natureza equiparada à lei ordinária federal (a maioria dos ministros do STF da época), natureza supralegal, posicionamento atual (acima da lei e inferior à Constituição, voto do Ministro Sepúlveda Pertence).

10.3.2 Incorporação dos tratados de direitos humanos depois da Emenda Constitucional n. 45/2004

Após longos anos de instabilidade, a classe política, então convencida a aprovar a EC n. 45/2004, adotou a seguinte redação: "Art. 5º. [...] § 3º Os tratados e convenções internacionais sobre direitos humanos que forem aprovados, em cada Casa do Congresso Nacional, em dois turnos, por três quintos dos respectivos membros, serão equivalentes às emendas constitucionais" (Brasil, 2004).

A redação final aprovada foi recebida com pouco entusiasmo pelos defensores dos direitos humanos, pelos seguintes motivos:

- condicionou a hierarquia constitucional ao rito idêntico ao das emendas constitucionais, aumentando o *quórum* da aprovação congressual futura e estabelecendo dois turnos, tornando-a mais dificultosa;
- sugeriu, ao usar a expressão "que forem", a existência de dois tipos de tratados de direitos humanos no pós-emenda: os aprovados pelo rito comum (maioria simples e em turno único) e os aprovados pelo rito especial do art. 5º, § 3º, da CF/1988;
- nada mencionou quanto aos tratados anteriores à EC n. 45/2004.

Cançado Trindade, em contundente voto em separado no caso Ximenes, do Corte Interamericana de Direitos Humanos, criticou duramente o citado parágrafo, que seria, em sua visão:

> mal concebido, mal redigido e mal formulado, representa lamentável retrocesso em relação ao modelo aberto consagrado pelo parágrafo 2º do artigo 5º da Constituição Federal de 1988. [...] criou um imbróglio tão a gosto de publicistas estatocêntricos, insensíveis às necessidades de proteção do ser humano; em relação aos tratados a aprovar, cria a possibilidade de uma diferenciação tão a gosto de publicistas autistas e míopes, tão pouco familiarizados – assim como os parlamentares que lhes dão ouvidos, – com as conquistas do Direito Internacional dos Direitos Humanos. (CorteIDH, 2006)

Por essa razão, vários doutrinadores aduzem que a batalha dos tratados internacionais estaria perdida; somente alguns tratados seriam equivalentes à EC, a saber, os que fossem aprovados pelo rito especial recém-criado. Assim, é possível concluir que, a partir da EC n. 45/2004, há dois tipos de tratados de direitos humanos: os aprovados pelo rito especial do art. 5º, § 3º, da CF/1988, e os não aprovados por esse rito especial (ou por serem anteriores à EC n. 45/2004 ou, se posteriores, por terem sido aprovados pelo rito simples). Os últimos teriam estatuto equivalente à lei ordinária federal, e somente os primeiros teriam estatura constitucional.

Ainda, para parte da doutrina, existe a possibilidade de conciliação entre os tratados e a EC, na medida em que os tratados de direitos humanos incorporados antes ou depois da EC teriam o estatuto constitucional, com base no art. 5º, § 2º, da CF/1988. Na visão de Piovesan, Pagliarini, Trindade, entre outros, todos seriam materialmente constitucionais.

O rito especial do artigo 5º, § 3º, somente daria uma consequência adicional aos tratados de direitos humanos: a impossibilidade de denúncia, pois tais tratados seriam material e **formalmente** constitucionais. Assim, teríamos tão somente a petrificação dos tratados de direitos humanos que fossem aprovados de acordo com o rito especial, eis que não seriam sujeitos à denúncia. (Piovesan, 2006, citada por Ramos, 2013, p. 142, grifo do original)

Vale ressaltar que os tratados de direitos humanos, não raro, apresentam cláusula de denúncia. Contudo, o Brasil não tem por praxe estabelecer reserva (ato unilateral por meio do qual, na celebração, o país declara sua vontade de nunca denunciar o tratado).

O único tratado aprovado pelo rito especial até o momento – Convenção das Nações Unidas sobre Direitos da Pessoa com Deficiência – demonstra certa precariedade do procedimento, pois o Congresso Nacional poderia ter manifestado seu desejo de excluir a possibilidade de denúncia prevista no texto daquela Convenção (reserva do art. 48), mas não o fez.

Nesse contexto, é inegável o estatuto diferenciado dos tratados internacionais de direitos humanos, em face do disposto especialmente no art. 1º, *caput*, e inciso III (estabelecimento do Estado democrático de Direito e consagração da dignidade humana como fundamento da República), e do art. 5º, § 3º, todos da CF/1988. Dessa forma, é possível afirmar que os tratados de direitos humanos têm natureza constitucional.

Quanto à **denúncia** de qualquer tratado, ela pode ser feita tanto pelo chefe do Executivo quanto pelo Congresso Nacional – nesse caso, desde que efetivada pelo presidente da República, que tem voz internacional.

O controle do **efeito cliquet** pode ser realizado pelo Poder Judiciário, e aqui se pede vênia para o uso da terminologia utilizada por Coelho (2014), em que Poder Judiciário deve ser responsável por uma análise *in dubio pro humanitate* quando se defrontar com dúvidas, de âmbito coletivo, para reforçar a tese da universalidade apriorística dos direitos humanos.

Essa ideia é reforçada pela Corte Europeia de Direitos Humanos e trazida por Ramos (2013), quando apontam que a interpretação dada aos tratados de direitos humanos pelos tribunais deve ser *pro homine*, contribuindo para o aumento da proteção ao ser humano e para a plena aplicabilidade dos dispositivos convencionados.

Ideologicamente, o STF assume posicionamento pelo duplo estatuto dos tratados de direitos humanos, em que a supralegalidade é a condição dos tratados que não foram aprovados pelo rito especial do art. 5º, § 3º, quer sejam anteriores ou posteriores à EC n. 45/2004. São tratados constitucionais os aprovados pelo rito da mencionada emenda.

10.4 A força executiva das decisões proferidas pelo sistema interamericano de direitos humanos

O Direito Internacional dos direitos humanos representa um conjunto de direitos e faculdades que garante a dignidade do ser humano e se beneficia de garantias internacionais institucionalizadas por meio de tratados internacionais, princípios gerais de Direito Internacional, pactos e costumes internacionais, entres outros.

Além do desenvolvimento legislativo ocorrido no âmbito do Direito Internacional dos direitos humanos, outro aspecto importantíssimo é o surgimento das organizações internacionais no âmbito da ONU, que, de forma específica, elaboram tratados internacionais de direitos humanos. Exemplos desse tipo de organização são a Organização Internacional do Trabalho (OIT) e a Organização das Nações Unidas para a Educação, Ciência e Cultura (Unesco).

A evolução legislativa e o surgimento de organizações internacionais é forma de estratégia internacional para a ampliação da proteção dos direitos humanos.

Porém, diante desse panorama, uma discussão ganha foco: Entre todos os direitos previstos para proteção e garantia dos direitos humanos, qual ou quais vinculam diretamente os Estados ratificantes?

Em opinião consultiva, a Corte Internacional de Justiça enfatizou que os princípios gerais de Direito Internacional (em análise a Convenção de Prevenção e Repressão ao Crime de Genocídio) são princípios gerais de Direito e vinculam mesmo Estados não contratantes (ICJ, 1951).

Primeiramente, deve-se perceber que as normas não convencionadas servem para preencher os vazios gerados pela ausência de adesão por parte de vários Estados aos tratados, bem como a insegurança jurídica gerada por tal situação.

O consenso internacional em torno de direitos universais – como vida, liberdade, nacionalidade, intimidade, vida privada – depende das condições de espaço, tempo e discurso, não podendo permanecer o entendimento exarado pela Corte Internacional de Justiça de que princípios gerais de Direito geram sempre vinculação obrigatória aos Estados, sejam estes participantes ou não.

Assim, a codificação dos direitos humanos, com a ratificação dos tratados pelos Estados é ainda a condição essencial para o respeito da dignidade humana no mundo, havendo, entretanto, o caso dos direitos humanos supranacionais (Carta Europeia de Direitos Humanos). Lembra-se que os tratados apresentam mecanismos de aferição de responsabilidade do Estado pelo cumprimento das obrigações pactuadas (mediante a efetividade de ou tribunais e comitês internacionais).

No âmbito internacional, os tribunais ou comitês têm papel de intérpretes do Direito Internacional dos direitos humanos.

No mundo, não há uma Corte ou um Tribunal Internacional de Direitos Humanos – não com jurisdição internacional obrigatória, como tem, por exemplo, o STF sobre os Estados da federação brasileira. A Corte Internacional de Justiça (principal órgão judicial da ONU) tem papel secundário na proteção dos direitos humanos, uma vez que sua jurisdição contenciosa só se aplica a Estados, conforme positivado no Artigo 34, 1, do Estatuto da Corte Interamericana de Justiça, na figura de autores ou réus (Brasil, 1945).

Cumpre ainda mencionar a existência, no âmbito internacional, apenas de tribunais penais, tais como os tribunais *ad hoc*, criados por resolução do Conselho de Segurança da ONU para a ex-Iugoslávia e Ruanda, e o Tribunal Penal Internacional, que é permanente, criado para o julgamento de crimes mais graves contra a humanidade e que não deve ser confundido com Cortes Internacionais de direitos humanos – esses crimes de lesa-humanidade são conhecidos como *core crimes*: a) crime de genocídio; b) crimes contra a humanidade; c) crimes de guerra; d) crime de agressão.

Assim, a existência de Cortes no âmbito regional, como nos casos dos sistemas africano, europeu e interamericano, é responsável pelo desenvolvimento da jurisprudência de direitos humanos.

A primeira Corte especializada em matéria de direitos humanos foi a europeia. Sediada em Estrasburgo, na França, foi criada pela Convenção Europeia de Direitos Humanos em 1950. Desde então, o papel da Corte vem sendo aperfeiçoado por protocolos de reforma, e sua jurisdição foi acoplada à estrutura da União Europeia pelo Tratado de Lisboa.

No sistema interamericano, o Tribunal Internacional especializado em direitos humanos foi a Corte Interamericana de Direitos Humanos, criada pelo Pacto de São José da Costa Rica, órgão da Convenção Americana de Direitos Humanos, com sede na mesma cidade.

Somente os Estados contratantes e a CIDH (que tem função similar à do Ministério Público) podem demandar a Corte Interamericana.

O papel da CIDH é, em suma, zelar pela garantia dos direitos humanos, podendo, para tanto, fazer recomendações aos governos dos Estados-parte por meio de estudos e relatórios, bem como atuar como conciliadora entre governos e grupos sociais. Ainda, é de sua responsabilidade examinar as comunicações encaminhadas por indivíduos ou grupos de indivíduos, ou por entidade não governamental, que contenham denúncia de violação a direitos consagrados pela Declaração Americana de Direitos do Homem. Assim, a CIDH exerce uma função quase judicial, similar à da então Comissão Europeia de Direitos Humanos.

Ao receber uma petição/comunicação, a Comissão verifica sua admissibilidade, levando em consideração os requisitos estabelecidos no Artigo 46 da Convenção tais como prévio esgotamento dos recursos internos, inexistência de litispendência internacional (OEA, 1969). Após, deve solicitar informações ao governo denunciado. Verificando a veracidade da informação levada a seu conhecimento, a CIDH tentará buscar uma solução amistosa entre as partes. Em caso de frustração da solução amistosa, deverá ser elaborado relatório, apresentando os fatos e as conclusões pertinentes ao caso e, eventualmente, as recomendações ao Estado-membro, ressaltando que esse relatório é mandatório e deverá conter as conclusões da Comissão, indiciando se o Estado violou ou não a Convenção Americana.

Após o envio do relatório ao Estado-membro, o governo terá três meses para dar cumprimento às recomendações feitas pela Comissão, caso contrário poderá ser encaminhado à apreciação da Corte Interamericana de Justiça, que é o órgão jurisdicional desse sistema regional.

No caso do sistema interamericano de direitos humanos, somente a CIDH e os Estados-partes podem submeter um caso à Corte Interamericana, não estando prevista a legitimação do indivíduo, de acordo com o teor do art. 61 da Convenção (OEA, 1969). Diferentemente da Corte Europeia, que aboliu a Comissão Europeia de Direitos Humanos e deu legitimidade a qualquer indivíduo, grupo de indivíduos ou organização não governamental, nos termos do Artigo 34º da Convenção Europeia (ECHR, 2018).

A Corte Interamericana, assim como a Europeia, tem duas competências: a consultiva e a contenciosa. Nas palavras de Piovesan (2012, p. 140), "A Corte Interamericana de Direitos Humanos tem a mais ampla jurisdição em matéria consultiva, se comparada com qualquer outro Tribunal internacional. A Corte tem exercido sua jurisdição no sentido de realizar importantes contribuições conceituais no Campo do Direito Internacional dos Direitos Humanos".

Nesse sentido, a Corte vem desempenhando papel importante no desenvolvimento e na uniformização dos conceitos por meio da interpretação da Convenção Americana e de outros tratados de direitos humanos.

No campo contencioso, a competência da Corte para julgamento de casos é limitada aos Estados-partes da Convenção que reconheceram expressamente a jurisdição desta. "Sob as cláusulas da jurisdição obrigatória e do direito de petição individual se ergue todo o mecanismo de salvaguarda internacional do ser humano, razão pela qual me permito designá-las verdadeiras cláusulas pétreas de proteção internacional dos direitos humanos" (Trindade; Robles, 2004, p. 91).

A respeito da competência contenciosa da Corte, afirma Trindade (1993, p. 33):

> Os Tribunais internacionais de direitos humanos existentes – as Cortes Europeia e Interamericana de Direitos Humanos – não 'substituem' o Tribunais internos, e tampouco operam como tribunais de recursos ou de cassação de decisões dos Tribunais internos. Não obstante, os atos internos dos Estados podem vir a ser objeto de exame por parte dos órgãos de supervisão internacionais, quando se trata de verificar a sua conformidade com as obrigações internacionais dos Estados em matéria de direitos humanos.

Por fim, cabe destacar que da Corte Interamericana de Direitos Humanos emanam decisões juridicamente vinculantes, ou seja, Estados soberanos são por ela condenados em razão de violação de direitos humanos e liberdades fundamentais de indivíduos. Dado esse caráter vinculante e como essas decisões ordenam o pagamento de justa indenização ou compensação às vítimas, elas se perfazem em títulos executivos, os quais têm validade e podem ser executados de acordo com os procedimentos internos de cada Estado.

10.5 Considerações finais

Percebe-se que, apesar de todo esforço realizado no plano internacional para promoção dos direitos humanos, ainda há um longo caminho a ser percorrido. Exemplo disso é a submissão de um país à jurisdição da CIDH somente se este ratificar a Convenção Americana e sujeitar seu protocolo à Convenção para determinado caso – caso contrário, não ficará obrigado a aceitar as recomendações da Corte, não podendo ser julgado por possíveis violações a direitos humanos.

Outro aspecto relevante reside no fato de que as condenações acabam se reduzindo em compensações às vítimas ou a seus familiares; apenas um pequeno número de condenações reverte-se em planos mais englobantes, como a obrigação em adotar medidas públicas no âmbito nacional para a educação e a repressão ao cometimento de violações a direitos humanos.

Em suma, o que se nota é um viés de repressão, essencial, obviamente, para a contenção de situações de violação de direitos humanos. Porém, tal entendimento não seria o mais adequado. O ideal seria um posicionamento preventivo tanto da Corte Interamericana quanto da CIDH. Com a fiscalização prévia dos países signatários da Convenção Americana, talvez não ocorressem violações de direitos humanos dentro das penitenciárias e das escolas paupérrimas do nordeste brasileiro.

Ainda que a Corte Interamericana não tenha jurisdição para revogar lei em tese, tal possibilidade deveria ser levada em consideração, uma vez que existe uma ordem jurídica, ainda que regida pelo acordo de vontades. Aceita a jurisdição da Corte, não pode a lei interna ferir o que anteriormente avençado, como é o caso da EC n. 45/2004, que cria verdadeiro obstáculo para a garantia dos direitos humanos elencados na Convenção Americana, tendo tal hierarquia legal sido arguida pelos julgadores internos para não que não fossem aplicadas as garantias previstas na Convenção.

Dessa forma, apesar da evolução alcançada no âmbito internacional, várias modificações ainda deverão ser feitas para melhorar a garantia dos direitos humanos, mas isso dependerá do interesse de legisladores e administradores.

Referências

BOBBIO, N. **A era dos direitos**. Rio de Janeiro: Campus, 1996.

BRASIL. Constituição (1988). **Diário Oficial da União**, Brasília, DF, 5 out. 1988. Disponível em: <http://www.planalto.gov.br/ccivil_03/constituicao/ConstituicaoCompilado.htm>. Acesso em: 28 fev. 2018.

_____. Constituição (1988). Emenda Constitucional n. 45, de 30 de dezembro de 2004. **Diário Oficial da União**, Poder Legislativo, Brasília, DF, 31 dez. 2004. Disponível em: <http://www.planalto.gov.br/ccivil_03/constituicao/emendas/emc/emc45.htm>. Acesso em: 25 fev. 2018.

_____. Decreto n. 19.841, de 22 de outubro de 1945. Carta das Nações Unidas. **Coleção de Leis do Brasil**, Poder Executivo, Rio de Janeiro, RJ, 1945. Disponível em: <http://www.planalto.gov.br/ccivil_03/decreto/1930-1949/d19841.htm>. Acesso em: 25 fev. 2018.

_____. Decreto n. 7.030, de 14 de dezembro de 2009. Convenção de Viena sobre o Direito dos Tratados **Diário Oficial da União**, Poder Executivo, Brasília, DF, 15 dez. 2009. Disponível em: <http://www.planalto.gov.br/ccivil_03/_ato2007-2010/2009/decreto/d7030.htm>. Acesso em: 24 fev. 2018.

BRASIL. Supremo Tribunal Federal. Habeas Corpus (HC) n. 72.131/RJ, de 23 de novembro de 1995. Relator: Ministro Moreira Alves. **Diário da Justiça**, Brasília, DF, 1º ago. 2003. Disponível em: <http://redir.stf.jus.br/paginadorpub/paginador.jsp?docTP=AC&docID=73573>. Acesso em: 24 fev. 2018.

BRASIL. Supremo Tribunal Federal. Recurso Extraordinário (RE) n. 80.004/SE, de 1º de junho de 1977. Relator: Ministro Xavier de Albuquerque. **Diário da Justiça**, Brasília, DF, 29 dez. 1977. Disponível em: <http://redir.stf.jus.br/paginadorpub/paginador.jsp?docTP=AC&docID=175365>. Acesso em: 24 fev. 2018.

_____. Recurso Ordinário em Habeas Corpus n. 72.131/RJ, de 29 de março de 2000. Relator: Ministro Sepúlveda Pertence. **Diário da Justiça**, Brasília, DF, 22 nov. 2002. Disponível em: <http://redir.stf.jus.br/paginadorpub/paginador.jsp?docTP=AC&docID=102661>. Acesso em: 14 fev. 2018.

COELHO, L. F. **Helênia e Devília**: civilização e barbárie na saga dos direitos humanos. Curitiba: Bonijuris, 2014.

CORTEIDH – Corte Interamericana de Direitos Humanos. Caso Ximenes Lopes *vs*. Brasil. **Sentença**, 4 jul. 2006. Disponível em: <http://www.corteidh.or.cr/docs/casos/articulos/seriec_149_por.pdf>. Acesso em: 26 fev. 2018.

ECHR – European Court of Human Rights. **Convenção Europeia dos Direitos do Homem**. Disponível em: <http://www.echr.coe.int/Documents/Convention_POR.pdf>. Acesso em: 26 fev. 2018.

ICJ – International Court of Justice. Reservations to the Convention on the Prevention and Punishment of the Crime of Genocide. **Advisory Opinion**, 28 May 1951. Disponível em: <http://www.icj-cij.org/files/case-related/12/4285.pdf>. Acesso em: 26 fev. 2018.

OEA – Organização dos Estados Americanos. Comissão Interamericana de Direitos Humanos. **Convenção Americana sobre Direitos Humanos**. 22 nov. 1969. Disponível em: <http://www.cidh.oas.org/basicos/portugues/c.convencao_americana.htm>. Acesso em: 26 fev. 2018.

ONU – Organização das Nações Unidas. Assembleia-Geral das Nações Unidas. **Declaração universal dos direitos humanos**. 10 dez. 1948. Disponível em: <http://www.onu.org.br/img/2014/09/DUDH.pdf>. Acesso em: 26 fev. 2018.

PAGLIARINI, A. C.; CHOUKR, F. H. **Cooperação jurídica internacional**. Belo Horizonte: Fórum, 2014.

PIOVESAN, F. **A Constituição de 1988 e os tratados internacionais de proteção dos direitos humanos**. 1996. Disponível em: <http://www.pge.sp.gov.br/centrodeestudos/revistaspge/revista3/rev6.htm>. Acesso em: 25 fev. 2018.

_____. **Direitos humanos e justiça internacional**. São Paulo: Saraiva, 2012.

_____. **Direitos humanos e o direito constitucional internacional**. São Paulo: Max Limonad, 1997.

PIOVESAN, F.; GOMES, L. F. **O sistema interamericano de proteção dos direitos humanos e o direito brasileiro**. São Paulo: Revista dos Tribunais, 2000.

RAMOS, A. de C. **Curso de direitos humanos**. São Paulo: Saraiva, 2014.

_____. **Teoria geral dos direitos humanos na ordem internacional**. 3. ed. São Paulo: Saraiva, 2013.

REZEK, F. **Direito internacional público**: curso elementar. 13. ed. São Paulo: Saraiva, 2011.

TRINDADE, A. A. C. **A interação entre o direito internacional e o direito interno na proteção dos direitos humanos**. Brasília: Arquivos do Ministro da Justiça, 1993.

TRINDADE, A. A. C. **Tratado de direito internacional dos direitos humanos**. Porto Alegre: Fabris, 1997.

TRINDADE, A. A. C.; ROBLES, M. E. V. **El futuro de la Corte Interamericana de Derechos Humanos**. San José de Costa Rica: Acnur, 2004.

11

Os direitos sexuais e reprodutivos na ordem jurídica internacional e o *Habeas Corpus* n. 124.306 no Supremo Tribunal Federal

Sexual and Reproductive Rights in the International Legal Order and the Habeas Corpus n. 124.306 in the Supreme Federal Court

Larissa Tomazoni
Estefânia Barboza

Larissa Tomazoni

Mestranda em Direito pelo Centro Universitário Internacional Uninter. Pós-graduanda em Gênero e Sexualidade. Bacharel em Direito pelo Centro Universitário Autônomo do Brasil (Unibrasil). Pesquisadora do Núcleo de Estudos Filosóficos (Nefil/UFPR) e do Grupo de Estudos Jurisdição Constitucional Comparada: método, modelos e diálogos (Uninter). Advogada.

Estefânia Barboza

Doutora em Direito pela Pontifícia Universidade do Paraná. Professora do programa de mestrado em Direito do Centro Universitário Internacional Uninter e do Departamento de Direito Público da UFPR. Coordenadora do Grupo de Estudos Jurisdição Constitucional Comparada: método, modelos e diálogos (Uninter). Advogada.

Resumo

Este trabalho busca demonstrar quais são os principais documentos internacionais que garantem os direitos sexuais e reprodutivos das mulheres e demonstrar como eles avançaram na legislação pós-Constituição de 1988. Analisa-se o *Habeas Corpus* n. 124.306/RJ para verificar se a *ratio decidendi* guarda relação com o que foi positivado no Direito Internacional público no que tange aos direitos sexuais e reprodutivos. Trata-se de uma pesquisa descritiva, realizada a partir da revisão bibliográfica dos documentos internacionais de direitos humanos e da legislação interna brasileira, com o objetivo de demonstrar a importância dos direitos sexuais e reprodutivos das mulheres como parte universal e indivisível dos direitos humanos.

Abstract

This paper aims to demonstrate the main international documents that guarantee the sexual and reproductive rights of women and to demonstrate how they have been progressing since the Federal Constitution of 1988. This research seeks to analyze Habeas Corpus 124.306/RJ to verify if the grounds of the decision are related to what was established in Public International Law in relation to sexual and reproductive rights. This is a descriptive research based on the bibliographic review of international human rights documents and Brazilian domestic legislation. It seeks to demonstrate the importance of women's sexual and reproductive rights as a universal and indivisible part of human rights.

Palavras-chave

Direitos sexuais e reprodutivos. Direito Internacional público. Direitos humanos. Jurisdição.

Keywords

Sexual and reproductive rights. Public International Law. Human rights. Jurisdiction.

Sumário

11.1 Considerações iniciais. 11.2 Direitos sexuais e reprodutivos no âmbito internacional. 11.3 Desenvolvimento e afirmação dos direitos reprodutivos no Brasil. 11.4 Direitos sexuais e reprodutivos no *Habeas Corpus* n. 124.306/RJ. 11.5 Considerações finais. Referências.

Summary

11.1 First considerations. 11.2 Sexual and reproductive rights at the international level. 11.3 Development and affirmation of reproductive rights in Brazil. 11.4 Sexual and reproductive rights in the Habeas Corpus n. 124.306/RJ. 11.5 Final considerations. References.

11.1 Considerações iniciais

As raízes do que se entende por direitos humanos são tão antigas quanto a própria história das civilizações, tendo se manifestado em movimentos sociais e políticos, correntes filosóficas e doutrinas jurídicas distintas em momentos históricos sucessivos, na afirmação da dignidade da pessoa humana e na luta contra todas as formas de opressão, exclusão, despotismo e arbitrariedade.

O reconhecimento desses valores e a formação de padrões mínimos universais de respeito ao próximo constituíram o legado da consciência universal das contínuas gerações de seres humanos, estando presentes suas necessidades e responsabilidades.

A formulação jurídica da noção de direitos humanos no plano internacional é algo recente, articulado no pós-Segunda Guerra, com a Declaração Universal dos Direitos Humanos de 1948 (ONU, 1948).

A **primeira dimensão** refere-se aos direitos que foram primeiramente reconhecidos no âmbito internacional: direitos civis e políticos, que têm como titular o indivíduo. Esses direitos apareceram ao longo dos séculos XVIII e XIX como expressão de um cenário político marcado pelo ideário do jusnaturalismo e do liberalismo.

A **segunda dimensão** abrange os direitos sociais, econômicos e culturais, cuja luta remonta ao processo de industrialização, os quais se fundam no princípio da igualdade e são tidos como direitos positivos, pois demandam a atuação positiva por parte do Estado.

A **terceira dimensão** de direitos consolidou os direitos difusos e coletivos. Os direitos difusos dirigem-se ao gênero humano como um todo e abarcam também os direitos de gênero, da criança, dos idosos, das pessoas com deficiência e das minorias – são direitos coletivos, tratando-se de grupos específicos. Entende-se que os direitos humanos são decorrências de demandas sociais de determinado período histórico, não são estáticos, mas sim conquistas da humanidade que se acumulam e se aperfeiçoam ao longo da história.

Nesses contextos histórico e jurídico, os direitos sexuais e reprodutivos surgem como parte indivisível dos direitos humanos e, principalmente, dos direitos das mulheres. Ainda que, no plano internacional, haja a indiscutível existência e afirmação desses direitos, falta aos Estados comprometimento e vontade política de efetivar os direitos sexuais e reprodutivos no plano interno.

Por se tratar de direitos humanos e, portanto, de normas *jus cogens*, não cabe aos Estados se esquivar do cumprimento do que dispõem os tratados internacionais que versam sobre o tema, tampouco podem estes se esquivar do cumprimento dos planos de ação das conferências das Nações Unidas, pois, ainda que não tenham força vinculante, correspondem a um compromisso político dos países que o ratificaram com os direitos humanos.

O objetivo deste artigo é demonstrar quais são os principais documentos internacionais que garantem de forma implícita ou explícita os direitos sexuais e reprodutivos das mulheres. Por conta da polêmica que envolve esses direitos e da dificuldade por parte de alguns países em efetivar a garantia dos direitos positivados em Convenções Internacionais de Direitos Humanos é que se faz necessário debater o tema.

O estudo é realizado a partir da análise dos documentos internacionais elaborados após a Segunda Guerra Mundial, período de internacionalização dos direitos humanos, bem como com fundamento na legislação brasileira e nas principais decisões judiciais e políticas públicas que abordam os direitos sexuais e reprodutivos das mulheres.

Em um segundo momento, será examinado o *Habeas Corpus* (HC) n. 124.306/RJ (Brasil, 2016), a fim de verificar se a *ratio decidendi* da decisão guarda relação com o que foi positivado no Direito Internacional público no que tange aos direitos sexuais e reprodutivos.

Por fim, são utilizadas referências bibliográficas de autoras feministas e estudiosas das questões de gênero e sexualidade, que advogam pela realização da sexualidade e da reprodução de forma emancipatória e igualitária. A finalidade deste trabalho é demonstrar a importância dos direitos sexuais e reprodutivos para a vida, a dignidade e a saúde das mulheres, bem como do pleno exercício dos direitos humanos.

11.2 Direitos sexuais e reprodutivos no âmbito internacional

As sociedades democráticas contemporâneas deram início a um grande movimento político de reivindicação de direitos na esfera da sexualidade e reprodução a partir de uma perspectiva emancipatória. A construção dos direitos sexuais e reprodutivos está vinculada aos movimentos sociais, principalmente os das mulheres, que, inicialmente, voltaram-se contra as políticas verticais de natalidade e, posteriormente, ao debate para o exercício pleno da sexualidade e reprodução, que passavam a ser introduzidas no discurso político não mais como necessidade biológica, mas como um conjunto de direitos (Schiocchet, 2007).

Os direitos humanos são um conjunto mínimo de direitos necessários para assegurar uma vida baseada na liberdade e dignidade do ser humano. Os direitos fundamentais são assim considerados porque sem eles a pessoa humana não consegue existir e não será capaz de se desenvolver e viver plenamente (Ramos, 2001). Os direitos sexuais e reprodutivos são os mais humanos de todos os direitos, que precisam ser reconhecidos, vividos e transcendidos pela humanidade. Os direitos sexuais e reprodutivos[1] são inseparáveis, pois, garantem o livre exercício da sexualidade e a autonomia para decisões no que se refere à vida sexual e à reprodução, bem como em assumir as responsabilidades por essas decisões, baseadas em uma ética pessoal e social, que assegurem a integridade e a saúde (Díaz; Cabral; Santos, 2004).

Os direitos reprodutivos referem-se ao direito de decidir livre e responsavelmente sobre o número, o espaçamento, a oportunidade de ter filhos e o acesso à informação e aos meios para a tomada de decisão. Os direitos sexuais dizem respeito ao direito de exercer a sexualidade e a reprodução livres de discriminação, coerção e violência. São direitos que estão inter-relacionados, pois o exercício da sexualidade de forma livre e segura só é possível se a prática sexual estiver desvinculada da reprodução (Mattar, 2008). Referem-se, ainda, à vida, à sobrevivência, à saúde sexual e reprodutiva, aos benefícios do progresso científico nessa área, à liberdade, à segurança, a não discriminação e ao respeito às escolhas, à educação e à informação para a tomada de decisões e a autodeterminação (Ventura, 2009).

A atual concepção dos direitos reprodutivos não se limita à simples proteção da procriação humana, mas também envolve a realização conjunta dos direitos individuais e sociais por meio de leis e políticas públicas que estabeleçam a equidade das relações nesse âmbito. Essa equidade reivindica

---

1 "Na perspectiva geracional dos direitos humanos, os direitos sexuais e reprodutivos abarcam direitos de primeira, segunda, terceira ou, ainda, quarta gerações. Eles incorporam a reivindicação por liberdades e garantias individuais, mas também por direitos sociais (saúde, educação etc.) e políticas públicas destinadas a determinadas coletividades (com recorte geracional, social, étnico, de gênero etc.). Os direitos sexuais e reprodutivos obrigam o Estado e terceiros a prestações (obrigações positivas) e, ao mesmo tempo, a abstenções (direitos negativos ou garantias contra a violação de direitos). Abarcam ainda os direitos relacionados ao desenvolvimento de biotecnologias (como aquelas ligadas à reprodução humana medicamente assistida)." (Schiocchet, 2007, p. 82)

que a igualdade formal (perante a lei) e a igualdade de fato (material) sejam construídas socialmente ou por meio de lei e políticas afirmativas. Para o alcance dessa equidade nas relações, é necessário identificar as desigualdades que dificultam ou impedem a efetivação desses direitos por determinada pessoa ou seguimento de pessoas (Ventura, 2009).

A efetivação dos direitos reprodutivos envolve assegurar direitos relativos à autonomia e à autodeterminação das funções reprodutivas reconhecidas nos pactos e nas convenções de direitos humanos e na lei constitucional brasileira, que tem como finalidade proporcionar os meios e as condições necessários para a prática livre, saudável e segura das funções reprodutivas e da sexualidade (Ventura, 2009).

Sobre os direitos reprodutivos que foram afirmados gradativamente no âmbito internacional, destacam-se os principais documentos e dispositivos legais que asseguram tais direitos:

- Em 1948, a Declaração Universal dos Direitos Humanos garantiu que ninguém estará sujeito a interferências na sua vida privada, na sua família, no seu lar (Artigo XII) e que homens e mulheres têm o direito de contrair matrimônio e fundar uma família, sem qualquer resistência, exceto uma idade mínima para contraí-lo (Artigo XVI) (ONU, 1948).
- A Convenção Internacional sobre a Eliminação de todas as Formas de Discriminação Racial, de 1965, garantiu o direito à liberdade (Artigo 5), à igualdade de acesso à saúde (Artigo 5, "e", IV), à igualdade no casamento e na constituição da família (Artigo 5, "d", IV) (ONU, 1979).
- Em 1966, o Pacto Internacional sobre Direitos Civis e Políticos garantiu o direito à vida e à liberdade (Artigo 6) e a igualdade entre homens e mulheres (Artigo 3) (Brasil, 1992b).
- Também em 1966, o Pacto Internacional dos Direitos Econômicos, Sociais e Culturais ratifica os princípios da igualdade e da liberdade

e obriga os Estados a reconhecerem o direito de proteção especial às mães por um período de tempo razoável antes e depois do parto (Artigo 10) (Brasil, 1992a).

- Em 1984, a Convenção Internacional sobre a Eliminação de Todas as Formas de Discriminação Contra a Mulher reiterou o princípio da igualdade entre os sexos e a obrigatoriedade de adotar ações afirmativas para assegurar essa igualdade. Entre os direitos a serem assegurados pelos Estados, destacam-se a obrigatoriedade de os Estados fixarem uma idade mínima para o consentimento matrimonial (Artigo 16) (Brasil, 2002).

- A Convenção sobre os Direitos da Criança, de 1989, reconheceu que crianças e adolescentes de ambos os sexos são sujeitos sociais, portadores plenos de direitos e garantias próprias, independentes de seus pais ou familiares e do próprio Estado, respeitada sua peculiar condição de desenvolvimento, merecedores de cuidados especiais e prioridade absoluta nas políticas públicas. Entre os direitos assegurados, destaca-se o direito a não discriminação por motivo de sexo ou qualquer outro (Artigo 2) (Brasil, 1990).

- Em 2006, a Convenção sobre os Direitos das Pessoas com Deficiência trouxe um avanço significativo ao fazer referência expressa à saúde sexual e reprodutiva no Artigo 25, "a" e "b", quando afirma que os países devem oferecer às pessoas com deficiência programas e atenção à saúde, inclusive na área de saúde sexual e reprodutiva, propiciando que essas pessoas tenham acesso aos serviços e insumos que necessitam especificamente por causa de sua deficiência, inclusive diagnóstico e intervenção precoces (Brasil, 2009).

Outro marco importante para a afirmação dos direitos sexuais e reprodutivos no âmbito internacional foram as Conferências realizadas pela

ONU. Na I Conferência Mundial de Direitos Humanos, em 1968, realizada em Teerã, supostamente começou a história dos direitos reprodutivos como direitos humanos, com enfoque na autonomia reprodutiva da mulher. Nessa Conferência, adotou-se o que viria a ser o núcleo dos direitos reprodutivos, foi proclamado que os genitores têm o direito fundamental de determinar livremente o número de filhos e o intervalo entre seus nascimentos (Mattar, 2008). Teerã faz menção à questão da família, dos filhos e dos direitos reprodutivos, mas não faz referência aos direitos sexuais (Schiocchet, 2007).

Em 1974, em Bucareste, Romênia, foi realizada a Conferência de População, na qual se reconhecem dois elementos centrais: o direito de casais e indivíduos determinarem o número de filhos e seu espaçamento e o papel do Estado na garantia desses direitos, incluindo-se a informação e o acesso a métodos de controle da natalidade. Em 1975, realizou-se, no México, a Conferência Mundial do Ano Internacional da Mulher, que deu início ao Decênio da Mulher, no qual se reconheceram os direitos à integridade física, às decisões sobre o próprio corpo, a diferentes orientações sexuais e os direitos reprodutivos. Em 1978, realizou-se a Conferência de Alma Ata (atual Cazaquistão), onde foi emitida a Declaração de Alma Ata sobre Atenção Primária, que reconheceu as vantagens de um enfoque holístico dos temas de saúde reprodutiva, vinculando os temas de saúde à vida das mulheres (Díaz; Cabral; Santos, 2004).

A expressão *direitos reprodutivos* tornou-se pública no I Encontro Internacional de Saúde da Mulher, realizado em Amsterdã, Holanda, em 1984. Houve consenso global que o termo trazia um conceito mais completo do que *saúde da mulher*, para a ampla pauta da autodeterminação reprodutiva das mulheres, a exemplo da desconstrução da maternidade como um dever e da luta pelo direito ao aborto e à anticoncepção (Mattar, 2008).

A Conferência de Viena sobre os Direitos Humanos, realizada em 1993, na qual se acordou que os direitos humanos das mulheres incluem o direito a ter controle sobre sua sexualidade e a decidir livremente, sem discriminação nem violência (Díaz; Cabral; Santos, 2004). Foi a Declaração de Direitos Humanos de Viena que afirmou, de forma explícita (ONU, 1993a, I, 18), que os direitos humanos das mulheres e meninas são parte integral, inalienável e indivisível dos direitos humanos universais. O legado de Viena é duplo, pois endossa a **universalidade** e a **indivisibilidade** dos direitos humanos invocada pela Declaração Universal de 1948 e confere visibilidade aos direitos das mulheres e meninas (Piovesan, 2004).

Com a Conferência de Viena, pela primeira vez o termo *sexual* foi introduzido na linguagem internacional dos direitos humanos. Infelizmente, a palavra enfatizou apenas a violência sexual sofrida pelas mulheres, deixando de produzir uma representação mais ampla e positiva da sexualidade. Recorreu-se aos Estados para eliminar a violência baseada no gênero e todas as formas de abuso sexual, enfatizando a violação aos direitos sexuais em detrimento de uma perspectiva afirmativa e prazerosa da sexualidade. A Conferência de Viena foi importante não apenas porque reconheceu a violência sexual como violação dos direitos humanos, mas também porque inseriu pela primeira vez o termo *sexual* na gramática dos direitos humanos (Schiocchet, 2007).

Foi na Conferência Internacional sobre População e Desenvolvimento, realizada no Cairo, em 1994, que, pela primeira vez, a saúde sexual e os direitos reprodutivos passaram a constituir os aspectos principais de um acordo central sobre população (Díaz; Cabral; Santos, 2004). Enfrentou-se, então, a questão dos direitos sexuais e reprodutivos, estabelecendo-se princípios éticos relevantes relacionados com tais direitos e afirmando o direito da mulher a ter controle sobre as questões relativas à sexualidade e à saúde sexual e reprodutiva, assim como a decisão livre de coerção, violência e discriminação como um direito fundamental. Enfatizou, ainda, que o livre exercício dos direitos sexuais e reprodutivos demanda políticas públicas que os assegurem. Apesar da advertência explicitada no Preâmbulo do documento, de que a Conferência do Cairo não criava novos tipos de direitos humanos, seu Programa de Ação inovou justamente ao explicitar os direitos reprodutivos (Tomazzoni; Gomes, 2015).

Nessa Conferência, a questão demográfica relativa aos aspectos da reprodução humana é deslocada para o âmbito dos direitos humanos, reconhecendo-se os direitos reprodutivos como direitos fundamentais para o desenvolvimento das nações e como parte dos direitos humanos básicos que devem orientar as políticas relacionadas à população. Um aspecto importante do Plano de Ação do Cairo é a relação estabelecida entre os direitos reprodutivos e os direitos das mulheres voltados para as relações equitativas entre os gêneros sob a ótica dos direitos humanos, estabelecendo objetivos e metas que envolvem a educação, a igualdade entre os sexos, a redução da mortalidade infantil e materna e o acesso universal aos serviços de saúde reprodutiva, familiar e sexual (Ventura, 2009).

Na Conferência, o termo *sexual* deixa de ser mencionado apenas no plano da violência e passa a ter um sentido positivo, que compõe o bem-estar individual, ainda que a terminologia centrada na reprodução tenha prevalecido em relação à sexualidade (Schiocchet, 2007).

A IV Conferência Mundial da Mulher, realizada em Pequim no ano de 1995, coincidia com os 50 anos da ONU e tinha como objetivo central preparar uma Plataforma de Ação para o final do século com os subtemas *igualdade, desenvolvimento* e *paz*. Assim como as três conferências precedentes sobre a temática, também reafirmou o compromisso com os direitos humanos das mulheres, dando continuidade à agenda global para o progresso e fortalecimento da condição feminina no mundo (Tomazzoni; Gomes, 2015).

O resultado dos trabalhos da Conferência foi a Plataforma de Ação e a Declaração de Beijing, elaboradas com base no que havia sido firmado sobre o assunto nas conferências sociais precedentes. Reafirmou as conquistas em relação aos direitos reprodutivos e avançou na formulação dos direitos sexuais como parte dos direitos humanos. Pela primeira vez, as mulheres foram consideradas seres sexuais, além de reprodutivos (Mattar, 2008). A plataforma considera que a **emancipação da mulher** é uma condição básica para existência da justiça social, e não deve ser encarada como um problema apenas das mulheres, mas um dever de toda a sociedade (Tomazzoni; Gomes, 2015).

A Conferência do Cairo e a Conferência de Pequim foram decisivas para inscrever os direitos reprodutivos no cenário dos direitos humanos e para inserir a temática dos direitos sexuais. Enfatizaram a **igualdade de gênero** e formularam um conceito referente aos direitos sexuais na condição de direitos humanos, em uma perspectiva positiva da sexualidade. Reconheceram a necessidade de criar propostas para a solução da pobreza, que acaba inviabilizando as políticas públicas para a promoção dos direitos sexuais e reprodutivos. As Conferências do Cairo e de Pequim foram relevantes, pois, em nenhum documento anterior conseguiu-se uma definição tão representativa dos direitos sexuais e reprodutivos (Schiocchet, 2007).

Ainda que as declarações, os programas e as plataformas de ação das conferências internacionais não tenham caráter vinculante como os tratados e as convenções de direitos humanos, eles são compromissos morais dos Estados signatários, que resultam em pressões externas para que se cumpra o acordo e, eventualmente, em um constrangimento político para o Estado em caso de descumprimento (Mattar, 2008).

Sobre os documentos internacionais vinculantes, em 1979, a Convenção sobre a Eliminação de Todas as Formas de Discriminação contra a Mulher (CEDAW) fundamentou-se na dupla obrigação de eliminar a discriminação e assegurar a igualdade (Mattar, 2008). O Artigo 16 da CEDAW dispõe que os Estados-partes adotarão todas as medidas adequadas para eliminar a discriminação contra a mulher em todos os assuntos relativos ao casamento e às relações familiares e, em particular, com base na igualdade entre homens e mulheres, assegurarão os mesmos direitos e responsabilidades como pais, qualquer que seja seu estado civil, em matérias pertinentes aos filhos. A premissa básica da Convenção é a de que a mulher deve ter a mesma liberdade que o homem para fazer escolhas tanto na vida pública quanto na vida privada. E, pela primeira vez, os Estados se obrigam a tomar medidas com vistas a eliminar essa discriminação em todos os âmbitos da sociedade (ONU, 1979).

Na II Conferência Mundial de Direitos Humanos, realizada em Viena, em 1993, afirmou-se que os direitos das mulheres e meninas são inalienáveis e constituem parte integral e indivisível dos direitos humanos, recomendando aos Estados a intensificação dos esforços na proteção e promoção de direitos, com o objetivo de reduzir e eliminar as violações no campo da sexualidade e reprodução (Ventura, 2009).

Em Viena, a sexualidade das mulheres foi invocada pela primeira vez. O programa de ação consolidou o entendimento de que os direitos humanos das mulheres e das crianças do sexo feminino constituem uma parte inalienável, integral e indivisível dos direitos humanos universais. A participação plena das mulheres, em condições de igualdade, na vida política, civil, econômica, social e cultural, aos níveis nacional, regional e internacional, bem como a erradicação de todas as formas de discriminação com base no sexo constituem objetivos prioritários da comunidade internacional. Isso pode ser alcançado por meio de medidas de caráter legislativo e da ação nacional e cooperação internacional em áreas como o desenvolvimento socioeconômico, a educação, a maternidade segura e os cuidados de saúde, e a assistência social (ONU, 1993a, I, 18 e 38).

Ainda, apontou-se a importância de se trabalhar no sentido da eliminação da violência contra as mulheres na vida pública e privada, da eliminação de certas práticas tradicionais ou consuetudinárias, preconceitos culturais e extremismos religiosos. A Conferência Mundial sobre Direitos Humanos insta os Estados a combaterem a violência contra as mulheres em conformidade com as disposições contidas na declaração (ONU, 1993, II, 38).

Tanto a Convenção sobre a Eliminação de Todas as Formas de Discriminação contra a Mulher quanto a Conferência de Viena recorrem aos Estados para a eliminação da violência baseada no gênero e todas as formas de abuso e exploração sexual (Mattar, 2008).

A Declaração Sobre a Eliminação da Violência Contra a Mulher, adotada em 1993, no Artigo 2°, elencou, de forma exemplificativa, os atos que configuram as diversas formas de violência contra as mulheres, como as violências física, sexual e psicológica ocorridas no seio da família, as praticadas na comunidade em geral e as toleradas pelo Estado, onde quer que aconteçam (ONU, 1993b).

Essa declaração serviu de base para a Convenção Interamericana para Prevenir, Punir e Erradicar a Violência Contra a Mulher (Convenção de Belém do Pará), aprovada pela OEA em 1994, cujo conteúdo é juridicamente vinculante aos países que a ratificaram (Mattar, 2008). A Convenção de Belém do Pará é o primeiro tratado internacional a reconhecer, de forma enfática, a violência contra a mulher, asseverando que esta constitui uma violação dos direitos e das liberdades fundamentais e destrói ou compromete o gozo, por parte das mulheres, de tais direitos e liberdades (OEA, 1994).

Os direitos sexuais, apesar de terem conquistado relevância nos debates internacionais como parte indivisível dos direitos humanos, ainda são tratados de forma incipiente no âmbito jurídico (Schiocchet, 2007). O conceito de direitos sexuais ainda não tem o reconhecimento em sua extensão ideal. Esses direitos, quando mencionados, são feitos de forma conjunta: "direitos sexuais e reprodutivos"; a crítica a essa forma de abordagem ocorre porque ela restringe a formulação dos direitos sexuais e, de fato, há atraso na discussão e dificuldades para a formulação positiva, autônoma e mais ampla desses direitos (Ventura, 2009). O desenvolvimento do conceito de direitos sexuais só foi possível de forma negativa, enunciando o direito de não ser objeto de abuso ou exploração, e não em um sentido positivo emancipatório (Mattar, 2008).

Muitas vezes, a noção de saúde sexual está inserida no conceito de saúde reprodutiva. Esses conceitos devem ser diferenciados, uma vez que sexualidade e reprodução dizem respeito a representações distintas, e não são mais indissociáveis, como prescrevia o modelo de sexualidade baseado no binômio *sexualidade-procriação*. Ao utilizar a mesma terminologia para ambas as concepções, há uma maximização da esfera reprodutiva em detrimento da esfera sexual, quando o objetivo é analisar essas duas esferas, em especial a sexualidade, que é omitida nos contextos jurídicos e políticos (Schiocchet, 2007).

A Sessão Especial da Assembleia Geral da ONU, realizada em Nova York em junho de 2000, tinha como objetivo avaliar e reafirmar os compromissos assumidos nas Conferências do Cairo e de Pequim (Pequim + 5) e revelou a dificuldade do pleno reconhecimento dos direitos sexuais. Nessa ocasião, apesar das propostas, não foi reconhecida a orientação sexual como base de discriminação, tampouco se tratou do estupro marital, que demonstra a impunidade da violência doméstica (Schiocchet, 2007).

Os direitos sexuais e reprodutivos estão amplamente previstos em documentos internacionais, sendo o Brasil signatário de diversos deles, que constituem importantes recomendações para os Estados na condução de políticas públicas, além de estabelecer um comprometimento moral entre os Estados. O Direito absorveu alguns princípios éticos, judicializando-os, e estabeleceu outros, exigindo a observância deles por parte dos juristas quando da criação e aplicação das normas jurídicas, o que inclui também o comprometimento estatal. A Constituição impõe a redução das desigualdades e o respeito à dignidade humana como determinantes na atuação político-social do Estado democrático de Direito. Essa leitura, contudo, tem sua eficácia atrelada às interpretações e instituições políticas feitas com base no texto constitucional (Schiocchet, 2007).

11.3 Desenvolvimento e afirmação dos direitos reprodutivos no Brasil

O desenvolvimento dos direitos reprodutivos no Brasil é marcado por uma cultura religiosa, predominantemente cristã, que, ao longo da história, transpõe para as normas jurídicas e sociais seus dogmas religiosos, como a obediência e a servidão da mulher em relação ao homem e a procriação de tantos filhos quantos Deus e a natureza determinassem. No século XX, a legislação acolheu o direito de proteção da maternidade e ao trabalho da mulher introduzido na Consolidação das Leis do Trabalho (CLT), em 1940. O Código Penal proíbe o aborto, mas o excepciona em caso de gravidez resultante de estupro e risco de morte para a mãe. O Código Civil de 1916, revogado em 2002, contemplava artigos que colocavam a mulher em situação desigual em relação ao homem, que detinha o pátrio-poder. A guarda dos filhos em favor da mãe era mantida e protegida desde que esta fosse "honesta", impondo o dever de alimentar exclusivamente ao homem, o que reafirmava, no plano legal, o papel da mulher como cuidadora e o do homem como provedor da família (Ventura, 2009).

No início da Assembleia Constituinte, a Carta da Mulher Brasileira aos Constituintes, elaborada em 1986, buscava a garantia de a mulher decidir sobre seu próprio corpo, pelo direito à livre opção pela maternidade, assistência médica tanto no pré-natal quanto na interrupção da gravidez. Em contrapartida à articulação feminista, parlamentares contrários ao aborto defenderam que devia constar a definição constitucional do direito à vida desde a concepção, o que não se realizou no texto final (Carrara; Viana, 2016).

A Constituição Federal (CF) de 1988 (Brasil, 1988) encerrou o longo período autoritário instituído pelo Golpe de 1964, espelhando, portanto, as particularidades do processo de democratização que teve início no final da década de 1970. Assim como em outros países latino-americanos, a luta pelo reestabelecimento dos direitos políticos clássicos foi conjugada com outras demandas por uma agenda mais ampla de direitos humanos, trazida pela ação de novos sujeitos políticos, que se organizaram em torno das problemáticas de gênero e sexualidade e, dessa maneira, além dos direitos sexuais, também foram trazidos à tona os direitos reprodutivos das mulheres e os direitos de diferentes minorias sexuais (Carrara; Viana, 2016).

As articulações promovidas por militantes e organizações feministas na década de 1970, em conjunto com movimentações mais amplas pela democratização do país, desempenharam um papel crucial na inscrição de demandas pela igualdade de gênero na estrutura jurídico-normativa do país. Mediante essas articulações, adentraram na cena política as discussões sobre a complexidade das relações de gênero e, em especial, sobre a relevância da sexualidade e da reprodução como vitais para a autonomia das mulheres em relação a decisões que envolvam seus corpos (Carrara; Viana, 2016).

A CF/1988 é o marco político, institucional e jurídico que reordenou todo o sistema brasileiro e impôs a adequação de todas as normas internas aos parâmetros dos direitos humanos, tendo em vista seu comprometimento com os direitos humanos e com a implementação de compromissos firmados nos tratados internacionais. Portanto, a CF/1988 é ponto fundamental a partir do qual a sexualidade e a reprodução se instituíram como campo legítimo de exercício de direitos no Brasil. A existência de diferentes movimentos sociais que buscaram transportar para a esfera pública questões que antes eram consideradas de âmbito privado trouxe, em alguns casos, transformações expressivas, como a formulação da equidade de gênero alçada a direito constitucional e o reconhecimento legal da existência de diversas formas de família – reflexos claros da força de grupos feministas e de mulheres (Carrara; Viana, 2016).

Essa movimentação interna articulava-se a um quadro internacional mais amplo, como a instituição, por parte das Nações Unidas, do ano de 1975 como o "Ano Internacional da Mulher", permitindo maior legitimidade e visibilidade aos grupos de mulheres (Movimento Feminino Pela Anistia, Brasil Mulher, Nós Mulheres). A década de 1980 foi marcada pelo destaque para a temática da violência contra a mulher e da saúde da mulher. Em 1985, foi criado o Conselho Nacional de Direitos da Mulher e a primeira Delegacia Especial de Atendimento à Mulher em São Paulo, que depois se estenderia para todo país (Carrara; Viana, 2016).

Na década de 1990, iniciou-se no Brasil uma extensa produção normativa voltada para a promoção dos direitos constitucionais, com avanço significativo para os direitos das mulheres e para os direitos reprodutivos. Em 1993, o Programa de Saúde Materno-Infantil foi substituído pelo Programa de Assistência Integral à Saúde da Mulher (PAISM), que superou o binômio do programa anterior trazendo uma visão mais integrada da saúde e enfatizando a necessidade de atender a mulher em todas as fases da vida, com destaque para o acesso à informação e ao planejamento familiar (Carrara; Viana, 2016).

Leis posteriores ampliaram o direito à licença-maternidade, a criminalização do assédio sexual e o afastamento do agressor em caso de violência doméstica. Contudo, apenas em 2002, foi reconhecido o direito à licença-maternidade em casos de adoção ou guarda de crianças, evidenciando os pressupostos "biologizantes" que ainda permeiam os direitos reprodutivos (Carrara; Viana, 2016). O avanço dos debates e da legislação entre 1985 e 1994 permitiu que o Brasil levasse para a Conferência do Cairo, em 1994, e de Pequim, em 1995, uma linguagem avançada e bem construída dos direitos reprodutivos (Ventura, 2009).

Segundo o art. 226, § 7º, da CF/1988, a família, base da sociedade, tem especial proteção do Estado. Fundamentado nos princípios da dignidade da pessoa humana e da paternidade responsável, o planejamento familiar é livre decisão do casal, competindo ao Estado propiciar recursos educacionais e científicos para o exercício desse direito, vedada qualquer forma coercitiva por parte de instituições oficiais ou privadas. A Lei n. 9.263, de 12 de janeiro de 1996 (Brasil, 1996) regulamentou o **planejamento familiar**, definindo-o como um conjunto de ações de regulação de fecundidade que garante direitos iguais de constituição, limitação ou aumento de prole pela mulher, pelo homem ou pelo casal e, para tanto, o acesso igualitário a informação, meios, métodos e técnicas disponíveis. Em dezembro de 2004, foi lançado o Plano Nacional de Políticas para as Mulheres, que era claramente ancorado nos compromissos firmados na Conferência do Cairo e na Conferência de Pequim (Carrara; Viana, 2016).

A legalização do aborto permanece como ponto nevrálgico na construção dos direitos sexuais e reprodutivos das mulheres, a legislação vigente ainda considera o aborto como crime, albergando poucas exceções (Carrara; Viana, 2016).

Os movimentos feministas e de mulheres, inicialmente, apelaram aos organismos regionais e internacionais de direitos humanos e denunciaram os Estados pelo descumprimento da norma vigente sobre aborto e pela falta de atenção às mulheres nesses casos (Ruibal, 2014).

É possível citar alguns exemplos de casos, em âmbito internacional, que foram favoráveis às mulheres: a decisão do Comitê de Direitos Humanos das Nações Unidas em 2005, que decidiu contra o Estado peruano por não garantir o acesso ao aborto em um caso de anencefalia; o caso Paulina no México, resolvido em 2007 mediante um acordo com a Comissão Interamericana de Direitos Humanos, que condenou o Estado mexicano por não garantir o direito ao aborto em caso de violação; e a decisão do Comitê de Direitos Humanos da ONU contra a Argentina, em 2001, por não prover acesso ao aborto no caso de uma mulher jovem violada que apresentava deficiência. Esses casos se tornaram referências na defesa legal do aborto na América Latina, e as decisões constituem pontos de referência fundamental para toda demanda relacionada ao direito ao aborto na região (Ruibal, 2014).

A Conferência Internacional sobre População e Desenvolvimento (CIPD) constitui um marco importante no que se refere ao aborto, à saúde e aos direitos reprodutivos no âmbito internacional dos direitos humanos. O Programa de Ação do Cairo é extenso e contém mais de 200 recomendações, com 15 objetivos nas áreas de saúde, desenvolvimento e bem-estar social. Uma característica essencial do programa é a recomendação de proporcionar atenção integral à saúde reprodutiva que abarque inclusive o aborto, definindo, pela primeira vez, aspectos fundamentais sobre saúde reprodutiva em um documento normativo internacional (Ruibal, 2014). A CEDAW não se refere expressamente ao aborto, mas chama os Estados-partes a adotar medidas apropriadas para eliminar a discriminação contra a mulher na esfera de atenção médica, o que inclui o planejamento familiar e as leis penais sobre o aborto, que tanto ameaçam a saúde da mulher (Siegel, 2009).

O acesso das mulheres ao aborto sob certas circunstâncias está ganhando reconhecimento como um direito humano, na medida em que nada mais é do que o direito de ser protegida contra abortos perigosos, o que se entende como garantia das mulheres à saúde e à vida (Siegel, 2009).

Nos últimos anos, no direito interno, houve reformas que liberalizaram, ainda que em distintos graus e na maioria dos casos de maneira limitada, as regulações sobre aborto na Colômbia, no México, no Brasil, na Argentina e no Uruguai. No Brasil, em 2004, o Instituto de Bioética, Direitos Humanos e Gênero (Anis) apresentou ao Supremo Tribunal Federal (STF) a Arguição de Descumprimento de Preceito Fundamental (ADPF) n. 54/DF, que conduziu à legalização do aborto em casos de anencefalia (Brasil, 2013).

Na Colômbia, em abril de 2005, a organização Women's Link Worldwide entrou com uma ação de inconstitucionalidade de lei que penalizava completamente o aborto na Colômbia (Código Penal). Essa ação se fundamentava em grande medida no Direito comparado, no Direito Internacional dos direitos humanos e em argumentos de saúde pública e tinha como meta principal descriminalizar o aborto em todas as circunstâncias. Em maio de 2006, a Corte, por meio da Sentença C-355, concluiu que a norma que penalizava o aborto em qualquer circunstância impunha às mulheres uma carga desproporcional, que implicava um desconhecimento de direitos fundamentais reconhecidos na Constituição e em tratados internacionais sobre direitos humanos (González Veléz; Bohórquez Monsalve, 2013). Referida ação de inconstitucionalidade levou à liberalização da lei penal sobre o aborto em casos de violação, risco de vida ou saúde da mulher e malformações fetais severas (Colômbia, 2006).

Os direitos humanos são incorporados nas leis constitucionais como direitos fundamentais e contam com proteções e garantias específicas e prioritárias, como as cláusulas pétreas. Nesse sentido, é importante a definição dos direitos reprodutivos como direitos humanos e, para sua efetivação, é fundamental identificar os princípios e dispositivos legais que possam dar consistência normativa e aplicação adequada aos documentos internacionais de direitos humanos sobre o tema, nos contextos social e jurídico local (Ventura, 2009).

O principal objetivo é reduzir violações à autonomia pessoal, integridade física e psicológica e garantir os meios necessários para o ser humano alcançar seu bem-estar sexual e reprodutivo. O primeiro passo é identificar no ordenamento jurídico nacional instituições, instrumentos e mecanismos que permitam a efetivação dos direitos reprodutivos. Essa identificação deve destacar dispositivos nas leis constitucionais, penais, civis e trabalhistas e também nas políticas públicas e aplicá-las nas perspectivas dos direitos humanos (Ventura, 2009).

A lei constitucional brasileira estabelece expressamente os direitos à vida (não apenas em seu sentido biológico), à igualdade e à liberdade. Nesse sentido, a CF/1988 estabelece direitos e garantias relativos ao exercício dos direitos reprodutivos que deverão ser contemplados nos vários campos do Direito (Ventura, 2009).

11.4 Direitos sexuais e reprodutivos no *Habeas Corpus* n. 124.306/RJ

Ao consultar a seção jurisprudência do *site* do STF, na aba jurisprudência, é possível pesquisar a expressão *direitos sexuais e reprodutivos*. Feita a pesquisa, obtém-se apenas dois resultados: a ADPF n. 54/DF (Brasil, 2013) e o HC n. 124.306/RJ (Brasil, 2016). Para os fins deste trabalho, analisaremos os fundamentos da decisão do HC n. 124.306/RJ e a relação com os direitos sexuais e reprodutivos.

No HC n. 124.306/RJ, julgado em 29 de novembro de 2016, de relatoria do Ministro Marco Aurélio, a expressão *direitos sexuais e reprodutivos* consta 11 vezes no inteiro teor desse julgado. A expressão aparece já na ementa do caso:

> Ementa: DIREITO PROCESSUAL PENAL. HABEAS CORPUS. PRISÃO PREVENTIVA. AUSÊNCIA DOS REQUISITOS PARA SUA DECRETAÇÃO. INCONSTITUCIONALIDADE DA INCIDÊNCIA DO TIPO PENAL DO ABORTO NO CASO DE INTERRUPÇÃO VOLUNTÁRIA DA GESTAÇÃO NO PRIMEIRO TRIMESTRE. ORDEM CONCEDIDA DE OFÍCIO.
> 1. O habeas corpus não é cabível na hipótese. Todavia, é o caso de concessão da ordem de ofício, para o fim de desconstituir a prisão preventiva, com base em duas ordens de fundamentos.
> [...]
> 4. A criminalização é incompatível com os seguintes direitos fundamentais: os **direitos sexuais e reprodutivos da mulher**, que não pode ser obrigada pelo Estado a manter uma gestação indesejada; a autonomia da mulher, que deve conservar o direito de fazer suas escolhas existenciais; a integridade física e psíquica da gestante, que é quem sofre, no seu corpo e no seu psiquismo, os efeitos da gravidez; e a igualdade da mulher, já que homens não engravidam e, portanto, a equiparação plena de gênero depende de se respeitar a vontade da mulher nessa matéria. (Brasil, 2016, grifo nosso).

Na ementa, o ministro aponta a necessidade de adotar a **interpretação conforme** a Constituição para os arts. 124 a 126 do Código Penal, que tipificam o crime de aborto, para excluir de seu âmbito de incidência a interrupção voluntária da gestação efetivada no primeiro trimestre, pois, a criminalização, nessa hipótese, viola diversos direitos fundamentais da mulher. Acrescenta a isso o impacto da criminalização sobre as mulheres pobres que não têm acesso a médicos e clínicas privadas e acabam em clínicas clandestinas realizando o aborto de forma insegura.

A tipificação penal infringe o **princípio da proporcionalidade**. É possível que o Estado evite a ocorrência de abortos por meios mais eficazes e menos lesivos do que a criminalização, como educação sexual, distribuição de contraceptivos e amparo à mulher que deseja ter o filho, mas se encontra em condições adversas. A criminalização do aborto é uma medida desproporcional em sentido estrito, por gerar custos sociais superiores aos seus benefícios, como problemas de saúde pública, mortes e encarceramento (Brasil, 2016).

Um dos argumentos trazidos pelo Ministro Roberto Barroso, redator do acórdão, é a violação a direitos fundamentais das mulheres:

> Os direitos fundamentais vinculam todos os Poderes estatais, representam uma abertura do sistema jurídico perante o sistema moral e funcionam como uma reserva mínima de justiça assegurada a todas as pessoas. Deles resultam certos deveres abstenção e de atuação por parte do Estado e da sociedade (Brasil, 2016).

No mundo democrático, é dominante a percepção de que a criminalização da interrupção voluntária da gestação atinge gravemente os direitos fundamentais das mulheres com reflexos na dignidade humana. Argumenta o ministro que ninguém em sã consciência suporá que um aborto é realizado por prazer ou diletantismo e que o Estado não precisa tornar a vida da mulher pior processando-a criminalmente.

São elencados alguns **direitos fundamentais** afetados pela criminalização do aborto como a violação à autonomia da mulher, aos direitos sexuais e reprodutivos da mulher e à igualdade de gênero, a discriminação social e o impacto desproporcional sobre mulheres pobres.

O argumento da ofensa à autonomia da mulher guarda relação direta com os direitos sexuais e reprodutivos. A criminalização desrespeita o núcleo essencial da liberdade individual, protegida pelo princípio da dignidade humana, disposta no art. 1º, inciso III, da CF/1988. A autonomia expressa a autodeterminação, o direito de fazer escolhas existenciais e tomar as próprias decisões morais a propósito do rumo de sua vida. Além disso, complementa Barroso em seu voto:

Quando se trate de uma mulher, um aspecto central de sua autonomia é o poder de controlar o próprio corpo e de tomar as decisões a ele relacionadas, inclusive a de cessar ou não uma gravidez. Como pode o Estado – isto é, um delegado de polícia, um promotor de justiça ou um juiz de direito – impor a uma mulher, nas semanas iniciais da gestação, que a leve a termo, como se tratasse de um útero a serviço da sociedade, e não de uma pessoa autônoma, no gozo de plena capacidade de ser, pensar e viver a própria vida? (Brasil, 2016)

A criminalização afeta a integridade física e psíquica da mulher. O art. 5º, *caput* e inciso III, da CF/1988 protege o direito à integridade psicofísica contra interferências indevidas e lesões aos corpos e às mentes. A integridade física é abalada porque é o corpo da mulher que sofrerá as transformações, os riscos e as consequências da gestação.

A integridade psíquica é afetada pela assunção de uma obrigação para toda a vida, que exige renúncia, dedicação e comprometimento profundo. O que seria uma bênção se decorresse de vontade própria, pode se transformar em provação quando decorra de uma imposição heterônoma (Brasil, 2016). Gerar um filho por determinação do Direito Penal constitui grave violação à integridade física e psíquica de uma mulher, o que, por consequência, conflita com a legislação internacional sobre direitos humanos, que protege o direito dos indivíduos em decidir livremente sobre reprodução, planejamento familiar e número e espaçamento dos filhos.

Sobre a violação aos direitos sexuais e reprodutivos das mulheres, o Ministro Barroso argumenta:

A criminalização viola, também, os *direitos sexuais e reprodutivos* da mulher, que incluem o direito de toda mulher de decidir sobre se e quando deseja ter filhos, sem discriminação, coerção e violência, bem como de obter o maior grau possível de saúde sexual e reprodutiva. A sexualidade feminina, ao lado dos direitos reprodutivos, atravessou milênios de opressão. O direito das mulheres a uma vida sexual ativa e prazerosa, como se reconhece à condição masculina, ainda é objeto de tabus, discriminações e preconceitos. Parte dessas disfunções é fundamentada historicamente no papel que a natureza reservou às mulheres no processo reprodutivo. Mas justamente porque à mulher cabe o ônus da gravidez, sua vontade e seus direitos devem ser protegidos com maior intensidade. (Brasil, 2016)

A Conferência Internacional de População e Desenvolvimento e a IV Conferência Mundial sobre a Mulher, realizada em 1995, em Pequim, desenvolveram a ideia de liberdade sexual feminina em sentido positivo e emancipatório. Nesse sentido, Barroso destaca o § 7.3 do relatório da Conferência do Cairo, que define direitos sexuais e reprodutivos como o direito de todo indivíduo de decidir livre e responsavelmente sobre sua reprodução, sem coerção nem discriminação (Brasil, 2016).

O tratamento penal dado pelo Código Penal de 1940 afeta a capacidade de autodeterminação reprodutiva da mulher ao retirar dela a possibilidade de decidir, sem coerção, sobre a maternidade, sendo obrigada pelo Estado a manter uma gestação indesejada, além de prejudicar sua saúde reprodutiva, aumentando os índices de mortalidade materna e outras complicações relacionadas à falta de acesso à assistência de saúde adequada (Brasil, 2016).

A busca da igualdade de gênero também é uma preocupação internacional no que tange aos direitos sexuais e reprodutivos. Essa temática também integrou o voto do Ministro Roberto Barroso no julgamento do HC n. 124.306/RJ, ressaltando que a histórica posição de subordinação das mulheres em relação aos homens institucionalizou a desigualdade socioeconômica e promoveu visões excludentes, discriminatórias e estereotipadas da identidade feminina e de seu papel social. Exemplo disso é a visão idealizada em torno da experiência da maternidade. Na medida em que é a mulher que suporta o ônus integral da gravidez e que o homem não engravida, somente haverá igualdade plena se a ela for reconhecido o direito de decidir acerca de sua manutenção ou não (Brasil, 2016).

O acórdão abordou também o impacto da descriminalização sobre as mulheres pobres. A pobreza e a desigualdade social são obstáculos para o exercício integral dos direitos sexuais e reprodutivos, pois, as políticas públicas de promoção desses direitos demandam recursos estatais e, via de regra, as mulheres pobres não têm acesso a meios alternativos. Quem mais sofre com a criminalização do aborto são as mulheres pobres, que recorrem a clínicas clandestinas, pois aquelas que dispõem de recursos financeiros vão a clínicas particulares.

Essa problemática foi apontada pelo relator do caso:

> A tipificação penal produz também discriminação social, já que prejudica, de forma desproporcional, as mulheres pobres, que não têm acesso a médicos e clínicas particulares, nem podem se valer do sistema público de saúde para realizar o procedimento abortivo. Por meio da criminalização, o Estado retira da mulher a possibilidade de submissão a um procedimento médico seguro. Não raro, mulheres pobres precisam recorrer a clínicas clandestinas sem qualquer infraestrutura médica ou a procedimentos precários e primitivos, que lhes oferecem elevados riscos de lesões, mutilações e óbito. (Brasil, 2016)

A criminalização da interrupção da gestação no primeiro trimestre vulnera o núcleo essencial de um conjunto de direitos fundamentais da mulher. Além disso, afeta a quantidade de abortos seguros e de mulheres que tem complicações de saúde ou que morrem em razão da realização do procedimento (Brasil, 2016).

É preciso verificar se há **meio alternativo** à criminalização que proteja igualmente o direito à vida do nascituro, mas que produza menor restrição aos direitos das mulheres. A criminalização do aborto infringe a autonomia, a integridade física e psíquica e os direitos sexuais e reprodutivos da mulher, viola a igualdade de gênero e produz impacto discriminatório sobre as mulheres pobres (Brasil, 2016).

Nessa toada, o ministro aponta a necessidade de políticas públicas voltadas aos direitos reprodutivos e à redução das desigualdades econômica e social:

> o Estado deve atuar sobre os fatores econômicos e sociais que dão causa à gravidez indesejada ou que pressionam as mulheres a abortar. As duas razões mais comumente invocadas para o aborto são a impossibilidade de custear a criação dos filhos e a drástica mudança na vida da mãe (que a faria, e.g., perder oportunidades de carreira). Nessas situações, é importante a existência de uma rede de apoio à grávida e à sua família, como o acesso à creche e o direito à assistência social. Ademais, parcela das gestações não programadas está relacionada à falta de informação e de acesso a métodos contraceptivos. Isso pode ser revertido, por exemplo, com programas de planejamento familiar, com a distribuição gratuita de anticoncepcionais e assistência especializada à gestante e educação sexual. (Brasil, 2016)

A tese trazida pelo Ministro Roberto Barroso é a de que a tipificação penal do aborto produz um grau elevado de restrição a direitos fundamentais das mulheres. A criminalização da mulher que deseja abortar gera custos sociais e para o sistema de saúde, os quais decorrem da necessidade de a mulher se submeter a procedimentos inseguros, com aumento da morbidade e da letalidade.

Em seu voto, a Ministra Rosa Weber reconheceu que, sob a perspectiva constitucional, o aborto exige regulamentação jurídica que, ao mesmo tempo, observe os direitos do nascituro e harmonize-se com o direito à liberdade e à autonomia individual das mulheres, as quais devem ter resguardados seus direitos reprodutivos e sexuais, ausente a discriminação indireta de gênero tutelados (Brasil, 2016).

Diante disso, a Corte não conheceu da impetração, mas concedeu a ordem, de ofício, nos termos do voto do Ministro Barroso, Presidente e Redator do acórdão, vencido o Ministro Marco Aurélio, Relator, que a concedia.

11.5 Considerações finais

O objetivo central deste artigo foi demonstrar quais são os principais documentos internacionais que garantem os direitos sexuais e reprodutivos das mulheres e demonstrar como eles avançaram na legislação pós-Constituição de 1988, bem como se tais avanços guardam relação com o que foi positivado no Direito Internacional público.

Discutiram-se a construção e a consolidação dos direitos sexuais e reprodutivos no Direito Internacional público. A afirmação desses direitos no âmbito internacional ocorreu a partir da década de 1970 por meio das convenções e declarações de direitos humanos e pelos programas e plataformas de ação das conferências internacionais realizadas pelas Nações Unidas. Ainda que os documentos produzidos nas conferências internacionais não tenham caráter vinculante, mostram-se como compromissos morais dos Estados signatários, que resultam em pressões externas para que se cumpra o que está disposto no acordo.

Também se abordou o desenvolvimento dos direitos sexuais e reprodutivos no Brasil. Nota-se a interferência da questão religiosa nesse tema e um reforço das desigualdades formal e material entre homens e mulheres oriundas das legislações cível e penal do início do século XX.

As articulações promovidas pelas feministas na década de 1970, em conjunto com as movimentações pela democratização do país, irradiaram efeitos na CF/1988, que trouxe discussões a respeito das questões de gênero e reordenou todo o sistema brasileiro para que estivesse em consonância com os parâmetros dos direitos humanos. Os movimentos sociais que buscaram transportar para a esfera pública suas demandas foram fundamentais para a formulação da equidade de gênero como direito constitucional.

Ainda que tais direitos tenham avançado no plano interno, há muitos temas, como o aborto, que não foram tratados e que requerem uma atuação urgente por parte do Estado para que fiquem em consonância com o que dispõe a legislação internacional.

Os avanços na legislação brasileira, no que diz respeito aos direitos sexuais e reprodutivos, guardam relação, em certa medida, com o que foi positivado no Direito Internacional público. Entretanto, diante da variada gama de tratados e conferências internacionais, o Brasil deve estar mais atento às disposições de direitos humanos consagradas no plano internacional.

No HC n. 124.306/RJ, o Ministro Roberto Barroso utilizou os direitos sexuais e reprodutivos para fundamentar seu voto, que concedia a ordem de ofício para a soltura da paciente, pois entendeu que a criminalização do aborto até o terceiro mês de gestação viola os direitos sexuais e reprodutivos das mulheres, bem como a dignidade humana, o direito à saúde e a proteção da integridade física e psíquica, além de prejudicar especialmente as mulheres pobres, que não têm acesso a procedimentos seguros para a realização do aborto.

Por fim, nota-se que os direitos reprodutivos estão largamente positivados no âmbito internacional. Contudo, os direitos sexuais ainda precisam de maior atenção por parte de juristas e dos Estados, pois não há um conceito emancipatório desses direitos, mas como uma mera referência a não ser objeto de violação – o que é já bastante relevante no campo dos direitos humanos. Entretanto, é preciso superar o conceito negativo de direitos sexuais e formular um conceito amplo, que não apenas abarque a proteção contra violações, mas que também garanta o exercício da sexualidade efetivamente como um direito humano, que contribua para uma vida plena e digna.

Referências

BRASIL. Constituição (1988). **Diário Oficial da União**, Brasília, DF, 5 out. 1988. Disponível em: <http://www.planalto.gov.br/ccivil_03/constituicao/ConstituicaoCompilado.htm>. Acesso em: 28 fev. 2018.

_____. Decreto n. 99.710, de 21 de novembro de 1990. **Diário Oficial da União**, Poder Executivo, Brasília, DF, 22 nov. 1990. Disponível em: <http://www.planalto.gov.br/ccivil_03/decreto/1990-1994/d99710.htm>. Acesso em: 28 fev. 2018.

_____. Decreto n. 591, de 6 de julho de 1992. **Diário Oficial da União**, Poder Executivo, Brasília, DF, 7 jul. 1992a. Disponível em: <http://www.planalto.gov.br/ccivil_03/decreto/1990-1994/d0591.htm>. Acesso em: 28 fev. 2018.

_____. Decreto n. 592, de 6 de julho de 1992. **Diário Oficial da União**, Poder Executivo, Brasília, DF, 7 jul. 1992b. Disponível em: <http://www.planalto.gov.br/ccivil_03/decreto/1990-1994/d0592.htm>. Acesso em: 28 fev. 2018.

_____. Decreto n. 4.377, de 13 de setembro de 2002. **Diário Oficial da União**, Poder Executivo, Brasília, DF, 16 set. 2002. Disponível em: <http://www.planalto.gov.br/ccivil_03/decreto/1990-1994/d0592.htm>. Acesso em: 28 fev. 2018.

_____. Decreto n. 6.949, de 25 de agosto de 2009. **Diário Oficial da União**, Poder Executivo, Brasília, DF, 26 ago. 2009. Disponível em: <http://www.planalto.gov.br/ccivil_03/_ato2007-2010/2009/decreto/d6949.htm>. Acesso em: 28 fev. 2018.

BRASIL. Lei n. 9.263, de 12 de janeiro de 1996. **Diário Oficial da União**, Poder Legislativo, Brasília, DF, 15 jan. 1996. Disponível em: <http://www.planalto.gov.br/ccivil_03/leis/L9263.htm>. Acesso em: 28 fev. 2018.

BRASIL. Supremo Tribunal Federal. Arguição de Descumprimento de Preceito Fundamental (ADPF) n. 54/DF, de 12 de abril de 2012. Relator: Ministro Marco Aurélio. **Diário da Justiça**, 29 abr. 2013. Disponível em: <http://redir.stf.jus.br/paginadorpub/paginador.jsp?docTP=TP&docID=12580345>. Acesso em: 28 fev. 2018.

_____. Habeas Corpus (HC) n. 124.306/RJ, de 9 de agosto de 2016. Relator: Ministro Marco Aurélio. **Diário da Justiça**, 29 nov. 2016. Disponível em: <http://redir.stf.jus.br/paginadorpub/paginador.jsp?docTP=TP&docID=12580345>. Acesso em: 28 fev. 2018.

CARRARA, S.; VIANA, A. **Os direitos sexuais e reprodutivos no Brasil a partir da "Constituição Cidadã"**. 2016. Disponível em: <http://www.clam.org.br/bibliotecadigital/uploads/publicacoes/924_511_direitossexuaisereprodutivosnaconstituicao.pdf>. Acesso em: 28 jan. 2018.

COLÔMBIA. Corte Constitucional. **Sentencia C-355/06**. 2006. Disponível em: <http://www.corteconstitucional.gov.co/relatoria/2006/C-355-06.htm>. Acesso em: 20 jan. 2018.

DÍAZ, M.; CABRAL, F.; SANTOS, L. Os direitos sexuais e reprodutivos. In: RIBEIRO, C.; CAMPUS, M. T. A. (Ed.). **Afinal, que paz queremos?** Lavras: Ed. da Ufla, 2004. p. 45-70. Disponível em: <http://adolescencia.org.br/upl/ckfinder/files/pdf/Os_direitos_sexuais_e_direitos_reprodutivos.pdf>. Acesso em: 28 fev. 2018.

GONZÁLEZ VÉLEZ, A. C.; BOHÓRQUEZ MONSALVE, V. Normas sobre aborto para fazer avançar a agenda do Programa de Ação do Cairo. Estudo de caso da Colômbia. **Revista Internacional de Direitos Humanos**, n. 19, dez. 2013. Disponível em: <http://www.conectas.org/pt/acoes/sur/edicao/19/1000481-estudo-de-caso-da-colombia-normas-sobre-aborto-para-fazer-avancar-a-agenda-do-programa-de-acao-do-cairo>. Acesso em: 28 fev. 2018.

MATTAR, L. D. Reconhecimento jurídico dos direitos sexuais: uma análise comparativa com os direitos reprodutivos. **Revista Internacional de Direitos Humanos**, v. 5, n. 8, p. 60-83, 2008. Disponível em: <http://www.producao.usp.br/handle/BDPI/12993>. Acesso em: 28 fev. 2018.

OEA – Organização dos Estados Americanos. **Convenção Interamericana para Prevenir, Punir e Erradicar a Violência Contra a Mulher**: Convenção de "Belém do Pará". 1994. Disponível em: <http://www.pge.sp.gov.br/centrodeestudos/bibliotecavirtual/instrumentos/belem.htm>. Acesso em: 28 fev. 2018.

ONU – Organização das Nações Unidas. Assembleia-Geral das Nações Unidas. **Declaração Universal dos Direitos Humanos**. 10 dez. 1948. Disponível em: <http://www.onu.org.br/img/2014/09/DUDH.pdf>. Acesso em: 16 fev. 2018.

_____. **Convenção sobre a Eliminação de Todas as Formas de Discriminação Contra a Mulher**. 18 dez. 1979. Disponível em: <http://www.pge.sp.gov.br/centrodeestudos/bibliotecavirtual/instrumentos/discrimulher.htm>. Acesso em: 28 fev. 2018.

ONU – Organização das Nações Unidas. Assembleia-Geral das Nações Unidas. **Declaração e Programa de Ação de Viena**. Conferência Mundial sobre Direitos Humanos, Viena, 14 a 25 jun. 1993a. Disponível em: <https://www.oas.org/dil/port/1993%20 Declara%C3%A7%C3%A3o%20e%20Programa%20 de%20Ac%C3%A7%C3%A3o%20adoptado%20pela%20 Confer%C3%AAncia%20Mundial%20de%20Viena%20sobre%20 Direitos%20Humanos%20em%20junho%20de%201993.pdf>. Acesso em: 28 fev. 2018.

_____. **Declaração sobre a Eliminação da Violência contra as Mulheres**. 20 dez. 1993b. Disponível em: <http://direitoshumanos.gddc.pt/3_4/IIIPAG3_4_7.htm>. Acesso em: 28 fev. 2018.

PIOVESAN, F. A mulher e o debate sobre direitos humanos no Brasil. **BDJur**, 24 ago. 2004. Disponível em: <https://bdjur.stj.jus.br/jspui/bitstream/2011/63576/mulher_debate_sobre_direitos.pdf>. Acesso em: 28 fev. 2018.

RAMOS, A. de C. **Direitos humanos em juízo**. São Paulo: Max Limonad, 2001.

RUIBAL, A. M. Feminismo frente a fundamentalismos religiosos: mobilização e contramobilização em torno dos direitos reprodutivos na América Latina. **Revista Brasileira de Ciência Política**, Brasília, n. 14, p. 111-138, maio/ago. 2014. Disponível em: <http://www.scielo.br/pdf/rbcpol/n14/0103-3352-rbcpol-14-00111.pdf>. Acesso em: 28 fev. 2018.

SCHIOCCHET, T. Marcos normativos dos direitos sexuais: uma perspectiva emancipatória. In: BRAUNER, M. C. C. (Org.). **Biodireito e gênero**. Ijuí: Ed. da Unijuí, 2007. p. 61-82.

SIEGEL, R. B. **La dignidad y el debate del aborto**. 2009. Disponível em: <https://www.law.yale.edu/system/files/documents/pdf/Student_Organizations/SELA09_Siegel_Sp_PV_signed.pdf>. Acesso em: 28 fev. 2018.

TOMAZZONI, L. R.; GOMES, E. B. Afirmação histórica dos direitos humanos das mulheres no âmbito das Nações Unidas. **Cadernos da Escola de Direito**, Curitiba, v. 2, n. 23, p. 44-59, jul./dez. 2015. Disponível em: <http://revistas.unibrasil.com.br/cadernosdireito/index.php/direito/article/view/847>. Acesso em: 28 fev. 2018.

VENTURA, M. **Direitos reprodutivos no Brasil**. 3. ed. Brasília: UNFPA, 2009.

12

Criminalização do aborto no Brasil como violação à Convenção Interamericana de Direitos Humanos: possibilidades jurisprudenciais

Criminalization of Abortion in Brazil as Violation of the Inter-American Convention of Human Rights: Jurisprudential Possibilities

Gabriel Klemz Klock

Gabriel Klemz Klock

Mestrando em Direito pelo Centro Universitário Internacional Uninter. Pós-graduado em Direito Contratual da Empresa pelo Centro Universitário Curitiba (UniCuritiba). Professor de Direito da Propriedade Intelectual da Universidade Regional de Blumenau (Furb). Advogado especialista em Direito Empresarial.

Resumo

O presente artigo pretende verificar a possibilidade de a criminalização do aborto no Brasil, de acordo com os arts. 124 e 126 do Código Penal brasileiro, importar em violação à Convenção Interamericana de Direitos Humanos, tendo como base a decisão proferida pela Corte Interamericana de Direitos Humanos no caso Artavia Murillo *vs.* Costa Rica. Além disso, será analisada a possibilidade de a Corte verificar a compatibilidade em tese de lei interna em detrimento da própria Convenção, considerando-se a responsabilização de Estado signatário do Pacto de San José da Costa Rica por editar ou cumprir legislação contrária ao tratado, bem como a jurisprudência do Tribunal Interamericano de Proteção aos Direitos Humanos. Analisando-se os precedentes da Corte, deduz-se que a criminalização do aborto no Brasil é incompatível com a Convenção Interamericana de Direitos Humanos e há a possibilidade de o Estado brasileiro ser responsabilizado pela manutenção e aplicação dessa legislação, inclusive sendo obrigado a compatibilizar sua legislação em detrimento da Convenção Interamericana.

Abstract

This article aims to verify if criminalizing abortion in Brazil, through articles 124 and 126 of the Brazilian Penal Code, could be a violation of the Inter-American Convention on Human Rights, based on the decision of the Inter-American Court of Human Rights in the case Artavia Murillo vs. Costa Rica. In addition, the possibility of the Court to verify the compatibility in thesis of internal law with the Convention itself is scrutinized. Then, analyzing the precedents of the Court, it is deduced that the criminalization of abortion in Brazil is incompatible with the Inter-American Convention on Human Rights, and that there is a possibility that the Brazilian State may be considered responsible for the maintenance and application of this legislation. In the future, it is possible that Brazil may be forced to change its internal law.

Palavras-chave

Criminalização do aborto. Corte Interamericana de Direitos Humanos. Direitos humanos. Controle de convencionalidade.

Keywords

Criminalization of abortion. Inter-American Court of Human Rights. Human rights. Conventionality control.

Sumário

12.1 Considerações iniciais. 12.2 A criminalização do aborto no Brasil à luz da Convenção Interamericana de Direitos Humanos. 12.3 Análise de compatibilidade em tese de lei interna com a Convenção pela Corte

Interamericana de Direitos Humanos. 12.4 Declaração de incompatibilidade da criminalização do aborto no Brasil pela Corte Interamericana de Direitos Humanos. 12.5 Considerações finais. Referências.

Summary

12.1 First considerations. 12.2 The criminalization of abortion in Brazil in light of the Inter-American Convention on Human Rights. 12.3 Analysis of compatibility in thesis of domestic law with the Convention by the Inter-American Court of Human Rights. 12.4 Declaration of incompatibility of the criminalization of abortion in Brazil by the Inter-American Court of Human Rights. 12.5 Final considerations. References.

12.1 Considerações iniciais

No Brasil, abordar a prática do aborto[1] é matéria sempre difícil para os operadores do Direito. Em especial porque, inevitavelmente, posicionamentos religiosos, científicos, jurídicos, políticos, filosóficos etc. são levantados e incrementam a discussão. Sobretudo em um país de forte tradição cristã, os dogmas religiosos influenciam a manutenção de uma legislação que proíbe a interrupção antecipada de uma gestação.

Para inaugurar a discussão, curioso registrar que, de acordo com Muraro (1989), não consta da Bíblia Sagrada do cristianismo qualquer proibição explícita à prática do aborto. A única passagem que se refere ao ato consta no Antigo Testamento, que registra:

> Se homens brigarem, e ferirem mulher grávida, e forem causa de aborto, sem maior dano, o culpado será obrigado a indenizar o que lhe exigir o marido da mulher; e pagará o que os árbitros determinarem. Mas se houver dano grave, então darás vida por vida, olho por olho, dente por dente, pé por pé, queimadura por queimadura, ferida por ferida, golpe por golpe. (Bíblia. Êxodo, 2012, 21: 22-25)

De acordo com o trecho transcrito, a proteção ao feto não ilustrava um valor supremo, já que a punição por causar aborto a alguma mulher importaria em mero pagamento de uma indenização. No entanto, caso a mulher fosse morta ou ferida, os danos provocados deveriam ser suportados pelo agressor na mesma proporção.

Essa passagem bíblica serve para registrar um breve contrassenso da tradição cristã, visto que, apesar de não haver condenação explícita em seus escritos sagrados, a Igreja Católica sempre promoveu a recriminação da prática do aborto.

---

1 Aborto é definido pela Organização Mundial da Saúde (OMS) como interrupção de uma gravidez antes do marco de viabilidade do feto, em torno de 20 a 28 semanas de gestação e peso fetal entre 400 g a 1.000 g (World Health Organization, 1970).

Vale dizer que, nos primeiros 600 anos do cristianismo, a punição religiosa pela prática do aborto não tinha como objetivo proteger a vida do feto. Ao contrário disso, a preocupação da Igreja Católica era proteger o casamento monogâmico, tendo em vista que o abortamento revelaria, em verdade, a prática de um adultério (Gonçalves, 2008). Assim, a proteção ao casamento era muito mais importante que a própria proteção à vida, já que se concebia a prática do abortamento como maneira de ocultar os filhos de uma relação extraconjugal.

Para evidenciar a prática do adultério como ato mais gravoso que a prática de um homicídio, por exemplo, registra-se afirmação de Rosado-Nunes (2006, p. 24):

> O primeiro Concílio do Ocidente, realizado no século IV, antes mesmo da oficialização do cristianismo por Constantino – o Concílio de Elvira – estabeleceu penas religiosas severíssimas para as transgressões à fidelidade conjugal. As penas impostas pela Igreja e pelo Estado eram mais duras para os casos de adultério do que para os de homicídio.

Foi apenas com o advento da Apostólica Sedis, em 1869, do Papa Pio IX, que a Igreja Católica passou a proibir expressamente a prática do aborto. Com base nesse documento, o aborto passou a ser condenável sob o apelo de proteção ao direito à vida como superior a quaisquer outros direitos, inclusive os da própria gestante. A partir desse momento, então, estabeleceu-se que o feto é um ser humano desde a sua concepção, cuja vida é tão importante que merece ser preservada em qualquer situação.

Tal construção é conhecida como *hominização imediata* ou *animação imediata*, pois considera o zigoto indivíduo ou pessoa. Em contraponto, há corrente divergente no próprio catolicismo, denominada *hominização retardada*, segundo a qual, até o quadragésimo dia da fecundação não se pode chamar o zigoto de *indivíduo*, pois ele ainda não recebeu sua alma. Ambas posturas teológicas coexistem até hoje e desembocam em um denominador comum: proibição do abortamento, considerado motivo de excomunhão da Igreja Católica.

Do ponto de vista histórico, até o começo do século XIX, não havia legislação que proibisse a prática do aborto. "Conclui-se, portanto, pelo menos em âmbito dedutivo, que as determinações doutrinárias da Igreja tiveram influência na construção da legislação punitiva ao aborto" (Gonçalves, 2008, p. 75).

É justamente nesse contexto e com grande influência das convicções morais cristãs que nasce o Código Penal (CP) brasileiro, em 7 de dezembro de 1940 (Brasil, 1940), estabelecendo, em seus arts. 124[2] e 126[3], a proibição do aborto. É de ressaltar que a mesma Lei Penal previa como crime o adultério, em seu art. 240[4], o qual somente foi revogado em 2005.

Ocorre que, a partir de 1992, mediante a ratificação, pelo Brasil, do Pacto de San José da Costa Rica, com reconhecimento de **jurisdição obrigatória** da Corte Interamericana de Direitos Humanos, no ano de 1998, a legislação brasileira não deve apenas guardar compatibilidade com a Constituição Federal (CF) de 1988 (Brasil, 1988) e seu ordenamento interno. Isso porque, diante da assunção de compromisso internacional por parte da República Federativa do Brasil para defesa de direitos humanos e das demais garantias, as normas brasileiras necessitam respeitar, inclusive e sobretudo, a Convenção Interamericana de Direitos Humanos.

---

2 "Art. 124. Provocar aborto em si mesma ou consentir que outrem lho provoque. Pena – detenção, de um a três anos." (Brasil, 1940)

3 "Art. 126. Praticar aborto com o consentimento da gestante. Pena – reclusão, de um a quatro anos." (Brasil, 1940)

4 "Art. 240. Cometer adultério.' Pena – detenção, de 15 (quinze) dias a 6 (seis) meses." (Revogado pela Lei n. 11.106/2005).

Vale dizer que, a partir de referido marco histórico e, em especial, com o reconhecimento da jurisdição internacional no sistema interamericano, abrem-se as portas para apuração judicial de violações de direitos humanos cometidas, eventualmente, pelo Estado brasileiro. Desse modo, "a interpretação dada pela Corte dos artigos da Convenção Americana de Direitos Humanos deve ser adotada no país, sob pena de sermos responsabilizados pelo descumprimento de nossos compromissos internacionais" (Ramos, 2001, p. 23).

Diante desse cenário, o presente artigo pretende investigar se a criminalização do aborto no Brasil, por intermédio dos arts. 124 e 126 do CP, violaria os direitos prescritos pela Convenção Interamericana de Direitos Humanos. Além disso, em análise aos precedentes emitidos pela Corte Interamericana de Direitos Humanos, buscar-se-á identificar a eventual competência da Corte para declarar a nulidade de efeitos de legislação incompatível com a Convenção.

12.2 A criminalização do aborto no Brasil à luz da Convenção Interamericana de Direitos Humanos

Nesta seção, traça-se um panorama a respeito da criminalização do aborto no Brasil para, então, verificar eventual incompatibilidade da legislação brasileira em detrimento dos direitos conferidos pela Convenção Americana de Direitos Humanos, em especial os relacionados à liberdade e à dignidade (Artigo 5, 2), vida privada (Artigo 11, 2) e proteção à mulher (Artigo 15, 3, "a" do Protocolo de San Salvador) (OEA, 1969 e 1988). Para realizar esta investigação, será utilizada como parâmetro a sentença proferida no caso

Artavia Murillo e outros *vs.* Costa Rica (CorteIDH, 2012), tendo em vista os importantes registros para o estudo da matéria proposta.

Para ilustrar o cenário da questão do aborto no Brasil, dados extraídos da Pesquisa Nacional do Aborto 2016 denunciam que, em 2015, cerca de 503 mil mulheres efetuaram um aborto. Esse número elevadíssimo demonstra que, em escala de proporcionalidade, cerca de uma mulher a cada minuto realiza aborto em solo pátrio. Nessa perspectiva, temos que o aborto é, senão, um fato da vida reprodutiva das mulheres brasileiras (Diniz; Medeiros; Madeiro, 2017).

De acordo com o mesmo estudo, cerca de 15% das mulheres negras e indígenas já fizeram um aborto na vida, ao passo que 9% das mulheres brancas o fizeram. Do total de brasileiras que fizeram aborto, estima-se que 3.019.797 delas tenham filhos; isso significa que, no atual marco de criminalização, essas seriam famílias cujas mães ou já deveriam ter estado presas ou estariam, neste momento, presas pelo crime de aborto.

Em consequência lógica, o já falido sistema prisional brasileiro haveria de ser quadriplicado, e as mulheres passariam a representar a maior parte da população carcerária (IBGE, 2015).

Vale destacar que, em que pese a taxa de prisão pela realização de aborto no país seja ridiculamente desprezível quando comparada ao número de mulheres que efetuaram tal procedimento, não há como se negar a existência de ofensas aos direitos fundamentais das mulheres pela existência da proibição do aborto. Além das questões discriminatórias, a impossibilidade de realização de aborto assistido aumenta os indicadores de mortalidade entre as mulheres.

Isso porque, de acordo com estudos recentes, estima-se que entre 8% e 18% de mortes maternas no mundo decorram de abortos inseguros e estão concentradas em países pobres (Singh; Darroch; Ashford, 2014). No Brasil, calcula-se que cerca de 67% das mulheres que realizaram um aborto ilegal necessitaram de internações nas dependências públicas de saúde (Diniz; Medeiros; Madeiro, 2017).

Dados da Pesquisa Nacional de Demografia e Saúde da Criança e da Mulher: PNDS 2006 (Brasil, 2009) evidenciam baixo acesso a contraceptivos: o preservativo é o método moderno mais utilizado, mas a consistência do uso é ainda bastante reduzida. Apenas 18,9% das mulheres sexualmente ativas informaram terem se relacionado com parceiro que fez uso consistente do preservativo nos 12 meses anteriores à pesquisa. O uso é ainda menor para mulheres pobres e de baixa escolaridade (1 a 3 anos de educação formal): 10,1% e 4,8%, respectivamente. Nesse contexto, o Estado falha em oferecer políticas adequadas em saúde que poderiam garantir às mulheres condições para evitar um aborto e, portanto, proteger o valor intrínseco do humano no embrião ou feto – e criminaliza as mulheres pela mesma razão. Além de demonstrar a violação dupla de direitos, essas são evidências empíricas de que a criminalização do aborto não é adequada nem necessária ao objetivo de diminuir sua prática.

Em complementação, outros números merecem destaque no presente trabalho. De acordo com a citada Pesquisa Nacional do Aborto 2016, ficou registrado que cerca de 20% das mulheres, aos 40 anos idade, já realizaram um aborto ilegal no Brasil. Desses números, um recorte regionalizado é ainda mais devastador: 18% das mulheres do Nordeste, em contraste com 11% das mulheres do Sudeste e 6% do Sul já fizeram um aborto na vida (Diniz; Medeiros; Madeiro, 2017).

Os números apontados servem para demonstrar que, apesar da prática do aborto ser criminalizada no Brasil, isso não impede que tal ato seja cometido por milhares de mulheres, todos anos. Mais do que isso, resta latente que a prática do ato, sem qualquer tipo de assistência por parte do Estado, contribui para uma alta taxa de mortalidade entre as mulheres. Não fosse suficiente, há também um viés de discriminação racial e regional, visto que as mulheres nordestinas e as mulheres negras realizam mais abortos que as mulheres do Sul e Sudeste e mais que as mulheres brancas.

Diante desse cenário alarmante, pretende-se investigar a possibilidade de **responsabilização internacional** do Estado brasileiro pela Corte Interamericana de Direitos Humanos, com sede em San José da Costa Rica, por eventual desatendimento à Convenção Interamericana. Em específico, tratamos dos arts. 124 e 126 do CP, que, além de impossibilitar a realização do aborto, impedem a prestação de serviço de saúde pública para assistência a milhares de brasileiras que realizam o aborto todos os anos.

Importante registrar, de antemão, que a Convenção Interamericana de Direitos Humanos estabelece a obrigação do Estado signatário de zelar pelo respeito aos direitos humanos e garantir o exercício destes por toda pessoa que esteja sujeita à sua jurisdição. Há, assim, uma obrigação imposta ao Estado, consistente na limitação de interferência nos direitos dos indivíduos. Nesse sentido, é imperioso destacar que a violação de direitos por parte de um Estado pode emanar de qualquer um de seus poderes (Executivo, Legislativo ou Judiciário), pois, do ponto de vista internacional, a separação dessas funções é indiferente para que o Estado possa ser responsabilizado.

Assim, os agentes políticos, de qualquer dos poderes da República, deverão sempre levar em consideração a interpretação dada pela Corte, sobretudo porque "qualquer ato estatal (mesmo legislativo e o judicial) enseja o nascimento da responsabilidade internacional do Estado" (Ramos, 2001, p. 25).

Para o estudo da matéria em debate – investigação acerca da possibilidade de a criminalização do aborto no Brasil ensejar uma violação à Convenção Interamericana de Direitos Humanos –, utilizar-se-á como parâmetro a sentença proferida no caso Artavia Murillo e outros *vs.* Costa Rica (CorteIDH, 2012), uma vez que o pronunciamento da Corte traz diversas contribuições para a análise ora proposta.

No caso em comento, submeteu-se à apreciação da Corte Interamericana de Direitos Humanos a proibição geral de se realizar fertilização *in vitro*, tendo em vista que a proibição absoluta constituiria uma ingerência arbitrária nos direitos à vida privada e familiar e do direito de se planejar uma família. Em específico, denunciou-se o Estado costa-riquenho pela violação aos Artigos 11, 2; 17, 2; e 24 da Convenção (OEA, 1969).

Ao apreciar o feito, entre outras obrigações, condenou-se o Estado da Costa Rica a tornar sem efeito a proibição da prática de fertilização *in vitro*, de modo que todas as pessoas submetidas à sua jurisdição pudessem fazer uso desse método de reprodução assistida. Além das condenações a título de indenização por danos materiais e morais às vítimas elencadas na ação, também se determinou ao Estado costa-riquenho a disponibilização da fertilização *in vitro* em seus programas de tratamento de infertilidade.

O caso se revela importantíssimo para estudo da matéria proposta, uma vez que, justamente, houve por confrontar um eventual direito à vida conferido a um embrião (Artigo 4, 1[5]) em detrimento de um direito à liberdade (Artigo 7), nos termos da Convenção (OEA, 1969), e da proteção à mulher (Artigo 15, 3, "a"[6]), conforme o Protocolo de San Salvador (OEA, 1988). Da decisão proferida, é possível extrair trechos importantíssimos para uma construção teórica a respeito da possibilidade de declaração de incompatibilidade dos artigos do CP brasileiro que criminalizam a prática do aborto em relação aos direitos previstos pela Convenção Interamericana de Direitos Humanos.

---

5 "Artigo 4. Direito à vida. 1. Toda pessoa tem o direito de que se respeito sua vida. Esse direito deve ser protegido pela lei e, em geral, desde o momento da concepção. Ninguém pode ser privado da vida arbitrariamente." (OEA, 1969)

6 "Artigo 15. Direto à constituição e proteção da família. [...] 3. Os Estados-partes comprometem-se, mediante este Protocolo, a proporcionar adequada proteção ao grupo familiar e, especialmente a: a. Dispensar atenção e assistência especiais à mãe, por um período razoável, antes e depois do parto. [...]." (OEA, 1988)

Em primeiro plano, destaca-se a conclusão dada pela Corte a respeito da impossibilidade de se conferir **estatuto de pessoa** ao embrião:

pode se concluir em relação ao artigo 4.1 da Convenção que o objeto direto de proteção é, fundamentalmente, a mulher grávida, em vista de que a defesa do não nascido se realiza essencialmente através da proteção da mulher, como se observa no artigo 15.3.a) do Protocolo de San Salvador, que obriga os Estados Parte a "conceder atendimento e ajuda especiais à mãe antes e durante um período razoável depois do parto", e do artigo VII da Declaração Americana, que consagra o direito de uma mulher em estado de gravidez a proteção, cuidados e ajudas especiais. (CorteIDH, 2012, § 222)

No que diz respeito ao alcance dos direitos à **integridade pessoal**, à **liberdade pessoal** e à **vida privada e familiar**, outro ponto importantíssimo e destacado pela Comissão foi que "a decisão de ter filhos biológicos pertence à esfera mais íntima da vida privada e familiar e a parte como se constrói essa decisão é parte da autonomia e identidade de uma pessoa" (CorteIDH, 2012, § 137). Nos dizeres da Corte, o Artigo 11 da Convenção invoca a proteção estatal dos indivíduos em razão de ações arbitrárias das instituições que afetam a vida privada e familiar. Por esse motivo, em interpretação expansiva ao Artigo 7 da Convenção, registrou-se que o conceito de liberdade deve ser entendido, em sentido extenso, como o direito de todo o ser humano de se "autodeterminar e escolher livremente as opções e circunstâncias que dão sentido à sua existência, em conformidade com suas próprias opções e convicções" (CorteIDH, 2012, § 142).

Outro ponto brilhante da decisão proferida pela Corte está relacionado à extensão da proteção à vida privada, que inclui uma série de fatores relacionados com a dignidade do indivíduo, incluindo a possibilidade de determinar a própria identidade e definir suas relações pessoais. Em resumo, a Corte definiu que a maternidade faz parte essencial do livre desenvolvimento da personalidade das mulheres. Assim, "a decisão de ser ou não mãe ou pai é parte do direito à vida privada" (CorteIDH, 2012, § 143).

Sobre a proteção à **autonomia da mulher**, convém transcrição do seguinte parágrafo do julgado:

> O direito à autonomia reprodutiva está reconhecido também no artigo 16 (e) da Convenção sobre a Eliminação de todas as Formas de Discriminação contra a Mulher, segundo o qual as mulheres gozam do direito "de decidir livre e responsavelmente sobre o número de filhos e sobre o intervalo entre os nascimentos e a ter acesso à informação, à educação e aos meios que lhes permitam exercer estes direitos". Este direito é violado quando se obstaculizam os meios através dos quais uma mulher pode exercer o direito a controlar sua fecundidade. Assim, a proteção à vida privada inclui o respeito às decisões de se converter em pai ou mãe, incluindo a decisão do casal de se converter em pais genéticos. (CorteIDH, 2012, § 146)

À luz do precedente Artavia Murillo e outros *vs.* Costa Rica (CorteIDH, 2012), é possível extrair conclusões de extrema valia para a proposta delineada no presente artigo. Em primeiro lugar, é digno de registro que, de acordo com a construção realizada pela Corte, a Convenção Interamericana de Direitos Humanos não outorga estatuto de pessoa ao embrião humano. Ao contrário, prevê uma evolução gradativa de proteção de acordo com a própria evolução do organismo embrionário. Além disso, e mais importante, é que o objeto direto de proteção do Artigo 4, 1, da Convenção (OEA, 1969) é a própria mulher grávida, tendo em vista que a proteção do não nascido acontece por meio da proteção à mulher, conforme o Artigo 15, 3, "a", do Protocolo de San Salvador (OEA, 1988).

Além dessas conclusões, a Corte igualmente destacou que a decisão de ter filhos pertence à esfera mais íntima da vida privada e familiar, fazendo parte integrante da própria autonomia de uma pessoa. Outrossim, e com base no Artigo 16 da Convenção sobre Eliminação de todas as Formas de Discriminação contra a Mulher (ONU, 1979), o direito de decidir sobre o número de filhos é violado pelo Estado quando se obstaculizam os instrumentos pelos quais a mulher pode exercer o direito de controlar sua fecundidade. Em outros termos, conforme decisão proferida pela Corte, "a proteção à vida privada inclui o respeito às decisões de se converter em pai ou mãe" (CorteIDH, 2012, § 146).

Apesar de nova, a decisão proferida nesse caso não chega a ser uma novidade para os que estão familiarizados com a jurisprudência internacional em matéria de aborto, visto que,

> En esa línea, para quienes están familiarizados con la doctrina y jurisprudencia internacional en materia de aborto, la sentencia Artavia Murillo no constituye realmente una novedad, pues la gran mayoría de las organizaciones internacionales de protección de derechos humanos apoyan la despenalización del aborto. Así, uno de los Objetivos de Desarrollo del Milenio relativo a la mejora de la Salud Materna, que se ha propuesto alcanzar la Organización Mundial de la Salud, es precisamente la despenalización del aborto. (Miguel; Fajuri, 2014, p. 80)

Nesse diapasão, qualquer lei que viole direitos fundamentais, como a dignidade da pessoa humana, o direito à vida e à autodeterminação, a proteção ao direito de escolha da mulher, além de outras garantias correlatas, previstas pela Convenção Interamericana de Direitos Humanos, deverá ser reconhecida como nula.

Vale mencionar, outrossim, a lição de Barroso (2012, p. 156):

> A dignidade humana é parte do núcleo essencial dos direitos fundamentais, como a igualdade, a liberdade ou a privacidade. Sendo assim, ela vai necessariamente informar a interpretação de tais direitos constitucionais, ajudando a definir o seu sentido nos casos concretos. Além disso, casos envolvendo lacunas no ordenamento jurídico, ambiguidades no direito, colisões entre direitos fundamentais e tensões entre direitos e metas coletivas, a dignidade humana pode ser uma boa bússola na busca da melhor solução. Mais ainda, qualquer lei que viole a dignidade, seja em abstrato ou em concreto, será nula.

Para o citado Ministro do Supremo Tribunal Federal (STF), em razões registradas no voto-vista proferido no *Habeas Corpus* n. 124.306/RJ (Brasil, 2016), a criminalização do aborto realizado antes de concluído o primeiro trimestre de gestação viola diversos direitos fundamentais das mulheres, a saber: autonomia da mulher; integridade física e psíquica; direitos sexuais e reprodutivos; igualdade de gênero; princípio da proporcionalidade.

Feitas essas digressões, renova-se o questionamento: A criminalização do aborto no Brasil viola a Convenção Interamericana de Direitos Humanos? Diante dos argumentos levantados no caso Artavia Murillo e outros *vs.* Costa Rica, analisado anteriormente, pode-se dizer que sim.

Em primeiro lugar, de acordo com o precedente, porque a Convenção não atribui ao embrião humano o estatuto de pessoa (CorteIDH, 2012, § 222). Em segundo lugar porque a proteção à vida de que trata a Convenção deve ser entendida pelo viés da proteção à mulher grávida (CorteIDH, 2012, § 222). Em terceiro lugar porque a Convenção confere à mulher "a decisão de ser ou não mãe ou pai é parte do direito à vida privada" (CorteIDH, 2012, § 143). Em quarto lugar porque a Convenção protege a dignidade do indivíduo, incluindo a faculdade de este determinar a própria identidade e definir suas relações pessoais (CorteIDH, 2012, § 143).

Diante desse quadro, resta evidente que a criminalização do aborto no Brasil, mediante redação dos arts. 124 e 126 do CP brasileiro, por mitigarem a autonomia e a liberdade da mulher, viola frontalmente a Convenção Interamericana de Direitos Humanos (OEA, 1969), o Protocolo de San Salvador (OEA, 1988) e a Convenção para Proteção sobre Eliminação de todas as Formas de Discriminação contra a Mulher (ONU, 1979), abrindo espaço para a responsabilização do Estado brasileiro perante a Corte Interamericana de Direitos Humanos.

12.3 Análise de compatibilidade em tese de lei interna com a Convenção pela Corte Interamericana de Direitos Humanos

Como instrumentos de proteção dos direitos previstos pela Convenção Interamericana de Direitos Humanos, o Pacto de San Jose da Costa Rica prevê um aparato de monitoramento do cumprimento dos deveres pelos Estados-partes que é constituído, essencialmente, pela Comissão Interamericana de Direitos Humanos e pela Corte Interamericana de Direitos Humanos.

Em apertada síntese, à Comissão compete representar os membros da Organização dos Estados Americanos (OEA) e promover a observância e a defesa dos direitos humanos. Entre suas funções, podem-se destacar a possibilidade de formular recomendações aos governos, de preparar relatórios e de responder a consultas. Além disso, a Comissão é competente para receber e analisar as denúncias de inobservância dos preceitos da Convenção e, se entender apropriado, iniciar os procedimentos para responsabilização do Estado perante a Corte regional.

No que se refere à própria Corte Interamericana de Direitos Humanos, trata-se de um tribunal com competência para conhecer de qualquer caso que lhe seja submetido relativo à interpretação e aplicação das disposições da Convenção. No caso de entender pela violação de direitos consagrados pelo Pacto, a Corte deverá assegurar ao prejudicado o gozo de seu direito ou de sua liberdade. Haverá, também, a possibilidade de determinar a reparação da medida configurada como violação de direito, bem como de impor o pagamento de indenização à parte lesada.

Registra Piovesan (2012, p. 339):

A Corte tem jurisdição para examinar casos que envolvam a denúncia de que um Estado-parte violou direito protegido pela Convenção. Se reconhecer que efetivamente ocorreu a violação, determinará a adoção de medidas que se façam necessárias à restauração do direito então violado. A Corte pode condenar ainda o Estado a pagar uma justa compensação à vítima.

À Corte é facultada, no caso de provocação por Estado-membro da OEA, a emissão de **parecer consultivo** a respeito da interpretação da Convenção. Também, confere-se ao tribunal a possibilidade de, inclusive, manifestar-se em sede de parecer consultivo a respeito da compatibilidade de leis internas em detrimento da Convenção.

Para os propósitos do presente artigo, cumpre investigar se a Corte Interamericana de Direitos Humanos tem competência para analisar a compatibilidade de legislação nacional com a Convenção Interamericana de Direitos Humanos. Com esta construção preliminar, verifica-se a possibilidade de a Corte declarar eventual incompatibilidade dos arts. 124 e 126 do CP brasileiro em detrimento do Pacto de San Jose da Costa Rica. Assim, buscar-se-á analisar a evolução da jurisprudência da Corte a respeito da matéria, de modo a inferir a possibilidade suscitada.

Ao que se tem conhecimento, a primeira vez que a discussão sobre a possibilidade de a Corte se manifestar a respeito da compatibilidade em tese de lei interna em detrimento da Convenção apareceu para os juízes interamericanos por ocasião da emissão do Parecer Consultivo n. 14, de 9 de dezembro de 1994 (CorteIDH, 1994). Em referido procedimento, provocado pela Comissão Interamericana de Direitos Humanos, submeteu-se à apreciação da Corte quais seriam os efeitos decorrentes no caso de Estado signatário do Pacto de San Jose editar ou fazer cumprir lei incompatível com a Convenção Interamericana de Direitos Humanos.

Ao apreciar o pedido de emissão de parecer consultivo para interpretação da questão, a Corte assim se manifestou:

> La jurisdicción contenciosa de la Corte se ejerce con la finalidad de proteger los derechos y libertades de personas determinadas y no con la de resolver casos abstractos. No existe en la Convención disposición alguna que permita a la Corte decidir, en el ejercicio de su competencia contenciosa, si una ley que no ha afectado aún los derechos y libertades protegidos de indivíduos determinados es contraria a la Convención. [...] (CorteIDH, 1994, §§ 49-50)

De acordo com o evidenciado, a Corte delineou entendimento no sentido de que sua competência seria exercida com a finalidade exclusiva de proteger os direitos e as liberdades de pessoas determinadas, sem preocupação de resolver casos abstratos. Desse modo, afastava-se a possibilidade de se analisar a compatibilidade em tese de uma lei com a Convenção, visto que sua preocupação deveria estar voltada para resolver **casos concretos**, em que se verificasse a existência de um efetivo dano. Em outros termos, nessa primeira manifestação da Corte, verifica-se uma preocupação muito maior com os indivíduos concretos e identificados que sofreram com os danos decorrentes de uma legislação inapropriada do que, propriamente, toda a coletividade que não teve a oportunidade de ser representada em julgamento.

Apesar disso, no mesmo parecer, registrou-se importante aspecto com relação à possibilidade de responsabilização do Estado signatário da Convenção em razão de edição ou cumprimento de lei manifestamente em desacordo com o Pacto de San Jose da Costa Rica:

> la expedición de una ley manifiestamente contraria a las obligaciones asumidas por un Estado al ratificar o adherir a la Convención, constituye una violación de ésta y, en el caso de que esa violación afecte derechos y libertades protegidos respecto de individuos determinados, genera la responsabilidad internacional de tal Estado; Que el cumplimiento por parte de agentes o funcionarios del Estado

de una ley manifiestamente violatoria de la Convención, genera responsabilidad internacional para tal Estado. En caso de que el acto de cumplimiento constituya per se un crimen internacional, genera también la responsabilidad internacional de los agentes o funcionarios que ejecutaron el acto. (CorteIDH, 1994)

Dessa maneira, apesar de registrar que a competência contenciosa seria exercida com a única finalidade de proteger direitos de pessoas determinadas, a Corte consignou que a mera edição de lei contrária às obrigações internacionais poderia ensejar uma responsabilização do Estado – construção importantíssima para o amadurecimento da jurisprudência para a proteção de direitos humanos.

Em sede de jurisdição contenciosa, à Corte fora submetido o caso conhecido por *El Amparo* (CorteIDH, 1996), originado de representação formalizada pela Comissão Interamericana de Direitos Humanos em desfavor da Venezuela, tendo em vista o desrespeito à Convenção decorrente de inobservância do dever de investigar e punir os responsáveis pelo massacre de 16 pescadores da localidade de El Amparo, ocorrido em 29 de outubro de 1988. O caso tem especial relevância para o estudo da matéria proposta, uma vez que a Comissão, além dos pedidos de reparação de ordem material e moral, pugnou que a Corte determinasse a reforma do art. 54 do Código de Justiça Militar, dispositivo que conferia ao presidente da República a possibilidade de impedir a abertura de investigação militar nos casos que julgasse convenientes aos interesses do país. Nesse ponto específico, replicando as ideias preliminares do Parecer Consultivo n. 14/1994, a Corte decidiu não poder apreciar em abstrato a compatibilidade de uma lei interna com a Convenção Americana de Direitos Humanos (Ramos, 2001).

Apesar desse posicionamento, o magistrado Antônio Augusto Cançado Trindade divergiu da argumentação de seus pares, consignando que:

En mi entendimiento, la propia existencia de una disposición legal puede per se crear una situación que afecta directamente los derechos protegidos por la

Convención Americana. Una ley puede ciertamente violar estos derechos en razón de su propia existencia, y, en la ausencia de una medida de aplicación o ejecución, por la amenaza real a la(s) persona(s), representada por la situación creada por dicha ley. (CorteIDH, 1996)

Para o juiz brasileiro, não seria necessário aguardar pela ocorrência de um dano, de ordem material ou moral, para que uma lei pudesse ser impugnada. Isso porque, se fosse necessário esperar pela aplicação de uma lei para ensejar um dano, não se poderia falar do dever de prevenção imposto à Corte Interamericana.

Em outros termos, de acordo com a sentença proferida no Caso El Amparo, não haveria a possibilidade de a Corte Interamericana de Direitos Humanos realizar um controle de compatibilidade entre a legislação nacional de estado signatário do Pacto de San Jose da Costa Rica em detrimento da Convenção Interamericana de Direitos Humanos.

Apesar disso, registra-se o histórico voto dissidente do brasileiro Cançado Trindade, no sentido que a própria existência de dispositivo legal poderia criar situação de violação de direitos humanos e, portanto, dispensaria a ocorrência de dano concreto para que fosse reprimido pela Corte, sobretudo em razão do dever de prevenção conferido ao tribunal regional.

Esse posicionamento dissidente abriu portas para, anos depois, uma mudança vertiginosa na interpretação da competência da Corte Interamericana de Direitos Humanos. Isso porque, em caso que restou batizado de *Barrios Altos* (CorteIDH, 2001b), no qual o Peru foi denunciado em razão da promulgação e aplicação de leis de anistia, entre outras condenações impostas, o ponto mais relevante foi que a Corte declarou as leis de anistia incompatíveis com a Convenção. Tal decisão representou verdadeira **mudança na interpretação** da Corte quanto à possibilidade de declarar sem efeitos jurídicos válidos legislação nacional incompatível com os ditames da Corte Interamericana de Direitos Humanos.

artigo 12
Criminalização do aborto no Brasil como violação à Convenção Interamericana de Direitos Humanos: possibilidades jurisprudenciais

Nas palavras de Cançado Trindade, o juiz brasileiro foi "tomado de emoção" em 14 de março de 2001 (CorteIDH, 2001b), quando, pela "primeira vez na história do Direito Internacional contemporâneo", um tribunal internacional prescrevia que leis de anistia seriam incompatíveis com um tratado de direitos humanos, carecendo de efeitos jurídicos válidos.

Na linha de raciocínio da sentença extraída do caso Barrios Altos, eventuais legislações nacionais incompatíveis com a Convenção Interamericana de Direitos Humanos estão viciadas de nulidade desde o início, motivo pelo qual não podem implicar efeitos jurídicos válidos. Desse modo, e de acordo com a interpretação de sentença do mesmo caso, a Corte esclareceu que, diante da violação à Convenção pelas leis de anistia peruanas (n. 26.479 e n. 26.492), estas não são aplicáveis em nenhuma ordem.

No caso denominado *A Última Tentação de Cristo* (CorteIDH, 2001a), a Corte Interamericana de Direitos Humanos houve por condenar o Estado chileno em razão da censura prévia à exibição do filme, sobretudo em razão da violação aos direitos de liberdade de pensamento, expressão e opinião que são previstos pela Convenção. Ao apreciar o feito, a Corte concebeu que a censura prévia autorizada pela Constituição do Chile (art. 19) seria incompatível com a Convenção, motivo pelo qual o Chile foi condenado a promover a reforma da legislação como maneira de acabar com a censura.

No mesmo sentido, destaca-se o caso Almonacid Arellano (CorteIDH, 2006), cujo pano de fundo seria a validade do Decreto-Lei n. 2.191/1978 do Chile, que perdoava os crimes cometidos entre os anos de 1973 e 1978, durante o regime Pinochet. Ao analisar o caso, a Corte decidiu pela invalidade do mencionado decreto-lei de "autoanistia", por implicar a denegação de justiça às vítimas, além de afrontar os deveres do Estado de investigar, processar, punir e reparar graves violações de direitos humanos que constituem crimes de lesa-humanidade.

Piovesan (2012) resgata importantes julgamentos da mesma Corte no sentido de se verificar a incompatibilidade de lei nacional face à Convenção e determinar a adequação de mencionadas legislações. No caso Lori Berenson Mejía *vs.* Peru (CorteIDH, 1997), a Corte, após rigorosa análise de provas, decidiu pela condenação do Estado peruano a harmonizar sua legislação interna à luz dos parâmetros protetivos internacionais. Também no sentido de condenar o Estado a harmonizar sua legislação interna à luz da Convenção, destaca-se o caso Hilarie, Constantine e Benjamin (CorteIDH, 2012), no qual a Corte determinou a Trinidad e Tobago que modificasse a legislação doméstica que impunha obrigatoriamente a pena de morte a qualquer pessoa condenada por homicídio.

Para aproximar as decisões da realidade brasileira, convém destacar o caso Gomes Lund *vs.* Brasil ("Guerrilha do Araguaia"), que fora submetido à Corte como oportunidade de consolidar a jurisprudência sobre a incompatibilidade das leis de anistia com a Convenção (CorteIDH, 2010). Em sentença, destacou-se que a legislação atacada, incompatível com a Convenção Americana, carece de efeitos jurídicos e não pode impedir a investigação de graves violações de direitos humanos.

Os casos resumidos permitem, em primeiro lugar, demonstrar uma evolução da jurisprudência da Corte Interamericana de Direitos Humanos no sentido de apontar para a possibilidade de declaração de nulidade ou de inexistência de efeitos jurídicos válidos para eventual legislação nacional incompatível com a Convenção. Tal afirmação decorre do fato de que o Estado tem responsabilidade de harmonizar sua legislação em deferência à legislação internacional protegida pela Corte. Em segundo lugar, apesar de se ter ciência de que uma declaração de inconvencionalidade pela Corte não importa em uma efetiva anulação de uma legislação interna (ao menos por enquanto), verifica-se a extrema relevância do papel desempenhado pelos juízes do Tribunal Regional de Direitos Humanos para a promoção dos direitos previstos pela Convenção e para a responsabilização internacional dos Estados signatários do Pacto de San Jose.

12.4 Declaração de incompatibilidade da criminalização do aborto no Brasil pela Corte Interamericana de Direitos Humanos

Feitas as digressões preliminares a respeito do tema, restou incontroverso que a criminalização do aborto no Brasil é incompatível com a Convenção Interamericana de Direitos Humanos e demais tratados correlatos, sobretudo porque viola diretamente os direitos de liberdade, igualdade, dignidade, além dos direitos sexuais reprodutivos e de planejamento familiar. Além disso, com o advento da manifestação da Corte no caso Artavia Murillo *vs.* Costa Rica (CorteIDH, 2012), em sede do qual são reconhecidos esses direitos, até mesmo se confrontados com eventuais direitos do embrião humano.

Além disso, procurou-se demonstrar a possibilidade de a Corte Interamericana de Direitos Humanos declarar a nulidade de efeitos jurídicos válidos de legislação interna incompatível com a Convenção. Nesse sentido, destaca-se:

> No obstante, observamos con obviedad que una declaración de inconvencionalidad no se puede equiparar a una invalidación como tal. En este aspecto, la diferencia en materia de poder de acción sigue siendo evidente. La Corte de San José no tiene el poder de invalidación. Sin embargo, me gustaría ahora intentar demostrar que, en realidad, si observamos la práctica de ambos sistemas – la de los ordenamientos constitucionales al igual que la del ordenamiento convencional –

hay un punto de inflexión que permite, de manera bastante evidente, hacer funcionar la asimilación en cuanto a los efectos del control. (Burgorgue-Larsen, 2014)

Apesar de a Corte não dispor, ao menos até o presente momento, de amplos poderes para invalidar legislação interna incompatível com a Convenção, não se pode negar a extrema importância dessas manifestações do Tribunal Regional de Direitos Humanos para a proteção dos direitos previstos pelo Pacto. A propósito, esse posicionamento da Corte permite demonstrar um verdadeiro compromisso com a promoção de direitos fundamentais nas Américas, reconhecendo a responsabilidade internacional dos Estados que editem e apliquem legislações incompatíveis com a Convenção – como no caso do Brasil, que, ao manter e aplicar a criminalização do aborto, viola os diversos direitos fundamentais já discutidos neste trabalho.

O papel da Comissão e da Corte são imprescindíveis para a proteção dos direitos fundamentais previstos pela Convenção, sendo inegável que

> o sistema interamericano tem assumido extraordinária relevância, como especial *locus* para a proteção de direitos humanos. O sistema interamericano salvou e continua salvando muitas vidas; tem contribuído de forma decisiva para a consolidação do Estado de Direito e das democracias na região; tem combatido a impunidade; e tem assegurado às vítimas o direito à esperança de que a justiça seja feita e os direitos humanos sejam respeitados. (Piovesan, 2012, p. 357)

Não há como se afastar a possibilidade de a Corte emitir seu juízo a respeito da possibilidade de se reconhecer a responsabilidade internacional do Brasil por manter vigente legislação que proíbe a prática do aborto, visto que os direitos insculpidos na Convenção são incompatíveis com tal proibição.

Em interessante artigo que aborda a temática da criminalização do aborto pela legislação chilena, chega-se à conclusão construída no presente trabalho: a obrigação do Estado de reformar qualquer lei que proíba a realização do aborto.

> Ello permite concluir que el legislador chileno está obligado a reformar tanto la ley de 1989 que prohíbe de manera absoluta cualquier forma de aborto, como la penalización indiscriminada de toda forma de aborto consentido por la mujer. Además, el Tribunal Constitucional debería considerar inconstitucional dicha ley garantizando, como pide la Corte Interamericana, los derechos fundamentales de las mujeres chilenas. (Miguel; Fajuri, 2014, p. 71)

A possibilidade de enfrentamento da criminalização do aborto pela Corte Interamericana de Direitos Humanos abre caminho para a discussão de um tema ainda mais relevante: Como poderia a matéria vir a ser discutida pela Corte? Haveria a possibilidade de se efetuar um controle concentrado de convencionalidade de leis internas em detrimento da Convenção? Tal competência equivaleria a reconhecer a Corte como uma espécie de Tribunal Constitucional das Américas?

Apesar de relevantes, tais questionamentos não são possíveis de ser aqui respondidos. No entanto, servem para apontar um caminho para o enfrentamento de diversas questões sensíveis no que diz respeito à proteção de direitos fundamentais pelo sistema interamericano de proteção aos direitos humanos.

Para os propósitos deste trabalho, coube a pretensão de responder ao seguinte questionamento: Poderia a Corte Interamericana de Direitos Humanos declarar a incompatibilidade da legislação brasileira que criminaliza a prática do aborto em razão da existência da Convenção Interamericana de Direitos Humanos? As construções delineadas anteriormente caminham para uma resposta afirmativa à preocupação suscitada, permitindo-se deduzir a possibilidade de a Corte Interamericana declarar incompatíveis com a Convenção Americana os arts. 124 e 126 do CP brasileiro.

12.5 Considerações finais

O presente trabalho pretendeu demonstrar que a legislação penal brasileira que criminaliza o aborto realizado antes das 12 primeiras semanas de gestação é incompatível com a Convenção Americana de Direitos Humanos, sobretudo por violar direitos relacionados à liberdade, dignidade, proteção às mulheres, entre outros. Tal afirmação é possível ser exarada sobretudo após a manifestação da própria Corte Interamericana de Direitos Humanos no caso Artavia Murillo *vs.* Costa Rica, em sede da qual se consignou entendimento de que não se é possível atribuir estatuto de pessoa ao embrião humano e que, sobretudo, a Convenção e os demais tratados conferem à mulher o direito de decidir sobre sua liberdade, sobre sua dignidade, sobre o planejamento familiar e, em especial, sobre o direito de se tornar ou não mãe.

Registradas essas ponderações, questionou-se a competência da Corte Interamericana de Direitos Humanos para julgar a compatibilidade, em tese, de lei interna em relação à Convenção Interamericana de Direitos Humanos, bem como da possibilidade de se determinar ao Estado signatário do Pacto de San Jose a adequação da legislação interna aos ditames da Convenção. De acordo com os precedentes emitidos pela Corte, sobretudo os casos Barrios Altos, A Última Tentação de Cristo e Almonacid Arellano, ficou evidente que à Corte compete se manifestar a respeito da incompatibilidade em tese de lei interna em detrimento da Convenção, principalmente para garantir o efetivo exercício dos direitos fundamentais protegidos pelo Pacto.

Por fim, de acordo com os precedentes da Corte Interamericana de Direitos Humanos, deduziu-se a possibilidade de o tribunal interamericano declarar a incompatibilidade da legislação brasileira que criminaliza a realização do aborto, praticado antes das 12 primeiras semanas de gestação, tendo em vista que sua proibição, além de ser incompatível com os preceitos da Convenção Interamericana de Direitos Humanos, está provocando sérios traumas à sociedade brasileira, que acompanha todos os anos milhares de mulheres que praticam o aborto sem a assistência do Estado e colocam em risco a própria vida.

Referências

BARROSO, L. R. Aqui, lá e em todo lugar: a dignidade humana no direito contemporâneo e no discurso transnacional. **Revista dos Tribunais**, v. 919, ano 101, p. 127-196, maio 2012. Disponível em: <http://www.luisrobertobarroso.com.br/wp-content/themes/LRB/pdf/aqui_em_todo_lugar_dignidade_humana_direito_contemporaneo_discurso_transnacional.pdf>. Acesso em: 28 fev. 2018.

BÍBLIA. Português. **Bíblia de Jerusalém**. 4. ed. rev. e atual. São Paulo: Paulus, 2002.

BRASIL. Constituição (1988). **Diário Oficial da União**, Brasília, DF, 5 out. 1988. Disponível em: <http://www.planalto.gov.br/ccivil_03/constituicao/ConstituicaoCompilado.htm>. Acesso em: 28 fev. 2018.

_____. Decreto-Lei n. 2.848, de 7 de dezembro de 1940. **Diário Oficial da União**, Poder Executivo, Brasília, DF, 31 dez. 1940. Disponível em: <http://www.planalto.gov.br/ccivil_03/decreto-lei/Del2848compilado.htm>. Acesso em: 28 fev. 2018.

BRASIL. Ministério do Planejamento. Centro Brasileiro de Análise e Planejamento. **Pesquisa Nacional de Demografia e Saúde da Criança e da Mulher**: PNSD 2006. Brasília, DF, 2009. (Série G. Estatística e Informação em Saúde). Disponível em: <http://bvsms.saude.gov.br/bvs/publicacoes/pnds_crianca_mulher.pdf>. Acesso em: 28 fev. 2018.

BRASIL. Supremo Tribunal Federal. Habeas Corpus (HC) n. 124.306/RJ, de 9 de agosto de 2016. Relator: Ministro Marco Aurélio. **Diário da Justiça**, 29 nov. 2016. Disponível em: <http://redir.stf.jus.br/paginadorpub/paginador.jsp?docTP=TP&docID=12580345>. Acesso em: 26 fev. 2018.

BURGORGUE-LARSEN, L. **La Corte Interamericana de los Derechos Humanos como tribunal constitucional**. 2014. Disponível em: <https://www.pantheonsorbonne.fr/fileadmin/IREDIES/CV_professeurs/Laurence_BURGORGUE_LARSEN/LBL-Working_Papers_on_European_Law_and_Regional_Integration.pdf>. Acesso em: 28 fev. 2018.

CORTEIDH – Corte Interamericana de Direitos Humanos. Caso "A Última Tentação de Cristo" (Olmedo Bustos e outros) *vs*. Chile. **Sentença**, 5 fev. 2001a. Disponível em: <http://www.cnj.jus.br/files/conteudo/arquivo/2016/04/f30eb7942e6ea89e4d2ec4ca870784d3.pdf>. Acesso em: 28 fev. 2018.

_____. Caso Almonacid Arellano e outros *vs*. Chile. **Sentença**, 26 set. 2006. Disponível em: <http://www.cnj.jus.br/files/conteudo/arquivo/2016/04/7172fb59c130058bc5a96931e41d04e2.pdf>. Acesso em: 28 fev. 2018.

CORTEIDH – Corte Interamericana de Direitos Humanos. Caso Artavia Murillo e Outros ("Fecundação in vitro") *vs.* Costa Rica. **Sentença**, 28 nov. 2012. Disponível em: <http://www.corteidh.or.cr/docs/casos/articulos/seriec_257_por.pdf>. Acesso em: 28 fev. 2018.

_____. Caso Barrios Altos *vs.* Peru. **Sentença**, 4 mar. 2001b. Disponível em: <http://www.cnj.jus.br/files/conteudo/arquivo/2016/04/092b2fec1ad5039b26ab5f98c3f92118.pdf>. Acesso em: 28 fev. 2018.

_____. Caso El Amparo Reparações. **Sentença**, 14 set. 1996.

_____. Caso Gomes Lund e outros ("Guerrilha do Araguaia") *vs.* Brasil. **Sentença**, 24 nov. 2010. Disponível em: <http://www.sdh.gov.br/assuntos/atuacao-internacional/sentencas-da-corte-interamericana/sentenca-araguaia-24.11.10-1>. Acesso em: 27 fev. 2018.

_____. Caso Hilaire, Constatine e Benjamin e outros *vs.* Trinidad e Tobago. **Sentença**, 21 jun. 2002. Disponível em: <http://www.cnj.jus.br/files/conteudo/arquivo/2016/04/092b2fec1ad5039b26ab5f98c3f92118.pdf>. Acesso em: 28 fev. 2018.

_____. Caso Lori Berenson Mejía *vs* Peru. **Sentença**, 17 set. 1997.

_____. Responsabilidade internacional por edição e aplicação de leis violatórias da Convenção. **Parecer Consultivo n. 14**, 9 dez. 1994. Disponível em: <http://www.acnur.org/fileadmin/Documentos/BDL/2002/1262.pdf?view=1>. Acesso em: 28 fev. 2018.

DINIZ, D.; MEDEIROS, M.; MADEIRO, A. Pesquisa Nacional de Aborto 2016. **Ciência & Saúde Coletiva**, Rio de Janeiro, v. 22, n. 2, p. 653-660, fev. 2017. Disponível em: <http://dx.doi.org/10.1590/1413-81232017222.23812016>. Acesso em: 28 fev. 2018.

GONÇALVES, T. A. (Coord.). **Aborto e religião nos tribunais brasileiros**. São Paulo: Instituto para a Promoção da Equidade, 2008.

IBGE – Instituto Brasileiro de Geografia e Estatística. Coordenação de Trabalho e Rendimento. **Pesquisa Nacional por Amostra de Domicílios**: síntese de indicadores 2014. Rio de Janeiro, 2015. Disponível em: <http://biblioteca.ibge.gov.br/visualizacao/livros/liv94935.pdf>. Acesso em: 28 fev. 2018.

MIGUEL, A. R.; FAJURI, A. Z. Derecho a la vida y constitución: consecuencias de la sentencia de la Corte Interamericana de Derechos Humanos "Artavia Murillo v. Costa Rica". **Revista de Estudios Constitucionales**, n. 1, año 12, p. 71-104, 2014.

MURARO, R. M. El aborto y la fe religiosa en América Latina. In: PORTUGAL, A. M. (Ed.). **Mujeres e Iglesia**: sexualidad y aborto en America Latina. Washington: Distribuiciones Fontamara, S.A, México. Catholics for a Free Choice – USA, 1989. p. 83-84.

OEA – Organização dos Estados Americanos. Comissão Interamericana de Direitos Humanos. **Convenção Americana sobre Direitos Humanos**. 22 nov. 1969. Disponível em: <http://www.cidh.oas.org/basicos/portugues/c.convencao_americana.htm>. Acesso em: 28 fev. 2018.

_____. **Protocolo de San Salvador**. 17 nov. 1988. Disponível em: <http://www.cidh.org/basicos/portugues/e.protocolo_de_san_salvador.htm>. Acesso em: 28 fev. 2018.

ONU – Organização das Nações Unidas. Assembleia-Geral das Nações Unidas. **Convenção sobre a Eliminação de Todas as Formas de Discriminação Contra a Mulher**. 18 dez. 1979. Disponível em: <http://www.pge.sp.gov.br/centrodeestudos/bibliotecavirtual/instrumentos/discrimulher.htm>. Acesso em: 28 fev. 2018.

PIOVESAN, F. **Direitos humanos e o direito constitucional internacional**. 13. ed. São Paulo: Saraiva, 2012.

RAMOS, A. de C. **Direitos humanos em juízo**: comentários aos casos contenciosos e consultivos da Corte Interamericana de Direitos Humanos e estudo da implementação dessas decisões no direito brasileiro. São Paulo: Max Limonad, 2001.

ROSADO-NUNES, M. J. F. Aborto, maternidade e a dignidade da vida das mulheres. In: CAVALCANTE, A.; XAVIER, D. (Org.). **Em defesa da vida**: aborto e direitos humanos. São Paulo: Católicas pelo Direito de Decidir, 2006. p. 23-39.

SINGH, S.; DARROCH, J. E.; ASHFORD, L. S. **Adding it up**: the Costs and Benefits of Investing in Sexual and Reproductive Health 2014. Guttmacher Institute, New York, Dec. 2014. Disponível em: <https://www.guttmacher.org/report/adding-it-costs-and-benefits-investing-sexual-and-reproductive-health-2014>. Acesso em: 28 fev. 2018.

13

O Direito Internacional
e Direito do Trabalho na
reforma trabalhista

*International Law and Labor
Law in the Labor Reform*

Carolina de Quadros

Carolina de Quadros

Mestranda em Direito pelo Centro Universitário Internacional Uninter. Especialista em Direito do Trabalho e Processo do Trabalho pela Pontifícia Universidade Católica do Paraná (PUCPR). Graduada em Letras/Inglês e em Direito pela Universidade Estadual do Norte do Paraná. Advogada trabalhista.

Resumo

O presente estudo tem por objetivo compreender o tratamento dado às normas emanadas por organizações internacionais, especialmente pela Organização Internacional do Trabalho. O estudo pretende esclarecer aspectos das teorias relacionadas às normas internacionais, como dualismo, monismo e pluralismo. Após realizar a descrição dos vários posicionamentos da doutrina, verificam-se as possibilidades de enquadramento das normas internacionais perante a Constituição Federal brasileira, bem como de possíveis conflitos de normas e prováveis soluções. O estudo tenciona as normas constantes em convenções internacionais e possíveis violações pela reforma trabalhista.

Abstract

This article aims to comprehend how norms legislated by international organizations are applied, especially the ones that come from the International Labor Organization. It discusses aspects related to dualism, monism and pluralism. After describing doctrines, the situation of the Federal Constitution of 1988 regarding international norms is analyzed. This study contrasts international norms with the intended labor reform in Brazil, which can be a violation of international treaties.

Palavras-chave

Reforma trabalhista. Normas internacionais. Fontes. Organização Internacional do Trabalho.

Keywords

Labor reform. International norms. Sources. International Labor Organization.

Sumário

13.1 Considerações iniciais. 13.2 Normas internacionais, ordenamento jurídico e a Constituição Federal de 1988. 13.3 A Organização Internacional do Trabalho e seus documentos como fonte do Direito do Trabalho e as violações de convenções internacionais na reforma trabalhista. Referências.

Summary

13.1 First considerations. 13.2 International norms, legal order and the Federal Constitution of 1988. 13.3 International Labor Organization, its treaties as a source of labor law and violations of international conventions by the labor reform. References.

13.1 Considerações iniciais

A sociedade contemporânea vem cada vez mais se tornando permeável às influências estrangeiras, em todas as esferas, e o mundo jurídico, tomado como relevante partícipe do mundo social, acompanha esses macroprocessos de globalização.

Diante desse amplo debate, a presente pesquisa destaca como espaço de investigação verificar como o Direito Internacional se relaciona com o Direito do Trabalho, com as convenções, as recomendações e os estudos desenvolvidos em relatórios e pareceres técnicos, especialmente da Organização Internacional do Trabalho (OIT) como fonte do Direito, enfocando-se a questão dos possíveis conflitos entre as normas.

Há de se de destacar também – sobretudo em períodos de reforma trabalhista (Brasil, 2017), flexibilização, precarização e terceirização cada vez mais constantes – os esforços para manutenção e efetividade dos direitos sociais fundamentais relacionados ao trabalho, os quais podem ser entendidos como direitos humanos. Estes, na presente pesquisa, serão abordados com base na investigação de como as normas internacionais se relacionam com as normas trabalhistas brasileiras.

A importância da temática pode ser observada a partir do que ensinam Pagliarini e Lorenci (2015) quando explicitam que as mudanças no contexto hodierno indicam para uma teoria crítica do Direito, em que uma **neojurisdição** é esperada para que se operacionalize a supremacia da Constituição Federal (CF) de 1988 (Brasil, 1988) e do Direito Internacional, considerado novo pelos autores. Isso se justifica com fundamento na ideia de um olhar amplo e que compreende a centralidade da matéria de direitos humanos, pois "Se há um aspecto que chama a atenção da Teoria Crítica do Direito, este aspecto é o fato de que o que era globalização só econômica se tornou também globalização política e jurídica" (Pagliarini, 2015, p. 115).

A partir desse ensinamento, vale destacar a importância em se pensar a globalização e as normas internacionais para o Direito do Trabalho e os desafios que a questão tem apresentado, conforme esclarece Corrêa (2012, p. 478) ao utilizar a seguinte argumentação:

> Com efeito, as bases do Direito do Trabalho moderno, tal como o conhecemos, estão lançadas no Tratado de Versalhes de 1919 – de que resultou, inclusive, a criação da Organização Internacional do Trabalho (OIT). Além disso, os desafios que o mundo do trabalho oferece não são paroquiais. A terceirização precarizante, os acidentes de trabalho, o trabalho infantil, a discriminação em matéria de emprego e ocupação, o trabalho forçado e as restrições ao livre exercício da atividade sindical despontam entre os fenômenos que atualmente preocupam e afligem praticamente todas as nações do mundo. Há que se buscar, então, uma resposta global para tais desafios, a fim de proporcionar um esforço efetivo e eficaz no seu equacionamento, inserindo a atuação local num contexto mais amplo. Da coerência desses esforços, e do seu caráter global, depende o seu impacto na definição de um "patamar civilizatório mínimo", no dizer de Maurício Godinho Delgado, acessível a todos os trabalhadores e trabalhadoras do mundo.

Dessa forma, tem-se como ponto de partida verificar aspectos da doutrina relacionados às normas internacionais, bem como investigar o tratamento dado pela CF/1988 à matéria do Direito Internacional e das fontes do Direito. Especificamente quanto ao Direito do Trabalho, é importante contextualizar a OIT e registrar a recepção pelo ordenamento jurídico brasileiro de seus documentos. Por fim, é necessário indicar as normas internacionais como fonte de Direito do Trabalho, os possíveis conflitos entre as normas das convenções internacionais da OIT, ratificadas pelo Brasil, e a reforma trabalhista sancionada em 13 de julho de 2017, publicada no dia seguinte como Lei n. 13.467 (Brasil, 2017).

13.2 Normas internacionais, ordenamento jurídico e a Constituição Federal de 1988

A questão inicial é dissonante na doutrina e nos tribunais. Assim, necessário se faz apresentar esses posicionamentos para, então, ser possível compreender o tratamento dado à matéria sob o aspecto de sua aplicação.

O entendimento de que a ordem jurídica internacional e a ordem jurídica interna constituiriam sistemas que, apesar de coexistirem, não se comunicariam diretamente é a posição defendida pela **teoria dualista**, que também é chamada de *teoria da incorporação*.

É oportuno lembrar que, na Argentina, por exemplo, é adotada a teoria dualista dos sistemas jurídicos (Sussekind, 1996), de maneira que os tratados e as convenções ratificados expressam o compromisso político de legislar internamente sobre o conteúdo dos documentos ratificados, não fazendo parte do direito positivo desse Estado.

A respeito das normas de Direito Internacional e do estudo das fontes do Direito, é justamente nesse sentido, qual seja, da teoria dualista, a lição do jurista argentino Nino (2010, p. 168-169), que assim se posiciona:

> Também não é adequado o "monismo nacional", que supõe que o Direito Internacional faz parte de cada um dos direitos nacionais que o reconhecem. É verdade que os órgãos que, por via consuetudinária ou convencional, criam normas do Direito Internacional são os Estados, e que se a maior parte deles manifestar divergência quanto a uma norma consuetudinária ou contratual que contribuíram para criar, a norma ficará derrogada. Mas, em relação a cada Estado em particular, não é verdade que a ordem internacional seja direito à medida que é reconhecida por ele; as normas internacionais continuarão tendo vigência e, por conseguinte, constituindo direito existente, enquanto estiverem respaldadas pela comunidade internacional em geral. Ou seja, o Direito Internacional tem uma existência independente do reconhecimento de cada Estado em particular.

Em suma, parece que a postura mais coerente é a que se adapta ao senso comum, que considera sistemas independentes os Direito Internacional e cada um dos direitos nacionais, por serem diferentes os conjuntos de normas reconhecidas como soberanas que constituem a base de cada um de tais sistemas.

Por seu turno, em outro sentido está a **teoria monista** do Direito, em que as ordens jurídicas internas e a ordem jurídica internacional não teriam distinção, compondo uma ordem jurídica universal. Quanto à posição de prevalência da norma, se internacional ou interna, a teoria comporta posições diferentes na doutrina. Sobre essa teoria, esclarecem Pagliarini e Lorenci (2015, p. 115):

> Para os que defendem a lógica jurídica da Teoria Monista do Direito, então as normas internacionais hão de ser superiores hierarquicamente às normas nacionais, e para assim se pensar há respaldo nos artigos 26 [*pacta sunt servanda* e boa-fé no cumprimento dos tratados] e 27 [direito interno e observância de tratados] da Convenção de Viena sobre o Direito dos Tratados. E, de fato, foi com base na idéia de supremacia das normas internacionais (de Direito Internacional Público – DIP) que multiplicaram-se nos séculos XX e XXI tribunais permanentes e organizações internacionais.

No que tange à preponderância do Direito Internacional público em relação aos direitos nacionais, retomando as lições do austríaco Hans Kelsen, Pagliarini e Lorenci (2015) explicam que, apesar de a regra ser a falta de centralidade na comunidade internacional quanto à sanção a ser aplicada entre países litigantes, é possível, sob a perspectiva kelseniana, cogitar a possibilidade de que Estados litigantes que sejam parte de uma mesma ordem jurídica internacional (organização internacional) possam sofrer sanção por terceiro ente, no caso, referida organização internacional. Essa possibilidade, em um paradigma estadualista, esbarra na questão da soberania estatal, a qual, na perspectiva do sistema monista puro, tem a seguinte formulação:

Inclusive, quanto à soberania, entendia realmente Kelsen que era um conceito que, se existisse, só poderia se aplicar ao Direito Internacional Público, e não às dezenas de ordens jurídicas nacionais: ora, se soberania quer dizer poder total, então como pode no mundo haver 193 poderes totais (193 é o número correspondente ao de Estados filiados à ONU) (Pagliarini; Lorenci, 2015, p. 117)

Portanto, na perspectiva da teoria monista, a leitura kelseniana é no sentido da norma de Direito Internacional público estar alocada superiormente aos direitos nacionais, de maneira que cabe acrescentar que, "Sobre o Direito Consuetudinário Internacional, quando de seu exílio em Genebra, Kelsen explicou de forma contundentemente clara que a 'sua' Norma Hipotética Fundamental era, na realidade, o *Droit Coutumier International* (Direito Costumeiro Internacional)" (Pagliarini; Lorenci, 2015, p. 117).

Existe ainda outra acepção da teoria monista em que a superioridade estaria no direito interno, em atenção ao atributo da soberania dos Estados. Sobre essa vertente, explica Feliciano (2013, p. 163) que "a ordem jurídica internacional seria apenas a continuação da ordem jurídica interna fora das fronteiras do Estado, o que justificaria a supremacia nacional", citando-se Gerog Jellinek como um dos teóricos nesse sentido.

Acrescente-se à discussão o que assevera Hespanha (2013), ao tratar das fontes do Direito, a partir de uma visão da teoria do direito pluralista. O autor identifica como fonte o Direito comunitário (dos Estados-membros da União Europeia). Referente ao Direito Internacional como fonte, discorre que,

No âmbito de um modelo estadualista, o reconhecimento o Direito Internacional exigia o seu expresso reconhecimento pela ordem jurídica interna dos Estados. No novo contexto pluralista, o Direito Internacional tende a dissolver-se no âmbito mais vasto de normas não estaduais reconhecidas no âmbito de uma ordem jurídica. São as instancias jurisdicionais dessa ordem jurídica que vão estabelecendo normas de reconhecimento quanto às normas jurídicas e, por isso, também quanto às normas do "Direito Internacional". Ou seja, vale para o Direito Internacional o mesmo padrão "realista" de reconhecimento que vale para todas as ordens jurídicas que compõem um ordenamento pluralista: o reconhecimento pelas instancias jurisdicionais, por sua vez reconhecidas como tal (Hespanha, 2013, p. 93-94)

Diante das diversas abordagens e de toda a importância e discussão que a matéria suscita, é no preâmbulo da Convenção de Viena (Brasil, 1965) que já estaria a indicação de superioridade do Direito Internacional:

> 1) reconhece a importância cada vez maior dos tratados como fonte internacional e como meio de desenvolver a cooperação pacifica entre as Nações, quaisquer que sejam os seus regimes constitucionais e sociais; 2) constata que os princípios do livre consentimento e da boa-fé e a regra *pacta sunt servanda* são universais; 3) proclama o respeito universal e efetivo dos direitos do homem e das liberdades fundamentais; 4) afirma que as regras do Direito Internacional Consuetudinário continuarão a reger as questões não reguladas pela Convenção de Viena sobre o Direito dos Tratados (Pagliarini, 2017, p. 32)

A despeito da discussão e das diferentes teorias que engrossam a polêmica doutrinária indicada, cabe trazer à baila como o Direito brasileiro tem se posicionado quanto à questão das normas de Direito Internacional e a CF/1988.

Em que pesem os argumentos acerca do sistema monista sob o prisma kelseniano de supremacia de norma internacional, a ordem constitucional brasileira não adota a superioridade das normas internacionais. Tem-se que o **sistema brasileiro** adota o **modelo monista**, com a supremacia do Direito interno, sobretudo a Constituição. Tal emprego da teoria é apodado por Pagliarini e Lorenci (2015, p. 118) como a *doutrina dos muros*, na qual se sobrepõem os interesses unilaterais estatais às normas internacionais.

Quanto ao procedimento, tem-se que a regra geral é a de que convenções e tratados internacionais ratificados são introduzidos à ordem interna, de imediato. A ratificação de uma convenção ou tratado internacional compreende a aprovação pela autoridade competente, que, no caso, é o Congresso Nacional (art. 49, inciso I, da CF/1988), por meio de decreto legislativo que autoriza o chefe do Poder Executivo a ratificar o tratado ou a convenção (art. 84, inciso VIII, da CF/1988). Estará vigente o tratado com a ratificação e terá eficácia a partir da publicação do decreto e do texto convencional em idioma nacional, com efeito cogente após o prazo de 45 dias de que trata o art. 1º da Lei de Introdução às Normas do Direito Brasileiro (Lei n. 4.657, de 4 de setembro de 1942 – Brasil, 1942). Acrescente-se que, em se tratando de normas provenientes da OIT, há prazo de 12 meses entre ratificação e vigência para que o Estado não fique em mora com a organização.

A ratificação das convenções da OIT submete os países, nos termos da Constituição da Organização, ao sistema de monitoramento, ficando o país obrigado a enviar informes regulares. Dessa forma, havendo descumprimento de obrigações contidas no texto ratificado, podem os representantes de empregadores e de trabalhadores, assim como representantes de outros Estados, enviar representações à Organização.

Quanto ao *status* legal, via de regra os tratados e as convenções internacionais ratificados, por estarem submetidos ao controle de constitucionalidade, são equivalentes à lei ordinária federal, nos termos do art. 102, inciso III, alínea "b", da CF/1988, que dispõe:

> Art. 102. Compete ao Supremo Tribunal Federal, precipuamente, a guarda da Constituição, cabendo-lhe:
> [...]
> III – julgar, mediante recurso extraordinário, as causas decididas em única ou última instância, quando a decisão recorrida:
> [...]
> b) declarar a inconstitucionalidade de tratado ou lei federal. (Brasil, 1988)

Ainda quanto à **hierarquia das normas internacionais**, é preciso observar o disposto no art. 5º, § 2º, da CF/1988, que reconhece como continuidade do próprio texto constitucional os tratados que versem sobre normas de direitos e garantias fundamentais de que o Brasil seja parte: "Art. 5º [...] § 2º Os direitos e garantias expressos nesta Constituição não excluem outros decorrentes do regime e dos princípios por ela adotados, ou dos tratados internacionais em que a República Federativa do Brasil seja parte" (Brasil, 1988).

Ademais, a possibilidade de tratados e convenções equivalerem às normas constitucionais tem previsão no art. 5º, § 3º, que estabelece: "Art. 5º [...] § 3º Os tratados e convenções internacionais sobre Direitos Humanos que forem aprovados, em cada Casa do Congresso Nacional, em dois turnos, por três quintos dos votos dos respectivos membros, serão equivalentes às emendas constitucionais" (Brasil, 1988). A previsão de tramitação específica de tratados internacionais para que assumam o caráter de norma constitucional foi incluída por meio da Emenda Constitucional (EC) n. 45, de 30 de dezembro de 2004 (Brasil, 2004).

Nesse sentido, segundo destacam Pagliarini e Lorenci (2015, p. 118), "nenhuma norma da Carta de 1988 autoriza os intérpretes a entender que tratados internacionais comuns são superiores às leis federais".

No entanto, o Supremo Tribunal Federal (STF) tem se manifestado no sentido de que tratados que versem sobre matéria de direitos humanos teriam hierarquia de norma infraconstitucional, com *status* supralegal[1], ou seja, com *status* superior à lei ordinária, caso não tenham tramitado na forma prevista pelo art. 5º, § 3º, anteriormente transcrito (Brasil, 2009).

---

1 Diferentemente, para Pagliarini e Lorenci (2015) seriam apenas quatro casos de supralegalidade (tratados internacionais de Direito Tributário; tratado sobre transportes internacionais; tratados de extradição; e tratados para a integração da América Latina).

A decisão do STF refere-se ao afastamento da prisão do depositário infiel, em decorrência do Artigo 7 do Pacto de San José da Costa Rica, com a posterior edição de Súmula Vinculante n. 25.

Tem-se, portanto, no *status* legal dos tratados internacionais em matéria de direitos humanos, um problema que não encontra pacificação na doutrina, especialmente pensando-se nos tratados ratificados antes da EC n. 45/2004, que incluiu o § 3º ao art. 5º da CF/1988.

Especialmente quanto aos direitos humanos e ao Direito Internacional no Direito do Trabalho, é oportuno lembrar o que ensina Côrrea (2012, p. 485), justamente sobre a importância da matéria:

> Com efeito, afigura-se razoável postular para os princípios fundamentais e direitos no trabalho um lugar, entre aquelas normas definidoras de Direitos Humanos, a que a comunidade internacional reconhece, especial importância, adjetivando-as de "direito costumeiro internacional" – o que importa a obrigatoriedade e sua observância por todos os Estados, independente de ratificação.
>
> Primeiro, devido ao significativo número de ratificações alcançadas pelas Convenções correspondentes àqueles princípios – mais do que suficiente para justificar a aceitação como direito costumeiro internacional. Segundo, pela óbvia relação entre o princípio fundamental da eliminação do trabalho forçado ou compulsório e o direito universalmente reconhecido a todo ser humano de se ver livre as formas contemporâneas de escravidão. O mesmo raciocínio se aplica ao princípio da não discriminação, amplamente aceito como um dos Direitos Humanos fundamentais, ou aquele relacionado com a abolição do trabalho infantil, correspondente ao direito da criança à proteção contra a exploração econômica, bem como ao pleno desenvolvimento de suas capacidades. O princípio da liberdade de associação e negociação coletiva, a seu turno, é largamente aceito como uma das dimensões do direito inalienável de todo ser humano à liberdade de expressão.

Para Pagliarini e Lorenci (2015), as normas de direitos humanos são regras equivalentes às normas constitucionais, elencando cinco razões para esse entendimento, mesmo anteriormente à inclusão do § 3º no art. 5º da Constituição:

1. a própria função da CF/1988, que é a de proclamar e garantir direitos fundamentais;
2. o disposto no preâmbulo da CF/1988, que evidencia que o país deve observar os direitos fundamentais;
3. a Assembleia Nacional Constituinte de 1988, em relação aos Direitos Internacionais, indicou que o país fosse regido pela prevalência dos direitos humanos;
4. o § 2º do art. 5º não fechou o elenco de direitos fundamentais, deixando espaço, justamente, para considerar as normas de direitos humanos como normas equivalentes às constitucionais;
5. os tratados internacionais relativos à matéria de direitos humanos ratificados em momento anterior ao § 3º do art. 5º são materialmente constitucionais.

Esse posicionamento – normas de direitos humanos equivalentes às constitucionais – também é defendido por Piovesan (2016), que entende haver natureza especial e diferenciada, pois constitucionalmente protegidos, nos termos do que prescreve o § 2º do art. 5º da CF/1988.

No entanto, há entendimento doutrinário no sentido de que o regime indicado no § 2º, que dispensaria as formalidades do processo legislativo de emenda constitucional, seria aplicável às "normas-princípios internacionais", e que o procedimento indicado no § 3º serviria tanto para normas-princípios quanto para normas-regras (Feliciano, 2013).

Quanto à superioridade normativa das normas internacionais de Direito do Trabalho e aplicação jurisdicional, Côrrea (2012, p. 479) tece a seguinte crítica:

> Não são raras as situações em que o interprete incorre no equivoco de pretender subordinar os princípios plasmados na normativa internacional – e mesmo na Constituição da República – aos ditames da legislação infraconstitucional, à qual se afeiçoou pelo costume. A regra hermenêutica, todavia – e, por que não dizer, a própria lógica do direito contemporâneo – pressupõe exatamente o contrário: são os princípios que devem subordinar a interpretação da legislação, determinando uma interpretação construtiva, de forma a alcançar a máxima efetividade na sua implementação.

Especificamente quanto aos **conflitos** entre disposições de lei e de tratados, para resolver o dilema, em se tratando de normas de mesma hierarquia legal, aplica-se a norma mais recente, que pode derrogar ou ab-rogar leis anteriores. Nos termos do art. 102, inciso III, alínea "b", da CF/1988, tratados (que não sejam de matéria de direitos humanos) e leis federais estariam na mesma hierarquia quanto ao controle de constitucionalidade.

O **critério da especialidade** da norma também pode ser utilizado para a resolução de conflito entre normas indicadas. Assim, tem-se que norma geral não revoga norma especial, de maneira que nem toda norma mais nova revoga norma anterior que com ela conflita, não se aplicando o critério cronológico, portanto.

Quanto às normas que o STF considera como supralegais, podem revogar lei anterior, mas não poderiam ser revogados por esta, conforme exemplifica Peres (2014) aludindo ao caso do afastamento da aplicação da prisão civil por dívida do depositário infiel, anteriormente referida.

Especialmente quanto à matéria de Direito do Trabalho, Feliciano (2013, p. 161) esclarece que, "Diante do principio constitucional da norma mais favorável (arrt. 7º, *caput, in fine*), há uma hierarquia dinâmica a e observar, de modo que, eventual e concretamente, uma fonte subsidiária pode mesmo prevalecer sobre uma fonte primária". Na lógica do conflito de normas que tenham como escopo os direitos humanos fundamentais relacionados ao trabalho, deve ser levado em conta o citado posicionamento, em que prevalecem os direitos humanos.

Com relação à questão do conflito de normas, além das questões relativas ao *status* das normas dos tratados de direitos humanos, destaca-se o entendimento acerca da **antinomia** entre normas internas e internacionais, entendidas estas as constantes em convenções e tratados não ratificados.

> Poder-se-ia imaginar que a regra cronológica de solução de antinomias fosse capaz de solucionar o problema, mas, para esses tipos de conflitos, a doutrina aponta uma forma diferenciada de resolução. Nesse sentido, prevalece a norma mais favorável ao ser humano, em razão da primazia da pessoa humana. Esta regra está prevista expressamente na Convenção Americana de Direitos Humanos, no seu art. 29, e no documento de constituição da Organização Internacional do Trabalho, sendo parâmetro de decisão dos órgãos internacionais, como a Comissão Europeia de Direitos Humanos e a Corte Interamericana de Direitos Humanos. (Peres, 2014, p. 81)

Diante desse cenário sobre as normas internacionais, verifica-se que se trata de um campo de inegável importância para a atuação na proteção de direitos na jurisdição contemporânea.

13.3 A Organização Internacional do Trabalho e seus documentos como fonte de Direito do Trabalho e as violações de convenções internacionais na reforma trabalhista

Em 1919, decorrente do Tratado de Versalhes (Parte XIII), Conferência da Paz, nasce a OIT

> a partir do diálogo social em composição tripartite (representação de governos, empregadores e empregados), *Standards* internacionais para regulação do trabalho humano, com efeitos humanitários (arrostar os abusos praticados contra a condição humana nas relações de trabalho), políticos (assegurar bases sólidas para a paz mundial) e até mesmo econômicos (preservar a livre e justa concorrência internacional). Integrou a extinta Sociedade das Nações – sendo, portanto, anterior à própria Organização das Nações Unidas – e é atualmente uma das mais importantes agencias especializadas da ONU. (Feliciano, 2013, p. 162)

No segundo pós-guerra, a Conferência Internacional do Trabalho, realizada em maio de 1944, resultou na Declaração da Filadélfia, que veio alterar significativamente a constituição da OIT para deixar expresso o papel de suas participantes na "construção de um clima de justiça social, como pré-requisito para uma paz duradoura" (Côrrea, 2012, p. 479).

Sobre as **competências** da OIT como agência especializada da Organização das Nações Unidas (ONU), Peres (2014, p. 72) elenca três características:

> Possui como competências o seguinte: a) editar normas internacionais, na forma de convenções ou recomendações que tratam das mais diversas matérias relativas às relações de trabalho, entre elas, a liberdade sindical, a negociação coletiva,

o combate ao trabalho infantil e escravo, a igualdade de oportunidades e tratamento; b) dar assistência a algumas áreas, como política de emprego, condições de trabalho, previdência social, segurança no trabalho etc.; c) fomentar o desenvolvimento de organizações independentes de empregadores e trabalhadores.

A OIT produz basicamente dois tipos de documentos legislativos, quais sejam, as convenções e as recomendações. As **convenções** têm natureza de tratados internacionais multilaterais, sendo de três tipos: as autoaplicáveis, as de princípios e as promocionais. Quanto às **recomendações**, não admitem a figura da ratificação. São documentos que antecedem ou complementam as convenções. Constituem-se em "sinalização de valor para os Estados-membros, sugerindo soluções e preceitos para a positivação interna por meio de várias fontes formais do Estado" (Feliciano, 2013, p. 163).

Tanto as recomendações quanto as convenções, nos termos de sua própria Constituição (OIT, 1948, Artigo 19, 5, "b" e 6, "b") estabelecem um prazo para que a autoridade nacional – no caso, o Congresso Nacional (art. 49, inciso I, da CF/1988) – delibere sobre ratificação ou acolhimento das recomendações sugeridas. Nesse sentido é a lição de Côrrea (2012, p. 478):

> O artigo 7º, da Constituição – como, ademais, a própria CLT – consagra diversos direitos previamente referidos nas Convenções e Recomendações da Organização Internacional do Trabalho. Disposições relativas a férias remuneradas, o salário compatível com o provimento das necessidades básicas dos trabalhadores, idade mínima para o trabalho, proibição ao trabalho noturno ou em condições insalubres aos menores de idade, vedação da interferência (do Estado ou de particulares) no livre exercício da atividade sindical, entre tantas outras, encontram-se explicitamente consagradas na normativa internacional. Exatamente por isso, tais preceitos são objetos de discussão permanente nos órgãos da OIT dedicados ao controle da sua implementação pelos países que as ratificam.

O art. 8ª da Consolidação das Leis Trabalhistas (CLT – Decreto-Lei n. 5.452, de 1º de maio de 1943 – Brasil, 1943) prevê quais são as fontes formais aplicáveis ao Direito do Trabalho, referindo-se às disposições legais como fontes. Não há dúvidas que qualquer que seja o tratamento legal dado às convenções internacionais ratificadas, estas devem ser consideradas como fontes formais de Direito do Trabalho. Como observa Côrrea (2012, p. 486):

> É necessário, então, tomarmos consciência de que o arcabouço normativo internacional, de grande qualidade, diga-se de passagem, reforçado pelo trabalho incessante dos órgãos de controle da OIT, é extremamente útil na regulação das relações laborais, para que se tornem justas socialmente e contribuam para o desenvolvimento da competitividade econômica, mas com respeito aos Direitos Humanos.

Entre os temas que recebem importante tratamento em matéria normativa internacional estão a negociação coletiva, o direito de sindicalização e o fomento à negociação coletiva.

Apesar da cogência das citadas convenções internacionais, isso não foi observado na reforma trabalhista, que promoveu profundas alterações na CLT, além de alterar sensivelmente as legislações sobre trabalho temporário (Lei n. 6.019/1974), Fundo de Garantia do Tempo de Serviço (FGTS – Lei n. 8.036/1990) e previdência social (Lei n. 8.212/1991).

A proposta de reforma de iniciativa do Poder Executivo, enviada à Câmara dos Deputados em 23 de dezembro de 2016, às vésperas do feriado de Natal e das comemorações de final de ano, propunha, inicialmente, a modificação de sete artigos da CLT e oito artigos da lei sobre o trabalho temporário nas empresas urbanas.

As alterações apresentadas no projeto de lei (PL) do Palácio do Planalto eram significativas, destacando-se que o ponto central da discussão estava na alteração legislativa para dar "força de lei" aos acordos coletivos e às convenções coletivas, além da ampliação da possibilidade de contratação por trabalho temporário e jornada parcial e da viabilidade de fracionamento de férias.

No entanto, a Comissão formada na Câmara recebeu 850 emendas de deputados (Brasil, 2018) para a elaboração do substitutivo ao PL, cuja proposta foi apresentada à Comissão pelo relator, Deputado Rogério Marinho (PSDB-RN), em 12 de abril de 2017, às vésperas do feriado de Páscoa. O substitutivo passou a tramitar na Câmara dos Deputados como PL n. 6.787/2016 (Brasil, 2016).

Uma das alterações acrescentadas dispõe que os acordos coletivos e as convenções coletivas "têm prevalência sobre a lei" – teor bem diferente em relação à redação anterior.

O trâmite na Câmara contou com pedido de urgência na tramitação, que foi derrotado no Plenário em 18 de abril de 2017. Contudo, no dia seguinte, após o requerimento ser novamente apresentado, obteve acolhimento. Na semana seguinte, a versão final apresentada à Comissão foi votada. A Câmara dos Deputados aprovou o texto do PL, que, no Senado, passou a tramitar como PL da Câmara n. 38/2017.

Na Câmara dos Deputados, no período compreendido entre a proposta apresentada pelo relator à Comissão, em 12 de abril, até a aprovação do texto-base pelo Plenário, em 26 de abril de 2017, foram apenas 26 horas de debate parlamentar, divididas entre as reuniões formais da Comissão especial, os requerimentos de urgência na tramitação do texto e a sessão plenária de aprovação do projeto (Lupion, 2017). O curto tempo de debate parlamentar e da própria tramitação do PL na Câmara dos Deputados pode ser atribuído ao fato de o relator estar alinhado ao governo e à maioria dos deputados da Casa.

A tramitação do PL no Senado, antes de ir à votação em Plenário, passou por três comissões, com aprovação na Comissão de Assuntos Econômicos

(6 de junho), rejeição na Comissão de Assuntos Sociais (20 de junho), o que não interrompeu o andamento do PL, e aprovação na Comissão de Constituição e Justiça (28 de junho).

Antes da votação no Senado, uma **nota pública** (Entidades..., 2017) contra a reforma trabalhista foi assinada por diversas instituições relevantes, entre elas: Ministério Público do Trabalho, Conselho Federal da Ordem dos Advogados do Brasil, Confederação Nacional dos Bispos do Brasil (CNBB), Associação Nacional dos Magistrados da Justiça do Trabalho (Anamatra), Associação dos Juízes Federais do Brasil (Ajufe), Associação dos Magistrados Brasileiros (AMB), Associação Nacional dos Membros do Ministério Público (Conamp), Associação Nacional dos Procuradores do Trabalho (ANPT), Associação Nacional dos Procuradores da República (ANPR), Associação do Ministério Público do Distrito Federal e Territórios (AMPDFT), Associação Nacional do Ministério Público Militar (ANMPM), Associação dos Magistrados do Distrito Federal e Territórios (Amagis/DF), Associação Brasileira de Advogados Trabalhistas (Abrat), Sindicato Nacional dos Auditores Fiscais do Trabalho (Sinait).

A referida nota chamava atenção do Senado para que, pela sua função revisora, atentasse para a não aprovação do texto da proposta, uma vez que eivado de inconstitucionalidades, indicando algumas dessas situações, como a prevalência do negociado sobre o legislado, para além das hipóteses que a CF/1988 autoriza em seu art. 7º.

Além dessas inconstitucionalidades indicadas pela referida nota, outros tantos questionamentos pautaram os movimentos contrários, os quais vão desde o mito da modernização da legislação como justificativa do projeto até a própria retirada de direitos. A mobilização nacional contrária à reforma contou com uma greve geral no dia 28 de abril de 2017 e outra em 30 de junho do mesmo ano, com adesão de diversas categorias, como de motoristas, bancários, seguranças.

Com os pareceres de cada Comissão, o texto foi envidado para a votação em Plenário no Senado. O texto, se fosse aprovado com alterações, voltaria para tramitação na Câmara. Na data da sessão de votação no Senado, dia 11 de julho de 2017, houve ato das Senadoras, que ocuparam a Mesa Diretora da Casa das 11h às 19h. A ideia era exigir o debate sobre trabalhadoras grávidas e sobre lactantes em locais insalubres. Apesar disso, a sessão de votação foi aberta no início da noite, e o Projeto foi aprovado pelo Senado, sem alteração no texto aprovado pela Câmara. Nisso, nota-se a ausência do legítimo debate democrático.

A sanção da reforma trabalhista pelo chefe do Poder Executivo aconteceu na sequência, em 13 de julho de 2017, com a publicação em 14 de julho da Lei n. 13.467/2017.

Dessa forma, a CLT passou a dispor, em seu art. 611-A, em total afronta ao que dispõe as Convenções 98, 151 e 154, pois indica a prevalência do negociado sobre a lei:

> Art. 611-A. A convenção coletiva e o acordo coletivo de trabalho têm prevalência sobre a lei quando, entre outros, dispuserem sobre:
> I – pacto quanto à jornada de trabalho, observados os limites constitucionais;
> II – banco de horas anual;
> III – intervalo intrajornada, respeitado o limite mínimo de trinta minutos para jornadas superiores a seis horas;
> IV – adesão ao Programa Seguro-Emprego (PSE), de que trata a Lei nº 13.189, de 19 de novembro de 2015;
> V – plano de cargos, salários e funções compatíveis com a condição pessoal do empregado, bem como identificação dos cargos que se enquadram como funções de confiança;
> VI – regulamento empresarial;
> VII – representante dos trabalhadores no local de trabalho;
> VIII – teletrabalho, regime de sobreaviso, e trabalho intermitente;
> IX – remuneração por produtividade, incluídas as gorjetas percebidas pelo empregado, e remuneração por desempenho individual;

X – modalidade de registro de jornada de trabalho;
XI – troca do dia de feriado;
XII – enquadramento do grau de insalubridade;
XIII – prorrogação de jornada em ambientes insalubres, sem licença prévia das autoridades competentes do Ministério do Trabalho;
XIV – prêmios de incentivo em bens ou serviços, eventualmente concedidos em programas de incentivo;
XV – participação nos lucros ou resultados da empresa.

§ 1º No exame da convenção coletiva ou do acordo coletivo de trabalho, a Justiça do Trabalho observará o disposto no § 3º do art. 8º desta Consolidação.

§ 2º A inexistência de expressa indicação de contrapartidas recíprocas em convenção coletiva ou acordo coletivo de trabalho não ensejará sua nulidade por não caracterizar um vício do negócio jurídico. (Brasil, 2017)

As normas das convenções internacionais emanadas da OIT versam notadamente sobre direitos humanos, destacando-se o esclarecimento de Côrrea (2012, p. 484) de que a referida organização "tem buscado encorajar seus membros a tomar as medidas necessárias para o efetivo respeito, promoção e implementação dos direitos dos trabalhadores". Acrescenta o autor a esse respeito que "Um número significativo de normas encontra-se em vigor, e um sofisticado mecanismo de supervisão está implementado e em funcionamento" (Correa, 2012, p. 484).

Sobre o aspecto da violação de Convenções Internacionais da OIT, destaca-se:

É importante frisar que é comum nos monitoramentos realizados pelo Comitê de Peritos da OIT a análise de projetos de lei em tramitação no país, inclusive para alertar sobre os prejuízos que podem acarretar ao cumprimento das normas internacionais ratificadas e acerca dos retrocessos que podem significar aos compromissos assumidos pelos países. No relatório da Comissão de Peritos na Aplicação de Convenções e Recomendações da OIT (CEACR), lançado em 2016, para publicação na 106ª Conferencia Internacional do Trabalho, como foi citado pelo escritório da OIT no Brasil, a Comissão de Peritos registrou a existência de projetos de lei em tramitação no Congresso Nacional brasileiro com o objetivo de que a negociação coletiva tenha prevalência sobre a legislação, em prejuízo da classe trabalhadora. Na oportunidade, a Comissão recordou que o objetivo geral das Convenções nº 98, nº 151 e nº 154 é a promoção da negociação coletiva para a melhoria das condições de trabalho — como, aliás, dispõe, entre nós, o *caput* do art. 7º da Constituição —, ou seja, para que *as condições de trabalho alcancem patamares mais favoráveis que os previstos na legislação*. Sobre tal aspecto, a Comissão de Peritos reafirmou o entendimento de que a negociação coletiva não deve ter como efeito o estabelecimento de condições menos favoráveis às estabelecidas pela lei. (Feliciano; Conforti; Porto, 2017)

As Convenções da OIT, em sua maioria, tratam de direitos humanos, e é sob essa ótica que precisam ser analisadas na hierarquia das normas, ou seja, no aspecto do conflito de normas. Assim, não se pode aceitar que lei posterior revogue as normas de convenções internacionais pelo Brasil ratificadas.

Referências

BRASIL. Câmara dos Deputados. **Emendas apresentadas**: PL n. 6.787/2016. Disponível em: <http://www.camara.gov.br/proposicoesWeb/prop_emendas;jsessionid=11C71D17FD79648B7072A93 A3D8621E6.proposicoesWebExterno1?idProposicao=2122076&subst=0>. Acesso em: 28 fev. 2018.

_____. **Projeto de Lei n. 6.787**. 2016. Disponível em: <http://www2.camara.leg.br/atividade-legislativa/comissoes/comissoes-temporarias/especiais/55a-legislatura/pl-6787-16-reforma-trabalhista>. Acesso em: 28 fev. 2018.

BRASIL. Constituição (1988). **Diário Oficial da União**, Brasília, DF, 5 out. 1988. Disponível em: <http://www.planalto.gov.br/ccivil_03/constituicao/ConstituicaoCompilado.htm>. Acesso em: 28 fev. 2018.

BRASIL. Constituição (1988). Emenda Constitucional n. 45, de 30 de dezembro de 2004. **Diário Oficial da União**, Poder Legislativo, Brasília, DF, 31 dez. 2004. Disponível em: <http://www.planalto.gov.br/ccivil_03/constituicao/emendas/emc/emc45.htm>. Acesso em: 25 fev. 2018.

_____. Decreto n. 56.435, de 8 de junho de 1965. Convenção de Viena sobre Relações Diplomáticas. **Diário Oficial da União**, Poder Executivo, Rio de Janeiro, RJ, 11 jun. 1965. Disponível em: <http://www.planalto.gov.br/ccivil_03/decreto/antigos/d56435.htm>. Acesso em: 25 fev. 2018.

_____. Decreto-Lei n. 5.452, de 1º de maio de 1943. **Diário Oficial da União**, Poder Executivo, Rio de Janeiro, RJ, 9 ago. 1943. Disponível em: <http://www.planalto.gov.br/ccivil_03/decreto-lei/Del5452.htm>. Acesso em: 25 fev. 2018.

_____. Lei n. 4.657, de 4 de setembro de 1942. **Diário Oficial da União**, Poder Executivo, Brasília, DF, 9 set. 1942. Disponível em: <http://www.planalto.gov.br/ccivil_03/decreto-lei/Del4657compilado.htm>. Acesso em: 28 fev. 2018.

_____. Lei n. 13.467, de 13 de julho de 2017. **Diário Oficial da União**, Poder Legislativo, Brasília, DF, 13 jul. 2017. Disponível em: <http://www.planalto.gov.br/ccivil_03/_ato2015-2018/2017/lei/l13467.htm>. Acesso em: 28 fev. 2018.

BRASIL. Supremo Tribunal Federal. Recurso Extraordinário (RE) n. 466.343/SP, de 3 de dezembro de 2008. Relator: Ministro Cezar Peluzo. **Diário da Justiça**, 5 jun. 2009. Disponível em: <http://redir.stf.jus.br/paginadorpub/paginador.jsp?docTP=AC&docID=595444>. Acesso em: 28 fev. 2018.

CORRÊA, L. B. O papel das normas internacionais do trabalho no mundo globalizado. In: SANTOS, J. J. dos (Org.). **Temas aplicados de direito do trabalho & estudos de direito público**. São Paulo: LTr, 2012. p. 477-487.

ENTIDADES contra a reforma trabalhista: nota pública. Blog Jorge Luiz Souto Maior, 11 jul. 2017. Disponível em: <http://www.jorgesoutomaior.com/blog/entidades-contra-a-reforma-trabalhista-nota-publica>. Acesso em: 28 fev. 2018.

FELICIANO, G. G. **Curso crítico de direito do trabalho**: teoria geral do direito do trabalho. São Paulo: Saraiva, 2013.

FELICIANO, G. G.; CONFORTI, L. P.; PORTO, N. A reforma trabalhista e suas "modernidades". Anamatra, 22 jul. 2017. Disponível em: <https://www.anamatra.org.br/artigos/25537-a-reforma-trabalhista-e-suas-modernidades>. Acesso em: 28 fev. 2018.

HESPANHA, A. M. **Pluralismo jurídico e direito democrático**. São Paulo: Annablume, 2013.

LUPION, B. Como a Câmara aprovou mudanças em 90 artigos da CLT com 26 horas de debate. **Nexo**, 27 abr. 2017. Disponível em: <https://www.nexojornal.com.br/expresso/2017/04/27/Como-a-C%C3%A2mara-aprovou-mudan%C3%A7as-em-90-artigos-da-CLT-com-26-horas-de-debate>. Acesso em: 28 fev. 2018.

NINO, C. S. **Introdução à análise do direito**. São Paulo: M. Fontes, 2010.

OIT – Organização Internacional do Trabalho. **Constituição da Organização Internacional do Trabalho (OIT) e seu anexo (Declaração de Filadélfia)**. 20 abr. 1948. Disponível em: <http://www.oitbrasil.org.br/sites/default/files/topic/decent_work/doc/constituicao_oit_538.pdf>. Acesso em: 26 fev. 2018.

PAGLIARINI, A. C. Num contexto mundial de unilateralismos exacerbados, seria possível uma corte constitucional internacional? **Constituição, Economia e Desenvolvimento**. Curitiba: Academia Brasileira de Direito Constitucional, v. 9, n. 16, p. 27-38, jan./jun. 2017. Disponível em: <http://abdconst.com.br/revista17/ContextoAlexandre.pdf>. Acesso em: 25 fev. 2018.

PAGLIARINI, A. C.; LORENCI, T. L. A(s) superioridade(s) normativa(s) da contemporaneidade e as jurisdições. In: SOUZA, A. P. de (Org.). **Estado, poder e jurisdição**. Rio de Janeiro: LMJ Mundo Jurídico, 2015. p. 115-124.

PERES, C. M. **A igualdade e a não discriminação das relações de trabalho**. São Paulo: LTr, 2014.

PIOVESAN, F. Proteção dos direitos humanos sob as perspectivas de raça, etnia, gênero e orientação sexual: perspectivas do constitucionalismo brasileiro à luz dos sistemas global e regional de proteção. In: BERTOLDI, M. R.; GASTAL, A. F.; CARDOSO, S. T. (Org.). **Direitos fundamentais e vulnerabilidade social**: em homenagem ao professor Ingo Wolfgang Sarlet. Porto Alegre: Livraria do Advogado, 2016. p. 35-58.

SUSSEKIND, A. et al. **Instituições de direito do trabalho**. 16. ed. São Paulo: LTr, 1996. v. 2.

14

O desrespeito do Estado brasileiro à supremacia dos tratados internacionais em matéria tributária como infringência aos direitos fundamentais do jurisdicionado

Brazil's Disregard of the Supremacy of International Tax Treaties as Fundamental Rights Violation

Samuel Ebel Braga Ramos

Samuel Ebel Braga Ramos

Mestrando em Direito pelo Centro Universitário Internacioanl Uninter. Pós-graduado em Direito Tributário. Extensão em Direito Penal e Processual Alemão, Europeu e Internacional pela Georg-August-Universität Göttingen, Alemanha. Advogado.

Resumo

Este artigo objetiva discorrer sobre a posição contrária reiterada do Estado brasileiro com relação à supremacia dos tratados internacionais em matéria tributária, diante do art. 98 do Código Tributário Nacional, ao assumir postura negativa na recepção de tais tratados introdutores de normativas tributárias. Com isso, o Estado brasileiro, ao se portar indiferente com os valores internacionais como o *treaty-making power*, posiciona-se claramente divergente aos direitos fundamentais assistidos aos contribuintes, ceifando-lhes premissas básicas em defesas em matéria tributária, bem como assume postura contrária no constitucionalismo contemporâneo.

Abstract

This article focuses on Brazil's continuous opposition to the supremacy of international tax treaties in spite of article 98 of the National Tax Code. As a result, the Brazilian State, by behaving indifferently to international principles such as treaty-making power, clearly offends fundamental rights granted to taxpayers. Basic juridical theses are suppressed to the detriment of taxpayers. Furthermore, contemporary Constitutionalism is abandoned.

Palavras-chave

Direito Internacional. Direito Tributário. Tratados internacionais. Superioridade normativa. Direitos fundamentais.

Keywords

International Law. Tax Law. International treaties. Normative superiority. Fundamental rights.

Sumário

14.1 Considerações iniciais. 14.2 Tratados internacionais e o sistema brasileiro de recepção. 14.3 Monismo moderado. 14.4 Direito Tributário e Direito Internacional: o art. 98 do Código Tributário Nacional. 14.5 O desrespeito dos acordos internacionais em Direito Tributário pelo Brasil. 14.6. A afetação dos direitos fundamentais pela prática brasileira da não observância ao art. 98 do Código Tributário Nacional. 14.7 Considerações finais. Referências.

Summary

14.1 First considerations. 14.2 International treaties and acceptance in Brazilian Law. 14.3 Moderate monism. 14.4 Tax Law and International Law: article 98 of the Brazilian Tax Code. 14.5 The disregard of international agreements in Brazil's tax laws. 14.6 The offense to fundamental rights caused by Brazil's non-compliance with article 38. 14.7 Final considerations. References

14.1 Considerações iniciais

O poder discricionário do Estado na exigência e na arrecadação de tributos perante seus cidadãos, impondo a estes o pagamento de valores visando à manutenção e à subsistência do corpo estatal e almejando o bem comum, sempre foi motivo ensejador da animosidade Estado-contribuinte. Nos mais antigos registros históricos, verifica-se a disparidade entre os interesses arrecadatórios do Poder Estatal e seu caráter impositivo e o cidadão comum.

A problemática do conflito entre os tratados internacionais e as normas internas do Estado brasileiro ganha expressivos contornos quando se assiste, atônito, à ingerência do Poder Público na esfera dos direitos fundamentais do contribuinte. Como lembra Pinto (2008), "Para Hegel, o Estado é a encarnação do poder absoluto, tendo a prerrogativa de concluir tratados internacionais, mas permanecendo acima deles diante de sua vontade incontrastável".

Os tratados internacionais são normas da mais alta relevância na contemporaneidade. Em razão da globalização e da alta integração entre Estados, apresenta-se como relevante o estudo profundo do impacto dos tratados e das convenções internacionais no ordenamento jurídico pátrio e, aqui, recorta-se o impacto no Direito Tributário brasileiro e seu reflexo no cidadão-contribuinte.

Como se verá nas linhas futuras, a insegurança jurídica perpetrada pelo Estado brasileiro deixa o jurisdicionado à míngua da aplicação de lei mais favorável, preservação mínima de legalidade, garantias materiais defendidas arduamente pelo constitucionalismo contemporâneo (dignidade da pessoa humana, equidade, capacidade contributiva, função social do tributo e propriedade etc.).

Nesse fluxo analítico, tem-se que, em matéria tributária, o Estado brasileiro preservará seus interesses, mesmo que em detrimento de normas, tratados e convenções internacionais outrora assumidos e ratificados, sempre com vistas à sua autopreservação e manutenção fiscal.

Promovendo delimitações ao tema em apreço, busca-se o marco para um conceito de tratado internacional. A Convenção sobre o Direito dos Tratados, desenhada em Viena, em 1969, e após complementada em 1986, dispõe que "'tratado' significa um acordo internacional concluído por escrito entre Estados e regido pelo Direito Internacional, quer conste de um instrumento único, quer de dois ou mais instrumentos conexos, qualquer que seja sua denominação específica" (Brasil, 2009a, Artigo 2, 1, "a").

A fim de firmar um posicionamento no decorrer do presente artigo, adota-se o **monismo moderado** como sistema brasileiro de recepção de tratados e convenções internacionais. Por mais estranho que pareça aos adeptos do monismo radical de Hans Kelsen, surge como plenamente possível na realidade brasileira, como se apresentará nas linhas que seguem.

O exercício do poder de tributar do Estado, portanto, deve considerar aspectos como o motivo e a finalidade da tributação, bem como a função social do tributo. O poder de tributar também deve ser observado sob a ótica da legislação tributária e de tratados e convenções internacionais já recepcionados pelo ordenamento jurídico pátrio.

Machado (2008, p. 49) conceitua com precisão o *Direito Tributário* como "o ramo do Direito que se ocupa das relações entre o fisco e as pessoas sujeitas às imposições tributárias de qualquer espécie, limitando o poder de tributar e protegendo o cidadão de abusos desse poder". Complementando esse entendimento, o "Direito Tributário ocupa-se, também, com as técnicas de interpretação e aplicação da legislação tributária, bem como o estudo dos princípios norteadores do fenômeno tributário expressos na Constituição Federal" (Harada, 2015, p. 2).

Segundo Tipke (2002, p. 121), o exemplo negativo do Estado enseja uma atitude também negativa dos contribuintes. Para o autor, "La mayoría de los ciudadanos se comportan con un asombroso respeto a la ley, aunque carezcan de conocimientos legales, si las leyes son claras y el interesado está habituado a ellas".

A relação entre Direito e moral é tênue. O Estado não detém apenas uma relação de poder, mas também uma relação jurídica no que tange à tributação. O Direito e a supremacia constitucional sempre serão a defesa contra a arbitrariedade e o instrumento do cidadão contra a discricionariedade do Estado.

O jurisdicionado sempre será a parte fraca da relação jurídica, a qual necessita de garantias e proteção contra o poder estatal e sua força coercitiva. "Atos de coerção são atos a executar mesmo contra a vontade de quem por eles é atingido e, em caso de resistência, com o emprego da força física. O Estado é a personificação dessa característica, esse emprego da força ou na verdade poder, o Estado é quem tem esse poder" (Kelsen, 2009, p. 121).

O modo pelo qual se promove a recepção dos tratados internacionais que introduzem normas tributárias está previsto no art. 98 do Código Tributário Nacional (CTN – Lei n. 5.172, de 25 de outubro de 1966 – Brasil, 1966), sendo necessárias a discussão e a análise de tais tratados internacionais e de sua plena eficácia no sistema jurídico interno.

Dessa maneira, será possível refletir sobre o impacto do desrespeito às normas internacionais em matéria tributária e à sua plena eficácia e vigência, desrespeito este decisivo para o ataque às garantias constitucionais e aos direitos fundamentais.

A ideia de compreensão da norma segundo a qual ela "não é socialmente válida apenas quando é obedecida, mas também quando é sustentada contrafaticamente, pois, em ambos os casos, ela cumpre a função de oferecer a segurança das expectativas" (Luhmann, 1993, p. 124), oferece suporte para entender e questionar a insegurança jurídica promovida pelo Estado brasileiro.

Com isso, promove-se a discussão se os tratados e as convenções internacionais em matéria tributária, considerando-se o desrespeito do Estado brasileiro à devida aplicação e observância da eficácia e vigência das normas, têm incidência direta nos direitos fundamentais do cidadão, em atenção às garantias constitucionais expressas.

14.2 Tratados internacionais e o sistema brasileiro de recepção

O tratado internacional pode ser entendido como um ato jurídico acordado entre duas pessoas capazes – Estados ou organizações internacionais – dotadas de personalidade jurídica. Um tratado cria ou altera relações jurídicas na esfera internacional, sendo definido por Rezek (1984, p. 21) como "o acordo formal, concluído entre sujeitos de direito internacional público, e destinado a produzir efeitos jurídicos".

O conceito de tratado é sempre dado de modo muito amplo. Distingue-se das **convenções**, que "são acordos recíprocos de vontade tendo como fim criar, modificar ou extinguir obrigações entre estados, se aplicando a um objeto claramente determinado e de um fazer caráter restrito" (Mello, 1986, p. 271).

O Estado brasileiro estabelece, na Constituição Federal (CF) de 1988 (Brasil, 1988), o modo de recepcionar os tratados internacionais. Em todos os comandos constitucionais, a Carta Magna utilizou-se de terminologias distintas, tais como: *tratados, acordos, convenções*. Para Pagliarini (2004, p. 155), todos denotam o mesmo sentido: "compromisso internacional" ou, simplesmente, "tratado".

A preocupação das Constituições brasileiras com a vida internacional do país existe desde a nossa primeira Constituição (1824), que estabelecia, em seu art. 102, inciso VIII:

> Art. 102. O Imperador é o Chefe do Poder Executivo, e o exercita pelos seus Ministros de Estado. São suas principaes attribuições
> [...]
> VIII. Fazer Tratados de Alliança offensiva, e defensiva, de Subsidio, e Commercio, levando-os depois de concluidos ao conhecimento da Assembléa Geral, quando o interesse, e segurança do Estado permittirem. Se os Tratados concluidos em tempo de paz envolverem cessão, ou troca de Torritorio do Imperio, ou de Possessões, a que o Imperio tenha direito, não serão ratificados, sem terem sido approvados pela Assembléa Geral. (Brasil, 1824)

O art. 84, inciso VIII, da CF/1988 dispõe expressamente que compete privativamente ao Presidente da República celebrar tratados, convenções e atos internacionais, sujeitos a referendo do Congresso Nacional. Em linhas gerais, a **validade** de um tratado internacional está balizada nas seguintes condições:

- capacidade na acepção do termo, definido pelo Direito Internacional;
- competência legal das autoridades signatárias envolvidas;
- existência de objeto legal sob a ótica da legalidade do Direito Internacional; e
- interesse mútuo dos Estados envolvidos.

Sobre o tema, vale colacionar as lições de Dellagnezze (2016):

> No Brasil, antiga jurisprudência do Supremo Tribunal Federal sustentava o primado do Direito Internacional sobre o Direito Interno. Hoje, entretanto, a jurisprudência do Supremo Tribunal Federal, orienta-se no sentido da paridade entre Tratado e a Lei federal. Assim decidiu o Supremo Tribunal, em 04 de agosto de 1971, portanto, o acórdão tinha a seguinte ementa:

"Lei Uniforme sobre o Cheque, adotada pela Convenção de Genebra. Aprovada essa Convenção pelo Congresso Nacional, e regularmente promulgada, suas normas têm aplicação imediata, inclusive naquilo em que modificarem a legislação interna".

A mais importante decisão proferida pelo Supremo Tribunal Federal, entretanto, foi tomada no julgamento do RE 80.004/SE, tendo como relator originário, Xavier de Albuquerque e, relator para o acórdão, Ministro Cunha Peixoto, julgamento realizado em 1º de junho de 77.

O relator originário, Ministro Xavier de Albuquerque, sustentou, vencido o primado do Direito Internacional. A maioria, entretanto, reconhecendo o conflito entre Tratado e a Lei Federal, esta, posterior àquele, garantiu a autoridade da Lei Nacional, mais recente, tendo em vista a paridade entre o Tratado e a Lei Nacional. Os Ministros Cordeiro Guerra, Rodrigues de Alckmin, Thompson Flores e Cunha Peixoto votaram no sentido de que, da mesma forma que o Tratado anterior, segundo a regra *lex posteriori derogat legi priori*.

Rodas (1987, p. 43) assim complementa:

Para que uma norma internacional possa valer na esfera interna é necessário que a mesma sofra um processo de recepção, transformando-se em regra jurídica interna. A partir daí, só é possível conflito entre duas normas internas, a ser resolvido pelo tradicional mecanismo: *Lex posteriori derogat lex priori*".

Ainda sobre a **formação** dos tratados internacionais, Souza (2015, grifo nosso) esclarece:

No Brasil, a competência para incorporação ou consentimento definitivo do tratado internacional é compartilhada entre o Legislativo e o Executivo, com atuação específica de cada Poder, nos termos expressos da Constituição de 1988, passando por aprovação e promulgação, em três fases distintas, a saber: a celebração, o referendo ou aprovação e a promulgação. A **celebração** é ato da competência privativa do Presidente da República (Constituição de 1988, art. 84, inciso VIII), a **aprovação ou referendo** é da competência exclusiva do Congresso Nacional (Constituição, art. 49, inciso I; art. 84, inciso VIII), e a **promulgação** é da competência privativa do Presidente da República (Constituição de 1988, art. 84, inciso IV).

Um detalhe é de suma importância: tratando-se de emenda constitucional (EC), não será necessária a promulgação presidencial, uma vez que as ECs são promulgadas pelas Mesas da Câmara dos Deputados e do Senado Federal, como prevê expressamente o art. 60, § 3º, da CF/1988.

Com a entrada em vigor da EC n. 45/2004, passou-se a adotar uma nova posição em relação aos tratados de direitos humanos. Segundo o comando disposto no art. 5º, § 3º, da CF/1988, os "tratados e convenções internacionais sobre direitos humanos que forem aprovados, em cada Casa do Congresso Nacional, em dois turnos, por três quintos dos votos dos respectivos membros, serão equivalentes às emendas constitucionais" (Brasil, 1988).

Por outro lado, ressalta Velloso (2004, p. 36):

Nos Estados Unidos da América, o tratado equipara-se à lei federal, prevalecendo, entretanto, sobre a legislação dos Estados-membros. Assim tem entendido a jurisprudência da Suprema Corte, interpretando o art. VI, 2, da Constituição norte-americana, que define as leis e os tratados, juntamente, como suprema lei do País, *supreme law of the land.*

E Rezek (1984, p. 465) assim acrescenta:

em caso de conflito entre tratado internacional e lei do Congresso, prevalece nos Estados Unidos o texto mais recente, à base do princípio *lex posterior* [...]. É certo, pois, que uma lei federal pode fazer 'repelir' a eficácia jurídica de tratado anterior, no plano interno. Se assim não fosse – observa Bernard Schwartz – estar-se-ia dando ao tratado não força de lei, mas de restrição constitucional.

Quanto à **incorporação** ou recepção da norma pactítica internacional, Pagliarini (2004) alude que o Brasil promove uma partilha do *treaty-making power* entre os Poderes Executivo e Legislativo, daí a prática da promulgação de decreto-legislativo pelo Presidente do Senado e da promulgação de decreto-presidencial pelo chefe do Executivo, publicando-se ambos os atos.

Nesse contexto, há de se falar no que, doutrinariamente, fora batizado de *monismo moderado*.

14.3 Monismo moderado

Em firme antagonismo ao pensamento dualista[1], a base de fundamentação dos monistas reside na existência de uma única ordem jurídica. Segundo a corrente monista, tanto o Direito Internacional quanto o Direito interno integram um único sistema jurídico. Esse "sistema jurídico uno está baseado na identidade dos sujeitos que o compõe e na identidade das fontes (sempre objetivas e não dependentes da vontade dos Estados)" (Soares, 2011).

Como primazia do Direito interno, o monismo tem suas raízes no hegelianismo, que considera o Estado soberano absoluto, não estando, consequentemente, sujeito a nenhum sistema jurídico que não tenha emanado de sua própria vontade. Assim, o próprio fundamento do Direito

---

1 Segundo essa corrente, para que um compromisso internacional (como um tratado internacional) assumido pelo Estado tenha impacto ou repercussão no cenário normativo interno, faz-se necessário que o Direito Internacional seja transformado, mediante processo da adoção ou da transformação, em norma de Direito interno. Nesse sentido é a lição de Mazzuoli (2007, p. 57-58): "Para os adeptos desta corrente, o Direito interno de cada Estado e o internacional são dois sistemas independentes e distintos, ou seja, constituem círculos que não se interceptam (meramente contíguos), embora sejam igualmente válidos. As fontes e as normas do Direito Internacional (notadamente os tratados) não têm qualquer influência sobre questões relativas ao âmbito do Direito interno, e vice-versa, de sorte que entre ambos os ordenamentos jamais poderia haver conflitos".

Internacional é a autolimitação do Estado, na formulação definitiva dessa teoria de Jellinek (Mello, 1986).

O Direito Internacional, para Kelsen (2009), deve ser concebido somente por uma entre duas maneiras:

1. como ordem jurídica **delegada** pela ordem jurídica estatal e, por conseguinte, incorporada a esta; **ou**
2. como uma ordem jurídica **total**, que delega as ordens jurídicas estatais, supraordenadas a estas, abrangendo a todas como ordens jurídicas parciais.

Essas duas interpretações da relação que intercede entre Direito interno e Direito Internacional representam a teoria monista. A primeira significa o primado da ordem jurídica de cada Estado, e a segunda reflete a primazia da ordem jurídica internacional (Kelsen, 2009).

Continua Kelsen (2000, p. 62-63) esclarecendo que "não há para os monistas duas ordens jurídicas estanques, como querem os dualistas, cada uma com âmbito de validade dentro de sua órbita, mas um só universo jurídico, coordenado, regendo o conjunto de atividades sociais dos estados, organizações internacionais e dos indivíduos".

Nesse contexto, para Soares (2011), se adotada a corrente doutrinária monista,

> o Direito Internacional aplica-se na ordem jurídica dos Estados, independentemente da sua transformação em norma interna. A doutrina monista adota a sistemática da recepção que determina que assinado e ratificado um tratado por um Estado, este assume um compromisso jurídico, não sendo necessária a edição de um novo diploma normativo.

Husek (2007) indica a existência de certa oscilação. Para ele, em determinadas matérias somos monistas, em outras, nem tanto, e ainda sobram aquelas em que nos firmamos pelo dualismo. Algo nos parece certo, pelo menos em uma primeira análise: não somos monistas com primazia na ordem interna.

Ariosi (2000) afirma adotar-se aqui o "monismo moderado nas questões de conflito entre tratado e lei interna". Para a autora, há também certa flutuação, porém entre outras duas categorias: monismo **radical** e monismo **moderado**. O primeiro seria aquele em que tem primazia o Direito Internacional; o segundo resolveria as antinomias entre normas internacionais e nacionais pela aplicação do princípio *lex posteriori derogat priori*, ou seja, conferiria paridade hierárquia aos tratados em relação às leis internas (Lupi, 2009).

Trazendo alguns comparativos, a República Federal da Alemanha, em sua Lei Fundamental de Bonn de 1949, Artigo 25², apresenta seu modo de incorporação de normativas internacionais. No que tange à condição do Direito Internacional diante do Direito alemão, constata-se a separação entre o direito costumeiro e o convencional. Dessa forma, na Alemanha, as normas gerais do Direito Internacional público integram o Direito interno, que prevalece sobre as leis. Já para o Direito Internacional convencional, há um procedimento interno que equivale ao processo legislativo, ganhando *status* de lei federal.

A propósito, defendendo a interpretação da constituição alemã pela prevalência do Direito Internacional sobre as normas infraconstitucionais, acentua Vogel (2003, p. 137-138) que, "de forma crescente, prevalece internacionalmente a noção de que as leis que contrariam tratados internacionais devem ser inconstitucionais e, consequentemente, nulas".

---

2 "Artigo 25 [Preeminência do Direito Internacional]. As regras gerais do direito internacional público são parte integrante do direito federal. Sobrepõem-se às leis e constituem fonte direta de direitos e obrigações para os habitantes do território federal." (Alemanha, 2011)

Diante do embate entre as vertentes dualista e monista é que nasce o monismo moderado, com vistas a conciliar os entendimentos. Segundo Pinto (2008), essa terceira corrente foi

> Fundada por Alfred Verdross, defende a paridade hierárquica do direito internacional e do direito interno. De acordo com Jacob Dolinger, os seguidores dessa vertente postulam que os juízes nacionais devem aplicar tanto o direito nacional quanto o internacional, de acordo com a regra *lex posterior derogat priori*, aplicada pelas jurisprudências americana e brasileira.

A corrente do monismo moderado considera a **equivalência** entre as normas nacionais e internacionais, devendo possível conflito ser suprimido mediante critérios próprios, como o da revogação da lei mais antiga pela mais recente. O monismo moderado reconhece a possibilidade de conflitos entre o Direito Internacional e o Direito interno, não tendo tais conflitos caráter definitivo, encontrando sua solução na unidade do sistema jurídico (Galindo, 2002).

Essa terceira vertente também sustenta a inexistência de duas ordens jurídicas: interna e externa. Contudo, equipara o tratado à lei ordinária para fins hierárquicos. Em caso de eventual conflito, aplica-se a mesma fórmula empregada na solução de conflito entre leis. Fazendo uso do princípio *lex posterior derogat priori*, a aplicação da espécie normativa deriva do tempo de sua elaboração no âmbito interno: aquela que por último tenha sido adotada deve prevalecer. Desse modo, o fator *ordem interna ou externa* deixa de ser relevante para apreciar um elemento de natureza temporal, já que para ele prevalece a norma interna em superveniência à internacional, se posterior, se mais nova. O mesmo critério se aplicaria no sentido inverso (Pereira, 2006).

Com isso, no fluxo da análise da doutrina, pode-se assumir o posicionamento de que a CF/1988 adota o monismo moderado, pois, conforme Pagliarini (2004), se dualista fosse, tornar-se-ia necessária lei interna em que os termos do tratado seriam repetidos, o que não ocorre, uma vez que o decreto presidencial de promulgação do tratado é o mecanismo que leva o pacto ao Diário Oficial da União. Publicado referido decreto, o governo respeita e o Judiciário aplica o tratado, e não o decreto, instrumento este que se chama simplesmente de *mecanismo interno de publicidade*.

Dessa forma, passa-se a apreciar a fusão entre Direito Tributário e Direito Internacional sob a ótica ora apresentada.

14.4 Direito Tributário e Direito Internacional: o art. 98 do Código Tributário Nacional

Reitera-se que, para fins da Convenção de Viena sobre o Direito dos Tratados,[3] "'tratado' significa um acordo internacional concluído por escrito entre Estados e regido pelo Direito Internacional, quer conste de

---

3 O Brasil incorporou a Convenção de Viena sobre o Direito dos Tratados ao seu ordenamento mediante o Decreto nº 7.030, de 14 de dezembro de 2009 (Brasil, 2009a), o qual promulgou a aludida Convenção com reserva aos artigos 25 e 66, a saber: "Artigo 25. Aplicação Provisória – 1. Um tratado ou uma parte do tratado aplica-se provisoriamente enquanto não entra em vigor, se: a) o próprio tratado assim dispuser; ou b) os Estados negociadores assim acordarem por outra forma. 2. A não ser que o tratado disponha ou os Estados negociadores acordem de outra forma, a aplicação provisória de um tratado ou parte de um tratado, em relação a um Estado, termina se esse Estado notificar aos outros Estados, entre os quais o tratado é aplicado provisoriamente, sua intenção de não se tornar parte no tratado. [...] Artigo 66. Processo de Solução Judicial, de Arbitragem e de Conciliação – Se, nos termos do parágrafo 3 do artigo 65, nenhuma solução foi alcançada, nos 12 meses seguintes à data na qual a objeção foi formulada, o seguinte processo será adotado: a) qualquer parte na controvérsia sobre a aplicação ou a interpretação dos artigos 53 ou 64 poderá, mediante pedido escrito, submetê-la à decisão da Corte Internacional de Justiça, salvo se as partes decidirem, de comum acordo, submeter a controvérsia a arbitragem; b) qualquer parte na controvérsia sobre a aplicação ou a interpretação de qualquer um dos outros artigos da Parte V da presente Convenção poderá iniciar o processo previsto no Anexo à Convenção, mediante pedido nesse sentido ao Secretário-Geral das Nações Unidas".

um instrumento único, quer de dois ou mais instrumentos conexos, qualquer que seja sua denominação específica" (Brasil, 2009, Artigo 2, 1, "a").

No campo tributário, procedendo-se a uma análise clara da CF/1988, entende-se pela primazia do Direito Internacional sobre o Direito interno. É o que dispõe o art. 98 do CTN: "Art. 98. Os tratados e as convenções internacionais revogam ou modificam a legislação tributária interna e serão observados pelo que lhes sobrevenha" (Brasil, 1966).

Com uma interpretação sistemática e para auferir a constitucionalidade da norma em referência, vale-se da redação do art. 146 da CF/1988, a qual determina, expressamente, que cabe à lei complementar: "I – dispor sobre conflitos de competência, em matéria tributária, entre a União, os Estados, o Distrito Federal e os Municípios; II – regular as limitações constitucionais ao poder de tributar; III – estabelecer normas gerais em matéria de legislação tributária [...]" (Brasil, 1988).

A CF/1988, com lastro em seu art. 146, recepcionou o CTN como lei complementar. Nesse sentido, retomando o aspecto formal, no Direito Tributário brasileiro, por força da superioridade hierárquica que a CF/1988 atribui às normas gerais em matéria de legislação tributária (inciso III do art. 146), vigora o princípio de prevalência de aplicabilidade das convenções internacionais, tendo em vista o art. 98 do CTN (Torres, 2011).

Torres (2011) ainda destaca que são duas as **funções** do art. 98 do CTN:

1. recepção sistêmica das normas convencionais; e
2. comando comportamental destinado ao legislador ordinário, no sentido de que este vete qualquer pretensão de alteração *in fieri*, por via unilateral, do quanto fora pactuado, nos termos do princípio *pacta sunt servanda intra pars*.

Essas funções ora citadas corroboram a prevalência de aplicabilidade das normas internacionais sobre o Direito interno, como decorrência da aplicação do art. 4º da CF/1988. Consoante análise feita por Pinto (2008, p. 156),

> Pela redação do dispositivo, podem-se realizar duas inferências básicas. Em primeiro lugar, constata-se que os tratados internacionais "revogam" ou modificam legislação tributária interna que lhes preceda. Em segundo lugar, tratados internacionais prevalecem sobre legislação tributária que lhes sobrevenha.
> Salienta-se que o artigo contém uma imprecisão terminológica, pois lei interna não é revogada pela norma internacional. A norma interna permanece válida e eficaz dentro do ordenamento interno, somente com sua eficácia paralisada em relação aos atos e fatos conflitantes com a norma internacional.
> Nesse sentido, pode-se citar o comentário de Xavier, segundo o qual:
> [...] é incorreta a redação deste preceito quando se refere à revogação da lei interna pelos tratados. Com efeito, não se está aqui perante um fenômeno ab-rogativo, já que a lei interna mantém a sua eficácia plena fora dos casos subtraídos à sua aplicação pelo tratado. Trata-se, isso sim, de limitação da eficácia da lei que se torna relativamente inaplicável a certo círculo de situações e pessoas, limitação esta que caracteriza o instituto da derrogação.

Diante do teor do art. 98 do CTN, surgiram as críticas doutrinárias. Alguns autores entenderam que se tratava de derrogação, não de revogação, uma vez que há a supremacia da norma internacional sobre a interna, e não uma absoluta exclusão da primeira. De forma diversa, outros asseveraram que, por ser a derrogação uma espécie do gênero da revogação – ou seja, é uma revogação parcial –, seria possível adotar essa nomenclatura.

Sob outra perspectiva crítica, alegou-se a inconstitucionalidade da norma, porque o tema *hierarquia de tratados* é matéria constitucional e, como a CF/1988 é silente, não poderia o art. 98 do CTN disciplinar o assunto. Contudo, reitera-se que o CTN foi recepcionado pela CF/1988 como norma complementar e, nessa condição, tem o condão de complementar dispositivos e regular limitações constitucionais em relação ao poder de tributar, até mesmo quando se trata de hierarquia dos tratados (art. 146, inciso I, e art. 59, inciso II, da CF/1988).

Ainda sobre essa discussão, Pinto (2008, p. 156) complementa:

> Alguns doutrinadores, como Luciano Amaro e Roque Antônio Carrazza, questionam a constitucionalidade do art. 98 do CTN, sob o argumento de que não é atribuição constitucional de lei complementar dispor sobre hierarquia normativa. Na visão desses autores, somente a Constituição poderia dispor sobre hierarquia de fontes normativas.
>
> [...]
>
> Há também quem defenda a constitucionalidade do artigo, uma vez que o art. 98 é texto de lei complementar que, por força do art. 146 da CF, tem por função primordial estabelecer normas gerais em matéria tributária, entre as quais encontrar-se-iam também disposições referentes à interpretação, vigência e aplicação da legislação tributária.

Nesse sentido também é o posicionamento de Coêlho (2010) quando lembra que, no Brasil, sempre se entendeu que as normas sobre vigência, interpretação e aplicação da legislação tributária são, por excelência, normas gerais de Direito Tributário, de observância obrigatória pela União, pelos estados e pelos municípios. Portanto, como o art. 98 do CTN está incluído no capítulo que trata dessas matérias, pode-se afirmar que tal dispositivo se harmoniza com a CF/1988.

O Superior Tribunal de Justiça (STJ) apresenta seu entendimento no Recurso Especial n. 209.526/RS:

> TRIBUTÁRIO. IMPORTAÇÃO. TRIGO EM GRÃO. FIXAÇÃO DA ALÍQUOTA. PORTARIA MINISTERIAL Nº 939/91. IMPOSSIBILIDADE. CTN, ART. 98. PRECEDENTES.
> 1. O art. 98/CTN não admite a revogação de tratado pela legislação tributária antecedente ou superveniente.

2. Não é lícito ao poder executivo, mediante simples portaria, fixar alíquota superior à estabelecida em acordo internacional
3. Recurso especial conhecido e provido. (Brasil, 2000)

Mais uma dissonância doutrinária refere-se à **abrangência** do art. 98 do CTN. Valladão (1971), tido como um monista radical, defendia a aplicação do art. 98 a todo o sistema jurídico, e não apenas à matéria tributária. Ainda conforme posicionamento desse autor, nem uma nova Constituição poderia afetar tratados em vigor (Valladão, 1980, p. 96, citado por Dolinger, 1996, p. 81).

Em outro prisma, Pagliarini (2004), em sua postura adepta ao monismo moderado, assevera que não é possível se basear no art. 98 do CTN para afirmar que tratado é sempre superior à lei, pois esse dispositivo se aplica, única e exclusivamente, à causa tributária, uma vez que essa lei regula o sistema tributário nacional e estabelece as normas gerais de Direito Tributário (art. 1º do CTN). Se o CTN é o diploma que regula as relações tributárias, então, os tratados tributários, com base no art. 98, sobrepor-se-ão em observância à norma infraconstitucional doméstica, sempre. E não sendo tal código a Carta Magna, ele limita suas disposições aos fins a que se destina, quais sejam: regular o sistema tributário nacional e estabelecer as normas gerais de Direito Tributário.

Também em razão do art. 98 do CTN, pode-se afirmar que o Brasil tem mais de um sistema de resolução de conflitos entre leis internas e tratados. No sistema genérico, os tratados gozam da mesma hierarquia da lei interna, aplicando-se a regra *lex posterior derogat priori*, com a diferença de que, no caso específico de tratados tributários (art. 98), o teor deve ser observado pelo Legislativo na feitura de norma interna (posterior), evitando-se que tal lei nova verse sobre o mesmo assunto diferentemente[4].

Nesse fluxo analítico, é possível desenhar pensamento no sentido de que, no entanto, o teor do art. 98 do CTN

> foi infeliz ao utilizar o termo "revogam", devendo este ser interpretado como "prevalecem". Desta forma, os tratados ou convenções internacionais celebrados voluntariamente com o Brasil e inseridos em nosso sistema nos termos da Constituição devem "prevalecer" sobre a legislação tributária interna. (Brito, 2013)

Contudo, como se verá a seguir, há o desrespeito do Estado brasileiro em relação às normas pactícias internacionais em matéria tributária e, assim, o jurisdicionado é afetado diretamente em seus direitos fundamentais.

14.5 O desrespeito dos acordos internacionais em Direito Tributário pelo Brasil

Em uma análise profunda sobre os acordos internacionais em matéria tributária celebrados pelo Brasil com Estados estrangeiros, verifica-se que, quase em sua totalidade, eles versam sobre *bitributação, dupla tributação* e *pluritributação*. Assume-se que as terminologias são semelhantes, apenas utilizadas pela dogmática do Direito Internacional e do Direito Tributário conforme posicionamento autoral.

---

4 Para que se atenda ao espírito de norma complementar à Constituição – nesse caso, o CTN – deverão os aplicadores do Direito dar preferência à norma pactícia internacional preexistente e afastar a aplicabilidade da lei posterior doméstica, sob pena de, não o fazendo, frustrar-se o dever ser veiculado no art. 98 do CTN (Pagliarini, 2004).

A **bitributação** ou **dupla tributação** "é a coincidência de pretensão tributária de natureza semelhante de mais de um Estado sobre um mesmo contribuinte", acerca do mesmo fato imponível, fato este descrito na norma[5] impositiva tributária (Pinto, 2008).

A terminologia **pluritributação internacional** é encontrada em Ataliba (2018, p. 165):

> Verifica-se a pluritributação internacional, sob a perspectiva jurídica, quando mais de uma nação toma, como objeto de tributação, fatos geradores semelhantes. Tal circunstância importa em graves detrimentos para a economia internacional, para o comércio entre os países e para os contribuintes de todos êles, acarretando, como consequência, dificuldades de ordem jurídica, nas relações internacionais.

Paulsen (2008) traz algumas definições. Para ele, os tratados de bitributação são os instrumentos de que se valem os Estados para evitar ou mitigar os efeitos da bitributação por meio de concessões mútuas. Segundo define o *International Tax Glossary*, publicado pelo International of Fiscal Documentation, "A expressão *Tax Treaty* representa um resumido termo coloquial que denota convenções ou acordos para evitar a dupla tributação e propósitos correlatos. Há duas amplas categorias de tratados tributários: sobre a renda (e capital), sobre herança (ou sucessão ou espólio) e doações" (Paulsen, 2008, p. 832).

> Schoueri (2003, p. 27) oferece um bom panorama sobre a evolução dos acordos de bitributação. Aponta o autor que, já no final do século XIX, os Estados passaram

---

5   Pfersmann (2014) afirma que a definição de *norma* como a "significação de um ato de vontade" está incompleta. Para o autor, é preciso também que essa concepção tenha por objeto tornar para outro, obrigatório, proibido, permitido ou habilitado certo comportamento (com exemplo em Kelsen, em sua *Rheine Rechtslehre*), também, que o ato de vontade seja, por sua vez, qualificado por outra norma e, enfim, para que se trate de uma norma jurídica, é preciso que ela faça parte de um sistema normativo geralmente eficaz e sancionado, sendo a sanção última um ato de obrigação.

a adotar acordos bilaterais para evitar a bitributação da renda. No começo, o fenômeno era observado apenas entre Estados limítrofes, no entanto, com o decorrer do tempo, e principalmente após o final da Primeira Guerra Mundial, observou-se a construção de uma rede de acordos na Europa Central, fenômeno que acabou se alastrando pelo resto do mundo com o fim da Segunda Guerra Mundial. (Pinto, 2008, p. 140)

O *site* da Receita Federal apresenta todos os acordos de bitributação já firmados pelo Brasil com os Estados estrangeiros: África do Sul, Alemanha (denunciado em 2005), Argentina, Áustria, Bélgica, Canadá, Chile, China, Coréia do Sul, Dinamarca, Equador, Espanha, Filipinas, Finlândia, França, Holanda, Hungria, Índia, Israel, Itália, Japão, Luxemburgo, México, Noruega, Peru, Portugal, República Checa, Eslováquia, Trinidad e Tobago, Turquia, Suécia, Ucrânia e Venezuela (Brasil, 2015).

De forma quase absoluta, os tratados internacionais para evitar a bitributação apresentam normativas de renúncia ou de repartição de competência tributária, aplicáveis a cada regra do tratado ou da convenção, a uma espécie de rendimento, de forma que cada espécie de rendimento firmará regra que cabe ao Estado da fonte ou ao Estado de residência. Como exemplo, pode-se citar o modelo da Organização para a Cooperação e Desenvolvimento (OECD): o pagamento a título de *royalties* é reservado ao país de residência do contribuinte, ao passo que o trabalho autônomo é reservado ao país da fonte onde o rendimento é pago (Gonzales, 2008).

Apresenta-se daí a complexidade do tema da interpretação e da qualificação do **fato imponível**, dada a natureza das normas dos tratados que impedem a bitributação de lidar com normas sobre aplicação de normas, como ensina Vogel (2003), afirmando que as normas dos acordos de bitributação não disciplinam a aplicação de um direito estrangeiro, como normas de colisão do Direito Internacional privado, mas limitam o próprio direito interno dos Estados contratantes.

Ainda, é relevante observar que os tributos a serem alcançados pelos acordos de bitributação são aqueles afirmados pela nação signatária, pessoa jurídica de Direito Internacional que representa evidentemente suas entidades políticas federativas ou administrativas. Logo, tratando-se de tributo federal, estadual ou municipal, uma vez firmado o acordo para evitar a bitributação que contemple tais e quais tributos, este é vinculante para o Fisco federal, estadual ou municipal, seja em razão da natureza da vinculação no âmbito internacional firmar-se pela República Federativa do Brasil, seja em atenção ao disposto no art. 98 do CTN (Gonzales, 2008).

O desrespeito ao *pacta sunt servanda* nos tratados internacionais em matéria tributária perpetrado pelo Estado brasileiro leva o jurisdicionado, quando do alcance de normativas internacionais tributárias em seu patrimônio, ao socorro do Judiciário para valer-se da aplicação de seu devido direito.

Com isso, vários casos envolvendo o desrespeito brasileiro se tornaram públicos. Nesse sentido é o posicionamento do STF:

DIREITO TRIBUTÁRIO. RECEPÇÃO PELA CONSTITUIÇÃO DA REPÚBLICA DE 1988 DO ACORDO GERAL DE TARIFAS E COMÉRCIO. ISENÇÃO DE TRIBUTO ESTADUAL PREVISTA EM TRATADO INTERNACIONAL FIRMADO PELA REPÚBLICA FEDERATIVA DO BRASIL. ARTIGO 151, INCISO III, DA CONSTITUIÇÃO DA REPÚBLICA. ARTIGO 98 DO CÓDIGO TRIBUTÁRIO NACIONAL. NÃO CARACTERIZAÇÃO DE ISENÇÃO HETERÔNOMA. RECURSO EXTRAORDINÁRIO CONHECIDO E PROVIDO.
1. A isenção de tributos estaduais prevista no Acordo Geral de Tarifas e Comércio para as mercadorias importadas dos países signatários quando o similar nacional tiver o mesmo benefício foi recepcionista pela Constituição da República de 1988.
2. O artigo 98 do Código Tributário Nacional *"possui caráter nacional com eficácia para a União, os Estados e os Municípios"* (voto do eminente Ministro Ilmar Galvão).
3. No direito internacional apenas a República Federativa do Brasil tem competência para firmar tratados (art. 52, § 2o, da Constituição da República), dela não dispondo a União, os Estados-membros ou os Municípios. O Presidente

da República não subscreve tratados como Chefe de Governo, mas como Chefe de Estado, o que descaracteriza a existência de uma isenção heterônoma, vedada pelo art. 151, inc. III, da Constituição.
4. Recurso extraordinário conhecido e provido. (Brasil, 2007)

O caso Volvo (Brasil, 2009b) tornou-se um *leading case* acerca da aplicação do art. 98 do CTN e a supremacia dos tratados internacionais.

O Ministro Gilmar Mendes, em seu voto, ressaltou as peculiaridades dos tratados internacionais em matéria tributária, que tocariam em pontos sensíveis da soberania dos Estados e demandariam extenso e cuidadoso processo de negociação, com a participação de diplomatas e de funcionários das respectivas administrações tributárias, de modo a conciliar interesses e a permitir que esse instrumento atinja os objetivos de cada nação, com o menor custo possível para a receita tributária de cada qual. Pontuou que essa complexa cooperação internacional seria garantida essencialmente pelo *pacta sunt servanda*.

Registrou ainda que, tanto quanto possível, o Estado Constitucional Cooperativo deve reivindicar a manutenção da boa-fé e da segurança dos compromissos internacionais, ainda que diante da legislação infraconstitucional, notadamente no que se refere ao Direito Tributário, que envolve garantias fundamentais dos contribuintes e cujo descumprimento colocaria em risco os benefícios de cooperação cuidadosamente articulada no cenário internacional.

Dessa forma, reiterou que a possibilidade de afastamento da incidência de normas internacionais tributárias por meio de legislação ordinária (*treaty override*), inclusive em sedes estadual e municipal, estaria defasada com relação às exigências de cooperação, boa-fé e estabilidade do atual panorama internacional. Concluiu, então, que o entendimento de predomínio dos tratados internacionais não vulneraria os dispositivos tidos por violados (Britto, 2013).

Quando o Estado brasileiro se escusa da aplicação dos tratados internacionais em matéria tributária em detrimento do jurisdicionado, há de se falar da infringência dos direitos fundamentais do contribuinte.

14.6 A afetação dos direitos fundamentais pela prática brasileira da não observância ao art. 98 do Código Tributário Nacional

Desenhar um único conceito de direitos fundamentais é perigoso e problemático, pois a doutrina é dotada de diversas controvérsias. Promovendo uma análise aprofundada sobre as mais variadas teses a respeito do tema, constatam-se a maleabilidade e a elasticidade do conceito de direitos fundamentais.

Percebe-se uma dificuldade em se apontar qual a teoria do Direito que justifica os direitos fundamentais. Na verdade, esse problema deriva do fato de que, hoje, quase todas as teorias jurídicas defendem a existência de direitos básicos do ser humano. Para o **jusnaturalismo**, os direitos fundamentais são direitos pré-positivos, isto é, direitos anteriores mesmo à própria Constituição, decorrentes da própria natureza humana e que existem antes de seu reconhecimento pelo Estado.

Já o **positivismo jurídico** afirma que os direitos fundamentais são aqueles considerados como básicos na norma positiva (norma posta), isto é, na Constituição. Entretanto, isso não impede que se reconheça a existência de direitos implícitos, conforme, por exemplo, o art. 5º, § 2º, da CF/1988.

Quanto à diferença entre direitos fundamentais e direitos humanos, tem-se que estes são atribuídos à humanidade em geral, por meio de tratados internacionais (Declaração Universal dos Direitos Humanos, de 1948, por exemplo). Já os direitos fundamentais são aqueles positivados em determinado ordenamento jurídico (Constituição brasileira, Lei Fundamental alemã etc.) (Cavalcante Filho, 2018).

Nesse sentido, os direitos humanos são direitos morais positivados, seja em convenções internacionais, seja como direitos fundamentais em Constituições democráticas (Barboza, 2014).

Esta é a linha adotada pela CF/1988: quando o assunto é doméstico, há a menção aos "direitos e garantias fundamentais", ao passo que quando versa sobre tratados internacionais, a expressão adotada é "direitos humanos".

Conforme Kant (2003), a vinculação e o respeito a normas morais e a normas jurídicas não tem distinção do ponto de vista interno (intenção do agente), mas do ponto de vista externo, uma vez que apenas as normas jurídicas são dotadas de coercibilidade.

Dessa forma, Barboza (2014) afirma ser possível que a partir do momento em que os direitos humanos – quando considerados direitos morais – são positivados, eles passam a ser direitos legais, dotados de força normativa, podendo ser exigidos de todos.

Quando verificado o desrespeito do Estado brasileiro em relação aos tratados tributários assumidos e devidamente incorporados ao ordenamento jurídico doméstico, há de se falar na infringência dos direitos fundamentais do contribuinte.

Como já mui versado, o art. 98 do CTN é claro quanto à recepção de normativas internacionais. É sabido que nosso código é, em sua essência e materialidade, inspirado no Código Tributário Alemão, Abgabenordnung, de 1977, o qual acertadamente versa em seu § 2º:

§ 2º
Primazia dos Acordos de Direito Internacional
Tratados com outros Estados, no sentido do artigo 59, inciso segundo, período 1, da Lei Fundamental, que dispuserem sobre tributação prevalecem sobre as leis tributárias, desde que se tenham tornado direito interno de aplicação imediata. (Alemanha, 1978)

Machado (2009, p. 38, grifo do original) esclarece:

Natural, portanto, que se situe o contribuinte como titular de direitos fundamentais, quando se cogita na relação entre o Estado e o cidadão. Os direitos fundamentais, como direitos subjetivos, têm como sujeitos todos os cidadãos. E pode parecer que nem todos os cidadãos são contribuintes, de sorte que convém explicar por que nos referimos aos direitos fundamentais **do contribuinte**. É que todos os cidadãos devem ser considerados de algum modo contribuintes. Embora nem todos os cidadãos sejam sujeitos passivos de relações tributárias, certo é que todos os cidadãos terminam sendo contribuintes, no sentido de que suportam o ônus do tributo, e, neste sentido, portanto, são contribuintes, embora geralmente não se sintam como tais.

Na prática da advocacia tributária, resta claro os excessos e abusos cometidos pelos agentes fiscais. Nesse prisma, os contribuintes, no enfrentamento ao descumprimento das normativas internacionais devidamente aceitas no ordenamento jurídico brasileiro, socorrem-se do Poder Judiciário para fazer valer seus direitos.

A lavratura de autos de infração em desconformidade à norma com desrespeito aos acordos bilaterais imiscui o Estado – **indevidamente** – na esfera patrimonial do contribuinte. Nesse passo, os direitos fundamentais são violados, no exato momento que o cidadão é ceifado de suas garantias constitucionais.

Trazendo à baila o estudo comparado, o Código Tributário Alemão dispõe sobre questões inerentes às nulidades de atos praticados por agentes administrativos no exercício da fiscalização tributária:

§ 125 O ato administrativo será nulo, quando padecer de vício particularmente grave e esse fato se tornar manifesto numa prudente apreciação de todas as circunstâncias que devam ser levadas em consideração.
[...]
3. que exigir a prática de um ato contrário à lei e que constitua pressuposto de um delito ou de uma infração administrativa. (Alemanha, 1978)

Além disso, o Código Tributário Alemão também versa sobre as revogações de atos administrativos em matéria tributária lavrados em desconformidade ao direito:

§ 130 Revogação de um ato administrativo contrário ao Direito:
(1) O ato administrativo contrário ao direito poderá ser revogado, total ou parcialmente, com efeito para o futuro ou para o passado, ainda que tenha se tornado irrecorrível.
(2) O ato administrativo constitutivo ou confirmatório de um direito ou de uma vantagem juridicamente relevante (ato administrativo favorável) somente poderá ser revogado se:
2. tiver sido obtido por meios fraudulentos, como dolo, coação ou suborno. (Alemanha, 1978)

Machado (2008, p. 34) ilumina a questão:

Todas essas práticas são flagrantemente inconstitucionais, entre outras razões, porque: a) implicam indevida restrição ao direito de exercer atividade econômica, independentemente de autorização de órgãos públicos, assegurado pelo art. 170, parágrafo único, da vigente Constituição Federal. b) configuram cobrança sem o devido processo legal, com grave violação do direito de defesa do contribuinte, porque a autoridade que a este impõe a restrição não é a autoridade competente para apreciar se a exigência do tributo é ou não legal.

Para que todos os cidadãos se sintam contribuintes, o que falta é a **consciência fiscal**, a consciência de que a carga tributária não pesa apenas nos ombros de quem tem o dever legal de efetuar o pagamento dos tributos, mas também sobre os ombros de quem, como comprador de mercadorias ou tomador de serviços, paga um preço no qual estão embutidos os tributos (Machado, 2009). Segundo Machado (2009) até os mendigos são contribuintes, no sentido de que também eles suportam o peso dos tributos. Nesse sentido é que nos referimos ao contribuinte como titular de direitos fundamentais, direitos que a CF/1988 assegura como limitação ao poder de tributar. E como até os mendigos são contribuintes, é da maior importância criar em todos a consciência fiscal.

Ao ceifar garantias constitucionais e direitos fundamentais dos contribuintes, resta flagrante que o Estado brasileiro afeta a esfera pessoal e patrimonial de seus cidadãos. Ao exigir tributos manifestamente contrários a compromissos internacionais assumidos em tratativas bilaterais – caso recorrente na exigência de tributação sobre a renda – traz à luz o desrespeito do Brasil aos direitos fundamentais de seus cidadãos-contribuintes.

14.7 Considerações finais

O mundo globalizado criou um novo panorama para a matéria tributária e suas competências no âmbito internacional.

Os tratados internacionais devem ser cumpridos, e o compromisso internacional assumido pelo Estado não deve estar sujeito a revisões e reanálises em matéria fiscal. Mitigar a competência da soberania estatal em matéria tributária é o máximo reflexo do mundo contemporâneo.

Nesse contexto, observa-se o princípio contido no art. 98 do CTN: o primado da norma brasileira de produção internacional e, ainda, são três as vertentes, na CF/1988, dos direitos e das garantias: os expressos na Constituição; os decorrentes do regime e dos princípios adotados pela Constituição; e os inscritos nos tratados internacionais firmados pelo Brasil (art. 5º, § 2º, da CF/1988).

Os tratados internacionais se apresentam como eficientes instrumentos de proteção aos direitos fundamentais e representam difusão da universalização dos direitos humanos.

Pode-se avançar e avaliar o enquadramento dos acordos internacionais em matéria tributária como garantias fundamentais e, na violação destes, resta o contribuinte ceifado de seus direitos insculpidos na Carta Magna.

Tais acordos se aglutinam aos direitos fundamentais no momento em que baliza o Estado brasileiro na proibição do confisco pelo tributo, baseado no direito de propriedade, bem como na igualdade isonômica de tributação. Sua interpretação segue as normativas do próprio tratado internacional, a boa-fé contratual, de forma que deve prevalecer sobre a lei interna, principalmente pela força do art. 98 do CTN.

Por fim, cabe ressaltar o princípio do *pacta sunt servanda*. Se é certo que a soberania dos Estados é princípio universalmente aceito no Direito Internacional Público, também é correta a assertiva que deve ser respeitado o princípio do *pacta sunt servanda*. Dessa forma, assiste ao jurisdicionado a segurança jurídica e seus direitos fundamentais.

Referências

ALEMANHA. **Lei Fundamental da República Federal da Alemanha**. Tradução de Aachen Assis Mendonça. jan. 2011. Disponível em: <https://www.btg-bestellservice.de/pdf/80208000.pdf>. Acesso em: 21 fev. 2018.

ALEMANHA. **Novo Código Tributário alemão**: com índices sistemático e analítico. Rio de Janeiro: Forense; São Paulo: Instituto Brasileiro de Direito Tributário, 1978.

ARIOSI, M. **Conflitos entre tratados internacionais e leis internas**: o Judiciário brasileiro e a nova ordem internacional. Rio de Janeiro: Renovar, 2000.

ATALIBA, G. Bitributação. **Revista da Faculdade de Direito**, p. 159-169. Disponível em: <https://www.direito.ufmg.br/revista/index.php/revista/article/viewFile/1010/943>. Acesso em: 28 fev. 2018.

BARBOZA, E. M. de Q. **Precedentes judiciais e segurança jurídica**: fundamentos e possibilidades para a jurisdição constitucional brasileira. São Paulo: Saraiva, 2014.

BRASIL. Constituição (1824). **Secretaria de Estado dos Negocios do Imperio do Brazil**, Livro 4º de Leis, Alvarás e Cartas Imperiaes, fls. 17, Rio de Janeiro, 22 abr. 1824. Disponível em: <http://www.planalto.gov.br/ccivil_03/constituicao/constituicao24.htm >. Acesso em: 28 fev. 2018.

_____. Constituição (1988). **Diário Oficial da União**, Brasília, DF, 5 out. 1988. Disponível em: <http://www.planalto.gov.br/ccivil_03/constituicao/ConstituicaoCompilado.htm>. Acesso em: 23 fev. 2018.

_____. Decreto n. 7.030, de 14 de dezembro de 2009. Convenção de Viena sobre o Direito dos Tratados. **Diário Oficial da União**, Poder Executivo, Brasília, DF, 15 dez. 2009a. Disponível em: <http://www.planalto.gov.br/ccivil_03/_ato2007-2010/2009/decreto/d7030.htm>. Acesso em: 27 fev. 2018.

BRASIL. Lei n. 5.172, de 25 de outubro de 1966. **Diário Oficial da União**, Poder Legislativo, Brasília, DF, 27 out. 1966. Disponível em: <https://www.google.com.br/search?q=C%C3%B3digo+Tribut%C3%A1rio+Nacional&oq=C%C3%B3digo+Tribut%C3%A1rio+Nacional&aqs=chrome..69i57.158j0j7&sourceid=chrome&ie=UTF-8>. Acesso em: 27 fev. 2018.

BRASIL. Ministério da Fazenda. Receita Federal. **Acordos para evitar a dupla tributação e prevenir a evasão fiscal**. 3 mar. 2015. Disponível em: <https://idg.receita.fazenda.gov.br/acesso-rapido/legislacao/acordos-internacionais/acordos-para-evitar-a-dupla-tributacao/acordos-para-evitar-a-dupla-tributacao>. Acesso em: 21 fev. 2018.

BRASIL. Superior Tribunal de Justiça. Recurso Especial (REsp) n. 209.526/RS, de 18 de abril de 2000. Relator: Ministro Francisco Peçanha Martins. **Diário da Justiça**, 26 jun. 2000. Disponível em: <https://ww2.stj.jus.br/processo/ita/documento/mediado/?num_registro=199900296389&dt_publicacao=26-06-2000&cod_tipo_documento=>. Acesso em: 23 fev. 2018.

BRASIL. Supremo Tribunal Federal. Medida Cautelar em Ação Cautelar n. 2.436/PR, de 3 de setembro de 2009. Relator: Ministro Gilmar Mendes. **Diário da Justiça**, 15 set. 2009b. Disponível em: <https://stf.jusbrasil.com.br/jurisprudencia/19135506/medida-cautelar-em-acao-cautelar-ac-2436-pr-stf>. Acesso em: 23 fev. 2018.

_____. Recurso Extraordinário (RE) n. 229.096/RS, de 16 de agosto de 2007. Relator: Ministro Ilmar Galvão. **Diário da Justiça**, 11 set. 2007. Disponível em: <http://www.stf.jus.br/portal/processo/verProcessoAndamento.asp?numero=229096&classe=RE&origem=AP&recurso=0&tipoJulgamento=M>. Acesso em: 23 fev. 2018.

BRITTO, D. **Tratados internacionais tributários**: relação integrada entre o direito interno e o direito internacional. 4 fev. 2013. Disponível em: <http://www.fiscosoft.com.br/main_artigos_index.php?PID=281213&printpage=>. Acesso em: 21 fev. 2018.

CAVALCANTE FILHO, J. T. **Teoria geral dos direitos fundamentais**. Disponível em: <http://www.stf.jus.br/repositorio/cms/portaltvjustica/portaltvjusticanoticia/anexo/joao_trindadade_teoria_geral_dos_direitos_fundamentais.pdf>. Acesso em: 21 fev. 2018.

COELHO, S. C. N. **Curso de direito tributário brasileiro**. Rio de Janeiro: Forense, 2010.

DELLAGNEZZE, R. Controle de constitucionalidade dos tratados e convenções internacionais e a soberania do estado no mundo globalizado. **Âmbito Jurídico**, Rio Grande, ano XIX, n. 152, set. 2016. Disponível em: <http://www.ambito-juridico.com.br/site/index.php?n_link=revista_artigos_leitura&artigo_id=17758&revista_caderno=9>. Acesso em: 28 fev. 2018.

DOLINGER, J. As soluções da Suprema Corte brasileira para os conflitos entre o direito interno e o direito internacional: um exercício de ecletismo. **Revista Forense**, Rio de Janeiro, n. 334, p. 71-107, abr./jun. 1996.

GALINDO, G. R. B. **Tratados internacionais de direitos humanos e Constituição brasileira**. Belo Horizonte: Del Rey, 2002.

GONZALES, D. C. Interpretação e aplicação dos tratados e acordos para evitar a bitributação. **Revista Acadêmica Direitos Fundamentais**, Osasco, n. 2, ano 2, p. 125-152, 2008. Disponível em: <http://www.egov.ufsc.br/portal/sites/default/files/278-915-1-pb.pdf>. Acesso em: 21 fev. 2018.

HARADA, K. **Crimes contra a ordem tributária**. 2. ed. São Paulo: Atlas, 2015.

HUSEK, C. R. **Curso de direito internacional público**. 7. ed. São Paulo: LTr, 2007.

KANT, I. **A metafísica dos costumes**. Bauru: Edipro, 2003.

KELSEN, H. **Teoria geral do direito e do Estado**. São Paulo: M. Fontes, 2000.

_____. **Teoria pura do direito**. 8. ed. São Paulo: WMF Martins Fontes, 2009.

LUHMANN, N. **Das Recht der Gesellschaft**, Frankfurt, 1993.

LUPI, A. L. P. B. O Brasil é dualista? Anotações sobre a vigência de normas internacionais no ordenamento brasileiro. **Revista de Informação Legislativa**, Brasília, n. 184, p. 29-45, out./dez. 2009. Disponível em: <https://www2.senado.leg.br/bdsf/bitstream/handle/id/194945/000881701.pdf?sequence=3>. Acesso em: 28 fev. 2018.

MACHADO, H. de B. **Curso de direito tributário**. 29. ed. São Paulo: Malheiros, 2008.

_____. **Os direitos fundamentais do contribuinte e a efetividade da jurisdição**. Tese (Doutorado em Direito) – Universidade Federal de Pernambuco, Recife, 2009. Disponível em: <http://repositorio.ufpe.br/bitstream/handle/123456789/4003/arquivo5668_1.pdf?sequence=1&isAllowed=y>. Acesso em: 28 fev. 2018.

MAZZUOLI, V. de O. **Curso de direito internacional público**. 2. ed. rev., atual. e ampl. São Paulo: Revista dos Tribunais, 2007.

MELLO, C. D. de A. **Curso de direito internacional público**. 8. ed. rev. e ampl. Rio de Janeiro: Freitas Bastos, 1986.

PAGLIARINI, A. C. **Constituição e direito internacional**: cedências possíveis no Brasil e no mundo globalizado. Rio de Janeiro: Forense, 2004.

PAULSEN, L. **Direito tributário**: Constituição e Código Tributário à luz da doutrina e da jurisprudência. 10. ed. Porto Alegre: Livraria do Advogado/Esmafe, 2008.

PEREIRA, B. Y. **Curso de direito internacional público**. São Paulo: Saraiva, 2006.

PFERSMANN, O. **Positivismo jurídico e justiça constitucional no século XXI**. São Paulo: Saraiva, 2014.

PINTO, G. M. A. Tratados Internacionais em matéria tributária e sua relação com o direito interno no Brasil. **Revista Direito GV**, São Paulo: FGV, v. 4, n. 1, p. 135-164, jan./jun. 2008. Disponível em: <http://direitosp.fgv.br/sites/direitosp.fgv.br/files/rd-07_8_pp_135-164_tratados_internacionais_em_materia_tributaria_gustavo_alves_pinto.pdf>. Acesso em: 28 fev. 2018.

REZEK, J. F. **Direito dos tratados**. Rio de Janeiro: Forense, 1984.

RODAS, J. G. A constituinte e os tratados internacionais. **Revista dos Tribunais**, São Paulo, v. 76, n. 642, p. 43-51, 1987.

SOARES, C. de O. Os tratados internacionais no ordenamento jurídico brasileiro: análise das relações entre o direito internacional público e o direito interno estatal. **Âmbito Jurídico**, Rio Grande, ano 14, n. 88, maio 2011. Disponível em: <http://www.ambitojuridico.com.br/site/?n_link=revista_artigos_leitura&artigo_id=9431&revista_caderno=16>. Acesso em: 28 fev. 2018.

SOUZA, V. M. Como são formados os tratados internacionais e como se realiza o processo de sua incorporação no ordenamento jurídico brasileiro. **JusBrasil**, 2015. Disponível em: <https://drvaldinar. jusbrasil.com.br/artigos/165504598/como-sao-formados-os-tratados-internacionais-e-como-se-realiza-o-processo-de-sua-incorporacao-no-ordenamento-juridico-brasileiro>. Acesso em: 28 fev. 2018.

TIPKE, K. **Moral tributária del estado y de los contribuyentes**. Madrid: Marcial Pons, 2002.

TORRES, H. T. **Direito constitucional tributário e segurança jurídica**. São Paulo: Revista dos Tribunais, 2011.

VALLADÃO, H. **Direito internacional privado**. 3. ed. [S.l.: s.n.], 1971.

VELLOSO, C. M. da S. Os tratados na jurisprudência do Supremo Tribunal Federal. **Revista de Informação Legislativa**, v. 41, n. 162, p. 35-45, abr./jun. 2004. Disponível em: <http://www2.senado.leg.br/bdsf/handle/id/946>. Acesso em: 28 fev. 2018.

VOGEL, K. Problemas na interpretação de acordos de bitributação. In: SCHOUERI, L. E. (Coord.). **Direito tributário**: homenagem a Alcides Jorge da Costa. São Paulo: Quartier Latin, 2003.

15

Convenção das Nações Unidas sobre contratos de compra e venda internacional de mercadorias: uma primeira aplicação judicial

United Nations Convention on Contracts for The International Sale of Goods: a First Judicial Application

Roberto Rocha Wenceslau

Roberto Rocha Wenceslau

Mestrando em Direito pelo Centro Universitário Internacional Uninter. LLM em Direito Empresarial Aplicado pela Faculdade da Indústria. Especialista em Direito Civil e Empresarial pela Pontifícia Universidade Católica do Paraná (PUCPR). Especialista em Direito Processual Civil pela Fundação de Estudos Sociais do Paraná/Instituto Brasileiro de Estudos Jurídicos (Fesp/Ibej). Bacharel em Direito pela Universidade Tuiuti do Paraná (UTP). Advogado.

Resumo

A Convenção das Nações Unidas sobre Contratos de Compra e Venda Internacional de Mercadorias (Cisg), formalizada em 1980 no âmbito da Comissão das Nações Unidas para o Direito Mercantil Internacional, somente passou a vigorar no Brasil em 2014. Considerando que a Convenção é fonte de Direito Internacional, mas não a única, serão analisadas as principais fontes do Direito Internacional, notadamente no que tange às relações aplicáveis aos negócios internacionais. Ao final, será realizada breve análise da aplicação dada ao texto da Cisg, em um primeiro julgado em território nacional, especialmente pela forma como fora abordado como fonte, quando do reconhecimento pelo Desembargador Relator do Tribunal de Justiça do Rio Grande do Sul.

Abstract

The United Nations Convention on Contracts for the International Sale of Goods (Cisg), established in 1980, began to be applied in Brazil in 2014. Being the Convention a source of International Law, however not the only one, we must analyze the main sources of International Law, especially the ones regarding international business. Finally, a brief analysis of a judgment from Rio Grande do Sul's Court of Justice will be presented.

Palavras-chave

Direito Internacional. Comércio internacional. Fontes do Direito Internacional.

Keywords

International Law. International trade. Sources of International Law.

Sumário

15.1 Considerações iniciais. 15.2 Fontes do Direito Internacional. 15.3 Breves considerações sobre a Convenção das Nações Unidas sobre Contratos de Compra e Venda Internacional de Mercadorias. 15.4 O Acórdão n. 70072362940 do Tribunal de Justiça do Rio Grande do Sul. 15.5 Considerações finais. Referências.

Summary

15.1 First considerations. 15.2 Sources of International Law. 15.3 Brief considerations about the United Nations Convention on Contracts for the International Sale of Goods. 15.4 Court Decision n. 70072362940 from Rio Grande do Sul's Court of Justice. 15.5 Final considerations. References.

15.1 Considerações iniciais

Da grande circulação de mercadorias efetivada entre compradores e vendedores nos mais diversos cantos do planeta, não poderia o Direito ficar afastado e, principalmente, sem um regramento comum.

Sabe-se que a globalização não é somente econômica, mas também social e cultural (Santos, 2005). Entretanto, mesmo nesse sentido há uma diversidade de legislações locais a regrar os negócios comerciais entre os compradores e os vendedores de mercadorias no âmbito internacional. Uma compra em Tóquio com entrega em Veneza deverá ser regrada por qual legislação? Direito japonês? Direito italiano?

Os negócios mercantis pautavam-se na prática reiterada, ou seja, no Direito costumeiro, mas sempre esbarravam na necessidade da utilização de uma legislação local, ficando a dúvida sobre regras a serem postas em prática caso houvesse descumprimento.

Há muito tempo ensinava o mestre Bevilaqua (citado por Casella, 2014, p. 377): "A conveniência da codificação do Direito Internacional não é mais posta em dúvida. É necessidade reconhecida para que a vida internacional se sinta segura, tendo por base a justiça expressa em cânones precisos e claros, e por orientação os grandes interesses culturais humanos".

Contudo, o Direito Internacional privado tem por premissa a liberdade das partes e a prática da *lex mercatoria*, a qual se traduz, principalmente, em usos e costumes da prática comercial.

Nesse contexto, o presente trabalho analisa as fontes do Direito Internacional e as relações entre os participantes dos contratos de compra e venda internacionais. Note-se que as atividades de mercancia não são efetivadas pelos Estados, mas por particulares, os quais devem se regrar pelos direitos nacionais quando do cumprimento dos contratos por eles eventualmente elegidos. Tal situação, por demais diversa, conduz

artigo
Convenção das Nações Unidas sobre contratos de compra e venda internacional de mercadorias: uma primeira aplicação judicial

à necessidade de conhecimento de legislação local de cada vendedor e comprador, o que certamente torna insegura a relação comercial, quando não acrescendo custos.

Diversamente de buscar uma harmonização normativa, que visa à aproximação das regras por meio da adequação da legislação nacional de diferentes países (os mais diversos sistemas, como *civil law*, *commom law* etc.), fora proposta a **uniformização**, a qual tende à identidade normativa pela criação de instrumento internacional singular, que incorpore o maior número possível de Estados signatários.

Como se verá, decorrente de melhor regulação internacional, a Organização das Nações Unidas (ONU), por sua Comissão das Nações Unidas para o Direito Mercantil Internacional (Uncitral – United Nations Commission on International Trade Law), propôs um tratado internacional com o intuito de regular as questões mercantis de compra venda internacional de mercadorias, especialmente trazendo a uniformidade jurisdicional, ante os Estados signatários, na verdadeira busca por uma sistematização.

Então, aprovada a Convenção das Nações Unidas sobre Contratos de Compra e Venda Internacional de Mercadorias (United Nations Convention on Contracts for the International Sale of Goods – Cisg), em 1980, esta faria parte dos ordenamentos internos dos Estados, a qual visa dar mais segurança aos negócios mercantis internacionais. A seguir, notar-se-á que somente em outubro de 2014 começou a vigorar no Brasil os termos da Convenção, o que a tornou direito interno.

Trata-se de instrumento internacional de extrema importância nas relações internacionais de compra e venda, que, mesmo sendo utilizado por diversos países, maiores mercados produtores e consumidores, ficou em compasso de espera no Brasil.

Deixaremos para a seção seguinte a explicitação da primeira aplicação judicial da Cisg em nosso território, em julgado do Tribunal de Justiça do Rio Grande do Sul (TJRS), o qual demonstrou um conhecimento de Direito Internacional louvável, pois não se furtou em conhecer do assunto posto a julgamento.

15.2 Fontes do Direito Internacional

Os Estados se autodeterminam nas relações internacionais, dando ao Direito Internacional um "estágio em que as normas jurídicas são produzidas, principalmente, pelas vontades de seus próprios destinatários [...] Estados soberanos, em primeiro lugar, e, depois, organizações internacionais" (Pagliarini, 2004, p. 89).

As fontes do Direito Internacional, conforme o rol existente no Estatuto da Corte da Haia (Corte Internacional de Justiça – CIJ), em seu Artigo 38 (Brasil, 1945), são os tratados, os costumes e os princípios gerais do Direito (Rezek, 2011). Ainda, existem os atos unilaterais de sujeitos de Direito Internacional e as decisões de organizações internacionais.

Assim posiciona-se Miranda (2009, p. 41):

> Tampouco se poderia tomar a ordem de enumeração do art.38 como traduzindo qualquer supremacia da convenção sobre o costume e deste sobre os princípios gerais de Direito; pelo contrário, se tivesse de haver uma hierarquia, seria inversa a ordenação – primeiro, os princípios gerais do Direito (ou pelo menos, os de jus cogens), a seguir o costume interacional universal e só depois o tratado.

Os **princípios** gerais do Direito, reconhecidos pelas nações civilizadas, sistematizam a ordem jurídica e oferecem soluções para casos em que regras não estão bem estabelecidas.

Entre os princípios, um que se levanta, principalmente quando se trata de Estados democráticos, é o da segurança jurídica, sob a qual se estabilizam os compromissos comerciais firmados, bem como se coloca sob a tutela estatal as resoluções em busca do fim colimado nos instrumentos contratuais. O Estado soberano, no âmbito de sua tutela jurisdicional, tem procurado fundamentar suas decisões judiciais, em uma visão mais externa, como necessita o Direito Internacional, conformando-se a uma busca do próprio Estado na garantia da justiça e da ordem jurídica, como os valores de confiança e estabilidade.

Outra fonte do Direito Internacional, os **costumes** são normas não escritas. Mesmo sem um suporte escrito devidamente demonstrado, como ocorre nos tratados, não deixa de ter seu reconhecimento internacional pela prática reiterada, aceita como direito entre os Estados.

Em ordenamentos modernos, explica Bobbio (2007), o costume acaba recebendo tratamento de fonte delegada, e isso representaria não só uma forma de complementar o ordenamento, mas também de reconhecimento de autorização aos particulares de produzir, por meio de comportamento uniforme, normas jurídicas. Essa argumentação teria o condão de explicar os costumes contratual e internacional.

Os costumes como normas de Direito Internacional sem suporte fático vinculam as partes nas relações transnacionais, pois criam a justa convicção de que se procederá nos moldes já utilizados habitualmente na prática dos atos e negócios operados. Sendo os costumes a forma comum pela qual as partes utilizam e reutilizam o direito, bem como repetem os atos como se fossem lei, configura-se uma verdadeira segurança nas relações comerciais e, principalmente, uma expectativa do cumprimento da forma como vem ocorrendo usualmente nos negócios operados.

Cabe ainda aos costumes a versatilidade em sua confecção, a qual se opera de forma rápida e dinâmica às necessidades advindas das relações jurídicas enfrentadas.

Nesse sentido, traduz-se a sempre atual lição de Hespanha (2013, p. 107):

> No direito contemporâneo, verifica-se uma tendência para revalorizar o costume, como elemento da vida, mesmo que ele não esteja revestido daquela durabilidade temporal tradicionalmente exigida. É que justamente por vias como estas, do reconhecimento do caráter jurídico das práticas correntes, que se pode, tanto aproximar o direito da sociedade, como promover uma maleabilidade da ordem jurídica próxima do dinamismo dos fenômenos sociais. Neste sentido, há toda a vantagem – do ponto de vista de uma política do direito – em que as rotinas consensuais e estabilizadoras ganhem o estatuto de direito, como um meio de reforçar a confiança e de rotinar as respostas jurídicas correspondentes às expectativas sociais, o que corresponde a uma das finalidades do direito. Neste sentido, não é de estranhar que o costume se tenha imposto e se continue a impor, justamente naqueles setores do direito em que a informalidade, a rapidez, a maleabilidade e a garantia da confiança são valores mais importantes.

O costume desempenha um relevantíssimo papel no Direito Internacional, principalmente por ser este absolutamente descentralizado, distante da produção normativa de cada Estado, o que caracteriza uma relação globalizada tipicamente transnacional.

Por fim, a falta de suporte fático (escrito) evidencia a possibilidade de enfrentamento de questões apresentadas, sem a necessidade de uma tramitação, muitas vezes tortuosa, imperativamente elaborada em discussões acerca do texto, e sua aceitação ou não, como se verá nos tratados.

Os **tratados** têm sua aplicação mais precisa, pois decorrem de um processo de escolha das palavras a serem usadas.

Por isso afirma-se que o Direito consuetudinário manifestamente escrito é o tratado internacional (Pagliarini, 2004), o qual tem regramento próprio e necessário para adentrar no âmbito do Direito interno do Estado.

Poder-se-ia conceituar *tratado* como norma jurídica pactuada, acordada formalmente, entre pessoas de Direito Internacional ou organismos internacionais, tendentes a gerar efeitos jurídicos entre os pactuantes, com obrigatoriedade de cumprimento (dever-ser).

Mello (2000, p. 10) afirma que: "O objeto do tratado é o que as partes fizeram, as normas que elas enunciaram, o direito e as obrigações que delas surgem, enquanto o fim do tratado é o que as partes pretenderam realizar".

O tratado pode ser efetivado de forma bilateral, ou multilateral, com conteúdo das mais diversas áreas, as quais interessam aos pactuantes (Estados). Entre essas áreas, os Estados e principalmente os organismos internacionais (ONU, OEA, entre outros) podem versar sobre questões privadas, a serem aplicadas uniformemente nos Estados que se comprometeram a cumprir, dentro de seus territórios, como legislação local.

Por ser efetivado entre Estados soberanos, os tratados, em sua formalidade e especialidade, maior diferença dos costumes, necessitam da convencionalidade expressa. São iniciadas as tratativas e concluídos em instrumentos escritos, sempre com o representante legal do Estado, o qual tem o poder de celebrar tratados (*treaty-making power*), efetivado por troca ou depósito dos instrumentos de ratificação. Ainda, contam com as características de discricionariedade e irretratabilidade, pois, a partir do momento em que ocorre o pacto, este estará apto para viger.

Em tratados multilaterais, a vigência do tratado ocorre em fase posterior ao consentimento, normalmente quando alcançando um quórum previsto no pacto, respeitando o prazo estipulado para seu início e sendo necessário amplo conhecimento para sua aplicação e execução.

Em nosso Estado, o Brasil, para que o tratado adentre no ordenamento jurídico local, necessita-se do seguinte trâmite: inicialmente, há discussão e aprovação pelo Congresso Nacional, com a promulgação de decreto legislativo pelo Presidente do Senado; após, há a promulgação de decreto presidencial, o qual apenas repete os termos dos dispositivos elencados no tratado;

e, finalmente, é publicado no Diário Oficial da União, dando conhecimento a todos de sua obrigatória aplicação. Entrando em vigor, o tratado é norma jurídica interna, produzindo efeitos nos mesmos termos das normas produzidas no âmbito doméstico. Obriga-se o Estado internacionalmente e, internamente, todos os órgãos e todas as pessoas (físicas ou jurídicas), com atuação do Judiciário em garantia do cumprimento interno no Estado pactuante.

Entretanto, a prática do andamento entre a ratificação de um tratado e sua efetiva promulgação (o que torna obrigatória sua aplicação no sistema legislativo interno), muitas vezes, tem tumultuada tramitação, podendo ficar por anos aguardando sua concretização, como já ocorreu com diversos tratados, a exemplo da Convenção das Nações Unidas sobre Contratos de Compra e Venda Internacional de Mercadorias.

Por fim, os tratados internacionais, quando não ratificados em definitivo pelos Estados, podem vir a ser aplicados como costume internacional, uma vez que se revestem de importância internacional de forma por demais generalizada (Basso, 2009).

15.3 Breves considerações sobre a Convenção das Nações Unidas sobre Contratos de Compra e Venda Internacional de Mercadorias

As relações de trocas comerciais, principalmente no que tange aos contratos de compra e venda internacionais de mercadorias, estão suscetíveis a eventuais percalços em suas conclusões e cumprimentos, o que gera a necessidade de buscar uma regularidade no plano dos Estados.

Os conflitos entre as partes contratantes também se verificavam no conflito de leis, como já manifestado por Dolinger (1997, p. 5):

> O Direito Internacional Privado, ao trabalhar com conflitos de leis, inegavelmente o campo mais amplo e importante de seu objeto, há de criar regras para orientar o Juiz sobre a escolha da lei a ser aplicada. O conflito entre as legislações permanece, mas a situação concreta é resolvida mediante aplicação de uma das leis, escolhida e acordo com regras fixadas, seja pelo legislador, seja pela doutrina, seja pela jurisprudência.

Na tentativa de evitar as diversas inseguranças trazidas pela aplicação de leis de Estados diferentes ao mesmo contrato, foi unanimemente aprovado, no dia 10 de abril de 1980, em uma conferência diplomática que contou com a participação de 62 Estados, o texto da Convenção das Nações Unidas sobre Contratos de Compra e Venda Internacional de Mercadorias (Cisg).

Sob a coordenação da Uncitral, o texto da Cisg foi o resultado de um extraordinário esforço coordenado de países de culturas jurídicas e graus de desenvolvimento econômico diferentes de diversas partes do mundo, os quais desejavam encurtar distâncias jurídicas, causadas pelas muitas vezes conflitantes legislações (Cisg, 2018).

A Cisg, além de bem sucedida lei uniforme a tratar sobre as relações mercantis, também solidificou em instrumento internacional único os temas já tratados nas Convenções: Lei Uniforme sobre a Venda Internacional de Mercadorias (Luvi) – obrigações das partes em contratos; e Lei Uniforme sobre a Formação dos Contratos de Venda Internacional de Mercadorias (LUF) – formação dos contratos de compra e venda internacional.

Vale frisar que a Cisg não buscou uma harmonização normativa, pois teria de adequar as legislações internas dos Estados. Pretendeu, então, a efetiva uniformização normativa, com uma identidade de instrumento internacional unificado, com maior número de Estados, que assim convencionaram.

Como já citado, Cisg entrou em vigor em 11 de abril de 1980, e o Brasil é o 79º país a aderir à referida Convenção. Com relação à adesão brasileira, a mensagem da então Presidente Dilma Roussef foi encaminhada à Câmara dos Deputados em 4 de novembro de 2010, teve seu projeto de decreto legislativo aprovado pela Câmara dos Deputados em 8 de maio de 2012, e pelo Senado Federal, em 16 de outubro de 2012, tendo sido publicado no Diário Oficial da União em 19 de outubro de 2012 (Brasil, 2012). Note-se a demora de tramitação de tão importante diploma de estabilização dos negócios comerciais a que as empresas brasileiras ficaram impedidas de aplicação.

Nesse compasso de espera é que somente em 4 de março de 2013 foi depositado, na Secretaria-Geral da Organização das Nações Unidas, o instrumento de adesão do Brasil à Cisg, de 1980.

Finalmente, em 16 de outubro de 2014, o Decreto Executivo n. 8.327 determinou a promulgação da Cisg, entrando em vigor na data de sua publicação, qual seja, 17 de outubro de 2014 (Brasil, 2014a).

Não se mostrou claramente qual foi a conveniência política, social ou econômica do Estado brasileiro em manter tamanha letargia na internalização de instrumento normativo de grande expressão e interesse de toda a cadeia produtiva, visando ao comércio transnacional.

Com previsões de um padrão equitativo e uniforme, no âmbito dos contratos de venda de mercadorias, a Cisg desenvolveu um moderno padrão transnacional.

Essa falta de uniformidade gerava elevados custos para dirimir as questões relacionadas ao cumprimento do contrato de compra e venda de mercadorias, e referida convenção traria um regime jurídico comum, dando a necessária previsibilidade, natural dos negócios comerciais, e reduzindo tais custos pela padronização (Camilo, 2016).

Aos contratos de compra e venda de mercadorias, que tenham estabelecimentos em Estados distintos e quando as regras de Direito Internacional privado levarem a aplicação de um Estado contratante, é que se aplicará a convenção ora em comento. Ainda, as restrições ao uso da Cisg estão no Artigo 2, afirmando não se aplicar a convenção na aquisição de mercadorias: de uso pessoal, familiar ou doméstico; em hasta pública; em execução judicial; de valores mobiliários, títulos de crédito e moeda; de navios, embarcações e aeronaves; e de eletricidade.

O fim tão aspirado pelo diploma internacional – a **segurança jurídica**, almejada no tratamento aos contratos internacionais, traz de forma expressa a interpretação da própria convenção no Artigo 7: "Na interpretação desta Convenção ter-se-ão em conta seu caráter internacional e a necessidade de promover a uniformidade de sua aplicação, bem como de assegurar o respeito à boa fé no comércio internacional" (Brasil, 2014a).

A Cisg decidiu quebrar as barreiras culturais, pois não privilegiou nenhum sistema jurídico, nem interesses particulares de países, sejam de um continente ou de outro, sejam desenvolvidos ou em desenvolvimento.

Os aplicadores do Direito de qualquer país passaram pela necessidade se adaptar às disposições dessa convenção, que têm um sentido próprio e reclamam uma interpretação autônoma, distinta daquelas que os direitos nacionais conferem a institutos assemelhados, uniformizando entendimentos, trazendo aos negócios de compra e venda de mercadorias a segurança jurídica necessária, mesmo que expressamente valorize a primazia dos usos e costumes (Artigo 9, 1 e 2, Brasil, 2014a).

A Cisg, como já consignado, dedica-se à vinculação dos usos a que as partes consentirem e dos hábitos que estabelecerem entre si. Assim, disciplinou a presunção de conhecimento dos costumes comuns do comércio internacional.

Em outras palavras, a Cisg (2018) é um instrumento legitimamente internacional e de vocação universalista para reger as transações de compra e venda no comércio internacional. Supera-se, com a Cisg, as fronteiras físicas e normativas dos Estados, regrando os efeitos legislativos em moldes padronizados, institutos jurídicos conhecidos e praticados.

Essa forma de aplicação das normas – fontes do Direito – e o reflexo na ordem jurídica interna, quando de sua intervenção, sofreria desgaste nos mecanismos de estabilidade jurisdicional se não houvesse aplicabilidade no Direito Internacional privado.

Novamente trazemos o ensino de Hespanha (2013, p. 96-97):

> O direito dos negócios – a que se tem dado o nome de nova *lex mercatoria* – é uma ordem jurídica de criação espontânea, desenvolvida sobretudo a partir de cláusulas usuais em contratos comerciais, de normas admitidas como jurídicas por instancias jurisdicionais reconhecidas na esfera dos negócios – nomeadamente, tribunais arbitrais criados pelas partes de uma relação de negócios para resolver litígios emergentes – ou de princípios estabelecidos por organizações não governamentais que estipulam padrões jurídicos para o comércio internacional. O direito dos negócios tem, portanto, uma grande autonomia em face dos Estados e é dotado de mobilidade e adaptabilidade às circunstâncias do caso. Em parte, funciona, como o *common law*, na base de precedentes; mas, por vezes, baseia-se em princípios ou valores, próprios do comércio ou do funcionamento do mercado (princípios sobre a liberdade de empresa e de comércio, sobre a concorrência, sobre a boa-fé, sobre a confiança, ou sobre determinadas cláusulas contratuais mais típicas). Um dos pontos quentes na discussão desse complexo normativo é a da sua relação (e hierarquia) com o direito comum. [...] o que é certo é que, na medida em que este direito possa ter impactos normativos generalizados (e quase sempre os tem), a sua vigência no interior de uma ordem jurídica 'comum' supõe – como nos casos anteriores – a sua receção ou reconhecimento pelas entidades jurisdicionais comuns, as quais, ao pronunciar-se sobre este reconhecimento, devem prever os efeitos estabilizadores ou, pelo contrário, irritantes que a aplicação das normas da *lex mercatoria* irão ter sobre todos os interesses direta ou indiretamente afetados.

O conhecimento das cláusulas comerciais dos contratos de compra e venda de mercadorias internacionais e a legislação aplicável a esses contratos fizeram surgir fonte de segurança e estabilidade no trato negocial, tendo aplicação em julgado do TJRS.

15.4 O Acórdão n. 70072362940 do Tribunal de Justiça do Rio Grande do Sul

A empresa dinamarquesa Noridane Foods S.A. propôs rescisão de contrato com pedido de indenização por danos materiais em face da empresa brasileira Anexo Comercial Importação e Distribuição Ltda. – EPP, pelo descumprimento de contrato de compra e venda (162 toneladas de pés de galinha ao preço total de USD 117.450,00), com entrega dos produtos adquiridos, para entrega no Porto de Hong Kong. Foi efetivado o contrato em 1º.7.2014, e estabelecido o pagamento inicial em 8.7.2014, no importe de US$ 79.650,00.

O pedido foi reconhecido por sentença que o julgou parcialmente procedente. A empresa brasileira apresentou recurso de apelação no intuito da reforma do julgado singular. Um **primeiro argumento** aduziu que o autor era empresa estrangeira, sem sede ou filial no Brasil, nem possuía bens em território nacional, o que descumpriria o art. 83 do Código de Processo Civil (CPC)[1].

---

1 "Art. 83. O autor, brasileiro ou estrangeiro, que residir fora do Brasil ou deixar de residir no país ao longo da tramitação de processo prestará caução suficiente ao pagamento das custas e dos honorários de advogado da parte contrária nas ações que propuser, se não tiver no Brasil bens imóveis que lhes assegurem o pagamento.
§ 1º Não se exigirá a caução de que trata o caput:
I – quando houver dispensa prevista em acordo ou tratado internacional de que o Brasil faz parte;
II – na execução fundada em título extrajudicial e no cumprimento de sentença;
III – na reconvenção." (Brasil, 2015)

Tal situação ensejaria ausência de pressuposto de constituição e de desenvolvimento válido e regular do processo, implicando julgamento sem resolução do mérito da demanda.

No entanto, não alegada ao juiz inicial, a matéria posta em grau de recurso não se sustentou, mas dela fora relatada que o objetivo da garantia processual caucionada se verificaria para eventual sucumbência, o que não ocorreu. Tal formalização de caução, à empresa estrangeira, tem como finalidade a garantia do pagamento em caso de sofrer o ônus da sucumbência, pois, caso contrário, seria necessário ajuizamento de demanda para tal fim, inclusive com utilização de carta rogatória.

Da mesma forma, ainda poderia ser, se obrigatória a caução instituída no citado artigo, conforme os princípios insculpidos no CPC, chamados de *formalismo constitucional democrático* (Bahia et al., 2016), autorizada a sanabilidade de atos processuais defeituosos em prazo hábil, até mesmo em grau de recurso, aproveitando-se todos os atos que não prejudiquem o processo e a outra parte, não se decretando qualquer nulidade desde que suprida.

Então, relevante argumento ao Direito Internacional se viu quando da análise da garantia por caução fora aferida a questão do autor (empresa dinamarquesa) estar ou não albergada pela dispensa em caso de acordo ou tratado internacional, nos termos do inciso I do art. 98 do CPC (dispensa prevista em acordo ou tratado internacional). O magistrado socorreu-se no Decreto n. 8.343, de 13 de novembro de 2014 (Brasil, 2014b), o qual promulgou a Convenção sobre o Acesso Internacional à Justiça, firmada pela República Federativa do Brasil, em Haia, em 25 de outubro de 1980. Note-se que referida Convenção, mesmo o Brasil tendo firmado seu ingresso em 1980, somente fora aprovado o Decreto Legislativo nº 658, em 1º de setembro de 2010, adentrando no plano jurídico externo somente em 1º de fevereiro de 2012, e no plano jurídico interno, em 13 de outubro de 2014.

Mas ao consultar o *site* da Convenção sobre o Acesso Internacional à Justiça (HCCH, 1988), não consta como signatário o Estado dinamarquês, não alcançando a reciprocidade elencada na convencionalidade[2], que protegeria a empresa privada de sede em Copenhague, na Dinamarca. Mostra-se a importância da aplicabilidade dos tratados no âmbito do Direito Internacional privado, o qual aproveita a tutela estatal recíproca e convencionada.

O Desembargador Umberto Guaspari Sudbrack demonstrou efetivo interesse em dirimir as questões postas no recurso, com aplicação e reconhecimento da legislação nacional e sua internalização, e foi mais longe ao recorrer ao entendimento da validade do tratado internacional, diante do caso concreto, entre a empresa brasileira e a dinamarquesa.

Em um **segundo argumento**, aduziu ao contrato de compra e venda internacional, mesmo não existindo qualquer instrumento formalmente escrito entre as partes, mas documentalmente provada a relação sinalagmática, que condicionara prestação e respectiva contraprestação.

Assim é que o vínculo contratual se verificou pela emissão de faturas ao comprador e, em contrapartida, o vendedor obrigou-se a efetivar a entrega de mais de uma centena de toneladas de pés de galinha. Iniciado o pagamento no valor de US$ 79.650,00, não se verificou o cumprimento por parte do vendedor, o qual se obrigara a entregar no porto de Hong Kong.

---

2 "Artigo 14. Não será exigido nenhum tipo de garantia, caução ou depósito judicial de pessoas (inclusive pessoas jurídicas) habitualmente residentes em um Estado Contratante que sejam autores ou partes intervenientes de um processo perante juízos de outro Estado Contratante, exclusivamente pelo fato de serem estrangeiras ou de não serem domiciliadas ou residentes no Estado onde o processo foi instaurado. A mesma regra aplicar-se-á a qualquer pagamento exigido do autor ou das partes intervenientes como garantia das custas processuais." (HCCH, 1980)

Ao analisar o caso, o julgador aferiu que as partes tinham domicílios em países diversos (Brasil e Dinamarca), bem como que a conclusão da entrega ocorreria em Hong Kong. Ademais, havendo diversidade de ordenamentos jurídicos, mostrou-se patente a classificação de contrato internacional, sofrendo os efeitos jurídicos inerentes a esse sistema.

Trouxe o julgado o chamado *efeito internacionalizante*, recorrendo-se à doutrina que vale a transcrição: "produz-se como decorrência da conjunção, por um lado, de aspectos jurídicos, relativamente à produção de efeitos jurídicos simultâneos em mais de um ordenamento jurídico, e, por outro, de aspectos econômicos, relativos ao fluxo e refluxo transfronteiriço de bens, valores e capitais" (Basso, 1998, p. 293).

Reconhecido como existente na relação de compra e venda o elemento transnacional ínsito ao contrato qualificado como internacional, buscou-se um balizamento do tratamento jurídico a aplicar ao caso apresentado em recurso.

Novamente, o Relator evidenciou o conhecimento das condições necessárias para a aplicação da Cisg, distinguindo o início da cogência desse tratado no sistema legislativo nacional, com o Decreto n. 8.237/2014, o que ordenaria sua aplicação obrigatória ao juiz, visto que cumpridos os requisitos de atenção aos termos do tratado.

Feitas essas ponderações, o magistrado contextualizou ao caso que julgava, verificando que o contrato objeto do litígio fora celebrado em 1º de julho de 2014, ficando, então, não albergado pelas condições da Convenção, uma vez que anterior ao início da vigência no ordenamento legislativo nacional.

Inicialmente, com essas avaliações, estaria a descartar a Cisg, uma vez que não aplicável o tratado, pois faltaria o início da vigência, necessário cumprimento da internalização no ordenamento jurídico interno brasileiro.

Contudo, afirmou no acórdão:

não há qualquer impedimento ao uso do tratado como referencial jurídico aplicável ao deslinde do mérito, porque, independentemente do marco inicial da sua eficácia interna em termos estritamente positivistas, a Convenção constitui expressão da praxe mais difundida no comércio internacional de mercadorias, estando por isso ao alcance dos Juízes nacionais, até mesmo em função da norma do art. 113 do Código Civil, que determina a interpretação dos negócios jurídicos de acordo com os usos e costumes. (TJRS, 2017, p. 18)

Cumprindo com o requisito da fundamentação do julgamento, o desembargador trouxe a possibilidade de aplicação do tratado (Cisg) não mais como legislação internalizada, mas como verdadeiro costume, fonte de Direito amplamente aceita no Direito Internacional.

O costume acabou por ser traduzido no teor do tratado, não o negando, mas sendo parte integrante. Ainda não vigentes no Brasil os termos da convenção, esta não perdeu a força normativa já adquirida como costume, utilizado no regramento dos negócios internacionais, ademais por ser a Cisg amplamente utilizada em considerável parcela de países, entre eles grandes atores internacionais na mercancia.

Frisou o julgado a aplicabilidade dessa fonte de Direito (costume) e das obrigações assumidas pelos partícipes do negócio internacional serem reguladas pelos preceitos dispostos no teor da referida convenção. Nesse sentido é que se pode fundamentar o julgamento e a procedência do pedido. Esse foi o primeiro julgado no Brasil a reconhecer os preceitos elencados no tratado, ainda que os aplicando como costume.

No Direito Internacional, verifica-se que esse também foi o entendimento da Suprema Corte holandesa, que já havia reconhecido o emprego, pelos tribunais nacionais inferiores, da Convenção de Roma sobre a lei aplicável às obrigações contratuais quando ainda não ratificada pelo país (Dolinger, 2003).

O acórdão em análise não se afastou de fundamentar a decisão dialogando com as fontes necessárias para a entrega da prestação jurisdicional. No mesmo entendimento, afirma Casella (2011, p. 25):

> A temática da relação entre direito interno e internacional suscita a consideração do diálogo entre as fontes internacionais e internas, quando, mais que em contraposição, cabe falar em conjugação de esforços, para assegurar a concomitância e a complementariedade dos planos internacional e interno de existência, validade e eficácia do direito, bem como da existência e da operação dos mecanismos processuais, adequados para assegurar-lhes a efetividade e a operacionalidade.

Com esse julgamento, ainda que a regulação internacional trazida pela Cisg não estivesse regularmente em vigor como lei interna em razão do procedimento necessário para adentrar no ordenamento jurídico, bem agiu o julgador, pois tratando como costume, garantiu o respeito e a segurança necessários ao comércio internacional.

Da mesma forma, habilitou-se o magistrado em integrar ao caso concreto princípios gerais do Direito, interpretando a norma em consonância com o interesse das partes litigantes, em especial quanto à boa-fé na pactuação do contrato entre ausentes (utilização de e-mails) e da segurança jurídica, pois a prestação jurisdicional ocorreu de forma condizente ao litígio apresentado.

Nesse sentido, o dever de boa-fé no comércio internacional tem de ser levado em muita conta, pois reflete o bom andamento dos negócios transnacionais, com a certeza de que é sério seu cumprimento:

> As duas expressões referenciadas à interpretação da Convenção no texto do art. 7 (1) CISG, são caráter internacional e aplicação uniforme, devendo a elas ser atribuído um conteúdo imperativo, sendo este o sentido que se extrai do comando [...] Este é um dispositivo fundamental da CISG, cujo respeito deve ser rigoroso, uma vez que leva tanto em consideração a sua natureza pública e internacional como a sua própria razão de ser, que vem a ser a promoção da boa prática do comércio

internacional, fundada no conhecimento de regras jurídicas comuns aos Estados contratantes – um dos principais objetivos da CISG e da UNCITRAL (Nalin; Steiner, 2016, p. 162)

E como princípio básico do Estado de democrático de Direito, a segurança jurídica tende a confiar a coerência e a integridade às decisões no campo internacional, não só no sentido de verificar as posições já adotadas, mas que venham a servir de precedente para os casos futuros, em garantia de que todo o sistema possa ser protegido, em benefício dos litigantes e do próprio Estado. E finaliza o Relator:

> Com efeito, no intuito de criar uma uniformidade de regras para o tratamento destinado às relações comerciais internacionais, a Convenção de Viena de 1980 estruturou a noção de contrato a partir de dois pilares fundamentais, a saber, a autonomia privada e a boa-fé objetiva, da qual se pode extrair, entre outros, o dever das partes de atuar com lealdade negocial, a impor aos contratantes a compreensão de que o contrato de compra e venda internacional de mercadorias há de ser entendido como uma relação de cooperação entre os que dela participam. (TJRS, 2017, p. 29)

Mesmo não vigorando norma convencional, pela Cisg, que ficou em compasso de espera na esfera política, houve por bem ser analisado o tema proposto ao Judiciário, o qual a utiliza, em razão de sua real importância e aplicabilidade, que tanto reclama a segurança dos negócios comerciais efetivados em todo o mundo.

15.5 Considerações finais

O Direito Internacional, como sistema, não pode deixar de ser aplicado nos ordenamentos internos dos Estados, pois sua função é por demais importante, muito mais quando as fronteiras comerciais são rompidas.

Sendo necessário adentrar no ordenamento jurídico interno, os tratados, em virtude de sua necessária convencionalidade, acabam por sofrer com a inércia estatal, que, no caso da Cisg, por exemplo, perdurou por mais de 30 anos.

A dinamicidade das atividades de mercancia ocorrida entre compradores e vendedores não pode simplesmente estar adstrita aos ordenamentos jurídicos internos, por simples harmonização de suas legislações. Há, como se viu na Convenção, uma uniformização, que traz a necessária segurança jurídica para os contratantes.

De outra forma, não estando internalizado o Direito Internacional convencional, os contratantes não podem deixar de cumprir com suas obrigações, sob a falta de norma positivada. Desta feita, as fontes do Direito Internacional, como os princípios gerais do Direito e os costumes, cumprem seu desiderato, regrando as relações, garantindo a boa-fé.

E a demanda trazida ao Judiciário brasileiro, nos termos expostos, encontrou guarida na bem delineada decisão, pois o magistrado utilizou o Direito Internacional com maestria ao cumprir com sua função jurisdicional. Demonstrou que o conhecimento da legislação pode ser eficaz, mas, na falta de corpo legislativo codificado vigente, o conhecimento dos princípios gerais do Direito e os costumes podem suprir a omissão de interesse político em internalizar uma uniformização normativa positivada, que garante expressamente a segurança jurídica.

Louvável julgamento. Agora vigente a Cisg, trará ainda mais visibilidade a todos os operadores do Direito, que, ao se depararem com contratos internacionais de compra e venda, poderão ser servidos dos expressos termos normativos, norma cogente no Brasil.

Referências

BAHIA, A. M. et al. **Novo CPC**: fundamentos e sistematização. 3. ed. Rio de Janeiro: Forense, 2016.

BASSO, M. **Contratos internacionais do comércio**: negociação, conclusão, prática. 2. ed. rev., atual. e ampl. Porto Alegre: Livraria do Advogado, 1998.

_____. **Curso de direito internacional privado**. São Paulo: Atlas, 2009.

BOBBIO, N. **Teoria geral do direito**. São Paulo: M. Fontes, 2007.

BRASIL. Decreto n. 19.841, de 22 de outubro de 1945. Carta das Nações Unidas. **Coleção de Leis do Brasil**, Poder Executivo, Rio de Janeiro, 5 nov. 1945. Disponível em: <http://www.planalto.gov.br/ccivil_03/decreto/1930-1949/d19841.htm>. Acesso em: 22 fev. 2018.

_____. Decreto n. 538, de 18 de outubro de 2012. **Diário Oficial da União**, Poder Legislativo, Brasília, DF, 19 out. 2012. Disponível em: <http://www2.camara.leg.br/legin/fed/decleg/2012/decretolegislativo-538-18-outubro-2012-774414-convencao-137911-pl.html>. Acesso em: 22 fev. 2018.

_____. Decreto n. 8.327, de 16 de outubro de 2014. **Diário Oficial da União**, Poder Legislativo, Brasília, DF, 17 out. 2014a. Disponível em: <http://www.planalto.gov.br/ccivil_03/_Ato2011-2014/2014/Decreto/D8327.htm>. Acesso em: 22 fev. 2018.

_____. Decreto n. 8.343, de 13 de novembro de 2014. **Diário Oficial da União**, Poder Legislativo, Brasília, DF, 14 nov. 2014b. Disponível em: <http://www.planalto.gov.br/ccivil_03/_Ato2011-2014/2014/Decreto/D8343.htm>. Acesso em: 22 fev. 2018.

BRASIL. Lei n. 13.105, de 16 de março de 2015. Código de Processo Civil. **Diário Oficial da União**, Poder Legislativo, Brasília, DF, 17 mar. 2015. Disponível em: <http://www.planalto.gov.br/ccivil_03/_ato2015-2018/2015/lei/l13105.htm>. Acesso em: 22 fev. 2018.

CAMILO, G. V. de G. A uniformização do direito internacional de compra e venda e os contratos eletrônicos. **Revista de Direito UFV**, Viçosa, v. 8, n. 2, 2016. Disponível em: <http://www.seer.ufv.br/seer/revdireito/index.php/RevistaDireito-UFV/article/view/276>. Acesso em: 28 fev. 2018.

CASELLA, P. B. Internacionalização do direitos e relações entre direito interno e direito internacional à luz da próxima ratificação pelo Brasil da Convenção de Viena sobre direito dos tratados de 1969. In: GRUNDMANN, S. (Org.). **Direito privado, constituição e fronteiras**: encontros da Associação Luso-Alemã de Juristas no Brasil. 2. ed. rev., atual. e ampl. São Paulo: Revista dos Tribunais, 2014.

_____. Introdução: ratificação pelo Brasil da Convenção de Nova Iorque de 1958 – internacionalização do direito e relações entre direito internacional e direito interno. In: WALD, A.; LEMES, S. F. (Coord.). **Arbitragem comercial internacional**: a Convenção de Nova Iorque e o direito brasileiro. São Paulo: Saraiva, 2011.

CISG – Contracts for the International Sale of Goods. **A Cisg**. Disponível em: <http://www.cisg-brasil.net/a-cisg>. Acesso em: 26 fev. 2018.

DOLINGER, J. **Direito internacional privado**: parte geral. 4. ed. Rio de Janeiro: Renovar, 1997.

_____. **Direito Internacional privado**: parte geral. 7. ed. Rio de Janeiro: Renovar, 2003.

HCCH. **Convenção sobre o Acesso Internacional à Justiça**. 1980. Disponível em: <https://assets.hcch. net/docs/fc5b5c87-1ad0-43c0-97b9-6f1264555f01.pdf>. Acesso em: 22 fev. 2018.

_____. **Convenção sobre o Acesso Internacional à Justiça**. Assinatura e ratificações. 1988. Disponível em: <https://www.hcch. net/pt/instruments/conventions/status-table/?cid=91>. Acesso em: 22 fev. 2018.

HESPANHA, A. M. A revolução neoliberal e a subversão do "modelo jurídico": crise, direito e argumentação jurídica. In: GOUVEIA, J. B.; PIÇARRA, N. (Eds.). **A crise e o direito**. Coimbra, 2013. p. 21-120 (Seminário Permanente Sobre o Estado e o Estudo do Direito).

MELLO, C. D. de A. **Direito constitucional internacional**. 2. ed. rev. Rio de Janeiro: Renovar, 2000.

MIRANDA, J. **Curso de direito internacional público**. 4. ed. Cascais: Principia, 2009.

NALIN, P.; STEINER, R. **Compra e venda internacional de mercadorias**: a Convenção das Nações Unidas sobre compra e venda internacional de mercadorias (Cisg). Belo Horizonte: Fórum, 2016.

PAGLIARINI, A. C. **Constituição e direito internacional**: cedências possíveis no Brasil e no mundo globalizado. Rio de Janeiro: Forense, 2004.

REZEK, J. F. **Direito internacional público**: curso elementar. 13. ed. rev., atual. e ampl. São Paulo: Saraiva, 2011.

SANTOS, B. de S. **A globalização e as ciências sociais**. 3. ed. São Paulo: Cortez, 2005.

TJRS – Tribunal de Justiça do Estado do Rio Grande do Sul. Acórdão n. 70072362940, de 14 de fevereiro de 2017. Relator: Umberto Guaspari Sudbrack. **Diário da Justiça**, Porto Alegre, 16 fev. 2017. Disponível em: <http://www.tjrs.jus.br/busca/search?q=&proxystylesheet=tjrs_index&client=tjrs_index&filter=0&getfields=*&aba=juris&entsp=a__politica-site&wc=200&wc_mc=1&oe=UTF-8&ie=UTF-8&ud=1&sort=date%3AD%3AS%3Ad1&as_qj=&site=ementario&as_epq=&as_oq=&as_eq=&partialfields=n%3A70072362940&as_q=+#main_res_juris>. Acesso em: 26 fev. 2018.

16

Jusnaturalismo *versus* juspositivismo na ciência do Direito

Jusnaturalism Versus Juspositivism in the Science of Law

Alexandre Rino

Alexandre Rino

Bacharel em Direito pela Universidade Tuiuti do Paraná. Mestrando em Direito pelo Centro Universitário Internacional Uninter. Advogado.

Resumo

As correntes do direito natural (jusnaturalismo) e do direito positivo (juspositivismo) têm sido objeto de grandes discussões nas academias de Direito brasileiras. O presente trabalho tem como objetivo principal discorrer sobre as concepções doutrinárias de ambas as correntes. Para tanto, tomar-se-ão como base as doutrinas filosóficas das correntes naturalista e positivista, fazendo um desdobramento histórico, lógico e teórico entre as duas correntes do Direito.

Abstract

Natural law and positive law have been object of great discussions at Brazil's colleges. The present article aims to discuss the doctrinal conceptions of both currents. To do so, the philosophical doctrines of the naturalist and positivist currents will be taken as a basis, making a historical, logical and theoretical development between the two currents of Law.

Palavras-chave

Jusnaturalismo. Juspositivismo. Direito e jurisdição.

Keywords

Jusnaturalism. Juspositivism. Law and jurisdiction.

Sumário

16.1 Considerações iniciais. 16.2 Concepções da corrente naturalista. 16.3 Concepções da corrente positivista. 16.3 Considerações finais. Referências.

Summary

16.1 First considerations. 16.2 Conceptions of the naturalistic current. 16.3 Conceptions of the positivist current. 16.4 Final considerations. References.

16.1 Considerações iniciais

No presente trabalho, abordar-se-ão duas correntes em que se divide o Direito, a jusnaturalista (direito natural) e a juspositivista (direito positivo), suas concepções, seus conceitos, seus aspectos históricos e suas teorias.

O naturalismo e o positivismo ainda ocupam espaço nas discussões acadêmicas. A velha questão sobre a adoção de uma dessas correntes pelo jurista persiste.

O **direito natural** é importante para a sociedade sob o prisma principiológico, é dizer, normas abstratas que podem ser identificadas independentemente de qualquer decisão política ou de costume.

O **direito positivo**, por sua vez, também é de suma relevância na sociedade atual, por ser uma norma imposta estatalmente, usualmente codificada, o que importa segurança jurídica.

Destarte, notam-se que radicalismos devem ser evitados. Conhecidos os aspectos diferenciadores do jusnaturalismo e do juspositivismo, ambos podem ser aproveitados. Assim, existe a necessidade de analisarmos o jusnaturalismo e o juspositivismo de maneira a identificar novas tendências e entendimentos atuais acerca da compreensão do tema abordado.

No decorrer deste trabalho, constatar-se-á que a ciência jurídica está em permanente evolução, que é uma ciência incompleta, a qual depende do relacionamento humano, de suas relações sociais.

16.2 Concepções acerca da corrente naturalista

Nesta seção, abordar-se-á a corrente do pensamento naturalista, passando por aspectos históricos, conceitos, teorias e desenvolvimento.

> Quando então os gentios, não tendo Lei, fazem naturalmente o que é prescrito pela Lei, eles, não tendo Lei, para si mesmos são Lei; eles mostram a obra da lei gravada em seus corações, dando disto testemunho sua consciência e seus pensamentos que alternadamente se acusam ou defendem... (Bíblia. Romanos, 2012, 2: 14-15)

Evidencia-se que o direito natural foi e é considerado por seus pensadores como alicerce do íntimo da natureza humana, estando presente nos antigos povos.

16.2.1 Aspectos históricos

Historicamente, o entendimento é de que o direito natural (jusnaturalismo) está enraizado na natureza, ou seja, surge da natureza. Ao longo do tempo, o direito natural teve várias concepções, incluindo a crença na razão comum à maioria dos homens, na razão como dádiva divina, na razão aplicada à experimentação sensorial comum.

No final do século XVIII, o Direito estava dividido em duas correntes de pensadores e de doutrinadores: os naturalistas e os positivistas.

Durante essa época (Clássica), os pensadores defendiam que o naturalismo (jusnaturalismo) era direito comum; e o direito positivista era o tratado como direito especial, prevalecendo nos casos complexos onde existisse conflitos sobre o direito natural. Lamounier (2017) ressalta:

> Porém, na Idade Média, o cenário inverte, eis que o direito natural passaria a ser visto como superior ao direito positivo. O direito natural já não era mais entendido como direito comum, mas sim como a lei do próprio Deus. Ressalta-se que, mesmo encontrando-se o direito positivo numa escala inferior ao natural, o direito positivo continuava sendo considerado como uma espécie direito.

Aristóteles (324-322 a.C.), autor importante para o jusnaturalismo, defendia o direito natural afirmando:

Chamo lei tanto à que é particular como à que é comum. É lei particular a que foi definida por cada povo em relação a si mesmo, quer seja escrita ou não escrita; e comum, a que é segundo a natureza. Pois há na natureza um princípio comum do que é justo e injusto, que todos de algum modo adivinham mesmo que não haja entre si comunicação ou acordo; como, por exemplo, o mostra a *Antígona* de Sófocles ao dizer que, embora seja proibido, é justo enterrar Polinices, porque esse é um direito natural. (Aristóteles, 2012, p. 67)

Nessa época, os filósofos e cristãos tinham a razão como fonte das normas morais e desenvolviam a ideia aristotélica em relação ao jusnaturalismo. Já o filósofo Cícero, pensador jusnaturalista que viveu no período de 106 a 43 a. C., assim asseverava:

A razão reta, conforme à natureza, gravada em todos os corações, imutável, eterna, cuja voz ensina e prescreve o bem, afasta do mal que proíbe e, ora com seus mandatos, ora com suas proibições, jamais se dirige inutilmente aos bons, nem fica impotente ante os maus. Essa lei não pode ser contestada, nem derrogada em parte, nem anulada; não podemos ser isentos de seu cumprimento pelo povo nem pelo senado; não há que procurar para ela outro comentador nem intérprete; não é uma lei em Roma e outra em Atenas – uma antes e outra depois, mas una, sempiterna e imutável, entre todos os povos e em todos os tempos; uno será sempre o seu imperador e mestre, que é Deus, seu inventor, sancionador e publicador, não podendo o homem desconhecê-la sem renegar-se a si mesmo, sem despojar-se do seu caráter humano e sem atrair sobre si a mais cruel expiação, embora tenha conseguido evitar todos os outros suplícios. (Cícero, 1985, p. 346)

Resumidamente, o entendimento de Cícero (1985) era de que "o homem não poderia renegar a lei natural sem renegar-se a si mesmo, sem despojar-se do seu caráter humano e sem atrair sobre si a mais cruel expiação, embora tenha conseguido evitar todos os outros suplícios". E mais, para Cicero (1985), "não é uma lei em Roma e outra em Atenas, uma antes e outra depois, mas uma, sempiterna e imutável, entre todos os povos e em todos os tempos, uno será sempre o seu imperador e mestre que é Deus, seu inventor [...]".

Não distante desse entendimento, o teólogo São Tomás de Aquino (1225-1274), filósofo da Baixa Idade Média, afirmou que "a lei natural não é outra coisa que a participação da lei eterna na criatura racional" (Tomás de Aquino, 2001, p. 711). O filósofo acreditava que, nessa época, existia um direito natural supraestatal e que o ser humano tinha condições plenas de desvendá-lo por meio de sua própria razão.

Acrescenta o autor, em sua obra sobre a lei natural, que "Deus a implantou nas mentes dos homens para que assim a pudessem conhecer naturalmente" (Tomás de Aquino, 2001, p. 708). E conclui destacando que "essa lei natural não se confundia com a lei eterna, porque ao aplicar os princípios universais do direito aos casos particulares, sucede que o homem comete muitos erros" (Tomás de Aquino, 2001, p. 948).

Nesse contexto, para o filósofo, a lei eterna divina era superior ao direito natural, por consequência, os indivíduos politicamente ativos utilizando-se do direito natural poderiam contrariar os soberanos, mas nunca a Igreja, instituição que representava a lei divina. Assim, eram verdadeiros representantes de Deus na Terra.

Na visão de Hugo Grocio (1583-1645), o direito natural é imutável. Nem o próprio Deus poderia modificar a lei da natureza. O autor assevera:

> a Lei da Natureza é tão inalterável, que não pode ser mudada nem mesmo pelo próprio Deus. Pois, embora o poder de Deus seja infinito, há ainda algumas coisas, às quais ele não se estende. Porque as coisas assim expressas não teriam sentido verdadeiro, mas implicariam uma contradição. Assim como dois e dois são quatro, não sendo possível ser de outra forma; também não pode, repito, o que é realmente mau não ser mau. (Grotius, 1901, p. 22, tradução nossa)

De acordo com Grocio, existia um direito natural, o qual estava acima do poder estatal e das influências da Igreja. A fim de evitar a superioridade da lei eterna em relação ao direito natural, Grócio defende que este é bom e, portanto, sempre condizente com a lei de Deus, tendo em vista que Deus não poderia fazer o mal. O pensamento do autor foi capaz de tornar mais brando o poder da Igreja sem, no entanto, excluir Deus.

John Locke (1632-1704) tem outro entendimento. Para ele, toda ideia decorria da experiência e não nascia com o ser humano. O autor afirma:

desde que nenhuma proposição pode ser inata, a menos que as ideias acerca das quais ela se constitui sejam inatas, isso leva a supor como inatas todas as ideias de cores, sons, gostos, figuras etc.; e não pode haver nada tão contrário à razão e à experiência. O assentimento universal e imediato baseado na audição e entendimento dos termos consiste, concordo, num sinal de algo evidente por si mesmo; mas evidente por si mesmo, não dependente de impressões inatas de alguma outra coisa, pertencente a várias proposições. Ninguém foi até agora tão extravagante a ponto de supô-las inatas. (Locke, 2000, p. 42-43)

O autor entende que nenhuma proposição poderia ser inata (conatural), a menos que as ideias acerca das quais ela se constitui sejam inatas. Locke foi considerado o marco do pensamento liberal. Seus pensamentos foram adotados durante a Revolução Francesa de 1789, que apresentava ideias jusnaturalistas.

No século XIX, surgem os pensadores do Romantismo, contrários aos pensadores iluministas, vários deles jusnaturalistas. Apenas a Igreja Católica e os protestantes alemães mantiveram vivos os ideais do direito natural.

Conforme explanado, o direito natural seria uma exigência perene, imutável e eterna, sendo considerado pelos seus seguidores como um direito justo, acima de qualquer imposição, devidamente representado por meio de um valor transcendental, metafísico, capaz de fazer a verdadeira justiça.

Nos dias atuais, o naturalismo foca nas relações sociológicas e realísticas do estudo do Direito. Os pensadores atuais criticam o positivismo formalista e sua obsessão com a criação estatal das normas de conduta.

16.2.2 Conceitos, teorias e desenvolvimento do naturalismo

O jusnaturalismo defende a existência do Direito de forma independente da vontade humana. Nesse sentido, para essa corrente, o Direito antecede até mesmo a criação do homem e, portanto, está acima das leis deste, ou seja, é natural e tem os valores do ser humano como princípios e pressupostos.

Na visão de Hobbes, o objeto máximo da vontade humana é fundado no direito natural. Ele assim define *direito*:

> Não é pois absurdo, nem repreensível, nem contraria os ditames da verdadeira razão, que alguém use de todo o seu esforço (endeavours) para preservar e defender seu corpo e membros da morte e dos sofrimentos. Ora, aquilo que não contraria a reta razão é o que todos os homens reconhecem ser praticado com justiça e direito; pois, pela palavra direito, nada mais se significa do que aquela liberdade que todo homem possui para utilizar suas faculdades naturais em conformidade com a razão reta. Por conseguinte, a primeira fundação do direito natural consiste em que todo homem, na medida de suas forças, se empenhe em proteger sua vida e membros. (Hobbes, 2002, p. 31)

Nesse entendimento, Hobbes preconiza que é direito dos homens preservar sua existência por qualquer meio capaz de alcançar tal objetivo. Isso é o direito natural, capaz de alcançar a justiça objetivada pelo indivíduo a qualquer custo. É dizer, o objetivo principal é conservar o próprio corpo e seu bem-estar, não sendo necessário escolher o melhor meio possível para alcançar tal objetivo. No entanto, esse protecionismo pode gerar rivalidade contra os outros indivíduos, que, da mesma forma, buscam a autoproteção. Ao final, o homem vive em constante estado de conflito. Para Nader (2003, p. 366), o direito natural está encravado na essência do homem:

> É observando a natureza humana, verificando o que lhe é peculiar e essencial, que a razão induz aos princípios do Direito Natural. Durante muito tempo o pensamento jusnaturalista esteve mergulhado na Religião e concebido como de origem divina. Assim aceito, o direito Natural, seria uma revelação feita por Deus aos homens. Coube ao jusconsulto holandês, Hugo Grócio, considerado 'o pai do direito natural', promover a laicização desse Direito. A sua famosa frase ressoa até os dias atuais: "O Direito Natural existiria mesmo que Deus não existisse ou que, existindo, não cuidasse dos assuntos humanos.

Ainda nesse contexto, o autor assevera que "O Direito Natural existiria mesmo que Deus não existisse ou que, existindo, não cuidasse dos assuntos humanos" (Nader, 2003, p. 366). E acrescenta:

> há uma outra ordem, superior àquela e que é a expressão do Direito justo. É a ideia de Direito perfeito e por isso deve servir de modelo para o legislador. É o Direito ideal, mas ideal não no sentido utópico, mas um ideal alcançável. A divergência maior na conceituação do Direito Natural está centralizada na origem e fundamentação desse Direito. Para o estoicismo helênico, localizava-se na natureza cósmica. No pensamento teológico medieval. O direito Natural seria a expressão da vontade divina. Para outros, se fundamenta apenas na razão. O pensamento predominantemente na atualidade é o de que o Direito Natural se fundamenta na natureza humana (Nader, 2003, p. 374)

Dessa forma, entende-se que o direito natural, hoje, está inserido intrinsicamente nas normas legais, possibilitando uma **sistemática protetiva**, a fim de prover ao cidadão todos os direitos e garantias aduzidos na legislação vigente.

Do ponto de vista desse autor, o direito natural é um conjunto de princípios primordiais, os quais devem ser utilizados pelos legisladores para criação de novas leis. Entre eles, podemos destacar os princípios do direito à vida, à liberdade, à participação na vida social, à igualdade de oportunidades, à união para procriação da prole, entre outros.

Por sua vez, Hans Kelsen, entende que:

> Não são, portanto, normas que – como as normas do Direito positivo – sejam postas por atos da vontade humana, arbitrárias e, portanto, mutáveis, mas normas que nos são dadas pela natureza anteriormente a toda a sua possível fixação por atos da vontade humana, normas por sua própria essência invariáveis e mutáveis (Kelsen, 2006, p. 94).

Kelsen procura valorar a ciência do Direito analisando somente a validade ou não da norma, mas não avalia se ela é justa ou injusta.

Bobbio assim se posiciona: "O jusnaturalismo é uma concepção segundo a qual existe e pode ser conhecido um direito natural (ius naturale), ou seja, um sistema de normas de conduta intersubjetiva diverso do sistema constituído pelas normas fixadas pelo Estado (direito positivo)" (Bobbio; Matteucci; Pasquino, 1992, p. 655). Dessa forma, para o autor, o direito natural é superior ao direito positivo, ou seja, no caso de conflitos entre as normas, deve prevalecer o direito natural.

O filósofo apresenta três concepções de direito natural, dividindo-o em cosmológico, teológico e antropológico (ou racional). A corrente **cosmológica** predominou na Antiguidade Clássica greco-romano. O direito **teológico** refere-se aos pensadores da Igreja Romana, que postulava que o homem não era puro, pois pecador desde as origens de Adão e Eva. O direito natural origina-se de Deus, ou seja, vem de Deus e por ele é revelado. O direito **antropológico** ou racional diz que o direito natural é alicerçado na racionalidade humana, não mais em Deus.

Esse pensamento tinha como objetivo principal a ascensão da burguesia e suas relações políticas e sociais (Bobbio; Matteucci; Pasquino, 1992).

Rousseau (2000) alega que o povo é soberano, que tem o poder de se autorregular e, dessa forma, deve estabelecer um contrato social, o que tornaria, na sequência, o direito positivo válido:

> O que é bem, e conforme a ordem, é tal pela natureza das coisas sem dependência das convenções humanas. Toda a justiça vem de Deus, única origem dela, e se nós a soubéssemos receber de alto não precisaríamos nem de leis nem de governo. Há sem dúvida uma justiça universal só provinda da razão, mas deve ser recíproca para que entre nós se introduza (Rousseau, 2000, p. 88)

Na visão do autor, o naturalismo deve servir o positivismo por meio de fundamentos e limites, constituindo a base para a construção das normas positivistas. Isso é visível na proteção dos direitos fundamentais, previstos na Constituição Federal (CF) de 1988, que, em seu art. 5º, inciso X, assim preconiza:

> Art. 5º Todos são iguais perante a lei, sem distinção de qualquer natureza, garantindo-se aos brasileiros e aos estrangeiros residentes no País a inviolabilidade do direito à vida, à liberdade, à igualdade, à segurança e à propriedade, nos termos seguintes:
> X – são invioláveis a intimidade, a vida privada, a honra e a imagem das pessoas, assegurado o direito a indenização pelo dano material ou moral decorrente de sua violação (Brasil, 1988)

A CF/1988 foi pioneira na história constitucionalista ao prever, em seu bojo, um tópico (título) exclusivo para princípios fundamentais, muitos deles utilizados desde os primórdios pela corrente naturalista (Sarlet, 2004).

Dessa forma, para Theodoro (2002, p. 25), "Os direitos fundamentais elencados na Constituição Federal de 1988, estão em uma dimensão natural, pois são absolutos, imutáveis e intemporais, todos inerentes a qualidade de homem e de seus titulares, e constituem um núcleo restrito que se impõe a qualquer ordem jurídica".

Nota-se, na CF/1988, que o legislador preservou os direitos individuais de forma clara e inequívoca, garantindo, no texto constitucional, as raízes e os pilares fundamentais do direito natural e determinando a imutabilidade (cláusulas pétreas) de vários dispositivos, ou seja, foram assegurados os princípios fundamentais de defesa do gênero humano.

16.3 Concepções acerca da corrente positivista

Nesta seção, abordar-se-á a corrente do pensamento positivista, a qual bem pode ser retratada nas palavras de Comte (1907, p. 3):

> o espírito humano, reconhecendo a impossibilidade de obter noções absolutas, renuncia a procurar a origem e a destinação do universo e a conhecer as causas íntimas dos fenômenos, para tratar unicamente de descobrir, pelo uso bem combinado do raciocínio e da observação, suas leis efetivas, isto é, suas relações invariáveis de sucessão e similitude.

O positivismo se norteia pela combinação do raciocínio, da observação das leis efetivas. É possível o conhecimento jurídico positivista fundamentado em fatos e relações sociais.

16.3.1 Aspectos históricos

Ao longo da história, registram-se conflitos os mais diversos entre os povos. Nesses litígios, foi constante a dominação dos mais fortes pelos mais fracos mediante o emprego de ideologias, posses, propriedades, relações de poder.

Com a necessidade da convivência social, passou a existir o imperativo de legitimar o poder e de controlar as relações sociais. Nesse sentido, criaram-se leis socialmente determinadas. Destacam-se a criação do Código de Hamurabi, na Babilônia, e do Código de Mau, no Oriente.

A ideia de direito positivista e de direito natural existe desde a Idade Clássica. Nesse período, o direito positivo era considerado particular, e o direito natural, regra geral.

No período medieval, o direito natural era advindo de Deus. Consequentemente, o direito positivo era aquele posto pelos homens.

Já nos séculos XVII e XVIII, o direito natural passa a ser racionalizado pelo homem, sendo de competência estatal determinar a norma jurídica, ou seja, muda-se a origem do Direito.

Nesse sentido, o direito positivo nasce da divergência entre o naturalismo e o positivismo, sendo considerado como direito em sentido próprio. Para vários positivistas, sequer se pode cogitar de direito natural transcendental.

Nas palavras de Bobbio (2006, p. 119), "o positivismo jurídico nasce do impulso histórico para a legislação, se realiza quando a lei se torna a fonte exclusiva – ou, de qualquer modo, absolutamente prevalente – do direito, e seu resultado último é representado pela codificação".

O positivismo jurídico se funda como fonte exclusiva do Direito, sendo representado por codificações impostas pelo Estado.

Nesse contexto, Silva (2001) ressalta:

por outro lado, muito embora a dicotomia direito natural e direito positivo tenha permeado a história da evolução do pensamento jurídico, é apenas a partir do século passado que a tradição jurídico-positivista se firma como corrente de pensamento, de forma quase hegemônica, fazendo ainda sentir hoje sua influência.

16.3.2 Conceitos, teorias e desenvolvimento do positivismo

A segunda corrente, conhecida como *positivista*, nega a ideia que o direito natural está inserido implicitamente na codificação vigente. Para essa corrente, não é possível o homem viver em sociedade apenas com os princípios de direito natural. Nesse sentido, o direito é uma questão de escolha. Nasce da vontade humana e da positivação dessa escolha. Sendo assim, só vai se tornar um direito aquilo que estiver previsto no ordenamento jurídico estatal; caso contrário, não será direito.

Entende-se que o *juspositivismo* é a vontade do povo, pois a lei foi elaborada (criada) pelos seus representantes, eleitos pelo voto direto, símbolo puro da cidadania (Estado democrático de Direito).

Nesse contexto, essa corrente sente-se superior ao jusnaturalismo, por entender que o direito positivo decorre da capacidade de promover leis racionais e democráticas.

Nas palavras de Comte (1988, p. 43), "O positivismo se compõe essencialmente duma filosofia e duma política, necessariamente inseparáveis, uma constituindo a base, a outra a meta dum mesmo sistema universal, onde a inteligência e a sociabilidade se encontram intimamente combinados".

Essas ideias de Comte nasceram após a Revolução Francesa (século XIX). Comte também dizia que o positivismo era contrário ao negativo, tendo como base teórica e prática a possibilidade certa de organizar e de manter, não de destruir. Comte definia a *desordem* como "anarquia mental":

> Atacando a desordem atual em sua verdadeira fonte, necessariamente mental, [...] as principais dificuldades sociais são hoje essencialmente políticas, mas sobretudo morais, de sorte que sua solução possível depende realmente das opiniões e dos costumes, muito mais do que das instituições, o que tende a extinguir uma

atividade perturbadora, transformando a agitação política em movimento filosófico. (Comte, 1988, p. 75)

O pensamento positivista tem como escopo a reorganização da sociedade capitalista, pois a ordem é necessária ao modo de produção. Essa reorganização deve ocorrer a partir das ideias, da moral e da política. Miranda Afonso (1984, p. 10) leciona que o positivismo jurídico "é o que vai além do simples método, é o que procede à redução do direito à lei". Para Mata-Machado (2005, p. 137), o positivismo não nasceu com Comte – as raízes são mais profundas:

> positivistas foram e têm sido todos os que, onde haja sociedade humana e organização política, se especializaram no estudo e aplicação de normas, cuja vigência e eficácia são limitadas a uma fração qualquer de tempo e espaço" (sofistas, epicuristas, glosadores, Hobbes, Thomasius, Savigny, Von Ihering e Austin etc.).

Diante da necessidade de reorganizar a sociedade pós-revolução, Comte, desenvolveu sua tese positivista com base na ideia da "lei dos três estados", a qual atribui à humanidade três estágios históricos sucessivos e fundamentais: o **teológico**, o **metafísico** e o **positivo**. O último estado foi caracterizado por ele como um momento no qual

> o espírito humano, reconhecendo a impossibilidade de obter noções absolutas, renuncia a procurar a origem e a destinação do universo e a conhecer as causas íntimas dos fenômenos, para tratar unicamente de descobrir, pelo uso bem combinado do raciocínio e da observação, suas leis efetivas, isto é, suas relações invariáveis de sucessão e similitude (Comte, 1907, p. 3)

Reale (1991, p. 166) reconhece em Comte a cientificidade por meio dos fatos ou de suas relações, sendo os fenômenos a essência do conhecimento: "o conhecimento dos fenômenos está na dependência dos recursos das ciências positivas, culminando em uma síntese que outra coisa não é senão a filosofia".

Essa ciência é conhecida como *positivismo filosófico*, pois a intenção de Comte era dar à filosofia positivista uma certeza semelhante àquela atribuída às ciências físico-matemáticas. Dessa forma, para a corrente positivista, não existia diferença entre filosofia e ciência, sendo a ciência um saber unificado, e a filosofia, um saber totalmente unificado, uma pura sistematização das concepções científicas (Reale, 1991).

Em busca da construção da ciência do Direito, Kelsen passa a desenvolver estudos para delinear os conhecimentos jurídicos sob uma visão científica. Kelsen muda a forma como o direito era compreendido.

Assim, fica evidente que: "os princípios positivistas estão nos pilares dos estudos de Kelsen, quando de forma direta trata da teoria pura do Direito, restringindo a ciência do Direito a um objeto descritivo, sustentando assim um pressuposto totalmente positivista" (Miranda Afonso, 1984, p. 48).

Nesse entendimento, Kelsen subentende que o Direito deixa de ser uma ciência humana para passar a ser uma ciência quase exata.

É importante levar em consideração que, mesmo sabendo que a teoria pura do Direito de Kelsen é uma teoria independente, é necessário entender que

> a questão de se conceber o que pode ser objeto do conhecimento científico, a questão de se admitir ou de se negar que a razão alcança a realidade ou que está se revela somente mediante os procedimentos de observação e de experimentação, a própria concepção do que constitui o dado da experiência assentam-se em postulados filosóficos. Dessa forma, uma determinada concepção científica do direito depende, previamente, de uma filosofia que se professe. Por isso afirmamos que a Teoria Pura do Direito depende de um sistema de filosofia que a sustenta. Os seus alicerces estão assentados em pressupostos filosóficos que condicionam não somente a sua visão do direito, mas determinam, previamente, a própria concepção de ciência a que pode ser submetido o conhecimento jurídico. (Miranda Afonso, 1984, p. 46)

Esses estudos de Kelsen levaram à compreensão de que sua teoria se identifica com o positivismo, fundamentada na filosofia positivista. Kelsen (2006) tinha a intenção de criar uma teoria pura, livre de elementos metajurídicos, e, portanto, "esses elementos não jurídicos, para Kelsen, deveriam ser deixados para estas outras esferas do saber (psicologia, economia, política, sociologia), cabendo a elas analisarem o substrato social ou conteúdo axiológico das normas do Direito". Dessa forma, a teoria de Kelsen seria definitivamente pura e autônoma, sem interferências dos conhecimentos paralelos. O objetivo de Kelsen (2006, p. VII) era:

> desenvolver uma teoria jurídica pura isto é, purificada de toda a ideologia política e de todos os elementos de ciência natural, uma teoria jurídica consciente da sua especificidade porque consciente da legalidade específica de seu objeto. Logo desde o começo foi meu intento elevar a Jurisprudência, que – aberta ou veladamente – se esgotava quase por completo em raciocínios de política jurídica, à altura de uma genuína ciência, de uma ciência do espírito. Importava explicar, não as suas tendências endereçadas à formação do Direito, mas as suas tendências exclusivamente dirigidas ao conhecimento do Direito, e aproximar tanto quanto possível os seus resultados do ideal de toda ciência: objetividade e exatidão.

O Direito é definitivamente representado como ele é, e não como deveria ser. É uma teoria da mera interpretação de normas jurídicas. É importante dizer que Kelsen (2006, p. 70) busca a validade das normas fundamentais:

> Uma teoria jurídica positivista não reconhece o fundamento de validade de uma ordem jurídica positiva em nenhuma das muitas normas de justiça – pois não pode dar nenhuma delas preferência sobre as demais – mas, como já se mostrou, numa norma fundamental hipotética (isto é, pressuposta pelo pensamento jurídico) por força da qual nós devemos conduzir e por força da qual devemos tratar os homens conforme uma primeira constituição histórica, global e regularmente eficaz, sem importar a questão de saber se a ordem jurídica erigida em conformidade com esta constituição corresponde ou não a qualquer norma de justiça.

Mata-Machado (2005, p. 140) acrescenta que "os problemas de como deve ser ou de como se deve elaborar o direito. A sua, não é uma teoria de mera interpretação de normas jurídicas nacionais ou internacionais. Nem se preocupa em criar normas. Quer apenas conhecê-las". O autor ainda finaliza destacando que

> a Teoria Pura do Direito extrai as últimas consequências da filosofia e da teoria jurídicas do século XIX, originalmente anti-ideológicas e positivistas. Entre os propósitos mais acentuadamente expressos da Teoria Pura está o de isolar a exposição do Direito positivo de toda sorte de ideologia jusnaturalista em termos de justiça. Por isso mesmo, Kelsen pode afirmar, enfaticamente: "A Teoria Pura do Direito é a teoria do positivismo jurídico". Se dá relevo, com maior energia, ao conceito do dever jurídico, não faz outra coisa senão, ainda uma vez, extrair a consequência última de certos pensamentos fundamentais que já estavam delineados na teoria positivista do século XIX. (Mata Machado, 2005, p. 142)

O direito positivo é normatizado. Somente dessa forma ele poderá ser objeto de ciência relativizada, tendo em vista que as normas são feitas pelos homens. Assim, a ciência positivista de Kelsen transforma o Direito em normativismo puro, utilizando-se de manuais e de lógicas formais.

Dessa maneira, entende-se que "o objeto da Ciência do Direito são as normas jurídicas determinantes da conduta humana, ou a conduta humana enquanto determinada pelas normas jurídicas, e isto quer dizer a conduta humana enquanto contida nas normas jurídicas" (Kelsen; Cossio, 1960, p. 38, tradução nossa).

Nesse sentido, Coelho (2001, p. 16) acrescenta que, "por isso a teoria pura reputa válida qualquer ordem jurídica positiva e, em decorrência dessa concepção, afirma-se como positivismo".

O direito positivo é, então, proveniente de normas reconhecidas pela sociedade, geradas de diversas fontes, entre elas os costumes e o direito comparado. Gusmão (2000, p. 53) complementa: "direito histórico e objetivamente estabelecido, efetivamente observado, passível de ser imposto coercitivamente, encontrado em Leis, códigos, tratados internacionais, costumes, resoluções, regulamentos, decretos, decisões dos tribunais etc.". Ainda na visão de Gusmão (2006, p. 54),

> Direito positivo tem dimensão temporal, pois é o direito promulgado (legislação) ou declarado (precedente judicial, direito anglo-americano), tendo vigência a partir de determinado momento histórico, perdendo-a quando revogado em determinada época. Reflete valores, necessidades e ideais históricos. É o direito que tem ou teve vigência. Tem também dimensão especial ou territorial, pois vige e tem eficácia em determinado território ou espaço geográfico em que impera a autoridade que o prescreve ou o reconhece, apesar de haver a possibilidade de ter eficácia extraterritorial. Por exemplo, nosso Código Civil, válido em todo o território nacional.

O autor entende que o direito positivo resulta do ato de vontade, sendo, portanto, heterônomo por ser imposto pelo Estado (lei) ou pela sociedade (costume), ou ainda convencionado pela comunidade internacional (tratado, convenção) (Gusmão, 2006).

No Brasil, segundo Bergo (1983), o positivismo se espalhou em diversos campos da sociedade, da imprensa, dos Poderes Legislativo e Executivo, da literatura, das pesquisas científicas e das academias de humanas. O autor assevera que "no Brasil a introdução do positivismo deu-se em fins do século XIX e esteve presente na Primeira República, justificando a ânsia das elites nacionais pelo progresso do país" (Bergo, 1983, p. 80).

Ainda hoje o direito positivo está presente nas discussões acadêmicas e doutrinárias. A busca é constante por novos métodos de pesquisas e de aplicação do positivismo na ciência do Direito.

16.4 Considerações finais

O direito positivista e o direito naturalista são pensamentos existentes desde a Antiguidade, são tentativas de justificação do Direito.

O jusnaturalismo nasce com o ser humano, ou seja, está acima dos direitos instituídos por lei. Constitui-se em um conjunto de normas ou de primeiros princípios morais, imutáveis e universais, porquanto não precisam ser escritos para ter validade. Pauta-se na ideia de justiça e de realização de justiça, defendendo os direitos inerentes ao ser humano.

Nota-se que as correntes se mesclam. O juspositivismo é dominante nas sociedades contemporâneas, mas, em verdade, encontra limitações em mandamentos que estão acima da vontade estatal por refletirem a condição humana.

Referências

ARISTÓTELES. **Retórica**. Tradução e notas de Manuel Alexandre Júnior, Paulo Farmhouse Alberto e Abel do Nascimento Pena. São Paulo: M. Fonte, 2012.

BERGO, A. C. O positivismo: caracteres e influência no Brasil. **Reflexão**, Campinas, ano VIII, n. 25, p. 47-97, jan./abr. 1983.

BÍBLIA. Português. **Bíblia de Jerusalém**. 4. ed. rev. e atual. São Paulo: Paulus, 2002.

BOBBIO, N. **O positivismo jurídico**: lições de filosofia do direito. São Paulo: Ícone, 2006.

BOBBIO, N.; MATTEUCCI, N.; PASQUINO, G. **Dicionário de política**. 4. ed. Brasília: Ed. da UnB, 1992.

BRASIL. Constituição (1988). **Diário Oficial da União**, Brasília, DF, 5 out. 1988. Disponível em: <http://www.planalto.gov.br/ccivil_03/constituicao/ConstituicaoCompilado.htm>. Acesso em: 23 fev. 2018.

CÍCERO, M. T. **Da república**. 3. ed. São Paulo: Nova Cultural, 1985. (Coleção Os Pensadores).

COELHO, F. U. **Para entender Kelsen**. 4. ed. rev. São Paulo: Saraiva, 2001.

COMTE, A. **Curso de filosofia positiva; Discurso preliminar sobre o conjunto do positivismo; Catecismo positivista**. São Paulo: Nova Cultural, 1988. (Coleção Os Pensadores).

_____. **Cours de philosophie positive**. 5. ed. Paris: Schleicher Frères, 1907. v. 1

GROTIUS, H. **The Rights of War and Peace**. London: M. Walter Dunne, 1901.

GUSMÃO, P.D. **Introdução ao estudo do direito**. Rio de Janeiro: Forense, 2000.

_____. **Introdução ao estudo do direito**. Rio de Janeiro: Forense, 2006.

HOBBES, T. **Do cidadão**. São Paulo: M. Fontes, 2002.

KELSEN, H. **Teoria pura do direito**. São Paulo: M. Fontes, 2006.

KELSEN; COSSIO. **Problemas escogidos de la Teoría pura del derecho**. Buenos Aires, 1960.

LAMOUNIER, M. A. O direito natural e o direito positivo e seu contexto histórico: Lições de Norberto Bobbio. **Âmbito Jurídico**, Rio Grande, XX, n. 163, ago. 2017. Disponível em: <http://www.ambito-juridico.com.br/site/index.php?n_link=revista_artigos_leitura&artigo_id=19250>. Acesso em: 26 fev. 2018.

LOCKE, J. **Ensaio acerca do entendimento humano**. 5. ed. São Paulo: Nova Cultural, 2000. (Coleção Os Pensadores).
MATA-MACHADO, E. de G. **Elementos de teoria geral do direito**. Belo Horizonte: Líder, 2005.
MIRANDA AFONSO, E. M. **O positivismo na epistemologia jurídica de Hans Kelsen**. Belo Horizonte: Ed. da UFMG, 1984.
NADER, P. **Introdução ao estudo do direito**. 23. ed. Rio de Janeiro: Forense, 2003.
REALE, M. **Filosofia do direito**. 14. ed. São Paulo: Saraiva, 1991.
ROUSSEAU, J.-J. **Do contrato social**. São Paulo: M. Claret, 2000.
SARLET, I. W. **Dignidade da pessoa humana e direitos fundamentais na Constituição Federal de 1988**. 3. ed. Porto Alegre: Livraria do Advogado, 2004.
SILVA, F. D. L. L. Jusnaturalismo e juspositivismo: as primas-irmãs da modernidade. **Revista da Ajufe**, Rio de Janeiro, v. 66, p. 109-121, 2001.
THEODORO, M. A. **Direitos fundamentais e sua concretização**. Curitiba: Juruá, 2002.
TOMÁS DE AQUINO (Santo). **Suma Teológica**. São Paulo: Edições Loyola, 2001.

17

A relação possível entre razão prática e absolutismo político: uma breve exposição da perspectiva relativista kelseniana

Practical Reason and Political Absolutism: a Possible Relationship – a Brief Exposition of Kelsen's Relativist Perspective

Marcelo Porciúncula

Marcelo Porciúncula

Doutor em Direito pela Pontifícia Universidade Católica do Rio de Janeiro (PUC-Rio). Professor de Filosofia e Teoria do Direito da Universidade de Girona, Catalunha, Espanha. Diretor-Executivo da Editora Marcial Pons.

Resumo

Pode-se dizer que a defesa da pertinência de uma razão prática desperta em Hans Kelsen duas posturas: radical oposição teórica e grande desconfiança política. Neste ensaio, pretende-se expor – ou "reconstruir", se se quiser – o roteiro argumentativo que parece fazer com que Kelsen mantenha essa segunda postura, a fim de concluir destacando a perspectiva relativista que o orienta.

Abstract

The defense of the pertinence of a practical reason awakens two positions in Kelsen: a radical theoretical opposition and a great political suspicion. This essay intends to expose – or to "rebuild", if it is a better term – the argumentative path that seems to make Kelsen prefer this second position. It concludes by emphasizing the relativist perspective in which it is embedded.

Palavras-chave

Razão prática. Relativismo. Hans Kelsen.

Keywords

Practical reason. Relativism. Hans Kelsen.

Sumário

17.1 Considerações iniciais. 17.2 Alguns aspectos da compreensão kelseniana sobre a razão prática. 17.3 Possíveis repercussões políticas da crença em uma razão prática. 17.4 Considerações finais. Referências.

Summary

17.1 First considerations. 17.2 Some aspects on Kelsen's understanding of practical reason. 17.3 Possible political repercussions caused by the belief in practical reason. 17.4 Final considerations. References.

17.1 Considerações iniciais

Pode-se dizer que a defesa da pertinência de uma razão prática desperta em Hans Kelsen duas posturas: radical oposição teórica e grande desconfiança política.

Quanto à primeira, ela se deve ao entendimento de que a razão prática encerra uma falácia lógica e, como tal, corresponde a um conceito epistemologicamente insustentável. Defendê-la significaria proceder como se o princípio da causalidade fosse um instrumento cognitivo ainda a ser descoberto, exatamente como o faz o pensamento jusnaturalista, de que seria um exemplo. Portanto, quem tiver a pretensão de construir as bases de um conhecimento científico precisa deixá-la de lado.

Quanto à segunda, ela se deve às repercussões autoritárias que podem verificar-se nos ambientes em que a razão prática é acolhida. Como versão jusnaturalista, estaria marcada por um notável acento metafísico-religioso, ainda que muitos de seus defensores, sobretudo os contemporâneos, possam não estar dispostos a admiti-lo. Regimes autocráticos poderiam apresentá-la como argumento aliado.

Neste ensaio, pretende-se expor – ou "reconstruir", se se quiser – o roteiro argumentativo que parece fazer com que Kelsen mantenha essa segunda postura, a fim de concluir destacando a perspectiva relativista que o orienta.

17.2 Alguns aspectos da compreensão kelseniana sobre a razão prática

17.2.1 Um conceito jusnaturalista

Kelsen não desconhece ser anterior à intervenção kantiana a crença na razão como fonte de normas de conduta.[1] Ele sabe que a razão prática não é uma novidade proposta pelo filósofo alemão, embora pareça considerar que este, mais do que qualquer outro, a expôs com rigor, inclusive em suas contradições.

Importa lembrar que o pensamento de Immanuel Kant exerceu uma grande influência sobre Kelsen, que, em uma carta escrita em 1927 ao professor húngaro Julius Moór, diz: "A filosofia kantiana foi [...], desde o princípio, a luz que me guiou" (Kelsen, 1987a, p. 337). Essa luz vinha da teoria do conhecimento. Precisamente, da crítica à razão teórica, que em seus postulados fundamentais teria sido, em certa medida, contrariada pelo próprio Kant através do conceito de razão prática, rejeitado veementemente por Kelsen. Para entendê-lo, comecemos "do começo", relembrando breve e simplificadamente as notas essenciais da razão teórica que ele teria contrariado.

O propósito de Kant em sua teoria do conhecimento era a superação da postura dogmática, do "velho dogmatismo" (Kant, 1980, p. 32) já fragilizado pelo empirismo inglês. Para questionar as possibilidades da razão, era preciso posicioná-la no centro das discussões filosóficas. "Nosso século é o século da crítica, à qual tudo se deve submeter" (Kant, 1980, p. 33).

O resultado desse procedimento é notório. A razão tem faculdades limitadas por certos parâmetros *a priori* presentes tanto na **sensibilidade**

---

1 Basta consultar, v.g., *Das Problem der Gerechtigkeit* (Kelsen, 1960a, p. 414-419), e *Naturrechtslehre und Rechtspositivismus* [1961] (Kelsen, 1991a, p. 126-129).

quanto no **entendimento**, os dois momentos necessários que integram a cognição[2] (Kant, 1980). O tempo e o espaço são os parâmetros presentes na sensibilidade, e as *categorias*, como as chama Kant e de que são exemplos a unidade e a causalidade, limitam o entendimento.[3] Pelo caráter restritivo que apresentam, tais parâmetros condicionam o processo cognitivo e, com isso, terminam por interferir constitutivamente na configuração de seu resultado, é dizer, no objeto. Mas interferem apenas formalmente, é preciso alertar. O que significa que tais parâmetros estabelecem o **modo** com o qual se conhece, condicionando o modo como o objeto pode apresentar-se. Assim, e à medida que aqui cabe ressaltar, é correto dizer que tudo aquilo que se conhece somente se pode conhecer dentro de marcos temporais e espaciais. Ou seja, o objeto do conhecimento é, por definição, referido a algo que se encontra no tempo e no espaço; em uma palavra, na experiência.

Isso leva a crítica à razão teórica a concluir pela impropriedade da metafísica.[4] É o que, em princípio, faz Kant. Ora, se a razão apenas pode dirigir-se ao que se verifica em certo tempo e espaço, não lhe é dado aventurar-se em um âmbito transcendente. Qualquer tentativa de conhecer aquilo que se acredita estar em todos os tempos e lugares, ou em nenhum tempo e lugar, estaria fadada ao fracasso. Kant afirma, nessa linha, que se dirigir ao incondicionado, ao absoluto, à "coisa em si" – em sua clássica definição – seria o mesmo que se dirigir a uma inesgotável fonte de obscuridade e contradições, fonte esta que apenas as "artes mágicas" (Kant, 1980, p. 31; 34), que afirma desconhecer, poderiam atender.

---

2   No que se refere às condições formais presentes em ambas faculdades e apenas em observância das quais atua o investigador, convém consultar, nessa mesma obra: Kant, 1980, p. 87-90, 166-167.

3   Para menções a respeito, ver: Kant, 1980, p. 87-90, 166-167.

4   A oposição kantiana à metafísica no uso da razão teórica já se manifesta nos prólogos das edições primeira e segunda da *Crítica da razão pura* (Kant, 1980).

Igualmente leigo nessas "artes", Kelsen o acompanha. Em *Os fundamentos filosóficos do direito natural e do positivismo jurídico*, um importante artigo que publicou em 1928, ele afirma ser "consciente do eterno mistério que rodeia o mundo da experiência" (Kelsen, 1928, p. 61), e acrescenta que somente a cegueira ou a ilusão pode "negar o enigma do mundo ou, o que é o mesmo, declará-lo cientificamente solucionável" (Kelsen, 1928, p. 61). Kelsen entende que os limites formais e *a priori* característicos do conhecimento fazem com que a ciência – que é "uma função da cognição" (Kelsen, 2004h, p. 350) – renuncie à metafísica "como uma hipótese incontrolável, e portanto, cientificamente inútil" (Kelsen, 1928, p. 61). Inspirado na teoria do conhecimento kantiana, ele afirma ter desenvolvido sua **teoria pura do Direito** como a expressão de uma postura crítica, antidogmática e antimetafísica, que acolhe a objetividade como fim (Kelsen, 1928; Kelsen, 1953a).

Mas Kant não teria repetido em ética a mesma rejeição à metafísica sustentada em epistemologia. O profundo sentimento religioso que detinha não o teria permitido renunciar à busca de soluções normativas definitivas, válidas indistintamente em todo tempo e lugar e, nesse sentido, absolutas. Por isso, Kelsen afirma que o verdadeiro merecedor do título de "destruidor da metafísica" é, em realidade, David Hume (Kelsen, 2004c, p. 205; Kelsen, 2006a, p. 302). Kant teria elaborado, salienta, a melhor expressão do jusnaturalismo clássico de índole protestante desenvolvido nos séculos XVII e XVIII[5] (Kelsen, 1928).

---

5 Para conhecer a oposição kelseniana ao jusnaturalismo, recomendamos a leitura de ao menos uma das seguintes obras, além da já indicada: Kelsen, 2010a; Kelsen, 2004k; Kelsen, 2004a; Kelsen, 1960b; e Kelsen, 1963a.

A objeção de Kelsen se refere ao fundamento da doutrina kantiana do direito natural, o conceito de razão prática, que considera "insustentável"[6] (Kelsen, 1960b, p. 198). Em poucas palavras, ele representa o entendimento de que a razão contém de modo imanente normas para o comportamento, e que, com isso, uma consulta apropriada aos seus termos poderia encontrar respostas a questões jurídicas e morais, revelando-nos *a priori* aquilo que se deve fazer. A razão teria também uma função prescritiva. Ocorre que esse postulado não tem o apoio da ciência empírica, ressalta Kelsen. Precisamente, da psicologia, que teria concluído ser a razão nada mais do que o exercício da função cognitiva (Kelsen, 1960b; Kelsen, 1991a). E tampouco tem respaldo da lógica. Para nosso autor, que não desconhecia as controvérsias surgidas com a mecânica quântica,[7] a natureza (portanto, também a natureza racional do homem) é inteligível apenas como um sistema de enunciados causais ("dado A **será** B" [8]), logo, quem se dedicar ao seu exame não poderá encontrar normas de nenhum tipo, sejam morais, sejam jurídicas ou religiosas, pois normas correspondem, entende o autor, a um sistema diverso, um sistema composto por enunciados deônticos ("dado A **deve ser** B"[9]). Assim, um discurso que se refira à natureza tratando-a como uma fonte de prescrições incorrerá em um disparate lógico, na conhecida falácia denunciada por Hume e sublinhada por Kelsen desde o

---

6 A objeção de Kelsen à razão prática talvez encontre sua melhor formulação em *Das Problem der Gerechtigkeit* (Kelsen, 1960a, p. 415-425).

7 Cf. Kelsen, 2004e, p. 319-320; Kelsen, 1945, p. 256-258 e Kelsen, 2004d, p. 342-343.

8 Para menções expressas nesse sentido, consultar: Kelsen, 1984, p. VI; Kelsen, 1934, p. 23; Kelsen, 2004e, p. 303; Kelsen, 1943, p. VII; Kelsen, 2004d, p. 324; Kelsen, 1953a, p. 18, 59; Kelsen, 2010b, p. 47; Kelsen, 1934, p. 78; e Kelsen, 1960a, p. 405.

9 Cfr., por exemplo, Kelsen, 1993, p. 47-48; Kelsen, 1934, p. 23; Kelsen, 2004l, p. 269; Kelsen, 2003a, p. 36-37, 45-46; Kelsen, 2004d, p. 331-332; Kelsen, 1953a, p. 26; Kelsen, 1934, p. 81.

seu primeiro escrito relevante.[10] Não se pode confundir o plano fático, o do **ser**, com o normativo, o dos valores, o do **dever ser**.[11] Nessa linha, a locução *razão prática* seria "logicamente impossível" (Kelsen, 1991a, p. 129), uma *contradictio in adjecto*. Fazer referência a ela seria aludir a uma razão meramente imaginária, ausente da experiência cognitiva. Uma razão metafísica.

Mas não se pense, com isso, que Kelsen sustenta a impossibilidade de uma relação entre razão e norma. A razão pode prescrever comportamentos. Contudo, e esse é o ponto-chave, as prescrições que formula não lhe são imanentes. Um comportamento pode ser por ela prescrito sempre que for percebido como um instrumento apto ao alcance de uma específica finalidade. A razão o prescreve após constatar sua conveniência técnica, isto é, sua idoneidade como meio. A razão pode indicar os meios, não fornecer fins, cuja estipulação permanece no domínio das escolhas políticas. Em diversas obras (Kelsen, 2003a; Kelsen, 2004h; Kelsen, 2010b; Kelsen, 2004b;

---

10 A impossibilidade de trânsito lógico entre **ser** e **dever ser** chegou a Kelsen através do neokantismo de Heidelberg, em especial Wilhelm Windelband e Georg Simmel, como expressamente afirma em *Problemas fundamentais da teoria jurídica do Estado* (Kelsen, 1984, p. VI). Nessa mesma obra, Kelsen se serve das palavras de Arnold Kitz: "Do fato de que algo *seja* se segue evidentemente que algo *foi* ou que algo *será*, mas nunca, jamais, que algo *deva ser*" (Kelsen, 1984, p. 8) e, na segunda edição de sua *Teoria pura do direito*, acrescenta, a fim de evitar os frequentes malentendidos, que, do mesmo modo, "de que algo *deva ser* não se segue que algo *seja*" (Kelsen, 1960b, p. 196). Em outras obras, Kelsen oferece exemplos ilustrativos daquilo que quer dizer: "O fato de que na realidade o peixe grande come o peixe pequeno não implica que a conduta do peixe grande seja boa nem que seja má" (Kelsen, 2004k, p. 140 e Kelsen, 1953a, p. 88) e "Do fato de que os homens se dedicam e sempre têm se dedicado à guerra [...] não se segue nem que a guerra deva existir nem que não deva existir" (Kelsen, 2006a, p. 304-305). Sobre esse tema, recomendamos ainda a leitura de Kelsen, 1979, caps. 16 ao 20.

11 Para Kelsen, o conceito de *dever ser* é "correlativo" ao de norma (Kelsen, 2003a, p. 37). E entre o conceito desta última e o de valor existe "uma conexão essencial" (Kelsen, 2004a, p. 179). Para ele, em resumo, "uma norma constitui um valor" (Kelsen, 1953a, p. 20; Kelsen, 2006a, p. 275; Kelsen, 2004a, p. 179 e Kelsen, 1934, p. 17). Sobre esse tema, recomendamos especialmente a leitura de: Kelsen, 1934, p. 16-24, trecho reproduzido no artigo *Norma e valor* (Kelsen, 1966).

Kelsen, 2006a), Kelsen precisa sua perspectiva e, em *Fundamentos da democracia*, fornece um exemplo esclarecedor, segundo o qual a razão pode prescrever o estabelecimento do regime democrático **desde que** se tenha escolhido previamente a liberdade e a igualdade como valores a serem preservados (Kelsen, 2006a). No mesmo sentido, escreve em *Ciência e política* que a razão (ou a ciência, pois considera ambos termos intercambiáveis) pode prescrever o estabelecimento do comunismo **desde que** se tenha escolhido previamente a segurança econômica como o principal valor a ser garantido (Kelsen, 2004h). Portanto, e eis uma conclusão relevante, a razão apenas pode prescrever determinado comportamento depois de consultar aquilo que estiver previamente estabelecido na experiência como uma finalidade a ser alcançada, o que quer dizer que ela formula normas *a posteriori*, nada que se assemelhe à razão prática como natureza humana racional dotada de normas imanentes, e como tais, *a priori*.

17.2.2 Natureza como autoridade social: a defesa da razão prática como resultado de uma perspectiva místico-religiosa

Ao considerar a natureza como uma fonte de prescrições, as diversas doutrinas do direito natural a contemplam como uma espécie de autoridade legisladora,[12] o que, para Kelsen, revela a presença de um primitivismo ingênuo ou de uma distorção politicamente dirigida.

Por desconhecer o princípio cognitivo da causalidade, aquele que se serve da cópula "**ser**" para articular antecedente e consequente em um enunciado (o referido modelo "dado A **será** B"), o homem primitivo

---

12 Há menções expressas à natureza como *autoridade legisladora* em: Kelsen, 2004k, p. 137; Kelsen, 1953a, p. 47, 85-86; Kelsen, 2010b, p. 46; Kelsen, 2004n, p. 258; Kelsen, 1960a, p. 404, e Kelsen, 1991a, p. 122, 126, 134.

recorre à força de sua imaginação e compreende a natureza como se esta, através de seus fenômenos, reagisse positiva ou negativamente a certas condutas. Kelsen nos lembra de que essa crença animista é corrente entre os primitivos. Fartas colheitas, por exemplo, são entendidas como uma recompensa da natureza a quem se comporta bem e, por outro lado, terremotos e tempestades são como punições (sanções) que a natureza destina aos que se portam mal.[13] O homem primitivo realiza uma interpretação social-normativa, e não causal-explicativa, da natureza (Kelsen, 2004d).

Nesse quadro, o que atualmente chamamos de *natureza* é uma incógnita para o homem primitivo, para quem apenas há "sociedade" (Kelsen, 2004e, p. 303-304; Kelsen, 2004d, p. 329; Kelsen, 1960b, p. 87-88). Kelsen destaca que, somente após as conquistas iniciadas no antigo pensamento grego e que depois de um longo período de desenvolvimento culminaram na ciência moderna, passou-se a diferenciar propriamente a natureza da sociedade e a considerar a primeira como um conjunto de inter-relações de tipo causal, permitindo aquilo que agora denominamos *ciências naturais*.[14] Nada obstante, continua o autor, esse notável avanço tecnológico parece ter passado despercebido para alguns. Ainda hoje, afirma, muitas perspectivas das ciências sociais, como a jusnaturalista na ciência do Direito, permanecem presas à velha leitura. Para ele, há uma espécie de "homem primitivo contemporâneo" (Kelsen, 2004e, p. 304), que, por motivos políticos insiste na interpretação normativa da natureza, pois emancipar a ciência jurídica de sua influência é, diz Kelsen, uma das principais tarefas da teoria pura do Direito (Kelsen, 2004f).

---

13 Recomendamos a leitura integral de: Kelsen, 2004e; e dos três primeiros capítulos de Kelsen, 1943.

14 A propósito, consultar especialmente: Kelsen, 1939; ou Kelsen, 2004e. Para um estudo mais aprofundado, sugerimos a leitura integral de Kelsen, 1943.

Ele sabe que não se trata de uma tarefa fácil, sobretudo pelo poder persuasivo próprio do caráter religioso que estaria implicado no jusnaturalismo.[15] Um caráter que se poderia vislumbrar na própria configuração social que essa perspectiva fantasia. Natureza e seres humanos compartilham a vida em sociedade, mas não se encontram dispostos em um mesmo nível. Eles não atuam coordenadamente. Existe, ao contrário, uma rígida diferença hierárquica. Enquanto a natureza contém prescrições, premia a boa conduta e pune desvios, resta ao ser humano obedecê-la com a reverência de quem sabe estar diante de uma autoridade capaz de influir decisivamente em seu destino. E isso não é tudo. O jusnaturalista não contempla a natureza como se esta fosse um legislador qualquer. Ela não é como um legislador humano, suscetível de cometer erros, de prescrever aquilo que eventualmente se considera uma aberração moral e a quem se pode tentar desafiar com a insubordinação ou com a oferta de uma proposta normativa mais conveniente. A natureza é absoluta, no sentido de que não se prende a singularidades contingentes. Ela não se refere a Pedro, Maria ou João, ao cidadão francês ou ao brasileiro, ao homem antigo ou ao contemporâneo. As propriedades que integram a natureza do homem estão presentes em todo e qualquer indivíduo, sendo irrelevante a localização geográfica ou o momento histórico em que este possa encontrar-se. Sequer tem sentido discutir sua autoridade, pois a noção mesma de natureza parece implicar a de essência, sugerindo a ideia de plenitude, de perfeição. A natureza parece encerrar uma fórmula exata, precisa, à qual se deve atender se se quiser subsistir. Assim, se há valores naturais, se há normas imanentes à natureza (no caso em tela, na natureza racional humana), quem se comporta em sua

---

15 "Em realidade, não existe nenhuma doutrina do direito natural com alguma importância que não possua um caráter mais ou menos religioso." (Kelsen, 2004k, p. 138). Em várias passagens, Kelsen refere-se ao direito natural como postura marcada pela perspectiva religiosa. Entre tantas opções de leitura possíveis, recomendamos as já citadas: Kelsen, 1960a, especialmente a segunda parte; e Kelsen, 1963a.

obediência comporta-se bem, de modo reto, justo, em sintonia com aquilo que seria uma verdade axiológica íntima, constitutiva. Comportamentos alternativos são, por definição, equivocados, são desvios morais ou jurídicos que, em si mesmos maus, ilícitos, há de se evitar com firmeza.

Atento a esse contexto, Kelsen afirma que a doutrina do direito natural termina por erguer a natureza a uma condição de divindade, de parâmetro normativo cujos valores seriam a expressão absoluta daquilo que efetivamente se deve realizar.[16]

É certo que nem todos os jusnaturalistas estão dispostos a admiti-lo. Muito menos os que se filiam à versão racionalista apoiada na razão prática e que a partir da modernidade tentaram desvencilhar-se de argumentos teológicos. A respeito destes últimos, porém, a tradição não lhes faz um grande favor. Kelsen nos lembra de que, historicamente, a razão prática tem se associado de maneira aberta ou (mal) dissimulada a uma todo-poderosa autoridade metafísica; de Cícero a Kant, passando por nomes como Tomás de Aquino e Grotius (Kelsen, 1960a; Kelsen, 1991a).

17.3 Possíveis repercussões políticas da crença em uma razão prática

17.3.1 Observações preliminares

Para Kelsen, argumentar em defesa da pertinência de uma razão prática conduz a uma série de inconvenientes epistemológicos. Em resumo, e no que aqui tem sentido destacar, implica incorrer em uma falácia lógica que

---

16 Acerca da natureza elevada à condição de divindade, ou contemplada como instrumento de manifestação de divindades, consultar: Kelsen, 2004k, p. 137-138, 140-141; Kelsen, 1953a, p. 47-48, 86; Kelsen, 1953b, p. 146; e Kelsen, 1991a, p. 126.

termina por inserir a natureza entre o grupo de agentes sociais interpretando-a, em última instância, como uma autoridade legisladora de caráter divino.

Ainda, para ele, o erro capital consiste na substituição da cópula lógica **ser** pelo **dever ser**, um erro que, em certo momento histórico, decorreu do desconhecimento do princípio causal por parte da cultura primitiva e que, com as conquistas tecnológicas gradualmente alcançadas, permaneceria de pé graças a uma espécie de teimosia politicamente interessada dos teóricos contemporâneos, em um sentido que logo ficará claro.

Mas o que desejamos destacar, neste momento, é o fato de que, para Kelsen, tal erro, qualquer que seja seu motivo, pode ser entendido também como o resultado da negligência com que se trata a fronteira entre ato de conhecimento e ato de vontade, entre cognição e volição, entre ciência e política.[17] Dessa negligência surgiria a perda da objetividade e a consequente distorção daquilo que se pretende conhecer.

Kelsen está entre aqueles que defendem a incompatibilidade conceitual entre conhecimento e juízos de valor subjetivos. Conhecer é diferente de avaliar. Enquanto a primeira atividade seria realizada pela razão, a segunda teria o protagonismo das emoções. Eis o motivo pelo qual Kelsen, entre tantos outros teóricos de relevo, como Max Weber, sustenta a necessidade de que o cientista se abstenha de, enquanto se dedica à **tarefa cognitiva**, pronunciar-se axiologicamente.[18]

Trata-se de um postulado epistemológico. É a tão mal compreendida neutralidade, que não se confunde, como muitos apressadamente parecem entender, nem com a ingênua ideia de que possa haver um "homem neutro" nem com uma apologia difusa à omissão política. Não se trata de um

---

17 Sugerimos a leitura integral de: Kelsen, 2004h.

18 Sobre a importância dessa abstenção, indicamos a leitura dos prefácios de Kelsen, 2003a e das duas edições de *Teoria pura do direito*: Kelsen, 1934; Kelsen, 1960b.

"homem neutro", apolítico, e sim do exercício axiologicamente neutro e, nesse sentido apolítico, de uma **específica atividade**. E só. Talvez um exemplo seja útil para ilustrar esse ponto: um indivíduo pode descrever a validade – ou seja, a existência operativa – do direito nacional-socialista ou comunista e, posteriormente, dedicar-se a conservá-lo, se seu defensor, ou suprimi-lo, se liberal. Do ponto de vista analítico, esse indivíduo realiza duas atividades distintas entre si, nada obstante estarem contextualmente interconectadas. Apenas o exercício da primeira delas é próprio do *jurista* kelseniano. Kelsen utiliza esse vocábulo para adjetivar aquele que se dedica ao conhecimento – e não à conservação ou modificação – do Direito. Não são juristas, portanto, os que hoje alguns chamam de *operadores*.[19] Assim, salvo quando estão dedicados à atividade prévia – e contingente – de conhecer as normas que pretendem ver aplicadas, tanto os magistrados quanto os procuradores das partes participam de um processo considerado por Kelsen como incompatível com a neutralidade: em distintas medidas, tanto uns quanto outros intervêm na criação de normas, o que exigiria um inequívoco posicionamento axiológico, a necessária expressão de preferências políticas.[20] Ciente das leituras distorcidas de seu pensamento, Kelsen enfatiza que, ao tratar da neutralidade, refere-se "à ciência, e não ao direito" (Kelsen, 1953b, p. 152). Ele afirma de maneira expressa jamais ter concebido a possibilidade de um "direito puro", alheio às circunstâncias ideológicas (Kelsen, 1953b, p. 152; Kelsen, 1991b, p. 79), e, em uma frase, esclarece ao mau leitor sua posição sobre o assunto: "O direito não pode ser separado da política, pois é, essencialmente, um instrumento dela" (Kelsen, 1953b, p. 152).

19 Nesse sentido, cf. Kelsen, 2004d, p. 326; Kelsen, 1953a, p. 43, 140-141; Kelsen,1960b, p. 74, 84, 93, 352-354; Kelsen, 1960a, p. 415.

20 Para a função política da autoridade que estabelece o direito, consultar especialmente: Kelsen, 2004h, p. 365-366; e Kelsen, 1960b, p. 353.

Pois bem, o jusnaturalista negligenciaria a diferença entre ciência e política e em lugar de realizar uma tarefa descritiva a substitui por uma institutiva. Supondo conhecer, prescreve. Atuando sob a influência de suas preferências políticas, ainda que possa não se dar conta disso, projeta-se subjetivamente. Deixa de lado a estrita cognição e permite que suas emoções, seus medos e seus desejos o orientem.[21] Em consequência, acrescenta à natureza propriedades axiológicas que, objetivamente, não pode encontrar. Em rigor, a desfigura, descrevendo-a como se não se tratasse de um produto de sua imaginação, como se não fosse uma obra delineada segundo seus interesses. Se estiver afetado pelo sentimento de insegurança, pensará encontrar na natureza normas que de algum modo lhe parecem destinadas a proporcionar estabilidade, *v.g.*, as que prescrevem o rígido controle da imprensa, o sistema de partido único e o recrudescimento das sanções penais. Do mesmo modo, caso se encontre emocionalmente oprimido por um regime despótico, verá na natureza normas dirigidas à conquista do valor de que mais sente falta, a liberdade; por exemplo, as normas que protegem os direitos individuais, as que estabelecem a democracia multipartidária e as que garantem a supremacia do parlamento. Em uma provocação bem-humorada, Kelsen afirma que o adepto do direito natural se comporta como o ilusionista, que "retira da cartola os coelhos e as pombas que ele mesmo havia posto ali" (Kelsen, 1991a, p. 126).

De fato, ele destaca continuamente que os jusnaturalistas nunca foram capazes de demonstrar de modo objetivo a pertinência de suas conclusões, que nunca provaram ser elas verdadeiras e, as contrárias, falsas; e mais, que nem mesmo chegaram a um acordo entre si quanto ao conteúdo do que postulam. Kelsen tem em mente um dado histórico bem conhecido:

---

21 Para menções expressas nesse sentido, conferir: Kelsen, 2003a, p. 6-8; Kelsen, 2004f, p. 295-296; Kelsen, 2004k, p. 140-141; Kelsen, 2004h, p. 350; Kelsen, 1953a, p. 88; e Kelsen, 2010b, p. 27.

convictos de que conseguiram encontrar valores na natureza – na "natureza das coisas", na "natureza do caso concreto", na "natureza da sociedade" ou na "natureza racional do homem" – os mais ilustres filósofos jusnaturalistas proclamaram como absolutamente verdadeiros, válidos, os mais díspares e contraditórios sistemas normativos. Já se defendeu como naturalmente justa tanto a república quanto a monarquia, tanto a democracia quanto o Estado de partido único, tanto o capitalismo quanto o comunismo, tanto os direitos humanos quanto a segregação racial, tanto a liberdade quanto a escravidão, tanto a paz quanto a guerra.[22] Mas apesar do suposto pronunciamento da natureza sobre essas questões, anota Kelsen, elas permanecem hoje tão abertas quanto no primeiro momento em que surgiram (Kelsen, 2010a; Kelsen, 2004f; Kelsen, 1953b; Kelsen, 2000). Sobre elas, o que se tem é, em lugar de uma resposta objetiva e racionalmente aferível, "o mais apaixonado antagonismo" (Kelsen, 2004f, p. 296).

O método jusnaturalista de consulta à natureza permitiria, então, que tudo fosse demonstrado. Mas em ciência, diz Kelsen, poder demonstrar de tudo significa, em rigor, nada poder demonstrar (Kelsen, 1960a).

17.3.2 Jusnaturalismo e autocracia

Kelsen dá um grande destaque em suas obras aos possíveis efeitos políticos das doutrinas do direito natural, das quais não exclui a versão racionalista apoiada na razão prática. Todas contêm um perigo comum. Todas representam um argumento possivelmente aliado a ideologias autocráticas.

Como visto, a natureza que o pensamento jusnaturalista supõe existir encerra um **dever ser** absoluto, é dizer, um traço normativo que integra

---
22 Sobre a doutrina do direito natural e suas conclusões contraditórias, ver: Kelsen, 1953a, p. 91-94; Kelsen, 2010b, p. 47-48; Kelsen, 2006a, p. 305; Kelsen, 1960a, p. 429-430; e Kelsen, 1991a, p. 133-134.

sua estrutura e que, portanto, invariavelmente a acompanha e a constitui. A natureza, qualquer que seja aquela a que a retórica jusnaturalista costuma referir-se, por definição, é axiologicamente comprometida, é um guia perfeito e indiscutivelmente fiável das condutas humanas. E Kelsen considera essa crença tão falaz quanto politicamente perniciosa.

O fundamento de seu raciocínio está na convicção de que os âmbitos epistemológico e político são, em realidade, expressões de uma específica visão de mundo (*Weltanschauung*).[23] Na hipótese em discussão, a visão de mundo simpática à metafísica não apenas alimenta a crença na cognoscibilidade de uma natureza normativa, mas também tende a servir de suporte para a defesa da ditadura. A metafísica seria como o "ovo da serpente", por assim dizer, que seduziria o indivíduo a admitir, tanto em epistemologia quanto em política, a ideia de *absoluto*.

É preciso dizer, contudo, que Kelsen não considera essa relação necessária (Kelsen, 1933; Kelsen, 2006a). Como mencionado, o jusnaturalismo também já deduziu da natureza a democracia – em Locke (Kelsen, 1960a) e em Rousseau (Kelsen, 2006a) – exemplifica o próprio Kelsen. Não seria razoável esperar que o ser humano sempre se conduzisse de modo coerente, como se se tratasse de um de "livro bem concebido" (Kelsen, 1933, p. 8). O homem empírico está sujeito a contradições, ressalta nosso autor, podendo comportar-se de maneira irrefletida como repercussão de estímulos circunstanciais, estímulos que, às vezes, o levam a adotar posturas insuspeitadas que contrariam sua própria visão de mundo (Kelsen, 1933; Kelsen, 2006a). O mais frequente, porém, é que ele repita em política o mesmo entusiasmo pelo absoluto que demonstra em epistemologia. Trata-se de uma espécie de tendência primária que efetivamente pode ser contrariada, embora em regra prevaleça.

---
23 A propósito, consultar especialmente: Kelsen, 1993, p. 368-371; Kelsen 2006c, p. 223-228; Kelsen, 1933, p. 7-10; Kelsen, 2004c, p. 198-203; Kelsen, 2006a, p. 269-274.

Inúmeros exemplos históricos confirmariam essa tendência. Para Kelsen, se considerado o rol de grandes pensadores, é possível constatar que aqueles que de certa forma duvidavam da metafísica, e em maior ou menor medida se aproximavam de uma filosofia de tipo relativista, tendiam a manifestar-se em favor da democracia. Assim, exemplifica, Demócrito, Protágoras, Nicolau de Cusa, Spinoza e Hume. Por outro lado, diz, os grandes entusiastas da metafísica foram, em sua maioria, dedicados defensores do absolutismo político. Entre estes estariam Platão, Aristóteles, Tomás de Aquino, Leibniz e Hegel (Kelsen, 2006c; Kelsen, 1933; Kelsen, 2004c; Kelsen, 2006a). Mas além de referências a personalidades determinadas, também se podem encontrar, em alguns artigos de Kelsen, menções a correntes de pensamento. Em *Fundamentos da democracia*, por exemplo, ele afirma que "na Idade Média, a metafísica da religião cristã caminha de mãos dadas com a convicção de que a monarquia, como imagem da divina ordem do universo, é a melhor forma de governo" (Kelsen, 2006a, p. 301). Nessa mesma obra, acrescenta que não se pode entender o totalitarismo, que em determinado momento histórico foi estabelecido pela Igreja Católica, sem se ter presente que esta representou a crença no conhecimento de uma justiça absoluta (Kelsen, 2006a). Em *Política, ética, religião e direito*, um artigo que publicou em 1963, Kelsen se refere às violentas ações protagonizadas pelo pensamento metafísico abertamente religioso, "tais como as cruzadas cristãs, a jihad islâmica, os julgamentos por bruxaria e a queima de hereges vivos por parte da inquisição espanhola" (Kelsen, 1963b, p. 9).

Por certo, ele não deixa de contemplar também o contexto histórico do entreguerras. Precisamente, o contexto alemão. Kelsen viveu de perto a agonia da República de Weimar. Em 1932, às vésperas da chegada de Hitler ao poder, publicou um artigo intitulado *Defesa da democracia* (*Verteidigung der Demokratie*. In: Blätter der Staatspartei, 2. Jahrgang, 1932). Nele, censura frontalmente o ambiente acadêmico de então, que, tomado pela militância estudantil e docente, enaltece o regime autocrático. Seu alvo é, em especial, o conjunto de professores e teóricos do Direito e da Sociologia, entre os quais, acusa, seria quase "uma obviedade referir-se à democracia em termos pejorativos [e] saudar direta ou indiretamente à ditadura como a aurora de uma nova época" (Kelsen, 2006b, p. 230). Sua preocupação era, expressamente, preservar a constituição republicana e democrática alemã de duas "formas bárbaras de ditadura" (Kelsen, 2006b, p. 230) que se enfrentavam brutalmente, o nacional-socialismo e o comunismo. Ele tinha certeza de que, finda a cruenta batalha que acontecia entre ambos os lados, a bandeira que saísse vitoriosa seria cravada "na tumba da democracia" (Kelsen, 2006b, p. 230). E o ambiente intelectual que censurava lhe parecia sustentar esse quadro. A visão de mundo predominante, sublinha, era entusiasta de soluções absolutas não só em política, mas também em epistemologia. Nesse mesmo artigo, Kelsen afirma que o desprezo pelo regime democrático caminhava, lado a lado, com o crescente prestígio que, em epistemologia, ocorria à "obscuridade da metafísica", vista por ele como uma "irracionalidade nebulosa", que era a ocasião adequada para o livre curso de "diversas formas de autocracia" (Kelsen, 2006b, p. 231).[24]

Parecia-lhe improvável que o futuro de uma Alemanha rendida à metafísica fosse distinto daquele que hoje sabemos ter sido. Ainda assim, nesse mesmo artigo, ele lança um apelo. Talvez agarrado àquela mencionada possibilidade de que o homem empírico contrarie as próprias tendências, diz com especial ênfase ser "mais urgente que nunca" (Kelsen, 2006b, p. 231) que os teóricos se esforcem para refletir sobre a essência e o valor da democracia e que se comprometam "publicamente a favor desse bem" (Kelsen, 2006b, p. 231). Acrescenta que isso deve ser feito mesmo na hipótese de se confirmar a chegada da brutal ditadura que já estava no horizonte,

---

24 Sobre a cultura jurídica alemã daqueles anos, cf.: Müller, 1987; e sobretudo duas obras de Stolleis, 1994; 1999.

afinal, diz, não se pode perder "a esperança de que o ideal de liberdade é indestrutível e que, quanto mais fundo ele submergir, com mais força voltará a viver" (Kelsen, 2006b, p. 237).

Como se sabe, seus apelos não foram capazes de persuadir os intelectuais de então, que se dividiam entre o totalitarismo de esquerda e o de direita. Kelsen integrava uma minoria. Naqueles anos, ele foi "um dos poucos acadêmicos proeminentes que se comprometeram com a defesa da democracia liberal", como destaca Habermas (1999, p. 35). Em 1933, partiu para o exílio. Primeiro para Genebra, onde foi professor no Instituto Universitário de Altos Estudos Internacionais. Depois para sua cidade natal, Praga, de onde precisou sair após as ameaças de morte que lhe foram feitas por estudantes nacional-socialistas. Não havia lugar para ele na Europa continental, que, em grande parte seduzida pela metafísica, servia-se do Estado autoritário para proteger e venerar a deidade nacional. O Reino Unido não era um lugar propriamente seguro, como demonstrariam os bombardeios a Londres. Em 1940, Kelsen emigrou para os Estados Unidos. Foi professor em Harvard e depois em Berkeley.[25] Nesse país, onde falece em 1973, aos 91 anos de idade, continuou defendendo a tese que fez oportuna esta breve digressão histórica. Efetivamente, Kelsen publicou novos artigos até o final dos anos 60, mas sem alterar sua compreensão a respeito da matéria.

Quanto a essa compreensão, uma pergunta retórica seria capaz de torná-la clara: É possível negar que quem supõe conhecer valores imanentes – e, nesse sentido, absolutos – na natureza (como na natureza racional do homem), tenderá a rejeitar a tolerância que a ideia de democracia encerra?

A *democracia*, relembra Kelsen (2006a), significa "governo do povo" (*demos* = povo; *kratein* = governo). É democrático o Estado em que o povo se submete às normas jurídicas para o estabelecimento das quais participou

---

25 Consultar esta biografia: Métall, 1969.

(Kelsen, 1993; Kelsen, 2006c; Kelsen, 1933; Kelsen, 2006a). Existe democracia, diz, quando há "identidade entre governantes e governados, entre o sujeito e o objeto do poder" (Kelsen, 2006c, p. 162). E para que ela de fato possa ter lugar na experiência, um conjunto de requisitos precisaria ser observado. Kelsen considera que é imprescindível a proteção jurídica dos direitos humanos (Kelsen, 2006c; e Kelsen, 2006a), em especial, os que se referem às minorias (Kelsen, 1925; Kelsen, 1993; Kelsen, 2003b; Kelsen, 2006c; Kelsen, 1933; Kelsen, 2003a; Kelsen, 2004c; e Kelsen, 2006a) e à tolerância religiosa (Kelsen, 1933; Kelsen, 2003a; e Kelsen, 2006a), mas também os que dizem respeito às chamadas *liberdades fundamentais* (Kelsen, 2006a), expressamente a científica (Kelsen, 2006a), a artística (Kelsen, 2006a), a de opinião (Kelsen, 2003a; Kelsen, 2004c; e 2006a) e a de imprensa (Kelsen, 2003a; Kelsen, 2004c; Kelsen, 2006a; e Kelsen, 2006a). Além disso, ele entende que a democracia propriamente dita reclama a transitoriedade do exercício do poder estatal, o que requer a celebração periódica de eleições (Kelsen, 2006c; e Kelsen, 2006a), que, por sua vez, precisam verificar-se em um contexto multipartidário[26] e basear-se no sufrágio universal, livre, igual e secreto (Kelsen, 2006a). E isso não é tudo. Kelsen acrescenta ser igualmente imprescindível que os atos estatais sejam realizados em atenção ao princípio da publicidade (Kelsen, 1993; Kelsen, 2006c; Kelsen, 1933; Kelsen, 2006a) e que, ademais, recebam a supervisão rigorosa de instituições juridicamente habilitadas para garantir a estrita sujeição desses atos aos critérios de legalidade[27] e de constitucionalidade[28] democraticamente estabelecidos.

---

26 Por exemplo, em: Kelsen, 2006c, p. 165-172; Kelsen, 2003a, p. 294-295 e Kelsen, 2006a, p. 262-263.

27 Por exemplo, em: Kelsen, 2006c, p. 207-210; Kelsen, 1933, p. 15-16; e Kelsen, 2003a, p. 299-300.

28 Expressamente formulado em: Kelsen, 2003b, p. 181-182; e Kelsen, 2006c, p. 208-209.

Diante desse conjunto de elementos conceituais e requisitos institucionais, Kelsen conclui que a democracia não tem lugar "em um sistema político baseado na crença em valores absolutos" (Kelsen, 2004c, p. 206). Seria coerente, nesse sentido, Tomás de Aquino, cujo pensamento é um capítulo importantíssimo não apenas da história da cultura ocidental, mas também, e em particular, da tradição filosófica jusnaturalista que realiza a defesa de uma razão prática. Kelsen destaca que sua teologia é um exemplo clássico da correspondência entre o absolutismo metafísico e o político. Em *De Regimine Principum* e *Summa Theologica*, exemplifica, há uma defesa aberta da ideia de que a melhor forma de governo, a superior a todas as outras, é aquela exercida por um único indivíduo (Kelsen, 2006a, p. 301).

Essa sintonia entre metafísica e autocracia resultaria de uma mesma visão de mundo ou, mais especificamente, como se pode acrescentar com base em diversos textos de Kelsen, da repercussão psicológica que essa visão de mundo promove. A importância dessa repercussão é sublinhada por Kelsen já nos anos 1920, a partir do momento em que ele entrou em contato com o pensamento freudiano.[29] Para ele, é no âmbito psicológico que se articulam – e em atenção ao qual se podem explicar – as posturas práticas do indivíduo (Kelsen, 1933; Kelsen, 2006a). Com base nesse entendimento, ele passa a realizar considerações, no mínimo, eloquentes.

Sob um ponto de vista psicológico, a metafísica jusnaturalista seria solo fértil para o surgimento do mito do líder, para a idolatria a uma autoridade suprema e sobre-humana, pois dotada da capacidade epistemologicamente vedada aos demais de encontrar valores na natureza. Uma autoridade que

---

29 Especialmente nos anos 1920, Kelsen demonstrou um grande interesse pelos resultados obtidos pela psicanálise e, de modo crítico, tentou aproveitá-los em seu âmbito de interesse. Em 1922, convidado por Freud, publica, na revista *Imago*, o ensaio *O conceito de Estado e a psicologia social. Com especial referência à teoria das massas de Freud* (Kelsen, 1922a) e, pouco depois, publica *Deus e Estado* (Kelsen, 1922/1923). Alguns anos mais tarde, em 1927, é a vez de *O conceito de Estado e a psicanálise* (Kelsen, 1927).

historicamente tem sido representada pelo governante, "seja ele chamado de monarca, Führer ou generalíssimo" (Kelsen, 2004c, p. 202-203). Afirma Kelsen que quem se supõe capaz de conhecer o verdadeiro e natural sentido de justiça que a ordem social deve acolher "rejeitará energicamente a exigência" (Kelsen, 1993, p. 370) de que a oportunidade de realizá-lo dependa da opinião dos demais e se sentirá encorajado, até mesmo autorizado, a "fechar seus ouvidos à voz dos homens e impor sua vontade [...] mesmo contra a maioria, mesmo contra um mundo de infiéis e de cegos, assim considerados porque querem de outro modo" (Kelsen, 1993, p. 370-371).[30] É o "*pathos* heróico da ditadura" (Kelsen, 1925, p. 43), ressalta nosso autor, para quem tal *pathos* não deixaria de representar certa coerência, afinal, "pode haver algo mais carente de sentido do que permitir que a maioria decida através de eleições a respeito do absoluto em que se acredita?" (Kelsen, 1933, p. 27).[31]

Ante a figura privilegiada do líder, tende-se a tratar os opositores como inimigos da verdade e da justiça e, nesse passo, como merecedores de uma resposta punitiva (Kelsen, 2006a). O argumento central do discurso autocrático parece aqui bastante claro para Kelsen. Se se está sob o governo de uma liderança mística desse tipo, o que se pode pedir "senão a obediência incondicional e agradecida daqueles para os quais o afortunado que alcançou *a Verdade* há de ser a salvação?" (Kelsen, 1993, p. 370).

A democracia somente poderia ser estabelecida em um contexto psicológico oposto ao estimulado pela visão de mundo absolutista. Kelsen formula sua compreensão em diversas obras. Para ele, apenas quem entende que verdades e valores absolutos são "inacessíveis ao conhecimento humano [...] há de considerar possível não apenas a própria opinião, mas também

---

30 Nesse mesmo sentido, consultar: Kelsen, 2006c, p. 227; e Kelsen, 1933, p. 28.

31 Nesse mesmo sentido: Kelsen, 2004c, p. 206; e Kelsen, 2006a, p. 303.

a opinião alheia" (Kelsen, 2006c, p. 226),[32] e há de ser capaz de admitir que a verdade e os valores que defende são provisórios, podendo "retirar-se a qualquer momento e dar lugar a outros valores e outras verdades" (Kelsen, 2006c, p. 225).[33] Ora, afirma, apenas quando se sustenta que "o que está certo hoje pode estar errado amanhã" (Kelsen, 2006a, p. 303), tem sentido permitir que quem hoje está supostamente "errado" levante a voz crítica e apresente seus argumentos. "Democracia é discussão" (Kelsen, 1933, p. 14; Kelsen, 2003a, p. 288; Kelsen, 2006a, p. 287), diz com insistência. Uma discussão que estaria dirigida ao alcance de um compromisso sobre a melhor disciplina social (Kelsen, 1993; Kelsen, 1925; Kelsen, 1933; Kelsen, 2003a; Kelsen, 2004c; e Kelsen, 2006a) e da qual participam todos, inclusive, e destacadamente, a minoria, que, não estando privada de direitos, e sim cercada de garantias, pode a qualquer tempo ampliar seu âmbito de influência e conquistar novos adeptos, tornando-se, então, maioria.[34] Democracia implica tolerância,[35] uma tolerância que somente seria genuinamente sustentada por aqueles que assumirem a visão de mundo relativista.

Com efeito, a democracia é, para nosso autor, a expressão política do relativismo (Kelsen, 1993; Kelsen, 2006c; Kelsen, 1933; Kelsen, 2004c).

---

32 Consultar: Kelsen, 1993, p. 370.

33 Do mesmo modo em: Kelsen, 1993, p. 370.

34 A propósito: Kelsen, 2006c, p. 227; Kelsen, 1933, p. 29; Kelsen, 2004c, p. 207 e Kelsen, 2006a, p. 303.

35 Consultar especialmente: Kelsen, 2006a, p. 286-288.

17.4 Considerações finais

Kelsen entende que a defesa da razão prática encerra o mesmo vício epistemológico e o mesmo perigo político oferecidos pelas demais perspectivas jusnaturalistas. A convicção de que se pode conhecer verdades e valores absolutos na natureza poderia levar a que se tentasse silenciar até mesmo à força, se preciso, a opinião contrária, então considerada a expressão mesma do erro cognitivo ou da mentira moral. Por certo, Kelsen se preocupava especialmente com a hipótese de que esse contexto prevalecesse na direção político-administrativa do Estado. Entretanto, e como visto, percebe-se que ele também se refere a outros âmbitos, como ao acadêmico e ao religioso, nos quais a visão de mundo absolutista poderia constituir-se em um poderoso e deletério argumento autoritário local, por assim dizer, com amplas possibilidades de contagiar âmbitos adjacentes e, assim, reforçar a circunstância que se quer evitar.

Logo, além dos messias políticos – aqueles que mesmo nas democracias costumam apresentar-se como solução de certos dramas sociais –, há outros "ilusionistas" que se dizem capazes de encontrar na natureza os valores que, em rigor, foram por eles mesmos lá colocados, nos termos já expostos. Sacerdotes de qualquer credo, militantes políticos em geral, teóricos e professores "iluminados", todos os que têm certeza de que conhecem a Verdade e a Justiça – assim, em maiúsculas –, seja por intermédio de algum tipo de revelação ou pela consulta qualificada à "natureza das coisas", à "natureza do caso concreto", à "natureza da sociedade" ou à "natureza racional do homem" (identificada por Kelsen com a razão prática), todos tenderiam a atuar como protagonistas de uma cultura autoritária. E, obviamente, a suposta nobreza de propósitos não afasta nem a falácia lógica em que incorrem nem o caráter antidemocrático dos meios que eventualmente podem utilizar. Quanto a este último ponto, em que se concentra nosso interesse, é provável que não se consiga apresentar um ditador sequer, de nenhum tipo, doméstico ou estatal, que tenha renunciado à tentativa de justificar seus atos apresentando a suposta dignidade de seus fins. "Os mais altos ideais foram comprometidos pela intolerância daqueles que os defenderam", sublinha Kelsen (2010b, p. 50).

Não se pode deixar de reconhecer que, ontem e hoje, muitos dos que generosamente se dizem dispostos a sacrificar sua própria vida por um ideal, na prática se mostram dispostos a sacrificar também, e primeiramente, a alheia. E mesmo aqueles que deixam de lado as formas mais contundentes de opressão, em regra, atentos aos exemplos históricos que sinceramente repudiam, mesmo estes tendem a apelar para a autoridade que lhes confere o suposto conhecimento da justiça para silenciar ou, no mínimo, constranger quem lhe apresenta oposição. O autoritarismo pode ser exercido de distintos modos e em distintas intensidades.

Contudo, e de acordo com o diagnóstico feito por Kelsen, ele dificilmente terá lugar se assumida a visão de mundo relativista. O relativismo, com o postulado antimetafísico de que apenas verdades condicionadas podem ser conhecidas e de que os valores, em lugar de integrarem de modo imanente os objetos, são expressões normativas estipuladas por seres humanos – não se podendo, por meio do uso da razão, hierarquizá-los –, é considerado por nosso autor como uma espécie de estímulo à prudência. Não só epistemológica, mas também política. O relativista tenderia a ser tolerante, moderado, e, com isso, um personagem compatível com as exigências próprias da democracia.

Kelsen adverte para o fato de que o relativismo não pode ser entendido como se significasse uma espécie de vale-tudo moral. Essa acusação, diz, deve-se a quem, especialmente nos momentos de grande tensão política (Kelsen, 2004b), sente-se desamparado ante a provisoriedade das soluções normativas, ante a insegurança gerada pela ausência de uma definitiva e absoluta verdade axiológica. Para Kelsen, o relativismo significa que é preciso se ter consciência de que a decisão relativa à justiça "nos pertence, [...] apenas pode ser feita por nós, por cada um de nós" (Kelsen, 1960a, p. 442), e que ninguém, "nem Deus, nem a natureza e nem mesmo a razão" (Kelsen, 1960a, p. 442) pode substituir-nos nessa tarefa. E acrescenta que apenas podem sentir-se "desamparados pelo relativismo aqueles que não querem assumir esta responsabilidade, que preferem livrar-se desta decisão" (Kelsen, 1960a, p. 442), atribuindo-a a instâncias metafísicas em última análise concebidas para esse fim. Ao contrário das diversas doutrinas do direito natural, enfatiza, o relativismo não poupa o indivíduo de ter de realizar uma escolha política, "não retira de seus ombros esta séria responsabilidade" (Kelsen, 2006a, p. 307).

O relativismo, conclui, "significa autonomia moral" (Kelsen, 1960a, p. 442; Kelsen, 2006a, p. 304[36]).

Referências

HABERMAS, J. Law and the Cognitive Content of Morality. In: MAZUR. G. O. (Ed.). **Twenty-Five Year Commemoration of the Life of Hans Kelsen**. New York: Semenenko Foundation, 1999. p. 35.

KANT, I. **Kritik der reinen Vernunft**. Paris: Gallimard, 1980.

KELSEN, H. A "Dynamic" Theory of Natural Law [1956]. In: _____. **What is Justice?** Justice, Law and Politics in the Mirror of Science. 3. ed. Berkeley: University of California Press, 2004a. (Collected Essays).

---

36 (nota 70) e 307.

KELSEN, H. **A New Science of Politics**? Hans Kelsen´s reply to Eric Voegelin´s "New Science of Politics" [1954]. A contribution to the critique of ideology. Frankfurt: Ontos Verlag, 2004b.

_____. Absolutism and Relativism in Philosophy and Politics [1948]. In: _____. **What is Justice?** Justice, Law and Politics in the Mirror of Science. 3. ed. Berkeley: University of California Press, 2004c. (Collected Essays).

_____. **Allgemeine Staatslehre**. Wien: Österreichische Staatsdruckerei, 1993.

_____. **Allgemeine Theorie der Normen**. Wien: Manz, 1979.

_____. Carta enviada a Julius Moór [1927]. **Droit et société**, Paris, n. 7, 1987a.

_____. Carta enviada a Julius Moór [1933]. **Droit et société**, Paris, n. 7, 1987b.

_____. Causality and Imputation [1950]. In: _____. **What is Justice?** Justice, Law and Politics in the Mirror of Science. 3. ed. Berkeley: University of California Press, 2004d. (Collected Essays).

_____. Causality and Retribution [1941]. In: _____. **What is Justice?** Justice, Law and Politics in the Mirror of Science. 3. ed. Berkeley: University of California Press, 2004e. (Collected Essays).

_____. Das Problem der Gerechtigkeit. In: _____. **Reine Rechtslehre**. Wien: Franz Deuticke, 1960a.

_____. **Das Problem des Parlamentarismus**. Wien und Leipzig: Wilhelm Braumüller, 1925.

_____. **Der Begriff des Staates und die Sozialpsychologie**. Mit besonderer Berücksichtigung von Freuds Theorie der Masse. Imago. Zeitschrift für Anwendung der Psychoanalyse auf die Geisteswissenschaften, 8.Jahrgang, 1922a.

KELSEN, H. **Der Soziologische und der Juristische Staatsbegriff**. Kritische Untersuchung des Verhältnisses von Staat und Recht. Tübingen: J.C.B. Mohr (Paul Siebeck), 1922b.

_____. **Der Staatsbegriff und die Psychoanalyse**. Almanach für das Jahr 1927. Herausgegeben von A.J. Storfer. Wien: Internationaler Psychoanalytischer Verlag. 1927.

_____. Die Entstehung des Kausalgesetzes aus dem Vergeltungsprinzip. **The Journal of Unified Science (Erkenntnis)**, v. 8, 1939.

_____. Die Grundlage der Naturrechtslehre. Österreichische Zeitschrift für öffentliches Recht, v. 13, 1963a.

_____. Die Idee des Naturrechts [1927]. In: _____. **La idea del derecho natural y otros ensayos**. México: Coyoacán, 2010a.

_____. **Die Illusion der Gerechtigkeit**. São Paulo: M. Fontes, 2000.

_____. **Die Philosophischen Grundlagen der Naturrechtslehre und des Rechtspositivismus**. Charlottenburg: Pan-Verlag Rolf Heise. 1928.

_____. **Die Staatslehre des Dante Alighieri**. Wien und Leipzig: Franz Deuticke, 1905.

_____. Foundations of Democracy. In: JESTAEDT, M.; LEPSIUS, O. **Verteidigung der Demokratie**. Tübingen: Mohr Siebeck, 2006a.

_____. **General Theory of Law and State** [1945]. 6. ed. Cambridge: Harvard University Press, 2003a.

_____. **Gott und Staat**. Logos, Internationale Zeitschrift für Philosophie der Kultur, 11.Band, 1922/1923.

_____. **Hauptprobleme der Staatsrechtslehre**: Entwickelt aus der Lehre vom Rechtssatze. Aalen: Scientia Verlag, 1984.

KELSEN, H. La garantie jurisdictionelle de la Constitution (La justice constitutionelle) [1928]. Citada a tradução ao português: KELSEN, H. **A jurisdição constitucional**. Tradução de Maria Ermentina Galvão. São Paulo: M. Fontes, 2003b.

_____. Law, State and Justice in the Pure Theory of Law [1948]. In: _____. **What is Justice?** Justice, Law and Politics in the Mirror of Science. 3. ed. Berkeley: University of California Press, 2004f. (Collected Essays).

_____. Naturrechtslehre und Rechtspositivismus [1961]. Citada a tradução ao castelhano: KELSEN, H. La doctrina del derecho natural y el positivismo jurídico. Tradução de Eugenio Bulygin. In: _____. **Contribuciones a la Teoría Pura del Derecho**. México: Fontamara, 1991a.

_____. **Norm and Value**. California Law Review, 54, 1966.

_____. Platonic Justice [1938]. In: _____. **What is Justice?** Justice, Law and Politics in the Mirror of Science. 3. ed. Berkeley: University of California Press, 2004g. (Collected Essays).

_____. Politics, Ethics, Religion and Law. In: RITTER, G.; ZIEBURA, G. **Faktoren der Politischen Entscheidung**. Berlin: Walter de Gruyter & Co., 1963b.

_____. **Politische Weltanschauung und Erziehung**. Annalen für soziale Politik und Gesetzgebung, 1913.

_____. Professor Stone and the Pure Theory of Law. Citada a tradução ao castelhano: KELSEN, H. El profesor Stone y la teoría pura del derecho. Tradução de R. Inés W. de Ortiz e Jorge A. Bacqué. In: _____. **Contribuciones a la Teoría Pura del Derecho**. México: Fontamara, 1991b.

_____. **Reine Rechtslehre**. Einleitung in die rechtswissenschaftliche Problematik. Wien: Franz Deuticke, 1934.

KELSEN, H. **Reine Rechtslehre**. Mit einem Anhang: Das Problem der Gerechtigkeit. Zweite, völlig neu bearbeitete und erweiterte Auflage. Wien: Franz Deuticke, 1960b.

_____. Science and Politics [1951]. In: _____. **What is Justice?** Justice, Law and Politics in the Mirror of Science. 3. ed. Berkeley: University of California Press, 2004h. (Collected Essays).

_____. **Society and Nature**: a Sociological Inquiry [1943]. Buenos Aires: Depalma, 1945.

_____. **Staatsform und Weltanschauung**. Tübingen: J.C.B. Mohr (Paul Siebeck), 1933.

_____. The Idea of Justice in the Holy Scriptures [1952-1953]. In: _____. **What is Justice?** Justice, Law and Politics in the Mirror of Science. 3. ed. Berkeley: University of California Press, 2004i. (Collected Essays).

_____. The Law as a Specific Social Technique [1941] In: _____. **What is Justice?** Justice, Law and Politics in the Mirror of Science. 3. ed. Berkeley: University of California Press, 2004j. (Collected Essays).

_____. The Natural-Law Doctrine before the Tribunal of Science [1949]. In: _____. **What is Justice?** Justice, Law and Politics in the Mirror of Science. 3. ed. Berkeley: University of California Press, 2004k. (Collected Essays).

_____. The Pure Theory of Law and Analytical Jurisprudence [1941]. In: _____. **What is Justice?** Justice, Law and Politics in the Mirror of Science. 3. ed. Berkeley: University of California Press, 2004l. (Collected Essays).

_____. **The Soul and the Law** [1937]. The review of religion. v. 1.

_____. **Théorie pure du droit.** Introduction a la science du droit. Neuchâtel: Baconnière, 1953a.

KELSEN, H. Value Judgments in the Science of Law [1942].
In: _____. **What is Justice?** Justice, Law and Politics in the Mirror of Science. 3. ed. Berkeley: University of California Press, 2004m. (Collected Essays).

_____. Verteidigung der Demokratie [1932]. In: JESTAEDT, M.; LEPSIUS, O. **Verteidigung der Demokratie**. Tübingen: Mohr Siebeck, 2006b. p. 229-237.

_____. Vom Wesen und Wert der Demokratie. In: JESTAEDT, M.; LEPSIUS, O. **Verteidigung der Demokratie**. Tübingen: Mohr Siebeck, 2006c. p. 1-33.

_____. Vom Wesen und Wert der Demokratie [2ª Edición, 1929]. In: JESTAEDT, M.; LEPSIUS, O. **Verteidigung der Demokratie**. Tübingen: Mohr Siebeck, 2006d. p. 149-228.

_____. **Was ist die Reine Rechtslehre?** Zürich: Polygraphischer Verlag, 1953b.

_____. **Was ist Gerechtigkeit?** Stuttgart: Reclam, 2010b.

_____. Why Should the Law be Obeyed? [1957]. In: _____. **What is Justice?** Justice, Law and Politics in the Mirror of Science. 3. ed. Berkeley: University of California Press, 2004n. (Collected Essays).

MÉTALL, R. **Hans Kelsen, Leben und Werk**. Vienna: Verlag Franz Deuticke, 1969.

MÜLLER, I. **Furchtbare Juristen**. Die unbewältigte Vergangenheit unserer Justiz. München: Kindler Verlag, 1987.

STOLLEIS, M. **Recht im Unrecht**. Studien zur Rechtsgeschichte des Nationalsozialismus. Frankfurt am Main: Suhrkamp, 1994.

_____. **Geschichte des Öffentlichen Rechts in Deutschland**. Staatsrechtswissenschaft und Verwaltungsrechtswissenschaft in Republik und Diktatur 1914-1945. C. H. Beck: München, 1999.

18

Aspectos da crise mundial da democracia representativa

Aspects of the World Crisis of Representative Democracy

Manoel Gonçalves Ferreira Filho

Manoel Gonçalves Ferreira Filho[1]

Professor Emérito da Faculdade de Direito da Universidade de São Paulo (USP). Professor Titular (aposentado) de Direito Constitucional da Faculdade de Direito da USP. Doutor *honoris causa* da Universidade de Lisboa. Doutor pela Universidade de Paris. Ex-Professor visitante da Faculdade de Direito de Aix-en-Provence, França. Membro da Academia Brasileira de Letras Jurídicas. Presidente do Instituto Pimenta Bueno – Associação Brasileira dos Constitucionalistas.

Resumo

A crise da democracia representativa é hoje lugar comum entre os estudiosos da política. Se a sua implantação ainda é bandeira reivindicatória em Estados não democráticos – e não é longínqua a (fracassada) "primavera árabe" –, deixou de ser o modelo indisputado, já que regimes não democráticos têm ganhado apoio e aplauso, tanto interna quanto internacionalmente, como o da China, o de Cingapura etc. A democracia precisa ser reconstruída em suas instituições e renovada em seu espírito. Essa reconstrução tem de ser feita, porém, democraticamente, ou seja, sem dogmatismos, pelo livre debate e pela respeitosa troca de ideias.

Abstract

The crisis of representative democracy is now a commonplace among politics researchers. Its implementation might be a conquest to be achieved in non-democratic States – the experience of the (failed) Arab Spring is

---
[1] *Copyright* ® de Manoel Gonçalves Ferreira Filho. Publicação autorizada pelo autor, sem a cessão dos direitos autorais. Este texto poderá ser publicado pelo autor em qualquer outro livro e/ou periódico de sua preferência, no Brasil e/ou no exterior.

recent – but it is not an undisputed model, since non-democratic regimes have been gaining momentum, internally and internationally. Singapore and China are examples. Democracy must have its foundations rebuilt. Its spirit must be renewed. Nevertheless, this reconstruction has to be democratic. In other words, it will be achieved through respectful interchange of ideas and free speech, with no dogmas.

Palavras-chave

Democracia representativa. Autoritarismo. Crise da democracia.

Keywords

Representative democracy. Authoritarianism. Crisis of democracy.

Sumário

18.1 Considerações iniciais. 18.2 A decepção com a governança democrática. 18.3 O desencanto com os eleitos. 18.4 A realidade da representação política. 18.5 A realidade heterodoxa da eleição popular. 18.6 A ameaça da demagogia. 18.7 Considerações finais. Referências.

Summary

18.1 First considerations. 18.2 The deception with democratic governance. 18.3 The disenchantment with elected politicians. 18.4 The reality of the political representation. 18.5 The heterodox reality of popular election. 18.6 The threat of demagogy. 18.7 Final considerations. References.

18.1 Considerações iniciais

A crise da democracia representativa é hoje lugar comum entre os estudiosos da política. Se a sua implantação ainda é bandeira reivindicatória em Estados não democráticos – e não é longínqua a (fracassada) "primavera árabe" –, deixou de ser o modelo indisputado, já que regimes não democráticos têm ganhado apoio e aplauso, tanto interna quanto internacionalmente, como o da China, o de Cingapura etc.

É, todavia, nos Estados já democratizados que ela perdeu terreno, objeto de uma desafeição e até de repúdio. Tal fato preocupou o *Journal of Democracy* (jan. 2016, v. 26, n. 1) – ícone dos cientistas políticos americanos pró-democracia –, que veio a perguntar *"Is democracy in decline?"* em janeiro de 2015, para denunciar alarmado *"the specter haunting Europe"* em outubro de 2016. (v. 27, n. 4, p. 20.) Seria este a grave ameaça para a "democracia liberal", decorrente do populismo (out. 2016, v. 27, n. 4, p. 47), da "esquerda perdida" (out. 2016, v. 27, n. 4, p. 69), do desenvolvimento de um "iliberalismo" (out. 2016, v. 27, n. 4, p. 77) etc., na atualidade do continente europeu.

Nessas colocações, há, sem dúvida, um grau de confusão entre a desafeição pelas políticas postas em prática pelas democracias e a desafeição para com esta. Transparece das denúncias um nítido viés de "esquerda", que pretende que suas ideias sejam o cerne da democracia e a inspiração necessária de políticas democráticas.

Mas é real tal crise. E ela se registra a olho nu tanto nas democracias "jovens", como nas democracias já rodadas. Põe em risco a própria democracia.

Com efeito, essa crise, vista de um prisma psicossocial, denota uma crescente descrença na democracia. Decorre disso um risco para sua legitimidade, e esta é o fundamento sine qua non de qualquer regime político.

Destaco dois aspectos: 1) a decepção com a governança[1] democrática e 2) o desencanto com os eleitos.

Entretanto, uma perquirição, mesmo superficial, a respeito dos fatores que provocam essa desafeição, identifica questões institucionais graves. Estas devem ser apreendidas com realismo e levadas em conta não só para o aprimoramento da democracia, mas também para sua própria sobrevivência. Concernem elas 3) à própria concepção de representação política e, o que é inseparável desta, o mecanismo de seleção dos representantes, ou seja, 4) à eleição popular, tal qual se pratica.

A isso se soma um fator de vulnerabilidade historicamente inerente à democracia, mas hoje agudo: 5) a demagogia, ou o populismo, como hoje se prefere dizer, exacerbado por um sentimento generalizado de injustiça.

Seria pretensão excessiva enfrentar a fundo esses temas em uma limitada intervenção. Ouso, entretanto, levantar-lhes o perfil, a fim de provocar a discussão e a meditação sobre eles. Afinal, não é pressuposto da democracia representativa que da discussão nasce a luz?

18.2 A decepção com a governança democrática

A crise da governança democrática, já sugerida no próprio tema deste painel, é obviamente um importante fator de descrença na democracia.

Pelo mundo afora é generalizada a impressão de que as democracias não têm tido êxito em termos de política econômica e social, ou seja, em matéria de governança. Quanto a isso, há concordância entre a esmagadora maioria dos observadores, incluídos os mais engajados na ideologia democrática.

---

1 Empregamos o termo em um sentido amplo, que vai além do que *governance* significa para o Banco Mundial. Para este, *governance* é "a maneira pela qual o poder é exercido na gestão dos recursos econômicos e sociais em vista do desenvolvimento".

Entre estes há quem fale em "*bad governance*", enquanto Fukuyama (2015) indaga "*Why is democracy performing so poorly?*".[2]

Ora, como há mais de 50 anos Bertrand de Jouvenel (1972, p. 79) apontou, a missão contemporaneamente atribuída ao Estado é "a vocação ao rápido progresso econômico e social". Trata-se de uma profunda mudança na concepção do que seja o "bom governo". Em vista disso, observa:

> Um governo está hoje em falta se não está mantido o pleno emprego, se o produto nacional não aumenta, se o custo de vida cresce, se a balança de pagamentos está desequilibrada, se o país se atrasa no plano tecnológico em relação a outros, se as instituições de ensino não fornecem os talentos especiais na quantidade e na proporção correspondente às necessidades da economia nacional. (Jouvenel, 1972, p. 77)

Lembre-se, por outro lado, que a boa governança nesse plano econômico e social não dispensa o Estado de outras tarefas, como manter a segurança externa e interna, conduzir à rápida prestação judicial, punindo os criminosos e dirimindo litígios etc.

Há uma evidente sobrecarga de tarefas, de que os governos não dão boa conta.[3] Daí a insatisfação, e desta, a decepção.

Essa decepção abala a legitimidade da democracia, sem a qual nenhum sistema sobrevive a longo prazo. Povo algum aceita duradouramente um poder que não lhe atende ou serve.

Volte-se a Fukuyama (2015), para continuar prestigiando autores, competentes, mas notoriamente vinculados à ideologia democrática. Para este, o insucesso da governança democrática tem solapado sua legitimidade – e, no texto, ele cita "Brasil, Índia, Indonésia, Filipinas e África do Sul",

---

2 É o título de artigo que publicou no *Journal of democracy* (Fukuyama, 2015, p. 11).

3 No tocante ao Brasil, confira meu livro: Ferreira Filho, 1995.

ao passo que o prestígio de China e Cingapura, pela razão inversa, tem crescido.

O fato é que, nas democracias contemporâneas, a opinião tende a pôr em segundo plano os valores básicos do constitucionalismo – liberdade, igualdade, segurança. Talvez porque, nas democracias, esses valores já foram conquistados e são vistos como definitivamente adquiridos.

Entretanto, é ainda Fukuyama (2013) quem sublinha que a viabilidade da democracia tem como uma de suas condições que o Estado provenha a população do que é básico para ela.

Em outras palavras, que o Estado propicie a boa governança. O que o idealismo de base rousseauniana presumiu que necessariamente ocorreria caso todos participassem do poder.

18.3 O desencanto com os eleitos

É um fato notório que, nas democracias contemporâneas, os "políticos" são mal vistos. Raramente isso é mencionado por escrito, embora todos o sintam no dia a dia.

Chevallier, no livro *L'Etat post moderne* (2003, p. 146), assinala, a propósito do que se passa na Europa ocidental, "o descrédito que colhe os representantes" (e representantes do povo são os eleitos na democracia). A opinião os acusa de incapacidade para enfrentar os problemas da governança, da indiferença para com o cotidiano do povo e, sobretudo, pela corrupção. Esta, "ilustrada pela multiplicação em todos os países dos '*affaires*' e dos 'escândalos'", o que demonstraria "o contraste entre a ética do desinteresse, sobre o qual repousa a delegação política e a revelação das práticas subentendidas do interesse pessoal e reclamadas pelo cuidado de manter-se no poder".

Na verdade, há quem pretenda que tal desencanto provenha da consagração de um padrão cultural moralista, rigorista, que, hoje, se imporia no mundo todo. Esse padrão seria o da classe média protestante europeia, mais intolerante do que outras para os pecados do homem. O argumento tem por si o fato de países como os Estados Unidos, a Alemanha, a Suíça etc. terem, na atualidade, assumido a postura de promotores da lisura nos negócios e na política, em uma palavra de inimigos da corrupção.[4]

Em uma visão mais realista, a reação contra esses "malfeitos"[5] parece ter uma razão muito simples – não advém de uma mudança cultural ou de uma elevação de padrão moral, e sim do fato de que "o rei hoje está nu". Ou seja, o desenvolvimento dos meios de comunicação pôs às escâncaras o que antigamente era discretamente ocultado e, portanto, muito pouco apercebido.

18.4 A realidade da representação política

A crise contemporânea da democracia representativa, cujos aspectos psicossocais foram aflorados, tem, todavia, razões profundas que tocam o âmago de suas instituições básicas. O primeiro a considerar é a própria representação política.

Segundo o modelo estabelecido de democracia representativa, o povo se governa por meio de representantes que elege. Tal modelo procede da doutrina luminosamente exposta por Montesquieu, em *O espírito das leis*, em meados do século XVIII.

---
4   Vide o caso Fifa, o caso Siemens etc.

5   Para adotar termo empregado pela "Presidenta" Dilma Rousseff, que certamente entendia bem da matéria.

Referida doutrina pode ser resumida em alguns pontos: 1) o povo, por ser livre, deveria participar da governança, mas 2) isso é impossível no plano fático e inconveniente na prática, porque 3) o povo não tem capacidade para tomar as decisões necessárias à governança.[6] Não é ele capaz de *discuter les affaires* (ou seja, de debater e apreciar as alternativas e necessidades com o pressuposto de que da discussão vem a luz), de conduzir os negócios públicos, de avaliar as oportunidades, de tirar proveito delas etc.

Entretanto, o povo tem a 4) capacidade – "admirável", expressamente o diz Montesquieu – de escolher a quem ele deve confiar "qualquer parte de sua autoridade". Assim, 5) a ele deve ser dada, no âmbito de seu convívio, a escolha de "representantes" que atuem em seu lugar, tomando as decisões de governo. Com o óbvio corolário, 6) de que esses representantes estão livres para tomar as decisões, conforme bom lhes parecer, independentemente da opinião daqueles que os escolheram, porque teriam uma capacidade que o povo em geral não tem. Dessa forma, estes tem carta branca para atuar na governança, ainda que subentendido que o faça no interesse geral.[7]

Esse modelo foi consagrado nos primórdios do constitucionalismo. Está em seus primeiros documentos, inscritos na história dos Estados Unidos e da França.

Era considerado inerente à república, na linguagem de Madison, e ao governo representativo, na terminologia francesa. Era, para os construtores do constitucionalismo, a forma de dar ao povo participação na governança,

---

6 Vejam-se, da obra citada de Montesquieu, o Capítulo 6º do Livro XI e o Capítulo 2º do Livro II, respectivamente intitulados *Da Constituição da Inglaterra* e *Do governo republicano e das leis relativas à democracia*.

7 Há, nesse sentido, a famosa manifestação de Edmund Burke em carta a seus eleitores de Bristol.

evitando-se o governo pelo povo, ou seja, a prevalência da "ralé" – a *oclocracia*, na terminologia de Sieyès.

Completava esse modelo, como corolário indispensável, as restrições à própria participação popular no processo eleitoral, seja como poder de eleger, seja como elegibilidade, em geral pelo sistema censitário.

Quando, em meados do século XVIII, na Inglaterra, a maioria do povo (masculino) conquistou o direito de voto e de eleger-se, o governo representativo passou a ser visto como o governo democrático. O governo em que a maioria do povo tinha participação. É o que transparece de autores como John Stuart Mill (1964).

Nesse contexto, pesava o sarcasmo de Rousseau de que o povo somente se governaria ao escolher seus senhores. Seriam os "representantes" que no dia a dia governariam, estabelecendo as políticas públicas, tomando as decisões e tudo o mais que se compreende na governação. Isso, aliás, é ainda constitucionalmente decorrente do mandato representativo.

Para ir além disso, seria preciso ao menos que o povo escolhesse a orientação da governança que os representantes colocariam em prática. O meio imaginado, e adotado, seria o de fazê-lo por intermédio de partidos programáticos. Ao votar nos candidatos destes, haveria não apenas da escolha do representante-governante, mas igualmente do rumo da ação governamental.

O esquema teve aceitação generalizada na doutrina, a exemplo de Kelsen (1993). Por meio dele, a eleição não seria apenas a escolha do representante, mas também a definição da orientação política a ser posta em prática. É a democracia pelos partidos, do que decorre a consagração dos partidos como entes constitucionais, com o monopólio das candidaturas, com a disciplina dos eleitos, com a representação proporcional para dar, nas Câmaras, peso a todas as correntes, na medida da adoção de seus programas pelo eleitorado.

Na realidade, os programas partidários de pouco ou de nada servem para dar ao eleitor sequer a fixação do rumo da ação governamental. Apenas isso ocorre, palidamente, em sistemas bipartidários.

Entretanto, sendo excepcional um partido conquistar sozinho a maioria necessária para governar, o programa a ser executado será de fato a combinação feita entre os eleitos da coalizão majoritária, e essa combinação se faz à revelia do eleitorado.

Por outro, porque, com frequência, os programas são "generalidades genéricas" destinadas a agradar a todos os eleitores e não desagradar a ninguém, sendo inúteis para a definição do rumo da governança. Isso quando não são enunciados ideológicos e abstratos que não são exequíveis, ao menos de pronto, em face do mundo real.

E bem o sabem as Constituições, pois, nenhuma obriga a governança a *responsiveness*, decorrente de programas partidários, muito menos quando seja adivinhada a partir de resultados eleitorais.

Ademais, é despropositado deduzir de um resultado eleitoral, salvo o fato óbvio de que determinados candidatos foram eleitos, a "vontade" do povo. Para admiti-lo, é necessário fechar os olhos para o fato de que as maiorias eleitorais que exprimiriam tal vontade são agregados heterogêneos de pessoas pertencentes a grupos com ideias díspares e objetivos muito diversos. No máximo, essa "vontade" não passa de uma adesão, tênue na intensidade, a uma esperança de vantagem ou uma opção pelo mal menor.

A comprovação disso está em obras baseadas em numerosas pesquisas científicas, como o recente livro *Democracy for realists*, publicado no ano passado (Achen; Bartels, 2016).[8] Mostram esses estudos que a maioria dos eleitores não se interessa por política, não acompanha a política, muito

---

8   No meu livro *Ideias para a nova Constituição brasileira*, há um capítulo em que os mesmos fatos são apontados – "A revisão da doutrina democrática" (Ferreira Filho, 1987, p. 39).

menos se instrui sobre os problemas políticos e se dá por cidadão consciente e participativo quando lê os títulos nos jornais. Seu desinteresse tem razão clara: ele tem de cuidar da própria vida e espera que os outros cuidem dos negócios públicos.

Acrescente-se que, no plano das pesquisas, verifica-se que indagações com o mesmo conteúdo têm respostas diferentes conforme as perguntas tenham sido formuladas. Isso revela as contradições e incoerências na manifestação da "vontade" do cidadão, o que tira o valor dos plebiscitos e dos referendos.

De tudo isso decorre o fato indesmentível de que os "representantes" é que governam, discricionariamente, na democracia representativa tal qual ela funciona. Nenhuma delas obriga o governante a *responsiveness*, relativamente aos programas eleitorais ou partidários.

Na verdade, a qualidade da governança e seu viés democrático dependem da ideologia, da capacidade e da mentalidade dos "representantes". São esses elementos que o sistema político recebe da sociedade, de sua cultura e de outros fatores da mesma ordem.

18.5 A realidade heterodoxa da eleição popular

O que se acaba de apontar acentua a importância da seleção dos "representantes", ou seja, da eleição.

Na verdade, a democracia é para muitos, como para Schumpeter (1954), um método de escolha dos governantes, método este que importa em eleições livres e disputadas.

Mesmo sem a reduzir a um método, ninguém hoje aceitaria como democracia um regime em que não houvesse eleições livres e disputadas.

A eleição é assim, no entender comum, o modo democrático de escolher os representantes, os governantes (pondo-se de lado a questão do rumo da governança). É o único modo democrático.

Cabe, todavia, lembrar que, na Antiguidade helênica, o método democrático era o sorteio que igualiza todos os cidadãos; a eleição era vista como um método aristocrático, porque nela cabe a ponderação das qualidades dos candidatos. A preferência da democracia representativa pela eleição tem um significado implícito: a escolha deve buscar os mais capazes. A lição de Montesquieu alicerça esse entendimento: os representantes não devem ser capazes daquilo que o povo em geral não é – *discuter les affaires*?

Ora, a escolha dos mais capazes, ou dos que melhor se coadunam com a visão dos eleitores, presume logicamente que estes conheçam os candidatos. Montesquieu já assim havia constatado, ao recomendar que fossem escolhidos no círculo em que viviam.[9]

Contudo, esse conhecimento de convívio é impossível nos Estados contemporâneos, com milhões de eleitores. Assim, a informação sobre os candidatos entre os quais têm de escolher, na melhor das hipóteses, limita-se ao superficial, ou ao que lhes é "vendido".

Com efeito, o eleitor, se se quiser que ele possa fazer uma escolha racional, tem de conhecer um mínimo acerca do candidato, de seu caráter, de suas ideias e das de seu partido. E isso não é fácil, sobretudo para a maioria que nem acompanha a política.[10] O processo eleitoral estabelecido pelo mundo afora reconhece essa necessidade tanto que prevê as campanhas eleitorais.

Estas, hoje, são feitas pela propaganda, pelos métodos aperfeiçoados para a "venda" de produtos, sob a direção de especialistas – os famosos

---

9   Livro XI, Capítulo 6º, em que justifica "porque se julga melhor da capacidade dos seus vizinhos (*voisins*) do que da de seus outros compatriotas".

10 Vejam-se os estudos citados na nota anterior.

"marqueteiros". Claro está que isso propicia informações aos eleitores que se interessem por obtê-las, mas enseja desinformações e manipulações.

Nesse pecado já incidiam e incidem os meios de comunicação de massa – jornal, rádio, cinema, televisão –, mas sua atuação era documentada, o que permite a réplica e limita a irresponsabilidade. O meio digital potencializou o dano. Enseja o anonimato, portanto, a irresponsabilidade. Isso permite, como se registrou nas recentes eleições norte-americanas, a difusão de mentiras, calúnias e outras baixezas, afora a (alegada) intromissão de potências estrangeiras. E há organizações especializadas nesse trabalho, o mais das vezes pondo-se como independentes e a serviço dos mais lídimos interesses sociais.

É preciso lembrar que as campanhas partidárias são custosas e contemporaneamente, dada as exigências da propaganda e de seus especialistas, que exigem quantias vultosas. Claro está que tal situação é propícia à corrupção, como fatos bem conhecidos o comprovam. Não é preciso dizer mais sobre isso.

Enfim, não se pode ignorar que, na democracia representativa, a permanência na elite dirigente política – a "classe política" – é instável. A limitação da duração dos mandatos e a consequente periodicidade de eleições acarretam para seus membros o risco de exclusão, com a perda de *status* e de vantagens. Se isso tem a vantagem de sua renovação e enseja a intervenção crítica do eleitorado, é uma ameaça para os que a integram.

Em razão disso, é compreensível que zelem pelo seu próprio interesse na reeleição.[11] Não é raro, então, que coloquem acima de tudo as reivindicações e conveniências dos integrantes de seu nicho eleitoral, seja o dos eleitores de seu distrito, seja o dos membros de corporações que os apoiam, e (quase) sempre o que é reclamado pelos seus financiadores.

---
11 Eminente senador brasileiro costuma dizer que tal preocupação habita parlamentares desde o dia seguinte à eleição...

Disso decorre, não raro, um efeito perverso: colocar o interesse particular, ou os interesses particulares, de seu eleitorado acima do interesse geral. E isso se reforça pela solidariedade própria a toda classe, a que não escapa a classe política.

Obviamente, essa situação leva a vulnerar a boa governança.

Não se pode, nesse passo, deixar de referir o fato de que a crise da democracia representativa no Brasil atual decorre da deterioração, em alto grau, do sistema representativo e de sua fonte, o processo eleitoral. A Constituição em vigor e a legislação que a complementa nessas matérias têm evidente culpa nisso. O sistema de representação proporcional e a facilitação na criação de partidos trouxe um quadro em que a representação parlamentar, na Câmara dos Deputados, é fragmentada entre quase uma vintena de partidos e, ademais, os três maiores somados não representam a maioria absoluta da Casa. Por isso, sendo a maioria necessária no Legislativo indispensável em um Estado de Direito, pretendeu-se obtê-la por meio de coalizão, daí o chamado *presidencialismo de coalizão*. Entretanto, como os partidos com sua multiplicação perderam completamente qualquer significação doutrinária, tal coalizão jamais se faz em torno de ideias, se "compra" via satisfação de interesses. E isso leva à sua desmoralização e, pior, à generalização da corrupção.

Na verdade, como há mais de meio século, Duverger (1958) já ensinava que a representação proporcional naturalmente leva à multiplicação partidária – e são incontáveis os estudiosos que veem nessa uma vulnerabilidade para a democracia – o método ainda foi pervertido por um "jeitinho" – o puxador de votos para a legenda. Com isso, o eleitor vota em um artista, em um palhaço, em um jogador de futebol e elege sem saber vários "representantes", os quais talvez não elegeria se compreendesse a mecânica do sistema.

18.6 A ameaça da demagogia

Desde a Antiguidade helênica, sabe-se da vulnerabilidade da democracia à demagogia.

Em Atenas, modelo idealizado da democracia antiga, surgiu a figura dos demagogos. Estes eram líderes que, explorando o descontentamento e os mais sentimentos da comunidade, buscavam o poder para si, ainda que desastrosamente para a *polis* no futuro. Foi sua atuação que, segundo os historiadores e filósofos da época, levaram à sua derrota na guerra do Peloponeso e à extinção da democracia. E provocaram a hostilidade de Platão e outros para com ela, hostilidade que durou séculos, ao menos até Rousseau.

Os pais do governo representativo a temiam e esperavam impedi-la pelas restrições à participação política, pela previsão de uma câmara alta de função moderadora, pela não coincidência dos mandatos, pelas exigências de maioria qualificada nas deliberações mais importantes. Esse arsenal ainda frequenta as Constituições democráticas e, se estas abandonaram as restrições eleitorais, ainda levam em conta a idade para a elegibilidade.

O demagogo, todavia, não desapareceu. Ele esteve ou está vivo nas democracias modernas. Chamá-lo de *populista* não lhe altera a substância. É um risco, inerente à democracia, sendo o mundo como ele é, e os seres humanos o que são. O preço de viver em uma democracia é conviver (e combater) com a demagogia.

No quadro contemporâneo, os meios à sua disposição se multiplicaram com o advento da comunicação digital. Esta lhes deu meios de mobilização, de difusão de ideias, de mentiras, de preconceitos etc., incontroláveis (ou quase). Não é surpresa vê-los atuar, e com êxito, nas velhas e nas novas democracias.

A demagogia contemporaneamente se manifesta como reação contra grupos ou minorias privilegiadas. É o que demonstrou a eleição de Trump nos Estados Unidos e nas perspectivas eleitorais nos grandes Estados europeus.

Claramente se nota que o que alimenta a demagogia na atualidade é o fato de que grande parcela do povo – o todo formado pelos "certinhos", aqueles que cuidam de si e dos seus, que trabalham de sol a sol, que cumprem as leis e respeitam os bons costumes e, sobretudo, pagam os tributos e, assim, arcam com os ônus da ação estatal – sente-se injustiçada e onerada por uma política de assistência e socorro a minorias ou grupos. Não apenas a refugiados e a imigrantes ilegais, mas também de grupos étnicos em detrimento de outros, a indígenas, a LGBTs, a criminosos e suas famílias, a usuários de drogas, a produtores de filhos sem família.

Paradoxalmente, esses grupos também se sentem injustiçados em face das discriminações e agruras por que passam ou por que passaram seus ancestrais.

Pesa, sem dúvida, no descontentamento dos "certinhos", o fato de que os custos dessa proteção recaem sobre eles os (desprezados) "homens comuns", em face dessas minorias ou grupos paradoxalmente "privilegiados". Não se reduza o fenômeno a esse aspecto materialista, há insuflando esse descontentamento um sentimento de injustiça. Como há uma demanda de justiça retrospectiva em minorias como os descendentes de escravos.

Hoje quem não se enquadra em uma "minoria" ou grupo considerado merecedor de favorecimento – especialmente quando é pobre ou empobrecido – revolta-se contra essa situação de desigualdade e, por não ser nem idealista nem sábio, pode ser seduzido pela demagogia. Como são muitos, podem prevalecer em eleições democráticas, favorecendo os que os servem, os "populistas".

Decorre disso um quadro que ameaça repetir o ocorrido nos anos 1920 e 1930, que deu no que deu.

18.7 Considerações finais

De tudo o que se expôs, a conclusão óbvia é que a democracia precisa ser reconstruída em suas instituições e renovada em seu espírito. Essa reconstrução tem de ser feita, porém, democraticamente, ou seja, sem dogmatismos, pelo livre debate e pela respeitosa troca de ideias. Nem todos os que criticam a democracia existente são antidemocratas, da mesma forma que nem todos os que se jactam de *democratas* são verdadeiramente democratas.

Tal reconstrução e tal renovação são imprescindíveis, não só porque, segundo disse Churchill, a democracia é a pior das formas de governo, excetuadas todas as outras, mas também porque, no ciclo apontado por Platão, depois dela vem o pior: a tirania.

Referências

ACHEN, C. H.; BARTELS, L. M. **Democracy for Realists**: why Elections do not Produce Responsive Government. Princeton: Princeton University Press, 2016.

CHEVALLIER, J. **L'Etat post moderne**. Paris: LGDJ, 2003.

DUVERGER, M. **Les partis politiques**. 3. ed. Paris: Armand Colin, 1958.

FERREIRA FILHO, M. G. **Constituição e governabilidade**: ensaio sobre a (in)governabilidade brasileira. São Paulo: Saraiva, 1995.

_____. **Ideias para a nova Constituição brasileira**. São Paulo: Saraiva, 1987.

FUKUYAMA, F. Democracy and the Quality of the State. **Journal of Democracy**, v. 24, n. 1, Oct. 2013.

FUKUYAMA, F. Why is Democracy Performing so poorly? **Journal of Democracy**, v. 26, n. 1, Jan. 2015.

JOUVENEL, B. de. **Du Principat**. Paris: Hachette, 1972.

KELSEN, H. **A democracia**. São Paulo: M. Fontes, 1993.

MILL, J. S. **Considerações sobre o governo representativo**. São Paulo: Ibrasa, 1964.

SCHUMPETER, J. **Capitalisme, socialisme et démocratie**. Paris: Payot, 1954.

19

Quanto de direitos humanos o capitalismo suporta?

How Many Human Rights Can Capitalism Stand?

Martonio Mont'Alverne Barreto Lima

Martonio Mont'Alverne Barreto Lima

Professor Titular da Universidade de Fortaleza. Procurador do Município de Fortaleza.

Resumo

Este artigo analisa a tensão entre a necessidade de resguardo dos direitos humanos e o modo capitalista de produção.

Abstract

This article analyzes the tensions between the need for safeguarding human rights and capitalism.

Palavras-chave

Direitos humanos. Capitalismo.

Keywords

Human rights. Capitalism.

Sumário

19.1 Ensaio. Referências.

Summary

19.1 Essay. References.

19.1 Ensaio

O capital tem horror à ausência do lucro ou do lucro pequeno, como a natureza do vazio. Com lucro adequado o capital torna-se audaz; com 10%, seguro; com 20%, excitado; com 50% de lucro, temerário; com 100% pisoteará qualquer lei humana; com 300% de lucro não há crime que não cometa mesmo sob a ameaça da forca. Se tumulto e confusão trouxerem lucro, serão pelo capital encorajados. Prova: contrabando e comércio de escravos. (Marx, 1969, p. 788)

Eis a verdadeira razão da crise que assola a economia mundial desde 2008: a busca pelo lucro. Decorre daí a insistência na ausência de lei – conseguida em diversos países – a fim de que inexista o risco ao capital, ou melhor, para que sequer o perigo da força não paire sobre aqueles que buscam o lucro a qualquer custo. À necessidade dessa ausência de legislação, ou de regulamentação, ou ainda de presença do Estado, boa parte de cientistas sociais e políticos, juristas e economistas chama de *incremento à produtividade* ou de *imprescindível competitividade*.

Esse cenário convive com a incessante procura por maior vigilância no que diz respeito aos direitos humanos, em que os pactos internacionais firmam-se quase todos os dias pelas mais distintas nações. Ao lado dessa atitude, as cortes internacionais de direitos humanos são abarrotadas com processos de crime contra a humanidade e o esforço cotidiano daqueles a lutarem por obediência aos direitos humanos, nos âmbitos internos e externos, não para de crescer. Especialmente em países que viveram regimes totalitários ou autoritários, o "trabalhar do passado" ainda é uma realidade distante.

O que desperta atenção é uma dubiedade que salta aos olhos. Ao mesmo tempo em que constituições democráticas produzem-se em meio a processos democráticos, condenam elas toda forma de violação aos direitos humanos, atribuindo-lhes sua condição de crimes imprescritíveis.

Paralelamente, as mesmas sociedades esbarram em tratamentos judiciais a impedirem o "trabalhar do passado" ou a punição de quem, nos tempos autoritários ou totalitários, praticou delitos como morte, perseguição política, sequestro e tortura. O caso do Brasil é apenas mais um que se soma ao panorama jurídico mundial. Nesse sentido, o julgamento da Arguição de Descumprimento de Preceito Fundamental (ADPF) n. 153/DF (Brasil, 2010) pelo Supremo Tribunal Federal (STF), em 29 de abril de 2010, entendeu não mais ser possível a punição dos que praticaram crimes durante a ditadura militar brasileira iniciada em 31 de março de 1964, atestando a completa adequação da Lei da Anistia (Lei n. 6.683/1979) à Constituição Federal (CF) de 1988.

Dessa forma, despontam como legítimas as indagações sobre o quanto de direitos humanos pode suportar o sistema de economia de mercado, bem como sobre quais são os parâmetros para que se afira a sinceridade das nações e dos respectivos governos quando assinam tratados internacionais favoráveis aos direitos humanos, quando aceitam a submissão de seus poderes à jurisdição de tribunais internacionais e – mais polêmico ainda – quando decidem entregar seus cidadãos nacionais para julgamentos em tais cortes internacionais.

As indagações sobre o quanto de direitos humanos o capitalismo suporta revestem-se de maior destaque quando se correlacionam os ganhos comerciais que um país pode ter ao optar, por exemplo, em fazer trocas comerciais com outros reconhecidos perante a opinião pública internacional como violadores dos direitos humanos. Em outras palavras: a busca por mercados desencadeada pelo desenvolvimento econômico capitalista será capaz de violar as leis e arriscar seu pescoço em nome do lucro e do ganho de protagonismo político-econômico? Está será a pergunta que se tenta brevemente enfrentar. Ainda que se trate de um esforço localizado, não parece inviável a provocação sobre o tema.

A troca de mercadorias foi responsável por formas de contatos econômicos, culturais e políticos inesperados para a grande maioria dos indivíduos. Darcy Ribeiro analisa que a expansão europeia a partir do final do século XV e começo do século XVI mudou os rumos da humanidade. Marx também afirmou que "a era capitalista só tem início no século XVI" (Marx, 1969, p. 743), embora a produção capitalista já se apresente esporadicamente nos séculos XIV e XV. Nesse limiar situa-se, portanto, o nascimento do capitalismo que ainda não conhece forças capazes de impedir seu desenvolvimento.

A moral ou a relação entre moralidade e comportamento econômico não fazem parte do catálogo da história do desenvolvimento capitalista. Aliás, desencadeia-se o contrário: as preocupações de índole moral, a desaguarem em abstratas lições humanistas, somente passam a integrar o pensamento liberal após o Iluminismo e, com maior ênfase, após a Revolução Francesa e o século XIX. O liberalismo, ao contrário do que previu Norberto Bobbio (Losurdo, 2009), por também ser cobrado por movimentos sociais fortemente anticapitalistas, somente incorporará noções como igualdade de todos perante a lei depois de vivenciar as revoluções europeias a partir de 1848 e, definitivamente, com o sucesso da Revolução Russa e a proliferação das ideias socialistas.

A ambiguidade do liberalismo que se deixou representar pela oposição à Revolução Francesa não poderia ser mais bem traduzida por um dos mais significativos pensadores contra a Revolução e tido como formulador do liberalismo inglês: Edmund Burke. Em suas *Reflections* sobre a Revolução na França, afirmou que a democracia trazida por esse movimento consistiria na degeneração e na corrupção do sistema político daquele país. A propósito, Burke indaga se esses "doutores dos direitos do homem" (Burke, 1975, p. 261) não acreditam que James II não seria um leal soberano à Inglaterra? Nessa sucessão de acontecimentos, a França paga um alto preço por suas escolhas, prossegue Burke, que ocasionam simplesmente a ruína de seu sistema financeiro, com males como a corrupção institucional da política e as anarquias militar e civil (Burke, 1975). Todo esse cenário encontra na igualdade, nas novas leis da Revolução e na inobservância da tradição as suas causas. As origens da desgraça das nações residiriam na escolha democrática, na ampliação da participação de todos, reitere-se, na igualdade apregoada tão radicalmente pelos franceses. O sentimento antipovo não poderia ser mais claro: a *gentry* não sabe governar, não entende da complexa engenharia institucional e não está preparada para as honrosas tarefas de representação governamental, atribuição que somente pode ser exercida por poucos, por quem foi educado para essa finalidade.

Edmund Burke e o correspondente pensamento liberal que continuamente solidificava-se na Inglaterra demonstraram que o aristocrata ainda era o melhor antídoto contra a corrupção dos costumes, contra a tragédia da igualdade a abater qualquer nação que pretenda desenvolver sua glória e sua riqueza[1]. Assim, não haveria como se negar que a opção pelos ricos e afortunados para o governo fundamento o desenvolvimento do capitalismo, ao mesmo tempo em que comprova sua distância das reivindicações humanistas. E os acontecimentos históricos indicam ao próprio Burke o sabor amargo de suas teses.

Na obra sobre o *Impeachment of Warren Hastings* (Burke, 1975), será o próprio Burke quem acusará um alto funcionário do Império Britânico, antigo governador-geral de Bengala. Homem de confiança da Coroa inglesa, Warren Hastings gastará quase toda sua fortuna com sua defesa perante

---

1 A matriz conservadora de Bagehot é evidente também quanto à possibilidade de inclusão de todos nos processos decisórios políticos do Estado: "Two great classes of people, the slaves and women, were almost excluded from such qualities; even the free population, doubtless contained a far greater proportion of very ignorant and very superstitious persons than we are in the habit of imagining" (Bagehot, 1872, p. 171).

a Câmara dos Lordes, em um tumultuado processo que se arrastaria por mais de sete anos e terminaria por declará-lo *not guilty*. O mais surpreendente é que a Coroa britânica arcará com parte dos custos de sua defesa, destinando a Hasting pensão razoável até o fim da vida, o que lhe permitiu manter seu *estate* em Daylesford, mesmo com as pesadas acusações contra Hastings durante o processo da prática sistemática de assassinatos, roubalheira, subornos a ministros, subversão da ordem.

Se os homens de bem, os proprietários, são aqueles capazes da boa governabilidade e de impedir a corrupção do Estado, não foi exatamente o caso que o próprio Burke foi obrigado a viver: ele fora o protagonista das acusações de corrupção contra um homem do liberalismo, e não contra um dos novos "doutores dos direitos do homem". Não se tratou de julgar um homem comum para a política, a economia e a cultura; o julgamento fora de um administrador de confiança do governo inglês e que se encarregava de adotar arriscadas decisões políticas e econômicas para a mais importante das possessões do Império Britânico.

Não havia sido o sistema político inventado na França revolucionária a criar Warren Hastings: foram as concepções liberais e segregacionistas do capitalismo inglês que forjaram Hastings, que produziram a Companhia das Índias para onde acorreram os investimentos de que o próprio Burke participava. Foi esse mesmo sistema que produziu os crimes apurados no processo de *impeachment*. Afinal, basta 100% de lucro para que o capital faça qualquer lei humana voar pelos ares. Não se trata aqui de romantizar a virtude como patrimônio da *gentry*, e a não virtude como monopólio dos *lords*, em uma perspectiva analítica pobremente maniqueísta. Tampouco é nessa construção que reside o equívoco de Burke e dos liberais: o erro localiza-se no ponto em que Burke e o liberalismo do século XIX, já precedido pelo Federalista, pressupõem que a virtude é melhor e mais produtiva quando vinda dos ricos. Losurdo (2009) anota, em especial, as palavras de

Hamilton para justificar, pelos *founding fathers*, a exclusão de largas camadas da população dos Estados Unidos da participação política: "A vantagem está certamente do lado dos ricos. Provavelmente, seus vícios são mais vantajosos para a prosperidade do Estado do que aqueles dos carentes. E, entre os primeiros, existe menor depravação moral" (Losurdo, 2004, p. 102). Constata-se, realmente, no *Paper LXXXV*, a defesa dos ricos que Hamilton (Publius) elabora: "Os contínuos ataques que têm ressoado contra os ricos, os bem nascidos e os que ocupam uma posição eminente têm sido de tal natureza que têm provocado a repugnância de todos os homens sensatos" (Hamilton, 1959, p. 353).

Analisando um passado igualmente distante, porém para aplicá-lo à contemporaneidade, Aron (1986) registra o debate ocidental a respeito de a guerra dar-se apenas entre Estados independentes, onde organizações privadas – ou mesmo indivíduos – seriam excluídos da investigação do Direito Internacional e, nessa condição, não teriam como integrar a legislação internacional.

Não se contesta que a preocupação com o "direito das gentes" e o mínimo de respeito à integridade física de populações, especialmente entre nações em estado de beligerância entre si, têm sido um objetivo perseguido pela efetivação do Direito Internacional. O surgimento de organismos internacionais, com sofisticados instrumentos jurídicos, a difusão intelectual da disciplina de Direito Internacional e a comunicação mundial nos dias atuais conduziram a opinião pública internacional à qualidade de elemento objetivo a não ser completamente ignorado por governos e decisões de seus Estados quando se trata de política internacional. Esse panorama não implicou a evolução da situação de povos e Estados mais fracos diante do poder daqueles mais fortes. Não implicou também que os chamados *crimes contra a humanidade* tenham desaparecido do palco das tensões e da expectativa sempre seguinte à eclosão de qualquer conflito.

O caráter dúplice de posições tanto de Estados nacionais quanto de organismos internacionais, a depender dos atores envolvidos, tem desanimado os próprios formuladores do Direito Internacional, a reconhecerem muito do fracasso quando de sua intervenção discursiva.

O que aparece como novidade à reflexão de Aron (1986) é o surgimento de atores privados – e não somente Estados – como protagonistas dos conflitos e da violação aos direitos humanos. Piovesan (2006) indica que das 100 economias do mundo, 51 são empresas multinacionais, e 49, Estados nacionais. Apesar de essa autora defender posicionamentos de que empréstimos internacionais venham acompanhados de compromissos humanistas, registra ela a inexistência de mecanismos capazes de convencer instituições financeiras internacionais a observarem os direitos humanos econômicos, sociais e culturais, bem como de dar voz às populações afetadas pelas decisões macroeconômicas dessas instituições quando de suas negociações financeiras (Piovesan, 2006). É óbvio que o cenário descrito não provoca o menor espanto.

Percebe-se que a consolidação do capitalismo financeiro necessita ainda do Estado nacional para sua livre circulação, tanto é que a proposta de taxação de capital circulante mundial jamais saiu do rol de boas intenções. É precisamente o Estado nacional das economias centrais do capitalismo a não permitir a tributação do capitalismo financeiro em escala global. Porém, para dar cabo à sua circulação, o capital, se não prescinde do Estado nacional, adquire vida própria a ponto de converter-se, como ressalta Piovesan (2006), em detentor de tanto ou mais poder que o próprio Estado.

Uma rápida olhada no apoio às ditaduras da América Latina, da África e da Ásia permite concluir que os interesses dos agentes privados da economia roubaram na cena e incentivaram o desencadear das ações de seus Estados sobre outros mais vulneráveis economicamente, a ponto de substituir governos eleitos por ditadores. Outro ligeiro olhar para o caso do

Oriente Médio dissipa eventuais incertezas sobre o quanto podem, por exemplo, empresas petrolíferas privadas movimentar aparatos bélicos estatais para submetê-los à defesa de seus interesses, ainda que a custo da vida e da organização de povos inteiros.

Por fim, até uma análise mais desatenta sobre o desenrolar do episódio de 2014 a envolver Ucrânia, Comunidade Europeia, Estados Unidos, de um lado, e Rússia, de outro, confirma a autonomia do capital privado sobre os Estados nacionais. O início do atual conflito teve origem na recusa do então governo ucraniano de aceitar imposições do Fundo Monetário Internacional e da Comunidade Europeia a fim de receber empréstimos. Ao rejeitar a tradicional receita de corte de gastos públicos, "equilíbrio fiscal" e aumento de tarifas públicas, a Ucrânia também foi impedida de ingressar no bloco europeu. A oferta de ajuda financeira veio da Rússia, o que levou grande parte da população a protestar contra maior aproximação entre Ucrânia e Federação Russa. Comunidade Europeia e Estados Unidos não hesitaram em apoiar e encorajar movimentos contra o antigo governo ucraniano, apoiando dirigentes abertamente nacionalistas e simpatizantes do nazismo que desejavam a aproximação com o bloco da Europa. O nacionalismo presente no atual governo ucraniano é representativo daquilo que mais o tem caracterizado após o século XIX, ou seja, seu componente racial e xenófobo (Hunt, 2009). A história não perdoa e faz com que, na mesma Ucrânia fortemente vitimada pelo horror da *Wehrmacht* alemã durante a Segunda Guerra, abram-se novamente as portas para aqueles que dão pouca importância às violações extremas de direitos humanos, como as intolerâncias étnica, social, racial e religiosa. Os protestos levaram à queda do governo na Ucrânia, formando-se outra coalizão claramente composta por setores políticos nazistas e de inspiração de supremacia racial. O suprimento da Ucrânia de gás natural pela Rússia – que também abastece a Europa por meio da empresa Gasprom –, os nexos financeiros entre banqueiros russos e ocidentais, os produtos europeus exportados para a Rússia, agora sob sanções, compõem o cenário onde Estados nacionais e poderes econômico e político privados passam a ser considerados em conjunto. Se fosse constatada a prevalência dos direitos humanos assinados e depositados em organismos internacionais por Estados Unidos e Comunidade Europeia, sequer haveria a formação do novo governo ucraniano na composição em que hoje existe.

Em nenhum desses instantes o discurso dos direitos humanos foi capaz de fazer frente efetiva às ações de organismos internacionais. Nesses cruciais momentos da democracia e do desenvolvimento dos direitos humanos, não prevaleceu a vertente que os defende ou procura fortalecê-los. Entre os direitos humanos e a posição geopolítica ao lado do capitalismo financeiro, corporificado no caso da Ucrânia pela necessidade da tolerância, o Ocidente escolheu mais uma vez o segundo. A Europa, novamente no *front* da economia e da geopolítica internacional, parece ter esquecido de que "destruiu a si mesma por meio de guerras que se pode chamar de nacionais [...]" (Aron, 1986, p. 389). A sugestão aqui já parece nítida: o capitalismo suporta muito pouco de direitos humanos. O que chama a atenção, nesse caso, é o detalhe de que, transcorridos apenas quase 70 anos do fim da Segunda Guerra Mundial, os Estados nacionais não disponham da possibilidade de frear ideologias francamente hostis ao que estes mesmos Estados sepultaram – ou dizem ter sepultado – após 1945. Permanece a sensação de que, como na lição de Hannah Arendt, após o holocausto, o homem provou ser capaz de tudo.

No campo da legalidade, a assimilação dos direitos humanos no capitalismo jamais recebeu apoio desse mesmo sistema. O combate à legislação menos desumana das relações de trabalho integrou a agenda liberal capitalista desde sua origem. Karl Marx descreve as intrincadas relações na luta pela redução da jornada de trabalho na Inglaterra e na França de 1833 a 1864. Durante o reinado de Luis Felipe, a França somente aprovou uma única lei de fábrica que estabelecia uma jornada de trabalho de 8 horas para crianças de 8 a 12 anos, e de 12 horas para crianças de 12 a 16 anos (*Fabrikgesetz vom 22. März 1841*). A lei previa tantas exceções que o trabalho noturno para crianças de 8 anos terminou por ser permitido (Marx, 1969).

Na Inglaterra, a aprovação da Lei de 1º de maio de 1848 foi responsável por complexas reações. Essa legislação procurou disciplinar a jornada de trabalho em 10 horas diárias, com restrições ao trabalho de crianças e mulheres. Aqui começaram os problemas sobre a interpretação do alcance da lei no Parlamento e na Administração Pública encarregada da fiscalização do cumprimento da lei. As discussões judiciais, não raro, eram resolvidas em juízos em que os juízes eram os mesmos fabricantes de fios de algodão, como na localidade de Stockport (Marx, 1969). O interessante é que um dos quatro tribunais superiores da Inglaterra, a *Court of Exchequer*, decidiu, em 8 de fevereiro de 1850, que a Lei de 1848 "continha certas palavras que a tornavam sem sentido. Com essa decisão, a Lei das 10 horas estava revogada" (Marx, 1969). Mencionada decisão provocou fortes protestos dos trabalhadores. Em 1853, os fabricantes de seda afirmaram que "se fossem privados da liberdade de explorar crianças de qualquer idade por 10 horas diárias, isso paralisaria suas fábricas" (Marx, 1969, p. 309).

As marchas e contramarchas da legislação a regular jornadas de trabalho em favor de homens, mulheres e crianças exemplifica apenas uma parte da busca pelo mínimo de humanização das relações capitalistas, e o quanto o capitalismo pode resistir até seu limite de absorção, com o objetivo do lucro, sendo absolutamente desimportantes os mesmos critérios humanizadores.

Não passava pelo pensamento dos convencionais dos Estados Unidos da América – ou pela cabeça dos fundadores da nação brasileira – excluir escravos de qualquer participação em processos decisórios de suas sociedades, uma vez que "este limite era claro para seu pensamento"[2]. A questão era econômica: à manutenção da escravidão correspondia uma forma de organização de mercados que enriqueceria os *founding fathers* e a jovem nação norte-americana. A escolha nem seria tão difícil: entre efetivação de direitos fundamentais e humanos para todos e o enriquecimento mais rápido, optou-se por este em desfavor daquele, igualmente não por razões abstratas, porém objetivas e evidentes. Os proprietários de escravos e de terras dispunham das forças política e econômica para seguirem por essa escolha e sustentá-la por quase um século, confirmando a tese de que a expansão econômica geral de um país em pouco se relaciona, até os dias atuais, com a melhor distribuição de renda entre a população, ou com a melhora na qualidade de vida dos que geram a riqueza acumulada, centralizada e circular.

Se os Estados Unidos tinham, em seus fundadores, republicanos de primeira hora, não se pode afirmar que estes eram democratas: fundaram uma sociedade com base na extrema desigualdade, materializada na forma da escravidão, e na exclusão de pobres e mulheres de qualquer participação política. Do mesmo modo ocorreu a fundação do Brasil ao tornar-se independente de Portugal: fundou-se uma monarquia, porém não democrática. Nas constituições dos dois países, termos como *liberdade* e *igualdade* estiveram presentes, e essa presença não impediu a escravidão com a exclusão de maior parte de suas populações respectivas das decisões sociais e políticas.

Seja nos argumentos da região sul dos Estados Unidos, seja na boca dos proprietários de escravos brasileiros, a abolição significava antes de tudo a falência dos negócios: nos Estados Unidos, o fim da atividade econômica do algodão; no Brasil, o comprometimento da produção açucareira.

---

2 "weil diese Schranke für ihr Denken selbsverständlich war" (Abendroth, 1979, p. 252).

Nos Estados Unidos, o móvel do fim da escravidão ocorreu na forma de sequência a uma guerra fraticida do país, impulsionada sobretudo pela necessidade da expansão da industrialização já dominante da região norte. A imperiosa criação de mercados para os consumos interno e externo da produção norte-americana fez com que suas lideranças políticas compreendessem rapidamente a "necessidade do exterior" para a acumulação capitalista: "o capital é um organismo que não pode se manter sem olhar constantemente para além de suas fronteiras, alimentando-se de seu ambiente externo. Seu exterior é essencial" (Hardt; Negri, 2001, p. 242-243).

No Brasil, o fim da escravidão também aparece em momento de ruptura, quando alguns mais atentos pressentiram que uma economia baseada na agricultura não teria sobrevivência. Declarada a abolição dos escravos, o último apoio ao imperador brasileiro esvaiu-se: os grandes proprietários de terra e de homens escravizados nada mais tinham a perder.

Se é verdade que nos dois casos o discurso humanizador do abolicionismo desempenhou função de relevância para o fim da escravidão, não é menos verdade que o sistema de economia de mercado: a) procurou prolongar a escravidão até seu limite; b) enquanto não se viu minimamente pronto para a transição, lutou como lhe foi possível no combate às investidas da liberdade; e c) não permitiu que o fim da escravidão se traduzisse também no fim da forte diferenciação econômica e social entre as populações livres e brancas e aquela ex-escravizada, negra e pobre. Seriam necessários quase 100 anos, num caso e noutro, para que pelo menos o Direito Constitucional absorvesse a igualdade. Praticamente, só nos dias atuais é que se começa a sentir o realista fim da escravidão e de sua maior consequência – o segregacionismo racial – com a adoção de incentivos governamentais a promoverem a presença de negros e pobres no serviço público mais elevado, nas escolas, nas universidades. E, mesmo assim, não sem questionamentos judiciais contra tal aparato igualitário dos direitos humanos. Tanto nos Estados Unidos quanto no Brasil, a introdução de legislação para cotas e de criminalização de práticas racistas não se operou sem cerrada oposição de setores conservadores da sociedade, na verdade saudosos de tempos em que era possível viver distante da *gentry*.

O desafio dos direitos humanos parece consistir em impor-se em uma sociedade capitalista, a fim de realizar sua tarefa central: domesticar a feroz vocação do impulso imediatista do lucro, relevando as consequências políticas e sociais causadas por esse impulso. Liberdade de opinião, de ir e vir, de imprensa, devido processo legal, Estado democrático de Direito, propriedade do povo de suas riquezas naturais e a repartição de seus resultados para o bem-estar da população e para proporcionar o avanço tecnológico a retirá-los de situação de miséria econômica e política perdem-se nas ações concretas de governos que os reivindicam, quando estes toleram violação aos direitos humanos em nações com as quais negociam amplamente. Para os que enxergam a política como esta deveria ser, e não como é na realidade, seria possível imaginar a convivência harmoniosa entre direitos humanos e capitalismo, já que o idealismo sempre aguarda a solução dos conflitos por si só, na forma de natural evolução dos tempos. A história sugere outro caminho.

A Constituição mexicana de 5 de fevereiro de 1917 foi a primeira na história a incluir os direitos sociais em seu texto: nacionalização do solo e das riquezas minerais, educação laica e gratuita a todos, reforma agrária e leis sociais, com a jornada de trabalho limitada a 8 horas diárias, além do direito de associação sindical, salário mínimo, direito de greve e forte limitação aos trabalhos feminino e infantil. Merece destaque a diminuição do poder da Igreja Católica: perda do controle do estado civil dos cidadãos, nacionalização dos locais de culto, proibição aos membros do clero de se candidatarem em eleições, de expressão política e perda do direito de herdar ou transmitir heranças. Resta claro que esse rol de direitos nada mais é do que limitador ao capitalismo.

Pouco mais de dois anos após a Constituição mexicana surgiu a Constituição de Weimar, em 11 de agosto de 1919. Igualmente intervencionista, caracteriza-se por marcar o fim da monarquia na Alemanha derrotada na Primeira Guerra Mundial e por tentar estabelecer uma democracia social, pela primeira vez, na mesma Alemanha. Com limitações ao direito de propriedade e ao capital, a Constituição de Weimar soava aos alemães como derrota, e não como vitória, a exemplo da mexicana. Weimar significava para a sociedade alemã derrota, humilhação, dívidas a serem pagas como obrigação imposta pelo Tratado de Versalhes. Apesar de ter ingressado no discernimento comum a ideia de que a Constituição de Weimar formou "uma democracia sem democratas", são notórias as evidências contrárias. O pluripartidarismo amplo, as liberdades tradicionais e uma ampla participação política, entre outros, convencem de que havia democratas dispostos a construir uma democracia no turbulento período entre guerras da Europa.

Na análise de constitucionalistas, tanto a Constituição mexicana quanto a de Weimar eram intervencionistas porque rumavam para o socialismo, ambiente em que era possível a efetivação dos direitos sociais, hoje incorporados pelos direitos humanos. Assim, a teoria dos direitos sociais e da constituição dirigente nada mais é do que aplicável ao socialismo, uma vez que é bastante improvável sua efetivação no capitalismo, em que a busca do lucro ignora, se assim se fizer necessário, quaisquer direitos sociais ou humanos.

A maior expressão da nova perspectiva da *Staatslehre* alemã da primeira metade do século XX é Hermann Heller. Ao construir sua teoria do Estado, afirma Heller (1986, p. 290) que o positivismo de Weimar é direito por ser produto de um debate democrático, aberto: "Se se prescinde de uma normalidade social positivamente valorada, a constituição, como uma mera formação normativa de sentido, diz sempre muito pouco". A heterogeneidade das forças políticas integrantes do processo de construção de Weimar, a busca por uma democracia social e o protagonismo do Estado na organização da vida econômica daquele país tentaram dotar de força política um documento inspirado no empenho pela superação das dificuldades da maior parte da mesma sociedade, com a inclusão dessa parte não somente nas decisões políticas, mas também na riqueza e tranquilidade que esperavam ser gerada a partir daquele instante. O concreto compromisso intencionado pela Constituição mexicana e por Weimar foi exatamente a reunião entre economia e política, e não sua dissociação. Bercovici (2008, p. 230) compartilha esse posicionamento quando afirma que a "opção de Heller pelo Estado Social não se destinava a aperfeiçoar ou a legitimar o capitalismo [...]. Heller é um anticapitalista e seu Estado Social de Direito é um Estado Socialista e Democrático".

A fim de se comprovar a atualidade dos compromissos mexicano e alemão, basta que se atente à sincera disposição do liberalismo – e de sua cria, o neoliberalismo – em combater o dirigismo constitucional da redemocratização na América Latina na década de 1980. Tais compromissos estatuídos nessas constituições pós-ditaduras, como a brasileira Constituição Federal de 1988 – tiveram seus primeiros inimigos na formulação da política econômica dos anos 1990, planejada e perseguida pelo Fundo Monetário Internacional e pelo Banco Mundial:

> Esse projeto pretendia igualmente excluir ou despolitizar as forças nacionalistas, socialistas ou populares e democráticas restringindo suas ações àquilo que James Buchnan e outros neoliberais chamaram da política normal, os quais garantiram, por via constitucional, os direitos do capital contra as pressões populares [...]. Nos países onde estas forças não se resignaram ao fato de não haver alternativas ao neoliberalismo, outras táticas foram utilizadas para tentar intimidar, domesticar, cooptar ou tornar irrelevante diversas formas de oposição. (Gill, 2007, p. 14)

Não provoca surpresa esse entendimento. Já se sabe de muito tempo que os direitos humanos sempre desfrutaram de uma condição secundária no desenvolvimento do capitalismo. Arrighi (2007) oferece um interessante panorama sobre a história da formação de três significativos instantes da evolução capitalista, por ele qualificada de territorialista e expansionista do capitalismo, onde direitos humanos, como a autodeterminação dos povos, somente surgem com a Revolução Russa de 1917. O primeiro desses momentos acontece com a hegemonia holandesa, baseada mais no controle de redes financeiras mundiais do que daquelas comerciais (Arrighi, 2007). O segundo foi aquele liderado por Inglaterra e França, caracterizado por "colonialismo de povoamento, escravismo capitalista e nacionalismo econômico" (Arrighi, 2007, p. 251); o terceiro assinalou a hegemonia dos Estados Unidos da América, mas com elemento inovador: a Revolução Russa, com suas reivindicações de autodeterminação e a "precedência do direito de subsistência sobre o direito de propriedade" (Arrighi, 2007, p. 266). A novidade é que, para contornar tais reivindicações que evoluíram para os direitos humanos, o capitalismo decidiu pela criação de organismos internacionais – Fundo Monetário Internacional, Banco Mundial, Banco de Compensações Internacionais –, os quais garantiram o domínio financeiro e econômico do novo bloco político hegemônico, encabeçado pelos Estados Unidos, a fim de, ao mesmo tempo, consolidar um novo capitalismo e causar a divisão do mundo entre dois polos duradouros até o início dos anos 1990.

Novamente, o discurso pelos direitos humanos permaneceu apenas subjacente. E nessa condição permanece. Lado a lado, Estados nacionais e atores privados protegem e incentivam a circulação do capital, com a garantia de tranquilidade para os espaços territoriais fornecedores de matérias-primas necessárias e a segurança de mercados consumidores domesticados para seus produtos.

O desafio da efetivação de direitos humanos não é simples porque, quase sempre, será confrontado com a necessidade de enfrentamento do capitalismo financeiro e mercantil atual.

Neste breve estudo, procuramos, por meio da dinâmica das relações históricas, explicações que indicassem o percurso para o qual futuras e mais maduras reflexões devam arriscar. Constatamos que não há como abrir mão da radicalidade da pesquisa histórica do concreto, com a renúncia à perspectiva idealista. E, nesse realismo, pode-se afirmar, pelo menos até aqui, que o capitalismo suporta pouco de direitos humanos.

Não se duvida dos positivos esforços realizados por organismos internacionais e organizações sociais honestamente interessados na efetivação dos direitos humanos. Tomamos a liberdade, porém, de chamar atenção de que o embate será mais penoso, já que consiste primeiramente na submissão dos mais fortes econômica e militarmente. Ocorre que essa tarefa, ao que parece, não será completada apenas com constituições dirigentes a procurar a relativização da queda de braço do confronto com a política.

Referências

ABENDROTH, W. Über den Zusammenhang von Grundrechtssystem und Demokratie. In: _____. **Grundrechte als Fundament der Demokratie**. Hrsg. Joachim Perels. Frankfurt/M.: Suhrkamp, 1979.

ARON, R. **Paz e guerra entre as nações**. 2. ed. Brasília: Ed. da UnB, 1986.

ARRIGHI, G. As três hegemonias do capitalismo histórico. In: GILL, S. (Org.). **Gramsci, materialismo histórico e relações internacionais**. Rio de Janeiro: Ed. da UFRJ, 2007.

BAGEHOT, W. **Physics and Politics or Thoughts on the Application of the Principles of 'Natural Selection and 'Inheritance" to Political Society**. London: Henry S. King & Co., 1872.

BERCOVICI, G. Democracia, inclusão social e igualdade. In: _____. **Educação e metodologia para os direitos humanos**. São Paulo: Quartier Latin do Brasil, 2008.

BRASIL. Supremo Tribunal Federal. Arguição de Descumprimento de Preceito Fundamental (ADPF) n. 153/DF, de 29 de abril de 2010, Relator: Ministro Eros Grau, **Diário da Justiça**, 6 ago. 2010, Brasília, DF. Disponível em: <http://redir.stf.jus.br/paginadorpub/paginador.jsp?docTP=AC&docID=612960>. Acesso em: 26 fev. 2018.

BURKE, E. Reflections on the Revolution in France. In: _____. **Edmund Burke**: the Works. Hildesheim/New York: Georg Olms Verlag, 1975. v. III/IV.

GILL, S. A América Latina e o príncipe pós-moderno. In: GILL, S. (Org.). **Gramsci, materialismo histórico e relações internacionais**. Rio de Janeiro: Ed. da UFRJ, 2007.

HAMILTON, A. O federalista LXXXV. In: _____. **O federalista**: um comentário à Constituição Americana, Alexander Hamilton, John Jay, James Madison. Rio de Janeiro: Ed. Nacional de Direito, 1959.

HARDT, M.; NEGRI, A. **Império**. Rio de Janeiro/São Paulo: Record, 2001.

HELLER, H. **Staatslehre**. Tübingen: J.C.B. Mohr/Paul Siebeck, 1983.

HUNT, L. **A invenção dos direitos humanos**: uma história. São Paulo: Companhia da Letras, 2009.

LOSURDO, D. **Democracia e bonapartismo**. Rio de Janeiro: Ed. da UFRJ; São Paulo: Ed. da Unesp, 2004.

_____. **Nietzsche**: o rebelde aristocrata. Rio de Janeiro: Revan, 2009.

MARX, K. **Das Kapital, Erster Band**. MEW. Berlin: Dietz Verlag, 1969.

PIOVESAN, F. **Direitos humanos e justiça internacional**. São Paulo: Saraiva, 2006.

Os papéis utilizados neste livro, certificados por instituições ambientais competentes, são recicláveis, provenientes de fontes renováveis e, portanto, um meio responsável e natural de informação e conhecimento.

FSC
www.fsc.org
MISTO
Papel produzido a partir de fontes responsáveis
FSC® C103535

Impressão: Reproset
Maio/2019